普通高等教育"十一五"国家级规划教材

电力系统概论

（第二版）

杨淑英　编

张文勤　李令冬　主审

中国电力出版社
CHINA ELECTRIC POWER PRESS

内 容 提 要

本书为普通高等教育"十一五"国家级规划教材。

全书共分为 7 章，主要内容包括电力系统的基本概念、电力系统各元件的参数及等值网络、电力系统的潮流分布、电力系统运行状况的优化和调整、电力系统故障分析与计算、电力系统继电保护、电力系统运行的稳定性分析。每章后均有习题及参考题，书后附有部分参考答案。

本书可作为高等学校非电类相关专业的教材，也可作为高职高专和函授教材，还可供电力系统相关工程技术人员参考使用。

图书在版编目（CIP）数据

电力系统概论/杨淑英编. —2 版. —北京：中国电力出版社，2013.8（2025.7 重印）

普通高等教育"十二五"规划教材

ISBN 978 - 7 - 5123 - 4514 - 0

Ⅰ.①电… Ⅱ.①杨… Ⅲ.①电力系统-高等学校-教材 Ⅳ.①TM7

中国版本图书馆 CIP 数据核字（2013）第 116793 号

中国电力出版社出版、发行

（北京市东城区北京站西街 19 号 100005 http://www.cepp.sgcc.com.cn）

北京天泽润科贸有限公司印刷

各地新华书店经售

*

2007 年 9 月第一版

2013 年 8 月第二版 2025 年 7 月北京第十八次印刷

787 毫米×1092 毫米 16 开本 18.75 印张 457 千字

定价 48.00 元

前　言

　　本书第一版教材出版后，受到了广大读者的普遍好评，使用效果良好。由于该书的体系、内容组织结构，符合高校电力工程领域专业课程教学学制和培养方向，因此受到了兄弟院校的青睐。现根据教学改革的发展需要，应中国电力教育协会的要求，予以修订。本书在第一版的基础上作了部分修改和补充，将反映得更全面和完善，体现了实用性和先进性。

　　本次再版补充内容：第一章中增加了"发电厂和变电站的基本类型"，使学生对发电厂和变电站有一个初步认识，以增强兴趣；第二章中增加了表 1-2，以便学生做习题或搞设计时查资料方便；第三章中增加了第六节电力系统潮流的调整控制，为更好地管理电网实现经济功率分布、减小网损等建立理论基础；第三章第七节中还增加了用"P-Q 分解法计算潮流"，以增强学习深度，增多计算机算法，有利于学生掌握如何对修正方程的进行简化，比较牛顿法和 P-Q 分解法解题的特点。第五章第二节中增加了"短路全电流的最大有效值"的计算，以便用于电力系统电气设备选择。本书为报考研究生复试的指定参考书，所以每章习题中增加了思考题。

　　本书逐渐被人们所认识，需求量越来越大，适合作高等院校的使用教材，也可作为从事电力工程技术人员的参考书。

　　限于编写水平，书中难免有缺点和不足之处，恳请读者批评指正。

编　者

2013 年 6 月

第一版前言

多年来，《电力系统稳态分析》和《电力系统暂态分析》为全国高等院校电气工程及其自动化专业使用的专业课程教材。随着教学改革的发展，很多高等院校增设了新的专业，如集控专业、企管专业、高电压技术专业、电气技术专业等非电力专业。为更好地满足目前的教学需要，使学生在有限的学时内较全面地学习和掌握电力系统的基本知识，我们编写了《电力系统概论》一书，力求使本书具有较强的系统性、先进性和教学适用性，以便能够使学生扎实地掌握电力系统基本理论知识，同时也能够为广大电力工程技术人员提供必要的基础理论、计算方法，从而更准确地掌握电力系统的运行情况，保证电力系统可靠、优质和经济的运行。

本书编写的主要目的是：使学生能从电力系统的全局观点出发，对电力系统中各元件的特性、作用及相互关系有比较全面的认识；在电力系统正常运行状况下能够正确分析和计算潮流分布，掌握电力系统电压和频率的调整原理；对电力系统故障运行情况有所了解，学会分析和计算简单故障的基本方法；对电力系统正常运行受到扰动后的现象有所了解，并能分析计算简单电力系统的暂态过程；能够掌握电力系统继电保护的基本原理，对单侧电源网络的电流保护、发电机和变压器的差动保护有较全面的认识。

全书共分为 7 章，概括了电力系统"一次部分"和"二次部分"的知识，每章配有习题与思考题。为提高教学水平及效果、实现现代化教学手段，编者还制作了与该书相配套的多媒体教学课件，并可从中国电力出版社教材中心网站 http://jc.cepp.sgcc.com.cn 上免费下载。该课件使用方便，实用性强。

本书由华北电力大学张文勤教授和安徽大学李令冬教授主审，提出了许多宝贵意见，在此表示衷心感谢。限于编写水平，书中难免有缺点和不足之处，恳请读者批评指正。

编　者

2013 年 1 月

目　　录

第一章 电力系统的基本概念

本章阐述了电力系统的基本概念和电力线路的结构两个方面的问题，从中可了解电力系统的重要性和整体性。

第一节 电 力 系 统 概 述

一、电力系统、电力网及动力系统

电力系统通常是由发电机、变压器、电力线路、用户等组成的三相交流系统。图1-1所示为一简单电力系统，图1-2表示一个复杂的电力系统。

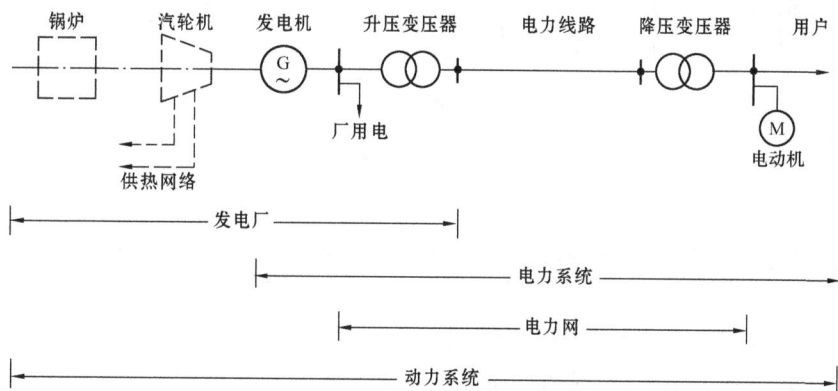

图1-1 动力系统、电力系统、电力网示意图

电力系统中的电气设备也被称为电力系统的元件，它们之间有区别，又互相作用。发电机产生电能，升压变压器把发电机发出的低压电能变换为高压电能，输电线路输送电能，降压变压器把网络中的高压电能变换为低压电能，便于用户使用。这样一个产生电能、输送和分配电能、使用电能所连接起来的有机整体称为电力系统。

确切地说，电力系统是指由发电机、变压器、电力线路、用户的用电设备等在电气上相互连接所组成的有机整体。

图1-1所示简单电力系统中，除去发电机、用户的用电设备，剩下的部分，即电力线路及其两边连接的变压器，称为电力网，简称电网。

电网是指由各种电压等级的输、配电线路以及由它们所联系起来的各类变电站组成的网络。

由电源向电力负荷中心输送电能的线路，称为输电线路，包含输电线路的电网称为输电网。而主要担负分配电能任务的线路称为配电线路，包含配电线路的电网称为配电网。

电网按其本身结构，又可分为开环电网和闭环电网。凡用户只能从单方向得到供电的电网，称为开环电网；凡用户可以从两个或两个以上方向得到供电的电网，称为闭环电网。

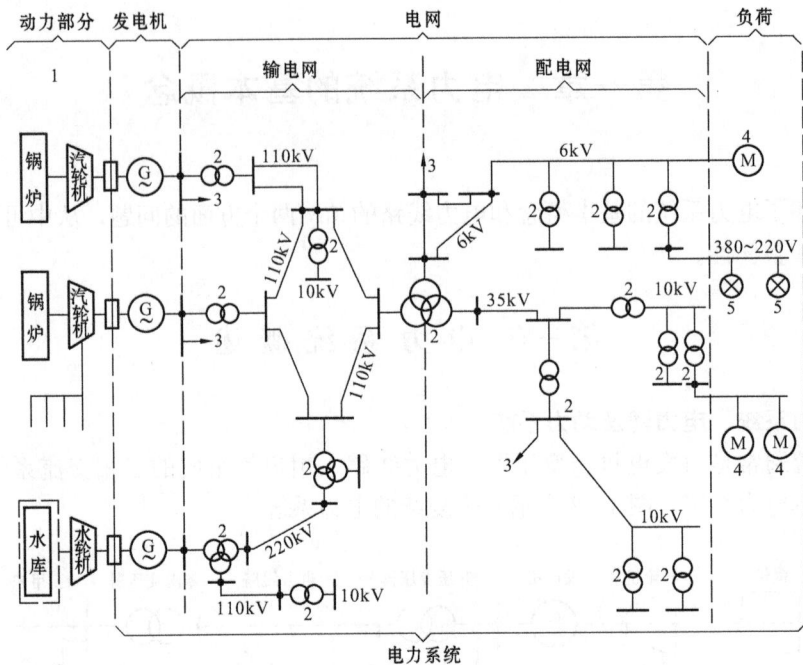

图 1-2　复杂电力系统示意图

1—动力部分；2—变压器；3—负荷；4—电动机；5—照明灯

　　电力系统再加上它的动力部分可称为动力系统。换言之，动力系统是指"电力系统"与"动力部分"的总和。

　　所谓动力部分，随电厂的性质不同而不同，主要有以下几种：

　　（1）火力发电厂的锅炉、汽轮机、供热网络等（如图 1-1 所示）；

　　（2）水力发电厂的水库、水轮机；

　　（3）原子能发电厂的反应堆。

　　由以上分析可知，电网是电力系统的一个组成部分，而电力系统又是动力系统的一个组成部分。

　　动力部分是产生电能的动力，是电能产生的发源地。下面以火力发电厂凝汽式汽轮发电机组为例说明电能的生产过程。

　　凝汽式火力发电厂生产过程如图 1-3 所示。从图中看出，原煤由输煤皮带运至原煤斗后又落入到磨粉机中，磨成煤粉后再经过粗粉及细粉分离器进入煤粉仓里，给粉机给出的煤粉与风机送来的暖风混合后送入炉膛燃烧，使水冷壁管中的水加热蒸发为汽，蒸汽经过汽包、过热器变为过热蒸汽，然后通过主蒸汽管道被送入汽轮机。进入汽轮机的蒸汽膨胀做功，喷打着汽轮机的叶片，推动汽轮机的大轴开始转动。由于发电机与汽轮机同轴，发电机的转子固定在大轴上随大轴一起转动，定子固定不动，在定子槽内放有按一定规律连接的a、b、c三相定子绕组。在转子磁极上缠绕励磁绕组，当给励磁绕组通上直流电后，转子转动就形成了旋转磁场，定子绕组在旋转的磁场中切割磁场，于是便感应产生了电动势，因定子回路与外电路形成闭合的三相电路，于是有三相交流电流流通。发电机发出的电能，再经升压后送入高压电网。

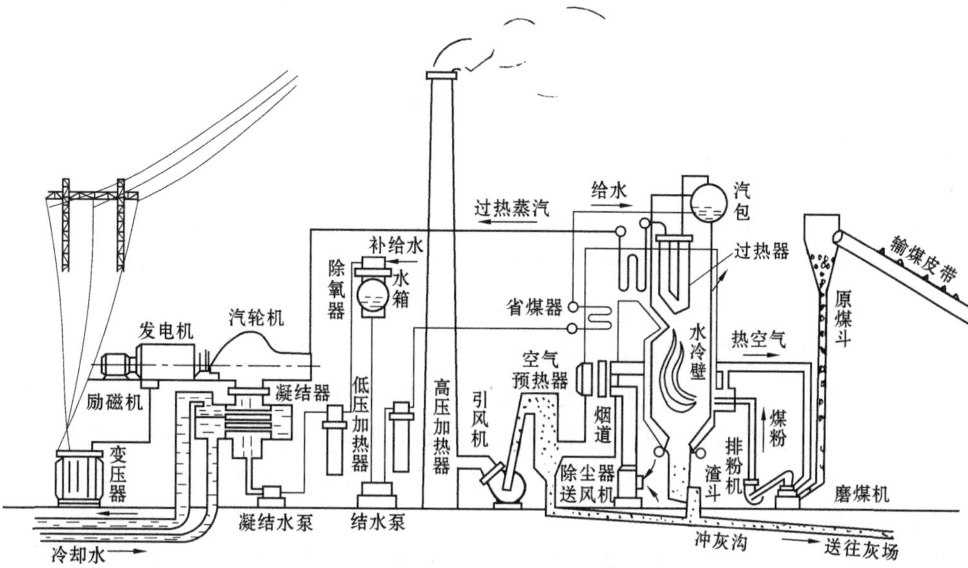

图 1-3　凝汽式火力发电厂生产过程示意图

二、发电厂和变电站的基本类型

发电厂相当于电源，是将其他形式的能源转换为电能的特殊工厂。发电厂所生产的电能经升压变压器升压，然后又经输电线输送到负荷的中心，再经降压变压器后供给用户使用。发电厂是电力系统的首要环节，变电站是输送电能的中心环节，发电厂和变电站都是非常重要的环节。下面对发电厂和变电站的类型做一些简单介绍。

（一）发电厂的类型

可根据所利用能源的形式不同，发电厂的类型分为火力发电厂、水力发电厂、原子能发电厂、风力发电厂等。

目前电力系统中主要还是火力和水力发电厂。

1. 火力发电厂

火力发电厂系指以燃料（主要是煤，其次是石油或天然气）为能源的发电厂。火力发电厂中的原动机大都为汽轮机，也有个别地方采用柴油机、燃气轮机。

火力发电厂又可分为凝汽式火电厂和热电厂。

（1）凝汽式火电厂，简称火电厂。凝汽式火电厂的锅炉产生蒸汽，通过导气管送至汽轮机，具有一定温度和压力的气体喷打在汽轮机叶片上，使叶片转动带动转子转动，汽轮机和发电机是同轴（转子）的，发电机定、转子均绕着绕组（即转子绕组和定子绕组），因转子转动形成旋转的磁场，发电机定子绕组（不动）在旋转的磁场内被磁力线所切割，因此在定子绕组中感应电动势，有电流产生。如图 1-3 所示。

在汽轮机已做过功的蒸汽排入凝汽器内冷却成水，又重新送回锅炉使用。由于在凝汽器中，大量的热量被循环水带走，所以凝汽式火电厂效率较低，只有 30%～40%。

（2）热电厂。热电厂是即发电又供热的电厂。热电厂与火电厂不同之处在于，汽轮机中的一部分做过功的蒸汽从中间段抽出来，通过供热网络供给热用户。这样可以减少被循环水带走的热量损失，提高总效率。现代热电厂的总效率可高达 60%～70%。

另外，有条件的大型厂矿企业建设自备电厂，这类电厂的原动机一般为小型汽轮机或柴油机。

火力发电厂的特点：①电厂布局灵活；②一次性建设投资小；③耗煤量大；④设备繁多；⑤开机停机损耗大；⑥能担负调峰调频任务；⑦对空气污染大。

2. 水力发电厂

利用水能源来发电的电厂称为水力发电厂。水力发电厂将水的位能和动能转换成电能。水力发电厂容量的大小取决于上下游的水位差和流量的大小。因此，建设水电厂必须在上游建设水坝。将江、河道上的水集中起来落差到下游，形成所需要的水头。按集中落差的方式不同，水力发电厂可分为不同的形式，下面分别介绍。

(1) 堤坝式水电厂。在河床上游修建拦河大坝，将水积蓄起来，以抬高上游水位形成水库。这样，堤坝上游水库水面与堤坝下游河流水面形成水头，用输水管或隧道把水引入发电厂厂房，通过水轮机—发电机组发电。这种开发方式称为堤坝式水力发电厂。它又可分为提后式和河床式两种。

1) 堤后式水电厂。这种水电厂的厂房建筑在坝的后面，全部水头由坝体承受，水库的水由压力水管引入厂房，转动水轮发电机组发电，坝后式水电厂适合于高、中水头的情况，如图 1-4 所示。

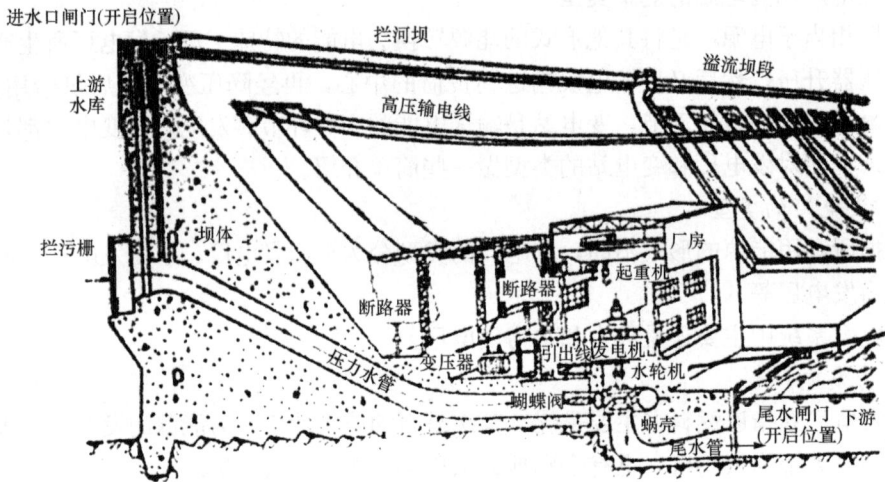

图 1-4　坝后式水电厂

2) 河床式水电厂。这种水电厂的厂房和挡水堤坝连成一体（一排），厂房也起挡水作用，因修建在河床中，故名河床式，水头一般在 20～30m 以下，如图 1-5 所示。

(2) 引水式水电厂。引水式发电厂建筑在山区水流湍急的河道上，或河床坡度较陡的地段，由引水渠道造成水头，而且一般不需修坝，只修堤堰即可，如图 1-6 所示。

(3) 混合式水电厂（抽水蓄能）。在适宜开发的河段拦河筑坝，坝上游河段的落差由坝集中，坝下游河段的落差由压力引水道集中，而水电厂的水头则由两部分落差共同形成，这种集中落差的方式称为混合开发模式，如图 1-7 所示。

水电厂特点：①发电量受约束于水库，应合理利用水源，洪水期多发电，枯水期少发

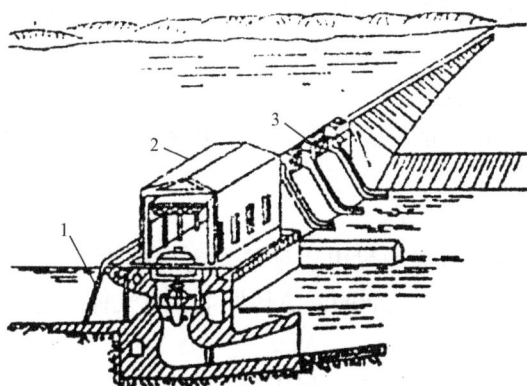

图 1-5　河床式水电厂

1—进水口；2—厂房；3—溢流坝

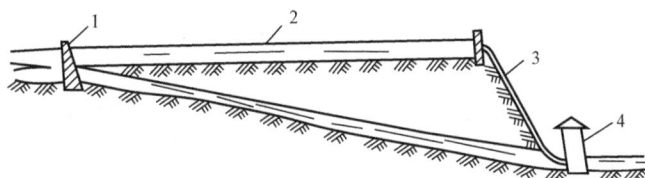

图 1-6　引水式水电厂

1—堰；2—引水渠；3—压力水管；4—厂房

电；②发电成本低，效率高；③运行灵活；④可调容量大；⑤污染小；⑥建设投资大，工期长。

3. 核电厂

核电厂是利用核裂变能转换为热能，被高压水带至蒸汽发生器产生蒸汽，再按火电厂的发电方式发电。它的核反应堆相当于火电厂的锅炉，核电厂所需的燃料较少。

在核反应堆内，轴 - 235 在中子的撞击下，使原子核裂变，产生巨大的能量（铀 - 235 全部裂变时所释放的能量为 8×10^{10} J 热量），主要是以热能的形式被

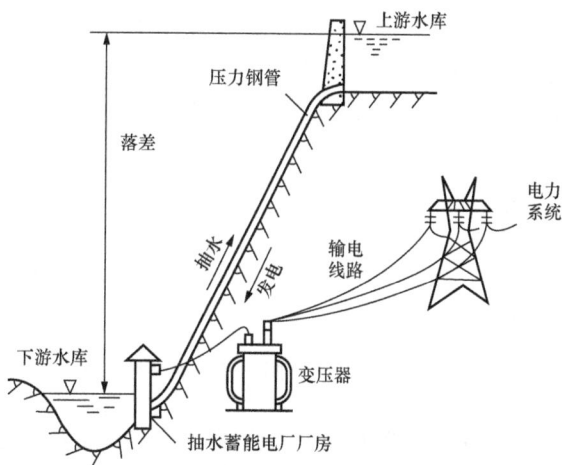

图 1-7　抽水蓄能水电厂

高压水带至蒸汽发生器，在此产生蒸汽，送至汽轮发电机组发电。1kg 的铀 - 235 所发出的电力，约等于 2700t 煤所发出的电力，因此核电厂所需的燃料极少。

我国自行研制的核电厂有：①浙江秦山核电站，容量为 1×30 万 kW 机组，于 1991 年并网发电；容量为 2×60 万 kW 机组，分别于 2002 年、2003 年建成投产；容量为 4×70 万 kW 机组，于 2002 年至 2012 年先后建成投产。全厂共 7 台机组运行，总装机容量达 432 万 kW，成为我国运行机组数量最多的核电基地。②广东大亚湾核电站，容量为 2×90 万 kW 机组，于

1994 年建成发电。③江苏连云港田湾核电站，计划 4 台百万千瓦级机组，其中容量为 $2×106$ 万 kW 的机组，分别于 2004 年、2005 年建成投产。④广东岭澳核电站，一期工程容量为 $2×100$ 万 kW，于 2003 建成投产发电。

核电厂特点：①原料少，经济；②干净；③发电容量大；④一旦发生事故，对人危害很大。

4. 其他方式发电

利用其他能源发电的方式有风力发电、地热发电、潮汐发电、沼气发电、太阳能发电等。另外，还有直接将热能转换成电能的磁流体发电、电气体发电等。

（二）变电站的类型

在电力系统中，变电站是联系发电厂和用户的中间环节，它起着变换和分配电能的作用。如图 1-8 所示电力系统中，接有大容量的水电厂和火电厂，某水电厂通过有 500kV 的超高压输电线路与某枢纽变电站相连，此枢纽变电站与 220kV 环网相连，环网中有中间变电站（220/35kV）和地区变电站（220/110/10kV），地区变电站中最后有终端变电站。

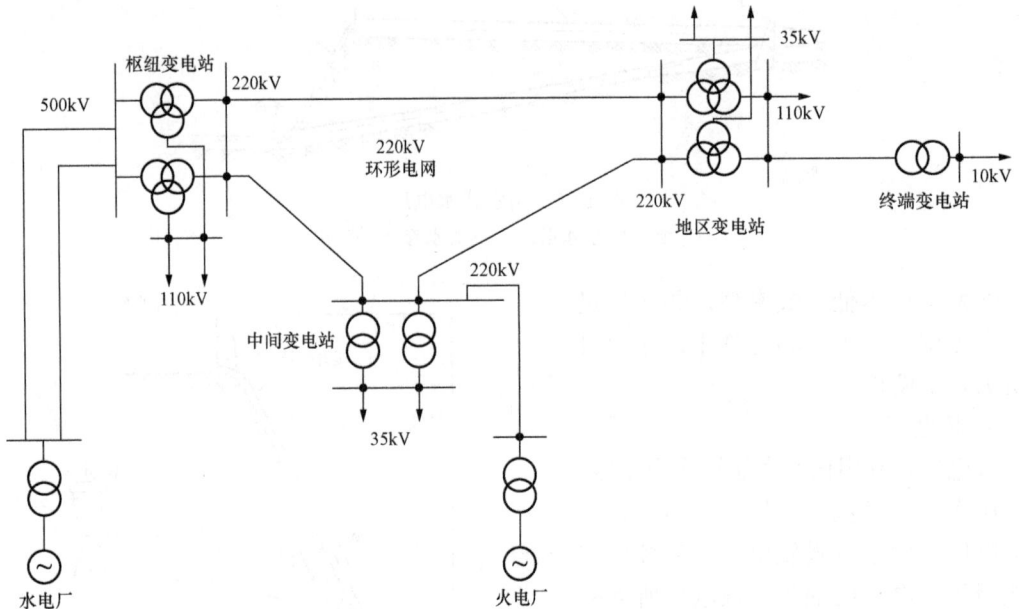

图 1-8　含多个变电站的电力系统原理接线图

根据变电站在电网中的位置不同，可分为下列几种类型。

1. 枢纽变电站

枢纽变电站位于电力系统的枢纽点，它连接电力系统高压和中压的几个部分，汇集多个电源，电压等级较高，如 330~500kV 等。若枢纽变电站发生事故出现全站停电，将导致系统解列，甚至出现全系统崩溃的灾难局面。

2. 中间变电站

高压侧以穿越功率为主，在系统中起交换功率的作用或使高压远距离输电线路分段的变电站，称为中间变电站。它一般汇集 2~3 个电源，电压等级多为 220~330kV，同时又降压给当地用户。

3. 地区变电站

高压侧电压一般为 110~220kV，对地区用户供电为主，是一个地区或城市的主要变电站。全站停电时，只是该地区中断供电，影响面积小。

4. 终端供电站

在输电线路的终端，接近负荷点，高压侧电压多为 110kV 或更低，一般经降压后直接向用户供电的变电站，称为终端供电站。这类变电站若全站停电，只是用户受到影响。

有时，将变电站按其用途分类为升压变电站（升压站）、降压变电站、联络变电站、工厂企业变电站、农村变电站、整流变电站、牵引变电站等。

三、我国电力系统的发展

我国电力工业在新中国成立前虽有 60 多年的历史，但是，其规模很小，技术落后，发展得很缓慢。自 1882 年在上海建立了第一座发电厂开始，直到 1948 年，60 多年只留下总容量为 185 万 kW 的发电设备，年发电量只有 43 亿 kWh，当时占世界第 23 位。

新中国成立后，在党和政府的领导下，我国电力工业的发展列入了国民经济发展的总计划，第一个五年计划完成后（1957 年），全国总装机容量和年发电量都有明显增长，以后逐年有增长，见表 1-1。

表 1-1　　全国总装机容量和年发电量

年份	总装机容量（万 kW）	年发电量（亿 kWh）	年份	总装机容量（万 kW）	年发电量（亿 kWh）
1957	476	193	1996	23 654	10 793.85
⋮	⋮	⋮	1997	25 424	11 342.04
1980	6587	3006.20	1998	27 729	11 576.97
1981	6913	3092.69	1999	29 877	12 331.41
1982	7236	3276.78	2000	31 932	13 684.82
1983	7644	3514.39	2001	33 861	14 838.56
1984	8012	3769.91	2002	35 026	16 400.00
1985	8705	4106.90	2003	38 450	19 080.00
1986	9382	4495.71	2004	44 000	21 870.00
1987	10 290	4973.21	2005	51 718.48	24 747.00
1988	11 550	5450.65	2006	62 200	28 300.00
1989	12 664	5846.80	2007	71 329	32 800.00
1990	13 789	6213.18	2008	79 253	34 330.00
1991	15 147	6774.94	2009	87 400	36 506.22
1992	16 653	7541.89	2010	96 200	41 413.00
1993	18 291	8364.29	2011	105 600	46 037.00
1994	19 990	9278.78	2012	114 491	49 774.00
1995	21 722	10 069.48	2013	124 738	52 451.00

近年来，全国电力工业生产快速增长，各项技术经济指标更加趋于合理。根据国家能源局统计，到 2012 年底，全国发电装机容量达 114 491 万 kW，年均增长率 7.8%，其中，水电 22 859 万 kW、煤电 78 090 万 kW、气电 3827 万 kW、抽水蓄能 2031 万 kW、风电 6083 万 kW、核电 1257 万 kW、太阳能 328 万 kW、其他 16 万 kW。目前我国发电装机容量居世界第二位。

2012 年，全国共完成发电量 49 774 亿 kWh，年均增长率 5.2%，其中，水电发电量

8641 亿 kWh、煤电 37 914 亿 kWh、气电 1194 亿 kWh、风电 1004 亿 kWh、核电 982 亿 kWh、太阳能发电 35 亿 kWh、其他发电量 4 亿 kWh。2012 年全社会用电量累计达 49 591 亿 kWh。我国水电装机、风电装机，以及核电在建规模都是世界第一。

根据国家能源局研究预测，我国发电装机容量到 2015 年约 14.2 亿 kW，2020 年 20 亿 kW，2050 年 38 亿 kW。我国发电量预计到 2015 年将达 6.15 万亿 kWh，2020 年实现全面小康时约 7.94 万亿 kWh，人均 5570kWh/年；2050 年达到发达国家水平时，约 13.5 万亿 kWh，人均 9300kWh/年。我国成为当之无愧的世界第一的发电大国、发电强国。

随着电力工业的不断发展，我国电力系统的规模越来越大。发电厂的装机容量不断扩大，单机容量为 30、50、60、70 万 kW 的机组已成为我国电网的主力机型。目前，全国最大的水力发电厂是三峡水电站，26 台机组从 2003 年起至 2009 年陆续投产发电，单机容量为 70 万 kW，总装机容量 1820 万 kW。最大的火力发电厂是内蒙托克托电厂，10 台机组总装机容量 540 万 kW。其中 8 台 60 万 kW 机组通过 500kV 升压站接入京津唐电网，2 台 30 万 kW 机组通过 220kV 升压站接入蒙西电网。其次是浙江北仑发电厂，装机容量为 500 万 kW，5 台 60 万 kW 和 2 台 100 万 kW。

从电网方面看，电压等级越来越高，输送距离越来越远。各省区的电网都相继连成，仅跨省连接的大电网分为 6 个，它们是东北电网、华北电网、华东电网、华中电网、南方电网和西北电网。全国最高电压等级为 1000kV，已赶超世界先进水平。我国超高压及以上第一条输电线路建成如下：

1972 年建成第一条 330kV 超高压输电线路，由甘肃刘家峡水电厂到陕西关中地区。

1981 年建成第一条 500kV 超高压输电线路，由河南姚孟火电厂到武汉。

2004 年建成第一条 750kV 超高压输电线路，由青海官亭到兰州东。

2008 年建成第一条 1000kV 特高压输电线路，由山西晋东南—河南南阳—湖北荆门。

按照国家电网公司规划，到 2015 年，将建成“两纵两横”特高压同步电网，2017 年将建在“三纵三横”特高压同步电网。2013 年年内开工 7 项特高压工程，包括蒙西—长沙（为两纵中的西纵）、雅安—武汉（为两横中的南横）、淮南—南京—上海、浙江—福州 4 项 1000kV 交流输变电工程。另有锡盟—泰州、蒙西—武汉、宁东—浙江 3 项 ±800kV 直流输变电工程。在不远的将来，将形成三峡电站为中心的全国性联合电网。预计 2050 年华北、华东、华中、南方电网装机将超过 6 亿 kW，相当于目前欧洲大陆电网水平，1000kV 特高压交流将逐步成为骨干网架，西北电网装机达 4 亿～5 亿 kW，东北电网 3 亿 kW 左右。建成一批输送大型水电、风电、太阳能发电基地的跨区远距离特高压、超高压交直流输电工程，西电东送、北电南送和电网间交换增强，大力提高电网智能化水平，建成世界一流智能电网。

我国电力工业的技术水平和管理水平日益提高。现在，许多电厂实现了集中控制和采用计算机监控，电力系统也实现了分级集中调度（省调、地调），所有电力企业都在努力增产节约、降低成本、确保安全运行。电力工业是国民经济的重要部门之一，它既为现代工业、现代农业、现代科学技术和现代国防提供不可缺少的动力又和广大人民群众日常生活有着密切关系。电力工业的发展必须优先其他工业部门，整个国民经济才能迅速前进。当前，电力事业虽然取得了很大成绩，发展越来越快，但我国是一个地大物博、人口众多的国家，电能的需要量很大。为满足全面建设小康社会的需要，电力发展的任务艰巨、责任重大。

第二节　电力系统运行的特点和要求

一、电能的优点

电能在各种能源中占有特殊的地位，其优点为：

（1）电能可以很方便地转换成其他形式的能，如光能、热能、机械能、化学能等；

（2）电能便于生产、输送、分配、使用和易于控制；

（3）自然界中具有丰富的电力资源，如煤、石油、天然气、水力、原子能、太阳能等。

由于这些原因，所以电能成为被广泛使用的一种能源。

二、电力系统运行的特点

任何一个系统都有它自己独有的特征。电力系统的运行和其他工业系统比较起来，具有如下明显的特点。

1. 电能不能大量储存

电能的产生、输送、分配、消费、使用实际上是同时进行的，每时每刻系统中发电机发出的电能应等于该时刻用户使用的电能以及传输这些电能时在电网中损耗的电能。这个产销平衡关系是电能生产的最大特点。

2. 过渡过程非常迅速

电能以电磁波的形式传输，其速度近似于光的速度，为 30 万 km/s。"快"是它的一个极大特点。如电能从一处输送至另一处所需要的时间仅千分之几秒；电力系统从一种运行状态过渡到另一种运行状态的过渡过程非常快。

3. 与国民经济各部门密切相关

现代工业、农业、国防、交通运输业等都广泛使用着电能，此外，在人民日常生活中也广泛使用着各种电器，而且各部门的电气化程度越来越高。因此，电能供应的中断或不足，不仅直接影响各行业的生产，造成人民生活紊乱，而且在某些情况下甚至会造成政治上的损失或极其严重的社会性灾难。

由于这些特点的存在，对电力系统的运行提出了严格要求。

三、对电力系统运行的基本要求

评价电力系统的性能指标是安全可靠性、电能质量和经济性能。根据电力系统运行的特点，电力系统应满足以下三点基本要求。

1. 保证可靠地持续供电

电力系统运行首先要满足可靠、不间断供电的要求。虽然保证可靠、不间断供电是电力系统运行的首要任务，但并不是所有负荷都绝对不能停电，一般可按负荷对供电可靠性的要求将负荷分为三级，运行人员根据各种负荷的重要程度不同，区别对待。

一级负荷：属于重要负荷，如果对该负荷中断供电，将会造成人身事故、设备损坏、产生大量废品，或长期不能恢复生产秩序，给国民经济带来巨大损失。

二级负荷：如果对该级负荷中断供电，将会造成大量减产、工人窝工、机械停止运转、城市公用事业和人民生活受到影响等。

三级负荷：指不属于第一、第二级负荷的其他负荷，短时停电不会带来严重后果，如工厂的不连续生产车间或辅助车间、小城镇、农村用电等。

通常对一级负荷要保证不间断供电。对二级负荷，如有可能也要保证不间断供电。当系统中出现供电不足时，三级负荷可以短时断电。当然，对负荷的这种分级不是一成不变的，会随着国家的技术经济政策而改变。

2. 保证良好的电能质量

我国已先后颁布了六个有关电能质量的国家标准，即供电电压允许偏差、电力系统频率允许偏差、公用电网谐波、三相电压允许不平衡度、电压允许波动和闪变、暂时过电压和瞬态过电压。这些国家标准的制定，无疑是为了保证我国电力系统的电能质量。

电力系统的电压和频率正常是保证电能质量的两大基本指标，电压质量和频率质量一般以偏离额定值的大小来衡量。实际用电设备均按额定电压设计，若电压偏高或偏低都将影响用电设备运行的技术和经济指标，甚至不能正常工作。一般规定，电压偏移不应超过额定电压的$\pm5\%$。频率的变化同样影响用电设备的正常工作，以电动机为例，频率降低引起转速下降，频率升高则转速上升。电力系统运行规定，频率偏移不超过$\pm(0.2\sim0.5)\mathrm{Hz}$。

近些年来，随着冶金工业、化学工业及电气化铁路的发展，电力系统中的非线性负荷（如整流设备、电力机车、电解设备等）及冲击性负荷（如电弧炉、轧钢机等）使电能的非线性、非对称性和波动性日趋严重。由于大量非线性负荷接入系统，引起谐波比重增大，交流电波形达不到规定的标准，正弦交流电的波形质量一般以谐波畸变率衡量。所谓谐波畸变率是指周期性交流量中谐波含量（减去基波分量后所得的量）的方均根值与其基波分量的方均根值之比（用百分数表示）。谐波畸变率的允许值随电压等级的不同而不同，如110kV供电时为2%，35kV供电时为3%，10kV供电时为4%。

为使电力系统中的冲击性负荷对供电电压质量的影响控制在合理的范围内，按标准规定，电力系统公共供电点，由冲击性功率负荷产生的电压波动允许值：在10kV及以下为2.5%，35~110kV为2%，220kV及以上为1.6%。电压闪变ΔU_{10}（等值10Hz电压闪变值）允许值：对照明要求较高的白炽灯负荷为0.4%，一般性照明负荷为0.6%。

三相电力系统中三相不对称的程度称为三相不平衡度。用电压或电流负序分量与正序分量的方均根值百分比表示。按标准规定，电力系统公共连接点正常电压不平衡度允许值为2%，短时不得超过4%。

关于电能质量的暂时过电压和瞬态过电压，按国标规定有下列指标。

1）系统工频过电压限值。如工频过电压限值3~10kV为$1.1\sqrt{3}$，35~66kV为$\sqrt{3}$，110~220kV为1.3。

2）操作过电压限值。标准过电压限值如110~252kV为3.0，330kV为2.2，500kV为2.0。

由此可知，衡量电能质量的指标是电压偏差、频率偏差、谐波畸变率、三相不平衡度、电压波动和闪变、暂时过电压和瞬态过电压。如果不能满足这些指标要求，无论对用户还是对电力系统本身都会产生不良后果。因此，运行人员必须随时调节电力系统的电压和频率，并在一些地点实施相应的限制电压波动措施及谐波治理措施，以保证电力系统的电能质量。

3. 努力提高电力系统运行的经济性

电力系统运行的经济性主要反映在降低发电厂的能源消耗、厂用电率和电网的电能损耗等指标上。

电能所消耗的能源在国民经济能源的总消耗中占的比重很大。要使电能在生产、输送和分配的过程中耗能小、效率高，最大限度地降低电能成本有着十分重要的意义。电能成本的降低，不仅意味着能量资源的节省，还将影响到各用电部门成本的降低，对整个国民经济带来很大益处。而要实现经济运行，除了进行合理的规划设计外，还需对整个系统实施最佳的经济调度。

以上对电力系统的三条基本要求，前两条必须保证，在保证可靠性、电能质量的前提下力求经济。将以上几点归纳起来可知，保证向用户提供充足、优质而又经济的电力，就是电力系统运行的基本任务。

第三节　电力系统的负荷

我们知道电力系统中发电厂所发出的电能除了一部分在传输和分配过程中损失掉以外，大多数供给用户使用。图1-9（a）所示为一简单的电力系统。图中的用户包括工业、农业、交通运输、国防及人民生活。通常将用户所使用的功率叫做系统负荷，也称综合负荷，如图1-9（b）所示。电力系统负荷主要包括异步电动机、电热器、整流设备、照明设备等。各种用户的用电规律往往是千差万别的，而且它们在一年四季中、一天24h内的用电情况随时都在变化。由于电能产品不能储存，生产与消费间依赖关系非常密切，所以在电力系统的运行管理中，必须充分研究各种负荷的特性，否则无法保证电力系统的可靠供电和经济运行。

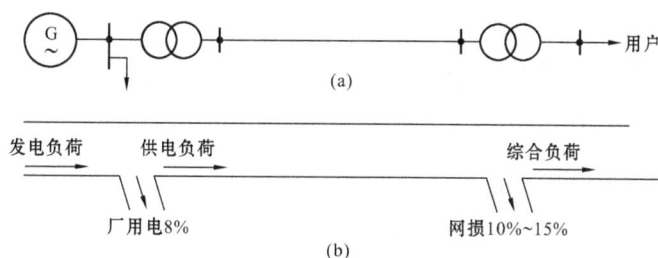

图1-9　简单电力系统负荷流程图
(a) 简单电力系统；(b) 负荷流程图

通常将负荷随时间变化的情况画成的图，称为负荷曲线。负荷曲线是指某一时间段内负荷随时间变化的规律。绘制负荷曲线时，一般以横坐标表示时间，纵坐标表示负荷。负荷曲线的种类很多，如按时间段的长短分，可分为日负荷曲线、年负荷曲线等；按负荷种类分，可分为有功功率负荷曲线、无功功率负荷曲线；按计量地点分，又可分为用户的负荷曲线、变电站的负荷曲线、发电厂的负荷曲线等。

在电力系统运行中经常用到的负荷曲线有日负荷曲线、年最大负荷曲线、年持续负荷曲线。

一、日有功负荷曲线

用户的有功功率日负荷曲线是反映一天24h内有功负荷的变化，可以根据运行中的记录绘出。为了简化计算和便于绘制，常把连续变化的负荷看成在测量的那一小段时间内不变，因此负荷曲线可以绘制成阶梯形。图1-10是电力系统典型日有功负荷曲线的一个例子。从图上可以看出，晚上24时到次日凌晨6时负荷水平较低，称为负荷低谷；而8～12时、17～22时用电较多，称为尖峰负荷；最高处称为最大负荷P_{max}，最低处称为最小负荷P_{min}；

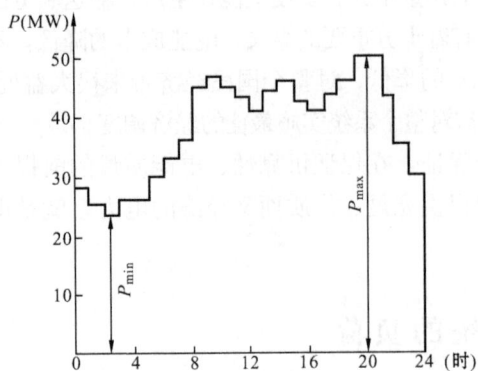

图 1-10　电力系统的典型日有功负荷曲线

而把最小负荷以下的部分称为基本负荷，显然基本负荷是不随时间而变化的。

不同类型用户的负荷曲线是很不相同的，一般来说，负荷曲线的变化规律取决于负荷的性质、厂矿企业的生产情况、班次、地理位置、气候等因素。图 1-11 为几种类型用户的典型日有功负荷曲线，纵坐标用最大负荷的百分数来表示。

图 1-11（a）为钢铁工业负荷曲线。钢铁工业为三班制连续生产，因而负荷曲线很平坦，最小负荷为最大负荷的 85%。

图 1-11（b）为食品工业负荷曲线。食品工业多为一班制生产，因而负荷曲线变化幅度较大，最小负荷为最大负荷的 13%～14%。

图 1-11（c）为农副业加工负荷曲线。农副业加工每天往往只是持续一段时间，每天仅用电 12h；但在夏季出现农业排灌负荷时，却有相当平坦的日负荷曲线。

图 1-11（d）为市政生活负荷曲线。市政生活用电的最大特点是具有明显的照明用电高峰（晚上）。

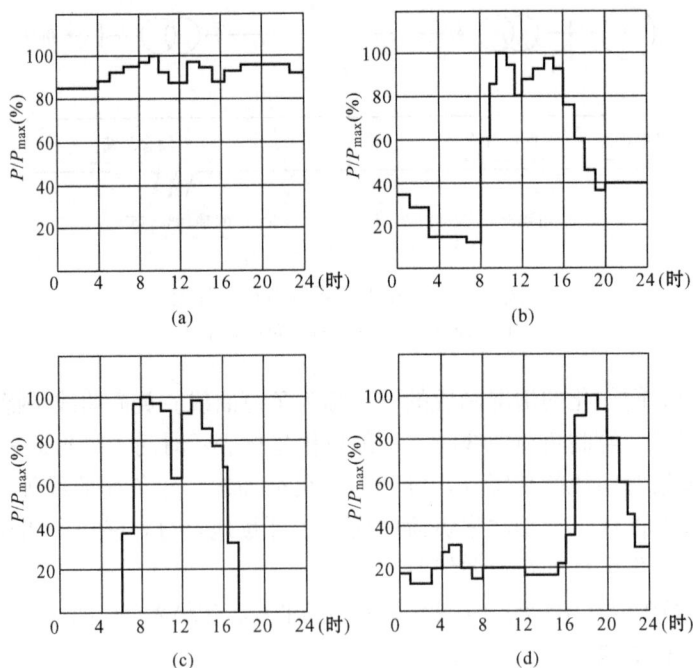

图 1-11　几种类型用户的典型日有功负荷曲线
(a) 钢铁工业负荷曲线；(b) 食品工业负荷曲线；(c) 农副业加工负荷曲线；
(d) 市政生活负荷曲线

由于负荷曲线的纵坐标是有功功率，横坐标是时间，则负荷曲线所包围的面积就是该用户一天内所使用的电能，可表示为

$$W = \int_0^{24} P\mathrm{d}t = \sum_{i=1}^{24} P_i \Delta t_i$$

式中：有功功率 P 的单位为 kW；时间 t 的单位为 h；电能 W 的单位为 kWh。

二、年最大负荷曲线

在电力系统的运行中，不仅要知道一昼夜内负荷的变化规律，而且要知道一年内负荷的变化规律。图 1-12 所示的年最大负荷曲线，反映从年初到年终整个一年内的逐月（或逐日）综合最大负荷的变化规律。分析图 1-12 可看出如下几点。

(1) 夏季的最大负荷较小。这是由于夏季日长夜短，照明负荷普遍减小的缘故，但如果季节性负荷的比重较大，也可能使夏季的最大负荷反而超过冬季。

(2) 年终的负荷较大。这是由于各工矿企业为超额完成年度计划而增加生产，以及新建扩建厂矿投入生产的结果。

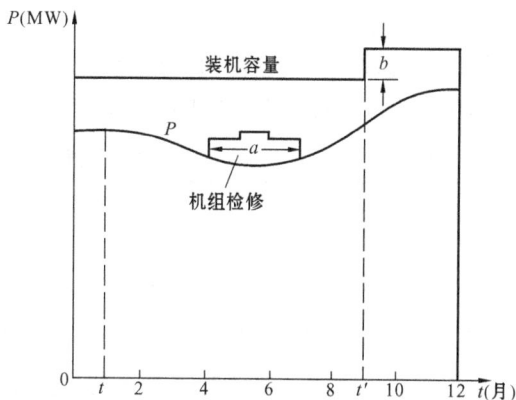

图 1-12　年最大负荷曲线

(3) 参照年最大负荷曲线，可以用负荷较小的时段来安排发电机组的检修。如图 1-12 所示 a 是系统机组检修的时间。

(4) 年最大负荷曲线可以用来决定整个系统的装机容量，以便有计划地扩建发电机组或新建发电厂。如图 1-12 所示 b 是系统扩建或新建的机组容量。

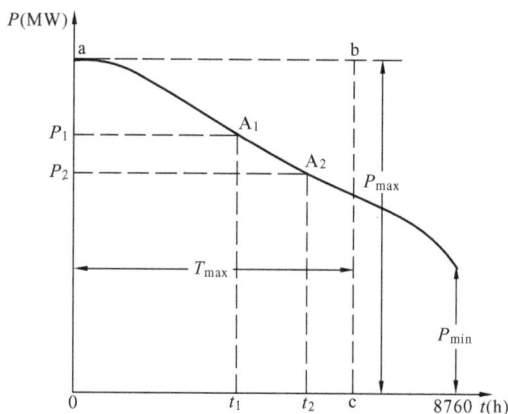

图 1-13　年持续负荷曲线

三、年持续负荷曲线

年持续负荷曲线是根据全年的负荷变化按照其大小及在一年中累计的持续运行时间排列组成的，如图 1-13 所示。曲线中的 A_1 点反映了在一年内负荷值超过 P_1 的累计持续时间为 t_1。A_2 点反映了在一年内负荷值超过 P_2 的累计持续时间为 t_2。于是可根据年持续负荷曲线计算出一年内负荷所消耗的电能 W。从图 1-13 可看出，一年内负荷所消耗的电能即是年持续负荷曲线所包围的面积，表示为

$$W = \int_0^{8760} P\mathrm{d}t$$

如果把用户全年所消耗的电能与一年内的最大负荷之比所得到的时间，称为年最大负荷利用小时数，以 T_{max} 表示，则有

$$T_{max} = \frac{W}{P_{max}} = \frac{\int_0^{8760} P\mathrm{d}t}{P_{max}}$$

或　　　　　　　　　　　　$$P_{max} T_{max} = W \tag{1-1}$$

由式 (1-1) 看出，T_{max} 的物理意义为：当用户始终保持最大负荷 P_{max} 运行时，经过 T_{max} 所

消耗的电能恰好等于其全年的实际总耗电量。年最大负荷利用小时数的大小，在一定程度上反映了实际负荷在一年内的变化程度。如果负荷曲线较为平坦，则 T_{max} 值较大，反之，T_{max} 值较小。因此，它在一定程度上反映用户的用电特点。根据运行经验，各类负荷的 T_{max} 值大体有一个范围，这样就可以按式（1-1）近似地求出该负荷全年使用的电能。这种方法在电网计算时是常用的。

根据电力系统长期运行和实测所积累的经验表明，对于各种不同类型的负荷，其年最大负荷利用小时数大体上在一定的范围之内，见表 1-2 所示。

表 1-2   各类负荷的最大负荷利用小时数 T_{max}

负荷类型	T_{max}（h）	负荷类型	T_{max}（h）
单班制企业用电	1500～2200	农业用电	2500～3000
两班制企业用电	3000～4500	户内照明及生活用电	2000～3000
三班制企业用电	6000～7000		

根据需要，有时还需要制定日无功负荷曲线、日电压变化曲线、月最大负荷曲线等。各种类型负荷曲线的制定原则与上述相同，不再一一述及。

第四节　电力系统的接线方式和额定电压

一、电力系统的接线方式和接线图

电力系统是最大的人工系统，敷设在非常广大的地域上，因而任何人想在不长的时间内看到整个系统的全部连接的实际情况那是不可能的，只能通过察看各元件连接情况的单线图，从而了解到整个系统的连接情况。

1. 电力系统的接线图

接线图有电气接线图和地理接线图两种。

（1）电气接线图。如图 1-14 所示，在电气接线图上，要求突出表明电力系统各主要元件之间（发电机、变压器、线路等）的电气连接关系；要求接线清楚，一目了然，而不过分重视实际的位置如何、距离的比例关系。

（2）地理接线图。如图 1-15 所示，在地理接线图上，很强调电厂与变电所之间的实际位置关系及各条输电线的路径长度都按一定比例反映出来，但各主要元件之间的电气联系、连接情况不必详细表示。

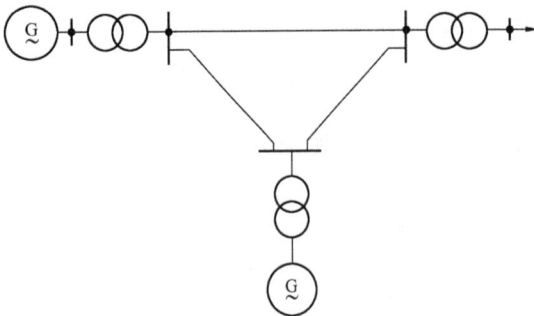

图 1-14　电力系统的电气接线图　　　　图 1-15　电力系统的地理接线图

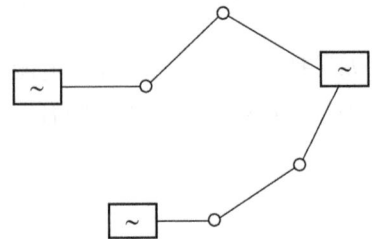

通常为了清楚、确切地掌握电力系统实际连接情况，往往将这两种图配合使用。

2.电力系统的接线方式

电力系统的接线方式应满足电力系统运行的基本要求：

1）必须保证用户供电的可靠性；

2）必须能灵活地适应各种可能的运行方式；

3）应力求节约设备和材料，减少设备费用和运行费用，使电网的建设和运行比较经济；

4）应保证各种运行方式下运行人员能够安全操作。

按照以上要求，不管是户内网络、城市网络，还是区域网络，其接线方式大致可分为无备用和有备用两类。

（1）无备用接线。无备用接线是指用户只能从一个方向取得电源的接线方式，包括放射式、干线式、链式，如图1-16所示。

无备用接线的特点是简单、经济、运行方便，但供电可靠性差、电能质量差。为了提高这类电网的供电可靠性，除了加强检查与维护，通常是在适当的地点装设保护装置，以保证故障线路的切断有一定的选择性，从而尽可能地缩小停电范围。

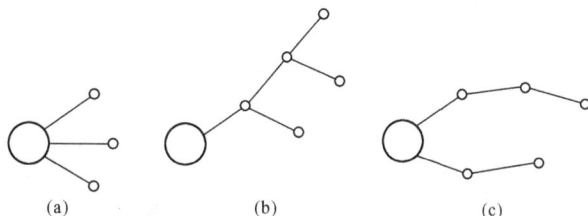

图1-16　无备用接线
(a) 放射式；(b) 干线式；(c) 链式

（2）有备用接线。有备用接线是指用户可以从两个或两个以上方向取得电源的接线方式，包括双回路的放射式、干线式、链式和环式、两端供电式等，如图1-17所示。

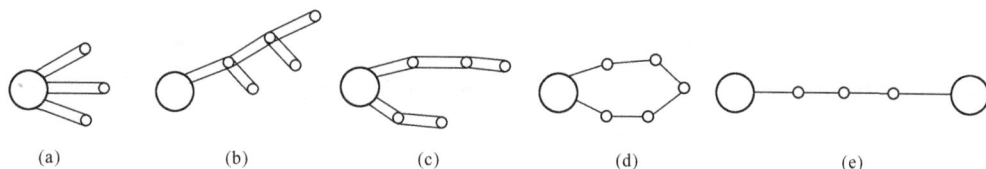

图1-17　有备用接线方式
(a) 双回路放射式；(b) 双回路干线式；(c) 双回路链式；(d) 环式；(e) 两端供电式

有备用接线的优点是供电可靠、电能质量高；缺点是运行操作和继电保护复杂，经济性较差。

由以上可知，各种形式的接线各有优缺点，实际中应该采用哪一种方案好，需要进行技术和经济性能的比较。比较供电可靠性、电能质量、经济性、操作方便与灵活性四个方面，还应考虑当前国家的经济政策，最后确定出可行的接线方案。

二、电力系统的额定电压

1.电力系统各元件的额定电压

电气设备的额定电压通常是由制造厂根据其工作条件确定的电压。电力系统正常运行时，发电机、变压器、用电设备等各种电气设备只有在额定电压运行时，技术经济性能才最好，安全可靠运行及使用寿命才能得到保证。但是，从设备制造及运行管理的角度考虑，额定电压等级不宜过多，且电压级差不宜过小。为了使电力工业和电工制造业的生产标准化、系列化和统一化，世界上的许多国家和有关国际组织都制定有关于标准电压等级的条例。我国规定的各种电气设备额定电压，按电压的高低分为三类。

第一类是 100V 以下的额定电压，见表 1-3。它们主要用于安全照明、蓄电池及开关设备的直流操作电源。表 1-3 中的三相 36V 电压等级，只作为特殊情况下安全照明负荷用。

第二类是 100V 以上、1000V 以下的额定电压，见表 1-4。它们主要用于一般电力负荷及照明设备。表中括号内的电压，只用于矿井下或其他安全条件要求较高之处。

第三类是 1000V 以上的额定电压，见表 1-5。它们主要用于发电机、变压器及用电设备。

表 1-3　　　　　第一类额定电压

直流（V）	交流（V）	
	三相（线电压）	单相
1	—	—
12	—	12
24	—	—
—	36	36
48	—	—

表 1-4　　　　　　　　　　　第二类额定电压

用 电 设 备			发 电 机		变 压 器			
直 流（V）	三 相 交 流（V）		直 流（V）	交流三相线电压（V）	交 流（V）			
					三　相		单　相	
	线电压	相电压			一次绕组	二次绕组	一次绕组	二次绕组
110	—	—	115	—	—	—	—	—
—	(127)	—	—	(133)	(127)	(133)	(127)	(133)
220	220	127	230	230	220	230	220	230
—	380	220	—	400	380	400	380	—
440	—	—	460	—	—	—	—	—

从表 1-5 中可以看出，即使在同一个电压等级中，各种电气设备（发电机、变压器、电力线路、用电设备等）的额定电压并不完全相等。某一级的额定电压是以用电设备的额定电压为中心而定的，为了使互相连接的电气设备都能运行在较有利的电压下，各电气设备的额定电压之间有一个相互配合的问题。

表 1-5　　　　　　　　　　　第三类额定电压

用电设备（kV）	交流发电机线电压（kV）	变压器线电压（kV）		用电设备（kV）	交流发电机线电压（kV）	变压器线电压（kV）	
		一次绕组	二次绕组			一次绕组	二次绕组
3	3.15	3 及 3.15	3.15 及 3.3	35	—	35	38.5
6	6.3	6 及 6.3	6.3 及 6.6	110	—	110	121
10	10.5	10 及 10.5	10.5 及 11	220	—	220	242
—	15.75	15.75	—	330	—	330	363

注　1. 变压器一次绕组栏内 3.15、6.3、10.5kV 及 15.75kV 电压适用于和发电机端直接连接的升压变压器及降压变压器；

2. 变压器二次绕组栏内 3.3、6.6kV 及 11kV 电压适用于短路电压值在 7.5% 及以上的降压变压器；

3. 当证明在技术上和经济上有特殊优点时，水轮发电机的额定电压容许用非标准电压。

电力系统中发电机、变压器、电力线路、用电设备等额定电压的确定如下。

（1）用电设备的额定电压为 U_N（最理想、最经济的工作电压），也是其他元件的参考电压。

（2）电力线路的额定电压。如图 1-18 所示，线路的首端和末端均可接用电设备，而用电设备的端电压一般允许在额定电压的 ±5% 以内波动。因而在没有调压设备的情况下，可容许在线路始末两端之间的电压损耗不大于 10%。于是，线路首端电压比用电设备的额定电压高 5%，即 $U_1 = U_N(1+5\%)$；

线路末端电压比用电设备的额定电压低 5%，即 $U_2 = U_N(1-5\%)$；

电力线路的额定电压为首末端电压的平均值，即 $(U_1+U_2)/2 = U_N$。

可见，电力线路的额定电压和用电设备的额定电压是相等的。

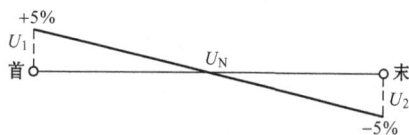

图 1-18　电压沿线路长度的分布

（3）发电机的额定电压。发电机作为直接配电的电源，总是接在线路的首端，为了补偿线路运行时产生的电压降，所以发电机的额定电压应该比线路的额定电压高 5%（与线路首端电压相当），即为 $U_{GN} = U_N(1+5\%)$。

例如，发电机接在额定电压为 10kV 线路的首端时，该发电机的额定电压为 10.5kV。对于没有直配负荷的大容量发电机，其额定电压按自身的技术经济条件来确定，如 125、200MW 及 300MW 的汽轮发电机，额定电压分别为 13.8、15.75kV 及 18kV。

（4）变压器的额定电压。变压器两侧的额定电压之比，称为变压器变比。例如，确定图 1-19 中变压器的变比，首先应确定变压器两侧的额定电压。变压器在传输电能的过程中，具有负荷和电源的双重地位。它的一次侧是接受电能的，相当于用电设备；它的二次侧是送出电能的，相当于电源。因此，变压器的一次侧额定电压等于用电设备的额定电压，即 $U_{1N} = U_N$。但是，直接和发电机相连的变压器（如图 1-19 中的 T1、T4），其一次侧额定电压等于发电机的额定电压，即 $U_{1N} = U_{GN} = U_N(1+5\%)$。变压器的二次侧额定电压应高于后面网络额定电压的 5%，即 $U_{2N} = U_N(1+5\%)$，但这是指空载运行情况。当变压器带负荷运行时，则在变压器内部会有约 5% 的电压降，所以要保持在正常工作时变压器二次侧的输出电压较电力线路的额定电压高 5%，就必须规定变压器二次侧的额定电压较线路的额定电压高 10%，即 $U_{2N} = U_N(1+10\%)$。

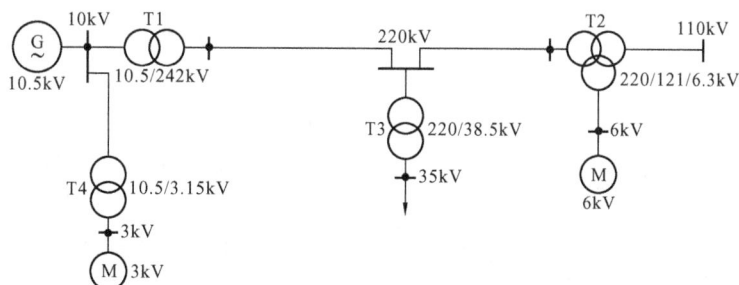

图 1-19　电力系统各元件的额定电压示意图

必须指出，某一变压器的变比不是唯一的，根据电力系统的运行需要，通常在变压器的高压绕组上（三绕组变压器的高压、中压绕组上）都设有若干个分接抽头，供调压选择使用。

2. 电网电压等级的选择

输、配电网额定电压的选择又称电压等级的选择，是关系到电力系统建设费用的高低、运行是否方便、设备制造是否经济合理的一个综合性问题。我们知道，在输送距离和输送容量一定的条件下，所选的额定电压越高，则线路上的电流越小，相应线路上的功率损耗、电能损耗和电压损耗也就越小，且可以采用较小截面的导线以节约有色金属。但是，电压等级越高，线路的绝缘越要加强，杆塔的几何尺寸也要随着导线之间距离和导线对地之间距离的增加而增大。这样，线路的投资和杆塔的材料消耗就要增加。同样，线路两端的升、降压变电站的变压器以及断路器等设备的投资也要随着电压的增高而增大。因此，采用过高的额定电压并不一定恰当。

根据电压等级的高低，目前电网大体分为低压、中压、高压、超高压和特高压五种。电压等级在 1kV 以下的电网称为低压电网，1～10kV 之间的电网称为中压电网，高于 10kV 而低于 330kV 的电网称为高压电网，330～1000kV 之间的电网称为超高压电网，1000kV 及以上的电网称为特高压电网。

根据运行经验，电网的额定电压等级，应根据输送距离和输送容量经过全面的技术经济比较来选定。电网的额定电压与输送距离和输送容量的关系见表 1 - 6。此表可供选择电网额定电压时的参考。图 1 - 20 表示了 330～750kV 电压线路的输送容量与输送距离的大致关系。

表 1 - 6 　　　　　　　　　　电网的额定电压与输送容量及输送距离的关系

额定电压（kV）	输送容量（MVA）	输送距离（km）	额定电压（kV）	输送容量（MVA）	输送距离（km）
3	0.1～1.0	1～3	220	100～500	100～300
6	0.1～1.2	4～15	330	200～800	200～600
10	0.2～2.0	6～20	500	1000～1500	150～850
35	2～10	20～50	750	2000～2500	500 以上
110	10～50	50～150			

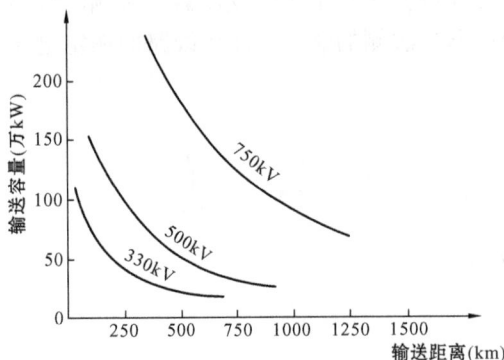

图 1 - 20 　330～750kV 电压线路的
输送容量与输送距离关系

三、电力系统中性点接地方式

电力系统中性点一般是指星形连接的变压器或发电机的中性点。这些中性点的运行方式是很复杂的问题，关系到绝缘水平、通信干扰、接地保护方式、电压等级、系统接线等很多方面。我国电力系统目前所采用的接地方式主要有三种，即不接地、经消弧线圈接地和直接接地。一般电压在35kV 及其以下的中性点不接地或经消弧线圈接地，称小电流接地方式；电压在110kV 及以上的中性点直接接地，称大电流接地方式。

1. 不接地方式

图 1 - 21 为中性点不接地的三相电路（空载）。在正常情况下，A、B、C 三相对称，电

网各相电压 $\dot{U}_A$、$\dot{U}_B$、$\dot{U}_C$ 是对称的，中性点电压 $\dot{U}_{N0}=0$，$\dot{I}_{AC}+\dot{I}_{BC}+\dot{I}_{CC}=0$，所以地中没有电容电流，即 $\dot{I}_{N0}=0$。

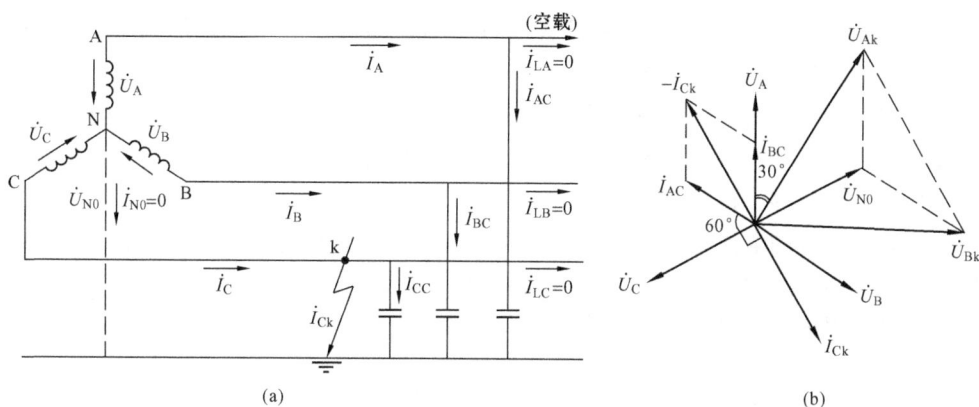

图 1-21　中性点不接地系统的单相接地

(a) 接线图；(b) 相量图

在故障情况下，如在线路的始端 C 相 k 点发生单相接地短路，因而各相对地电压发生变化，对地电容电流也发生变化，即 $\dot{U}_{N0}\neq0$，$\dot{I}_{N0}\neq0$，短路点有短路电流 $\dot{I}_{Ck}$ 存在，故障点各相电压、电流都发生变化，变化的情况如下。

(1) 故障相：C 相对地电压为零，$\dot{U}_{Ck}=0$。因为 $\dot{U}_{Ck}=\dot{U}_C+\dot{U}_{N0}$，所以 $\dot{U}_{N0}=-\dot{U}_C$。

(2) 非故障相：A 相　$\dot{U}_A$ 变成 $\dot{U}_{Ak}$

$$\dot{U}_{Ak}=\dot{U}_A+\dot{U}_{N0}=\dot{U}_A-\dot{U}_C=\sqrt{3}\dot{U}_C e^{-j150°}$$

B 相　$\dot{U}_B$ 变成 $\dot{U}_{Bk}$

$$\dot{U}_{Bk}=\dot{U}_B+\dot{U}_{N0}=\dot{U}_B-\dot{U}_C=\sqrt{3}\dot{U}_C e^{j150°}$$

故障前后三相电压相量图如图 1-21（b）所示。

在中性点不接地的三相系统中，当一相接地后，虽然中性点电压不为零，由图 1-21（b）可见，中性点发生位移，相电压发生不对称（接地相电压为零，未接地的 A、B 两相对地电压升高到相电压的 $\sqrt{3}$ 倍），但线一线之间的电压仍是对称的。所以，发生单相接地后，整个线路仍能继续运行一段时间。

(3) 接地电流为

$$\dot{I}_{Ck}=-（\dot{I}_{AC}+\dot{I}_{BC}）=\dot{I}_{CC}\quad（本身的电容电流）$$

因为

$$\dot{I}_{AC}=\frac{\dot{U}_{Ak}}{-jX_C}=\frac{\sqrt{3}\dot{U}_C e^{-j150°}}{-j\dfrac{1}{\omega C}}=\sqrt{3}\omega C\dot{U}_C e^{-j60°}$$

$$\dot{I}_{BC}=\frac{\dot{U}_{Bk}}{-jX_C}=\frac{\sqrt{3}\dot{U}_C e^{j150°}}{-j\dfrac{1}{\omega C}}=\sqrt{3}\omega C\dot{U}_C e^{-j120°}$$

所以

$$\dot{I}_{Ck}=-\sqrt{3}\omega C\dot{U}_C(e^{-j60°}+e^{-j120°})=j3\omega C\dot{U}_C\quad（容性）$$

　　可见，单相接地时，通过接地点的电容电流为未接地时每一相对地电容电流的 3 倍。如果故障处短路电流很大，在接地点会产生电弧。

　　综上所述，中性点不接地的三相系统中，当一相发生接地时，结果如下。

　　（1）未接地两相对地电压升高到相电压的 $\sqrt{3}$ 倍，即等于线电压，所以在这种系统中，相对地的绝缘水平应根据线电压来设计。

　　（2）各相间的电压大小和相位仍然不变，三相系统的平衡没有遭到破坏，因此可以继续运行一段时间，这便是不接地系统的最大优点，但不允许长期带接地运行，一相接地系统允许继续运行的时间最多不得超过 2h。

　　（3）接地点通过的电流为容性电流，其大小为原来相对地电容电流的 3 倍。这种电容电流不易熄灭，可能在接地点引起"弧光接地"，周期性的熄灭和重新发生电弧。"弧光接地"的持续间歇电弧很危险，可能引起线路的谐振现象而产生过电压，损坏电气设备或发展成为相间短路。

　　2. 中性点经消弧线圈接地

　　前述中性点不接地的三相系统发生单相接地故障时，虽然可以继续供电，但在单相接地的故障电流较大时，如 35kV 系统大于 10A，10kV 系统大于 30A 时，却不能继续供电。为了防止单相接地时产生电弧，尤其是间歇电弧，则出现了经消弧线圈接地方式，即在变压器或发电机的中性点接入消弧线圈，以减小接地电流。

　　消弧线圈是一个具有铁芯的可调电感线圈，见图 1-22。当中性点加消弧线圈后，一相短路时，消弧线圈上的电流为

$$\dot{I}_{L}=\frac{-\dot{U}_{N0}}{jX_{L}}=\frac{-(-\dot{U}_{C})}{j\omega L}=\frac{\dot{U}_{C}}{j\omega L}$$

可见，$\dot{I}_{L}$ 落后于 $\dot{U}_{C}$ 90°，是感性电流，而短路电流 $\dot{I}_{Ck}$ 超前于 $\dot{U}_{C}$ 90°，是容性电流，从相量图 1-22（b）看出，$\dot{I}_{L}$ 与 $\dot{I}_{Ck}$ 方向相反。所以在短路回路中，电感电流 $\dot{I}_{L}$ 可以和电容电流 $\dot{I}_{Ck}$ 互相补偿，或是完全抵消，或使接地处的电容电流有所减小，易于切断，从而消除了接地处的电弧以及由它所产生的危害，使系统仍能继续运行。

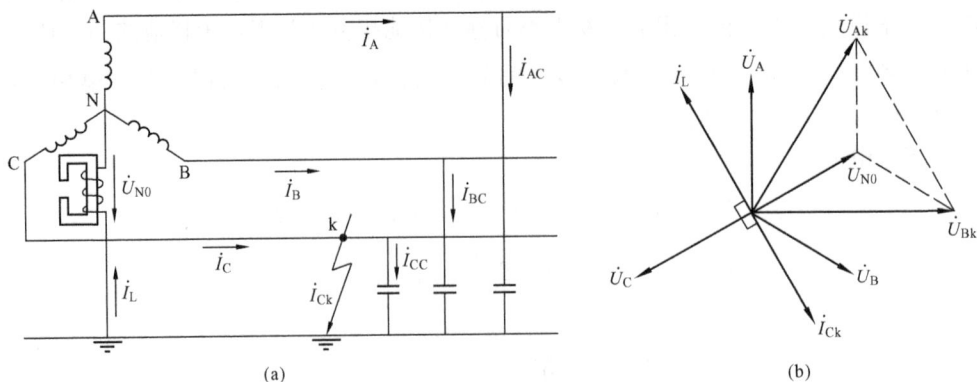

图 1-22　中性点经消弧线圈接地
(a) 接线图；(b) 相量图

这种补偿又可分为全补偿、欠补偿和过补偿。电感电流等于电容电流，接地处的电流为零，此种情况为全补偿；电感电流小于电容电流为欠补偿；电感电流大于电容电流为过补偿。从理论上讲，采用全补偿可使接地电流为零，但因采用全补偿时，感抗等于容抗，系统有可能发生串联谐振，谐振电流若很大，将在消弧线圈上形成很大的电压降，使中性点对地电位大大升高，可能造成设备绝缘损坏，因此一般不采用全补偿。

3. 中性点直接接地

对于电压在 110kV 及以上的电力系统，由于电压较高，则要求的绝缘水平也就高。若中性点不接地，当发生接地故障时，其相电压升高$\sqrt{3}$倍，达到线电压，对设备的影响很大，需要的绝缘水平就更高。为了节省绝缘费用，保证其经济性，又要防止单相接地时产生间歇电弧过电压，通常将系统的中性点直接接地，也可经电抗器接地。中性点直接接地的三相系统如图1-23所示。

设 A 相 k 点对地短路，则短路电流 $\dot{I}_k = \dot{U}_A/jX_A$，由于 X_A 较小，所以 $\dot{I}_k$ 较大，很大的短路电流可能烧坏电气设备。

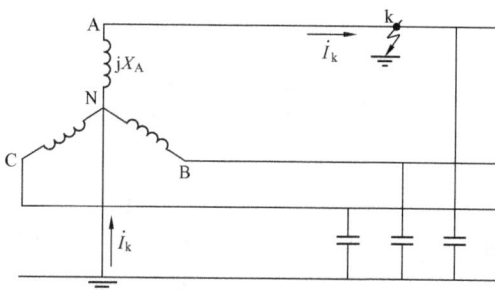

图 1-23　中性点直接接地的三相系统

中性点直接接地系统当发生单相接地时，故障相由接地点通过大地形成单相短路回路，单相短路回路电流值 I_k 很大，可使继电保护装置动作，断路器断开，将故障部分切除；如果是瞬时性的故障，当自动重合闸成功，系统又能继续运行。

可见，中性点直接接地的缺点是供电可靠性差，每次发生故障，断路器跳闸，供电中断。而现在的电网设计，一般都能保证供电可靠性，如双回线或两端供电，当一回路因故障断开，由于高压线上不直接连接用户，则对用户的供电完全可以由另一回路保证。

第五节　电力线路的结构

电力线路按结构可分为架空线路和电缆线路两类。架空线路是将导线架设在杆塔上；电缆线路一般是敷设在地下（沟道里、管道中）或水底。

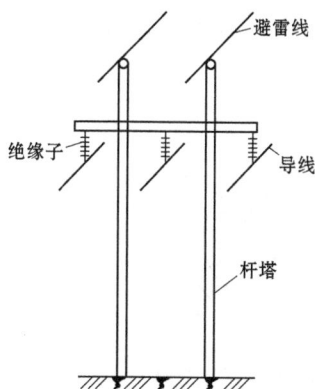

图 1-24　架空线路的主要元件

一、架空线路

架空线路之所以广泛使用，是因为它较电缆线路有一些显著的优点，如建造费用低、施工期短、技术要求不高、维护和检修方便、节省有色金属等。

架空线路是由导线、避雷线、杆塔、绝缘子和金具（图1-24未标示）构成，如图1-24所示。它们的作用分别是：

(1) 导线用于传导电流、输送电能；

(2) 避雷线用于将雷电流引入大地，以保护电力线路免受雷击；

(3) 杆塔用于支撑导线和避雷线，使导线与导线、导线与大地之间保持一定的安全距离；

（4）绝缘子用于使导线和杆塔之间保持绝缘；

（5）金具用于连接导线或避雷线，将导线固定在绝缘子上，以及将绝缘子固定在杆塔上。

1. 导线和避雷线

架空线路的导线和避雷线都是架设在空中，在露天条件下运行，它们不仅要承受自重、风力、冰雪荷载等机械力的作用，而且还会受到空气中有害气体的化学侵蚀，并且受到剧烈的温度变化的影响。因此，导线和避雷线除了要求有良好的导电性能外，还必须具有较高的机械强度和耐化学腐蚀的能力。

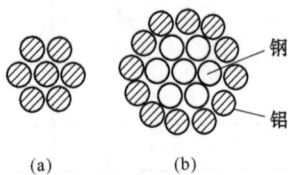

图 1-25　常用导线的断面图

(a) 一种金属的多股绞线；

(b) 两种金属的多股绞线

目前，常用的导线材料有铝、铜、钢、铝合金。避雷线一般用钢导线，在特殊情况下也有用铝包钢线的。导线和避雷线的材料标号以不同的拉丁字母表示，如铝用 L 表示，钢用 G 表示，铜用 T 表示，铝合金用 HL 表示。

由于多股线优于单股线，架空线路多半采用绞合的多股导线，称多股绞线，多股绞线的标号为 J，其结构见图 1-25。多股绞线股数的安排规律是：除中心一股芯线外，由内向外，第一层 6 股，第二层 12 股，第三层 18 股，依次类推。由于铝线的机械强度较低，采用铝导线时，线路的档距不能太大，这样就增加了杆塔的数目，从而抬高了线路的造价。所以电压在 10kV 以上的输电线路广泛采用着由钢导线和铝导线制成的钢芯铝绞线，见图 1-25 (b)。

钢芯铝绞线按照其铝线和钢线截面比的不同有不同的机械强度，一般分为三类：

第一类：LGJ 型——普通钢芯铝绞线，它的铝线截面 S_L 和钢线截面 S_G 的比值为 $S_L/S_G = 5.3 \sim 6.1$；

第二类：LGJQ 型——轻型钢芯铝绞线，它的 $S_L/S_G = 7.6 \sim 8.3$；

第三类：LGJJ 型——加强型钢芯铝绞线，它的 $S_L/S_G = 4.0 \sim 4.5$。

无论是单股或多股、一种或两种金属制成的导线，其型号后边的数字总是代表主要载流部分额定截面积的平方毫米数。例如 LGJQ—300 型表示轻型钢芯铝绞线，主要载流部分的额定截面积为 $300mm^2$。

此外，为了减小电晕损耗或线路电抗，电压在 220kV 以上的输电线路上还常常采用分裂导线（见图 1-26）或扩径导线（见图 1-27）。

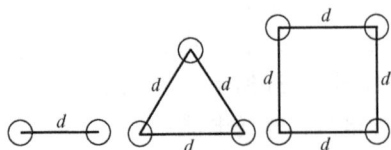

图 1-26　分裂导线

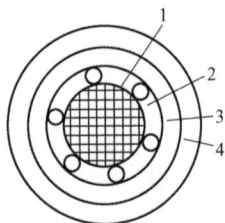

图 1-27　扩径导线

1—钢芯—钢线 19 股；2—支撑层—铝线 6 股；

3—内层—铝线 18 股；4—外层—铝线 24 股

分裂导线就是将每相导线分裂成若干根，这时，线路的每相中不只具有一根导线，而是具有总截面与单根导线截面相当的几根导线（如分裂成 2、3 根或 4 根），相互间保持一定距离。导线的这种分裂可使导线周围的电磁场发生很大变化，减小电晕和线路电抗。

扩径导线是人为地扩大导线直径，但又不增大载流部分的导线截面，扩径导线的型号为 LGJK。扩径导线和普通钢芯铝绞线的区别在于支撑层并不为铝线所填满（如图 1-27 所示），支撑层仅有 6 股，而这 6 股主要起支撑作用。

2. 杆塔

杆塔的类型很多，按受力的特点分为直线杆塔、耐张杆塔、转角杆塔和直线转角杆塔、终端杆塔、换位杆塔及跨越杆塔等，也可按使用的材料分为钢筋水泥杆、木杆、铁塔，或按结构形式、导线排列方式等分成各种类型。

随着杆塔形式的不同，也就有不同的导线排列方式。单回路杆塔上导线的排列有三角形和水平排列等，对两回路铁塔有伞形、鼓形和双三角形等，如图 1-28 所示。

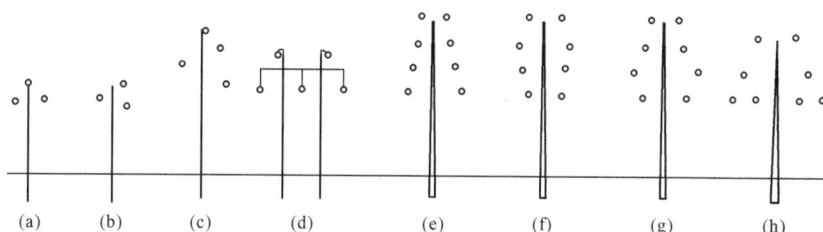

图 1-28 导线和避雷线在杆塔上的排列方式
(a)、(b)、(c) 三角形；(d) 水平；(e) 伞形；(f) 倒伞形；(g) 鼓形；(h) 双三角形

如图 1-29 所示，由于三相导线在杆塔上的排列不对称，无论哪一种排列方式，三相之间和每相对地之间的互感总是不完全相同的，从而引起了三相导线上电抗的不对称，故架空线路的三相导线应该进行换位（换位杆塔是用来进行导线换位的）。

架空线路的换位是为了减小三相参数的不平衡。图 1-30 所示为线路的一次整换位循环。所谓整换位循环，指在一定长度内有两次换位，而三相导线都分别处于三个不同位置，完成一次完整的换位循环。按有关规程规定："在中性点直接接地的电网中，长度超过 100km 的线路，均应换位。换位循环长度不宜大于 200km。"

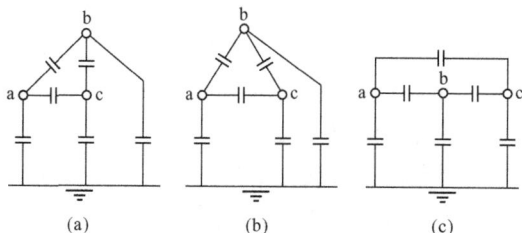

图 1-29 三相导线上电抗不对称排列方式

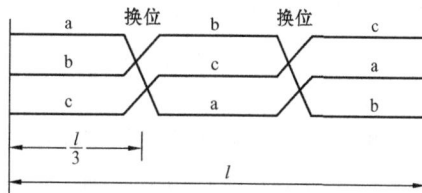

图 1-30 一次整换位循环

3. 绝缘子

绝缘子是用来支持和悬挂导线并使之与杆塔绝缘的。它是一种瓷质或玻璃质元件，应具有足够的绝缘强度和机械强度，同时对化学杂物的侵蚀具有足够的抵抗能力，并能适应周围

图 1-31　针式绝缘子

大气条件的变化，如温度和湿度变化对它本身的影响等。

架空线路上所用的绝缘子主要有针式和悬式两种，如图 1-31、图 1-32 所示。此外，在个别情况下也有用瓷横担绝缘子（见图 1-33）等型式。

针式绝缘子使用于电压不超过 35kV 的线路。悬式绝缘子是成串使用的，用于电压为 35kV 及以上的线路，型号为 X，X 后的数字表示可以承受的荷重（单位：t）。线路电压不同，每串绝缘子的片数也不同。规程规定：使用 X-4.5 型绝缘子时，35kV 不少于 3 片，110kV 不少于 7 片，220kV 不少于 13 片，330kV 不少于 19 片，500kV 不少于 28 片。因此，通常也可根据绝缘子串上绝缘子的片数判断线路的电压等级。

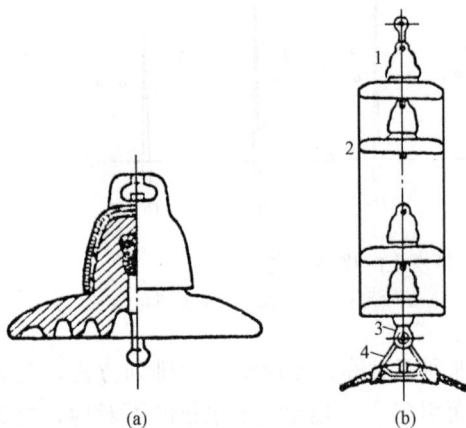

图 1-32　悬式绝缘子

(a) 单片；(b) 成串

1—耳环；2—绝缘子；3—吊环；4—线夹

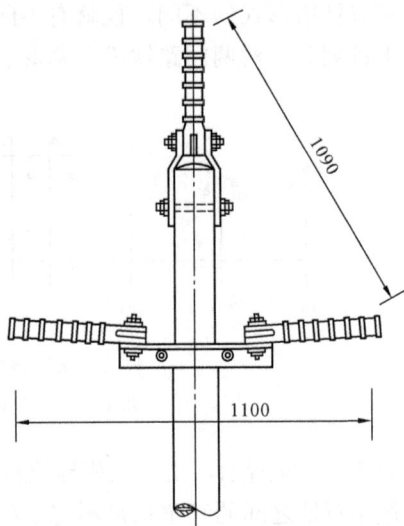

图 1-33　瓷横担绝缘子

瓷横担绝缘子的两端为金属，中间为瓷质，是既起绝缘子的绝缘作用，又起横担的支持作用的元件。采用这种绝缘子可节省木材、钢材，有效地降低杆塔高度。

4. 金具

架空线路的金具有悬垂线夹、耐张线夹、接续金具、连接金具、保护金具等几大类。

(1) 悬垂线夹。悬垂线夹的主要作用是将导线固定在直线杆塔的悬垂绝缘子串上，或将避雷线固定在直线杆塔上。图 1-34 (a) 所示为一种常用的悬垂线夹。

(2) 耐张线夹。耐张线夹的主要作用是将导线固定在非直线杆塔的耐张绝缘子串上，或将避雷线固定在非直线杆塔上。图 1-34 (b) 所示为一种常用的耐张线夹。

(3) 接续金具。接续金具用于导线或避雷线两个终端的连接处。图 1-35 (a)、(b) 所示的压接管、钳接管等接触金具。

(4) 连接金具。运用连接金具将绝缘子组装成串或将线夹、绝缘子串、杆塔横担相互连接。

(5) 保护金具。保护金具包括防振保护金具和绝缘保护金具。

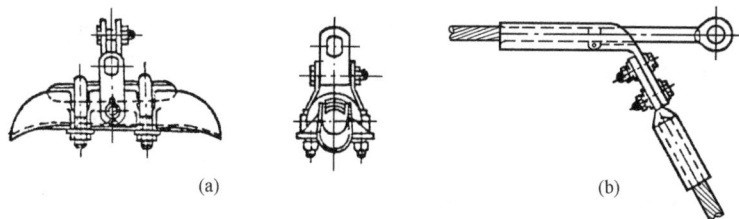

图 1 - 34　悬垂线夹和耐张线夹

（a）悬垂线夹；（b）耐张线夹

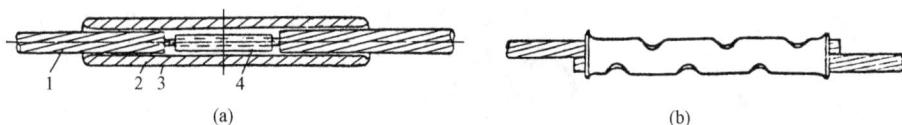

图 1 - 35　几种接续金具

（a）压接管；（b）钳接管

1—钢芯铝线；2—铝压接管；3—钢芯；4—钢压接管

　　防振保护金具用于防止导线或避雷线因风引起的周期性振动而造成导线、避雷线、绝缘子串乃至杆塔的损坏。这类金具有护线条、预绞丝、防振锤、阻尼线等。其中，护线条和预绞丝的作用在于减小导线振动时所受的机械应力，是加强导线抗振能力的金具；防振锤和阻尼线则在导线振动时产生与振动方向相反的阻尼力，因而是削弱导线振动的金具。护线条和防振锤如图 1 - 36 （a）、（b）所示。

　　绝缘保护金具悬重锤可以减小悬垂绝缘子串的偏移，防止其过分靠近杆塔。悬重锤见图 1 - 36（c）。图中的重锤片数可以增减。

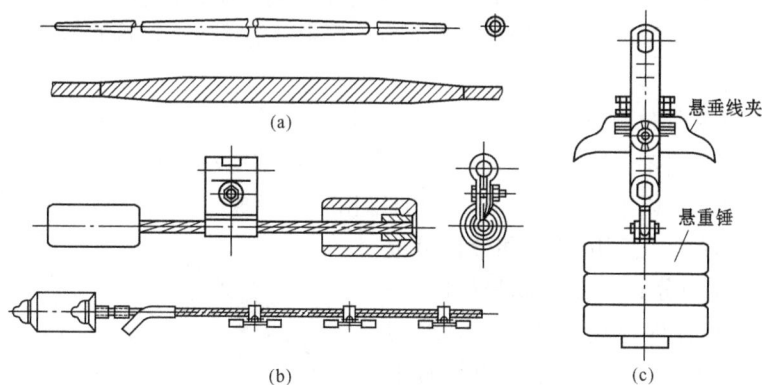

悬垂线夹

悬重锤

图 1 - 36　几种保护金具

（a）护线条；（b）防振锤；（c）悬重锤

二、电缆的结构

　　电缆线路的造价比架空线路要高，电压越高，两者的差价也越大。另外，电缆线路的故障点的确定和检修比架空线路要复杂得多。但它也有一系列突出的优点，如不需要在地面上架设杆塔，从而节省了土地占用面积；供电可靠，极少受外力破坏和气象条件的影响；对人身较安全等。因此，在大城市、发电厂和变电站的内部或附近以及穿过江河海峡时，往往采用电缆线路。电缆线路用电缆和附件组成。

1. 电缆的构造

电缆的构造一般包括导体、绝缘层和保护包皮三部分。

电缆的导体通常用多股铜绞线或铝绞线制成，以增加电缆的柔性，使之能在一定程度内弯曲而不变形。根据电缆中导体数目的不同，可分为单芯、三芯和四芯电缆。单芯电缆的导体截面总是圆形的；三芯和四芯电缆的导体截面除了圆形外，还有扇形的，如图 1-37 所示。

电缆的绝缘层用于使各导体之间及导体与包皮之间相互绝缘。制造电缆所用的绝缘可分为均匀质和纤维质两类，前者包括橡胶、沥青、聚乙烯、聚丁烯等，后者包括棉、麻、丝、绸、纸等。

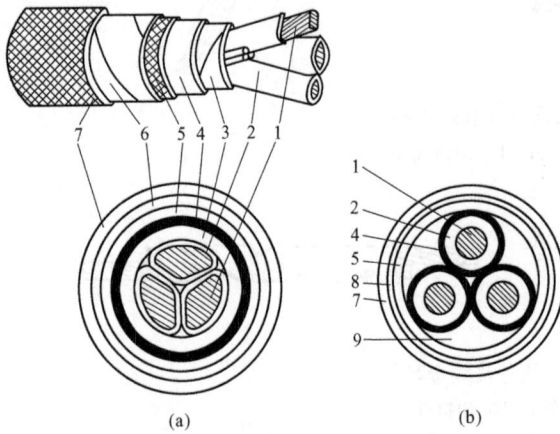

图 1-37　电缆结构示意图
(a) 三相统包型；(b) 分相铅包型
1—导体；2—相绝缘；3—纸绝缘；4—铅包皮；5—麻衬；
6—钢带铠甲；7—麻被；8—钢丝铠甲；9—填充物

电力电缆，特别是高压电缆，大多数采用油浸绝缘，它是用质量较好的木浆纸除去水分后用油和松香混合制成的绝缘剂加以浸渍而成。

电缆的保护包皮用于保护绝缘层，使其在运输、敷设和运行过程中不受外力损伤，并防止水分侵入。在油浸纸绝缘电缆中，保护包皮有防止绝缘油外流的作用。电缆保护包皮常用的有铝包皮和铅包皮两种。为了防止外力的破坏，电缆的外层还有钢带铠甲。为了避免外层的钢带铠甲对铅或铝包皮的损伤，在铅或铝包皮外面有一层由麻绳或麻布经沥青浸渍后的内衬层。

2. 电缆的分类

电缆除按芯数和导体截面形状分类外，还可以分为统包型、屏蔽型和分相铅包型。统包型的三相芯线绝缘层外有一共同的铅包皮。这种电缆内部电场分布不均匀，不能充分利用绝缘强度，只用于 10kV 以下的电缆。屏蔽型的每相芯线绝缘层外部都包有金属带。分相铅包型的各相分别有铅包。由于屏蔽型和分相铅包型电缆改善了电场的分布，使之成为如图 1-38 所示的均匀分布辐射电场，从而更好地利用了电缆的绝缘，因此 10kV 以上的电缆常采用这两种型式。

当额定电压超过 35kV 时，绝缘厚度要求加大，制造时电缆内部不可避免地存在气隙，在高压作用下，很容易产生气体游离，使绝缘迅速破坏。因此，超高压的电力电缆还有充油式、充气式的。

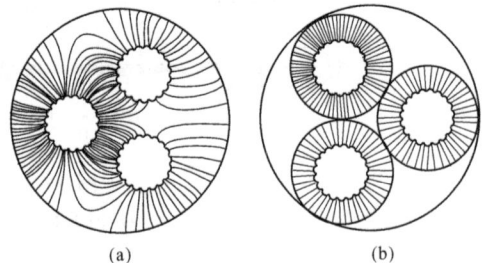

图 1-38　屏蔽和分相铅包的作用
(a) 无分相铅包时的电场分布情况；
(b) 有分相铅包时的电场分布情况

习 题 与 思 考 题

1-1 电力系统、电网、动力系统的定义是什么？

1-2 发电厂和变电站的类型有哪些？

1-3 电力系统运行的特点和基本要求是什么？

1-4 衡量电能质量的指标是什么？

1-5 什么是电力系统的负荷曲线？最大负荷利用小时数 T_{max} 的物理意义是什么？

1-6 电力系统接线图有哪几种？区别是什么？

1-7 电力系统接线方式有哪几种？比较有备用接线和无备用接线的优缺点。

1-8 电力系统各主要元件的额定电压如何确定？

1-9 电力系统中性点的接地方式有哪几种？分析其适用范围。

1-10 电力系统中性点经消弧线圈接地时，消弧线圈的作用是什么？

1-11 架空输电线路由哪几部分组成？各部分的作用是什么？

1-12 钢芯铝绞线分为几类？导线型号（如 LGT-120 型）后面的数字表示什么？

1-13 架空线路为什么要换位？规程规定，架空线长度大于多少千米就应进行换位？

1-14 电缆线路的构造包括哪几部分？

1-15 标出图 1-39 中各元件的额定电压。

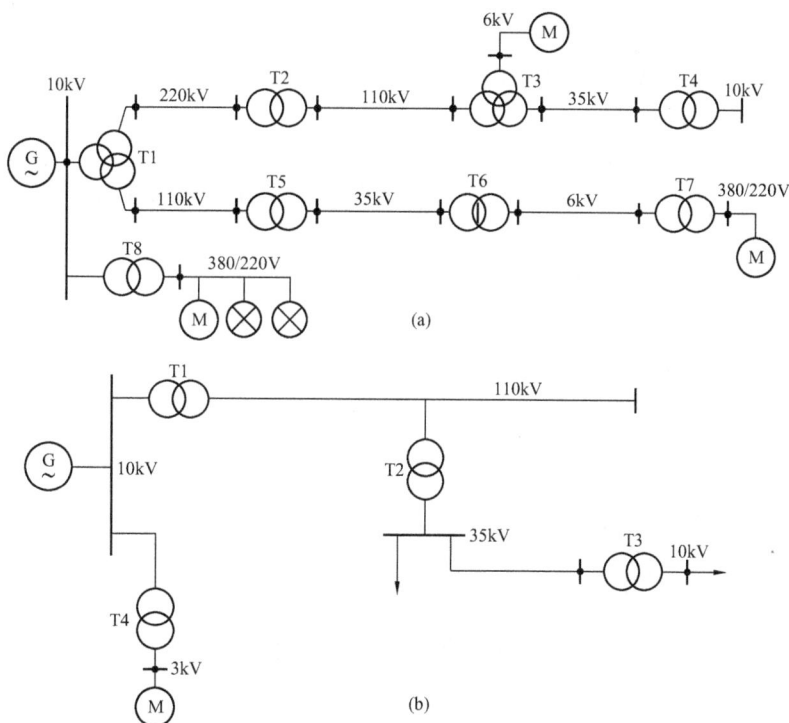

图 1-39 习题 1-15 图

1-16　电力系统如图 1-40 所示。试求：

（1）发电机 G，变压器 T1、T2、T3、T4，三相电动机 M，单相电灯 L 等各元件的额定电压。

（2）当变压器 T1 在＋2.5％抽头处工作，T2 在主抽头处工作，T3 在－2.5％抽头处工作时，这些变压器的实际变比。

1-17　图 1-41 中已标明各级电网的电压等级。试标出图中发电机和电动机的额定电压及变压器的额定变比。

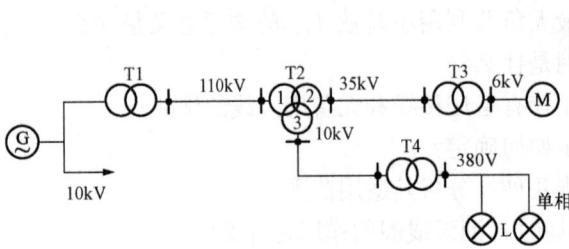

图 1-40　习题 1-16 图　　　　　　　　图 1-41　习题 1-17 图

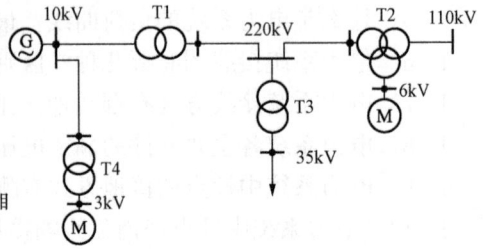

1-18　电力系统接线如图 1-42 所示，电网各级电压示于图中。试求：

（1）发电机 G 和变压器的额定电压。

（2）当变压器 T1 工作于＋2.5％抽头，T2 工作于主抽头，T3 工作于－5％抽头时，这些变压器的实际变比。

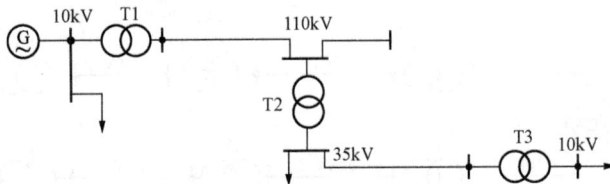

图 1-42　习题 1-18 图

1-19　标出图 1-43 所示电力系统中各元件的额定电压。

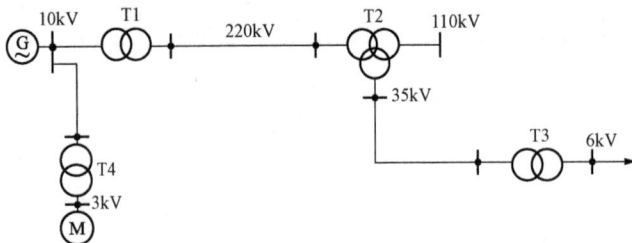

图 1-43　习题 1-19 图

第二章　电力系统的元件参数及等值网络

为了保证电力系统安全、可靠、优质而又经济的运行，电力系统必须进行一系列的技术经济计算。电力系统的计算包括机械方面的计算和电气方面的计算，本课程主要研究电气方面的计算。而且不论是研究电力系统的正常运行，还是研究电力系统的暂态运行，电力系统的等值网络和网络参数是电气计算的基础。所谓等值网络，系指电力系统或电网的等值电路；所谓网络参数，系指网络中各元件（如电力线路、变压器、电抗器、发电机等）的电阻、电抗、电导和电纳。实际上这些参数并不直接已知，而是给出这些元件的其他条件。例如：输电线路，可以已知导线型号；变压器铭牌上标出短路和空载试验数据；发电机厂提供其额定容量、功率因数、电抗百分值等。如何根据这些已知条件求出电力系统各元件的参数，这是本章首先要讨论的问题。而电力系统或电网的等值网络图上的参数必须是统一在同一电压水平上的参数，因此，绘制电力系统的等值网络还要涉及参数的归算问题。

综上所述，本章主要讨论两个问题：一是电力系统中各元件的参数和等值电路；二是电力系统等值网络图的绘制。

第一节　电力系统各元件的参数和等值电路

一、电力线路的参数和等值电路

（一）电力线路的参数

电力线路的电气参数包括导线的电阻、电导，以及由交变电磁场而引起的电感和电容四个参数。线路的电感以电抗的形式计算，而线路的电容则以电纳的形式计算。电力线路是均匀分布参数的电路，也就是说，它的电阻、电抗、电导和电纳都是沿线路长度均匀分布的。线路每千米的电阻、电抗、电导和电纳分别以 r_1、x_1、g_1 和 b_1 表示，这四个参数的计算方法见如下讨论。

1. 线路的电阻

电流通过导体时所受到的阻力，称为该导体的电阻。直流电路中导体的电阻的计算式为

$$R=\frac{\rho}{S}l \tag{2-1}$$

式中　ρ——导线材料的电阻率，$\Omega \cdot mm^2/km$；

S——导线的额定截面积，mm^2；

l——导线的长度，km。

在交流电路中，式（2-1）仍然适用，但由于集肤效应和近距作用的影响，交流电阻与直流电阻不同。在同一种材料的导体上，其单位长度的电阻 r_1 是相同的，只要知道 r_1，再乘以它的长度 l 就可以求出导体的电阻。而单位长度的电阻为

$$r_1=\frac{\rho}{S} \tag{2-2}$$

在电力系统计算中，导线材料的电阻率可以由表2-1查到。表中的数据，不是各种导体材料原有的电阻率，而是修正以后的电阻率，应考虑到下面三个因素。

（1）在电网中，所用的导线和电缆大部分都是多股绞线，绞线中线股的实际长度要比导线的长度长2%～3%，因而它们的电阻率要比同样长度的单股线的电阻率大2%～3%。

（2）在电网计算时，所用的导线和电缆的实际截面比额定截面要小些，因此，应将导线的电阻率适当增大，以归算成与额定截面相适应。

（3）一般表中的电阻率数值都是对应于20℃的情况。当温度改变时，电阻率 ρ 的大小要改变，线路的电阻也要变化。而线路的实际工作环境温度异于20℃时，可按下式修正

$$r_t = r_{20}\left[1 + \alpha(t - 20)\right] \tag{2-3}$$

式中　r_{20}——20℃时的电阻，Ω/km；

　　　r_t——实际温度 t 时的电阻，Ω；

　　　α——电阻的温度系数，对于铝，$\alpha = 0.0036$，对于铜，$\alpha = 0.00382$。

表2-1　　　　　　　　　　　导线材料计算用电阻率 ρ 和电导率 γ

导　线　材　料	铜	铝
ρ（$\Omega \cdot mm^2$/km）	18.8	31.5
γ（m/$\Omega \cdot mm^2$）	53	32

2. 线路的电抗

当交流电流流过导线时，就会在导线周围空间产生交变的磁场，电流变化时，将引起磁通的变化。由楞次定律可知，磁通的变化将在导线自身内（自感上）和邻近的其他导线上（互感上）感应出电动势。在导线自身内感生的电动势称自感电动势；在其他导线上感生的电动势称互感电动势。自感电动势和互感电动势均是反电动势，这个反电动势是阻止电流流动的，我们将阻碍电流流动的能力用电抗来度量。

三相导线对称排列或虽不对称排列但经整循环换位时，每相导线单位长度电抗的计算式为

$$x_1 = 2\pi f\left(4.61\lg\frac{D_m}{r} + \frac{\mu_r}{2}\right) \times 10^{-4} \tag{2-4}$$

$$D_m = \sqrt[3]{D_{ab}D_{bc}D_{ca}}$$

式中　　　x_1——导线单位长度的电抗，Ω/km；

　　　　　r——导线的半径，cm 或 mm；

　　　　　μ_r——导线材料的相对导磁系数，对铝、铜等，取 $\mu_r = 1$；

　　　　　f——交流电的频率，Hz；

　　　　　D_m——三相导线的几何平均距离，简称几何均距（cm 或 mm），其单位应与 r 单位相同；

D_{ab}、D_{bc}、D_{ca}——分别为 a、b 相之间，b、c 相之间，c、a 相之间的距离。

如将 $f = 50$Hz，$\mu_r = 1$ 代入式（2-4），可得

$$x_1 = 0.1445\lg\frac{D_m}{r} + 0.0157 \tag{2-5}$$

式（2-5）又可改写为

$$x_1 = 0.1445 \lg \frac{D_m}{r'} \qquad (2-6)$$

式（2-6）中的 r' 被称为导线的几何平均半径，而由式（2-5）不难得出，$r'=0.779r$。

由于电抗与几何均距、导线半径之间为对数关系，导线在杆塔上的布置和导线截面积的大小对线路的电抗没有显著影响，架空线路的电抗一般都在 $0.40\Omega/km$ 左右。

对于分裂导线线路的电抗，应按如下考虑：

分裂导线的采用，改变了导线周围的磁场分布，等效地增大了导线半径，从而减小了每相导线的电抗。

若将每相导线分裂成 n（若干）根，则决定每相导线电抗的将不是每根导线的半径 r，而是等效半径 r_{eq}，如图2-1所示。

于是每相具有 n 根分裂导线的单位电抗为

$$x_1 = 0.1445 \lg \frac{D_m}{r_{eq}} + \frac{0.0157}{n} \qquad (2-7)$$

$$r_{eq} = \sqrt[n]{r(d_{12}d_{13}\cdots d_{1n})}$$

式中　　r_{eq}——分裂导线的等效半径；

r——每根导线的半径；

d_{12}，$d_{13}\cdots d_{1n}$——某根导线与其余 $n-1$ 根导线间的距离。

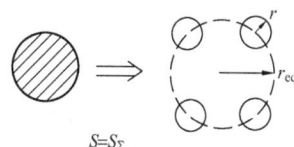

图2-1　分裂导线的等效半径

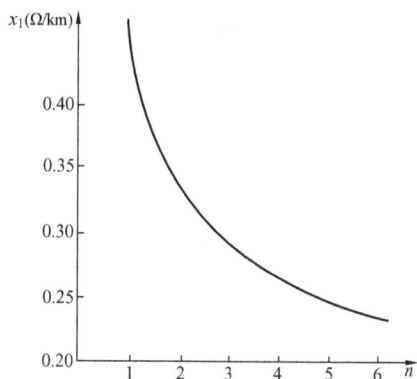

图2-2　电抗与分裂导线根数的关系曲线

采用分裂导线时，分裂导线的根数越多，电抗下降的也越多，但分裂导线根数超过4根时，电抗的下降并不明显。图2-2表明分裂导线的根数 n 与电抗 x_1 的关系。目前，我国500kV运行电压的线路采用四分裂导线。

对于同杆并架的双回输电线路，从整体上说，由于正常运行时abc三相电流之和为零，所以一回线对另外一回线路的互感影响小，总影响近似为零，可略去不计，因此，仍可按式（2-5）计算电抗。

3. 线路的电导

线路的电导主要是由沿绝缘子的泄漏电流和电晕现象引起的。通常由于线路的绝缘水平较高，沿绝缘子泄漏很小，往往可以忽略不计，只有在雨天或严重污秽等情况下，泄漏电导才会有所增加，所以线路的电导主要由电晕现象引起。

所谓电晕现象，就是指导线周围空气的电离现象。导线周围空气之所以会产生电离，是由于导线表面的电场强度很大，而架空线路的绝缘介质是空气，一旦导线表面的电场强度达到或超过空气分子的游离强度时，空气的分子就被游离成离子。这时能听到"嗞嗞"的放电声，或看到导线周围发生的蓝紫色荧光，还可以闻到氧分子被游离后又结合成臭氧（O_3）的气味，最后形成空气的部分电导。这种在强电磁场作用下，导线周围空气的电离现象称为电晕现象。

电晕是要消耗有功功率、消耗电能的。此外，空气放电时产生的脉冲电磁波对无线电和高频通信产生干扰，电晕还会使导线表面发生腐蚀，从而降低导线的使用寿命。因此，输电线路应考虑避免发生电晕现象。

电晕现象的发生，主要决定于导线表面的电场强度。在导线表面开始产生电晕的电场强度，称为电晕起始电场强度。使导线表面达到电晕起始电场强度的电压，称为电晕起始电压，或称临界电压。对于三相三角形架设的普通导线线路，校核线路是否会发生电晕的临界电压的经验公式为

$$U_{cr} = 49.3 m_1 m_2 \delta r \lg \frac{D_m}{r} \qquad (2-8)$$

$$\delta = \frac{3.86b}{273+t}$$

式中　U_{cr}——电晕临界相电压，kV；

$\quad\quad m_1$——导线表面的光滑系数，对表面完好的多股导线，$m_1 = 0.83 \sim 0.966$，当股数在20股以上时，m_1 均大于 0.9，可取 $m_1 = 1$；

$\quad\quad m_2$——反映天气状况的气象系数，对于干燥晴朗的天气，取 $m_2 = 1$；

$\quad\quad b$——大气压力，Pa；

$\quad\quad t$——空气的温度，℃；

$\quad\quad \delta$——空气的相对密度，当 $b = 7600$Pa，$t = 20$℃时，$\delta = 1$；

$\quad\quad r$——导线的半径，cm；

$\quad\quad D_m$——三相导线的几何均距，cm。

采用分裂导线时，由于导线的分裂，减小了电场强度，则电晕临界相电压变为

$$U_{cr} = 49.3 m_1 m_2 \delta r f_{nd} \lg \frac{D_m}{r_{eq}} \qquad (2-9)$$

$$f_{nd} = n \left/ \left[1 + 2 (n-1) \frac{r}{d} \sin \frac{\pi}{n} \right] \right.$$

式中　r_{eq}——分裂导线的等效半径，cm；

$\quad\quad f_{nd}$——与分裂状况有关的系数，一般取 $f_{nd} \geqslant 1$；

$\quad\quad n$——分裂导线根数；

$\quad\quad r$——每根导体的半径，cm。

其余符号的意义与式（2-8）相同。

导线水平排列时，边相导线的电晕临界电压 U_{cr1} 较按式（2-8）、式（2-9）求得的 U_{cr} 高 6%，即 $U_{cr1} = 1.06 U_{cr}$；中间相导线的电晕临界电压 U_{cr2} 较按式（2-8）、式（2-9）求得的 U_{cr} 低 4%，即 $U_{cr2} = 0.96 U_{cr}$。

以上介绍了电晕临界电压的求法，在实际线路工作电压一旦达到或超过临界电压时，电晕现象就会发生。

电晕损耗 ΔP_c 在临界电压时开始出现，而且工作电压超过临界电压越多，电晕损耗就越大。若再考虑沿绝缘子的泄漏损耗 ΔP_δ（很小），则总的功率损耗 $\Delta P_g = \Delta P_c + \Delta P_\delta$。一般 ΔP_g 为实测的三相线路的泄漏损耗功率和电晕损耗之和。

从而可确定线路的电导

$$g_1 = \frac{\Delta P_g}{U^2} \times 10^{-3} \qquad (2-10)$$

式中　g_1——导线单位长度的电导，S/km；

ΔP_g——三相线路泄漏损耗和电晕损耗功率之和，kW/km；

U——线路的工作线电压，kV。

应该指出，在线路实际设计时，经常按式（2-8）校验所选导线的半径能否满足在晴朗天气不发生电晕的要求。若在晴朗天气就发生电晕，则应加大导线截面或考虑采用扩径导线或分裂导线。规程规定：对普通导线，330kV 电压线路，直径不小于 33.2mm（相当于 LGJQ-600 型），220kV 电压线路，直径不小于 21.3mm（相当于 LGJQ-240 型），110kV 电压线路，直径不小于 9.6mm（相当于 LGJ-50 型），就可不必验算电晕。因为在导线制造时，已考虑了躲开电晕发生。通常由于线路泄漏很小，所以一般情况下都可设 $g_1=0$。

4. 线路的电纳

线路的电纳取决于导线周围的电场分布，与导线是否导磁无关。因此，各类导线线路电纳的计算方法都相同。在三相线路中，导线与导线之间或导线与大地之间仅有磁的联系，相当于存在着电容，线路的电纳正是导线与导线之间及导线与大地之间存在着电容的反映。

三相线路对称排列或虽不对称排列但经整循环换位时，由电工原理已知，每相导线单位长度的电容可按下式计算

$$c_1=\frac{0.0241}{\lg\frac{D_m}{r}}\times10^{-6} \tag{2-11}$$

式中　c_1——导线单位长度的电容，F/km；

D_m、r 的意义与式（2-4）相同。

于是，频率为 50Hz 时，单位长度的电纳为

$$b_1=2\pi fc_1=\frac{7.58}{\lg\frac{D_m}{r}}\times10^{-6} \tag{2-12}$$

式中　b_1——导线单位长度的电纳，S/km。

显然，由于电纳与几何均距、导线半径之间存有对数关系，架空线路的电纳变化也不大，其值一般在 2.85×10^{-6}S/km 左右。

采用分裂导线的线路仍可按式（2-12）计算其电纳，只是这时导线的半径 r 应以等效半径 r_{eq} 替代。

另外，对于同杆并架的双回线路，在正常稳态状况下仍可按式（2-12）近似计算每回每相导线的等值电纳。

【例 2-1】　某220kV 输电线路选用 LGJ-300 型导线，直径为 24.2mm，水平排列，线间距离为 6m，试求线路单位长度的电阻、电抗及电纳，并校验是否会发生电晕。

解　LGJ-300 型导线的额定截面 $S=300mm^2$，直径 $d=24.2mm$，半径 $r=24.2/2=12.1$（mm），电阻率 $\rho=31.5\Omega\cdot mm^2/km$，几何均距 $D_m=\sqrt[3]{D_{ab}D_{bc}D_{ca}}=\sqrt[3]{6\times6\times2\times6}=7.56$（m）=7560mm。

于是，可求单位长度的参数：

根据式（2-2）计算单位长度的电阻

$$r_1=\frac{\rho}{S}=\frac{31.5}{300}=0.105(\Omega/km)$$

根据式（2-5）计算单位长度的电抗

$$x_1 = 0.1445 \lg \frac{D_m}{r} + 0.0157 = 0.1445 \lg \frac{7560}{12.1} + 0.0157 = 0.42 (\Omega/km)$$

根据式（2-12）计算单位长度的电纳

$$b_1 = \frac{7.58}{\lg \frac{D_m}{r}} \times 10^{-6} = \frac{7.58}{\lg \frac{7560}{12.1}} \times 10^{-6} = 2.71 \times 10^{-6} (S/km)$$

校验是否发生电晕：

根据式（2-8）计算临界电晕电压

$$U_{cr} = 49.3 m_1 m_2 \delta r \lg \frac{D_m}{r}$$

取 $m_1 = 1$，$m_2 = 0.8$，$\delta = \frac{3.86 \times 76}{273 + 20} = 1.0$，得

$$U_{cr} = 49.3 \times 1 \times 0.8 \times 1.0 \times 1.21 \times \lg \frac{7.56}{1.21} = 133.42 (kV)$$

工作相电压 $U_{ph} = \frac{220}{\sqrt{3}} = 127.02 (kV)$。

可见工作电压小于临界电晕电压（127.02kV＜133.42kV），所以不会发生电晕。

（二）电力线路的等值电路与基本方程

电力线路在正常运行时三相参数是相等的，因此可以只用其中的一相作出它的等值电路。每相单位长度的导线可用电阻 r_1、电抗 x_1、电导 g_1 及电纳 b_1 四个参数表示，设它们是沿线路均匀分布的，如果把一条长度为 l 的线路分成无数多小段，则在每小段上每相导线的电阻 r_1 与电抗 x_1 串联，每相导线与中性线之间并联着电导 g_1 与电纳 b_1，整个线路可以看成由无数个这样的小段串联而成，这就是用分布参数表示的等值电路，如图2-3所示。

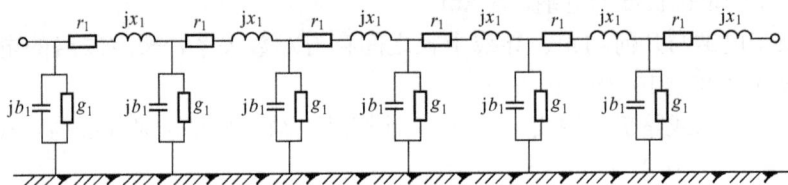

图2-3 电力线路的单相等值电路

电力线路的长度往往长达数十千米乃至数百千米，如将每千米的电阻、电抗、电导、电纳都一一绘于图上，所得用分布参数表示的等值电路十分繁琐，而且用它来进行电力系统的电气计算更是比较复杂，因此不实用。通常为了计算上的方便，考虑到当线路长度在300km以内时，需要分析的又往往只是线路两端的电压、电流及功率，可以不计线路的这种分布参数特性，即可以用集中参数来表示；只有对长度超过300km的远距离输电线路，才有必要考虑分布参数特性的影响。

综上所述，一条长度为 l 的输电线路，若以集中参数 R、X、G、B 分别表示每相线路的总电阻、电抗、电导及电纳，则将单位长度的参数乘以线路长度即可得到，即

$$R = r_1 l, \quad X = x_1 l, \quad G = g_1 l, \quad B = b_1 l \qquad (2-13)$$

用集中参数表示的等值电路如图2-4所示，线路的总阻抗集中在中间，线路的总导纳分为

两半，分别并联在线路的始末两端。

如前所述，由于线路导线截面积的选择是以晴朗天气不发生电晕为前提的，而沿绝缘子的泄漏又很小，因此可设 $G=0$。

一般电力线路按长度又可分为短线路、中等长度线路和长线路，其等值电路有所区别。

1. 短线路的等值电路与基本方程

短线路是指线路长度 $l<100\mathrm{km}$ 的架空线路，且电压在 35kV 及以下。由于电压不高，这种线路电纳 B 的影响不大，可略去。因此短线路的等值电路十分简单，线路参数只有一个串联总阻抗 $Z=R+\mathrm{j}X$，如图 2-5 所示。

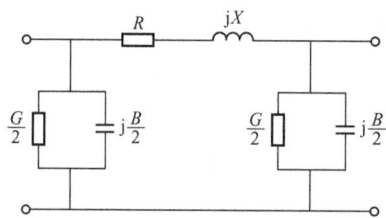

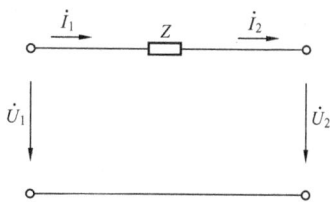

图 2-4 集中参数表示线路的等值电路 　　图 2-5 短线路的等值电路

显然，如电缆线路不长，电纳的影响不大时，也可采用这种等值电路。

由图 2-5 得基本方程为

$$\left.\begin{array}{l}\dot{U}_1=\dot{U}_2+Z\dot{I}_2\\ \dot{I}_1=\dot{I}_2\end{array}\right\}$$

矩阵形式
$$\begin{bmatrix}\dot{U}_1\\ \dot{I}_1\end{bmatrix}=\begin{bmatrix}1 & Z\\ 0 & 1\end{bmatrix}\begin{bmatrix}\dot{U}_2\\ \dot{I}_2\end{bmatrix}=\begin{bmatrix}A & B\\ C & D\end{bmatrix}\begin{bmatrix}\dot{U}_2\\ \dot{I}_2\end{bmatrix} \tag{2-14}$$

显然，$A=1$，$B=Z$，$C=0$，$D=1$。

2. 中等长度线路的等值电路与基本方程

对于电压为 110～330kV、线路长度 $l=100$～300km 的架空线路及 $l<100\mathrm{km}$ 的电缆线路均可视为中等长度线路。

这种线路，由于电压较高，线路的电纳一般不能忽略，等值电路常为 π 形，如图 2-6 所示。在 π 形等值电路中，除串联的线路总阻抗 $Z=R+\mathrm{j}X$ 外，还将线路的总导纳 $Y=\mathrm{j}B$ 分为两半，分别并联在线路的始末两端。

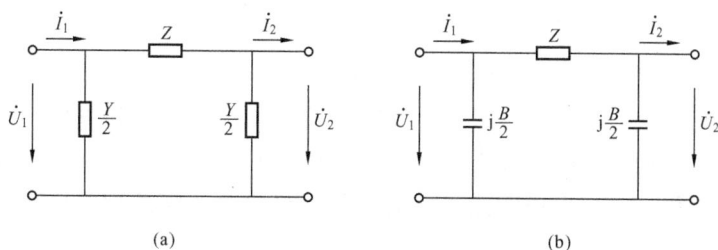

图 2-6 中等长度线路的等值电路

（a）一般形式；（b）$G=0$ 形式

基本方程以图 2-6（a）为例。流入末端导纳支路的电流为 $\frac{Y}{2}\dot{U}_2$，阻抗支路的电流为 $\dot{I}_2+\frac{Y}{2}\dot{U}_2$，则始端电压为

$$\dot{U}_1=\left(\dot{I}_2+\frac{Y}{2}\dot{U}_2\right)Z+\dot{U}_2 \qquad (2\text{-}15a)$$

而流入始端导纳支路的电流为 $\frac{Y}{2}\dot{U}_1$，则始端电流为

$$\dot{I}_1=\frac{Y}{2}\dot{U}_1+\frac{Y}{2}\dot{U}_2+\dot{I}_2 \qquad (2\text{-}15b)$$

联立方程式（2-15a）、式（2-15b），并写成矩阵形式

$$\begin{bmatrix}\dot{U}_1\\\dot{I}_1\end{bmatrix}=\begin{bmatrix}\frac{ZY}{2}+1 & Z\\Y\left(\frac{ZY}{4}+1\right) & \frac{ZY}{2}+1\end{bmatrix}\begin{bmatrix}\dot{U}_2\\\dot{I}_2\end{bmatrix}=\begin{bmatrix}A & B\\C & D\end{bmatrix}\begin{bmatrix}\dot{U}_2\\\dot{I}_2\end{bmatrix} \qquad (2\text{-}16)$$

显然，$A=\frac{ZY}{2}+1$，$B=Z$，$C=Y\left(\frac{ZY}{4}+1\right)$，$D=\frac{ZY}{2}+1$。

3. 长线路的等值电路

对于电压为 330kV 及以上、线路长度 l 大于 300km 的架空线路和线路长度 l 大于 100km 的电缆线路，一般称为长线路。这种线路电压高，线路又长，因此必须考虑分布参数特性的影响，按线路参数实际分布情况绘出分布参数等值电路。

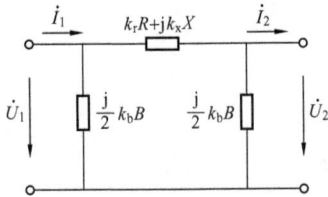

图 2-7　长线路的简化等值电路

用分布参数表示线路非常麻烦，若能找到一个用集中参数等效代替分布参数的方法，等值电路就简单多了。在工程计算中，首先以数学为工具作了推导与论证，结论表明：只要将分布参数乘以适当的修正系数就变成了集中参数，从而就可绘制出用集中参数表示的 π 形等值电路，如图 2-7 所示。

图中 R、X、B 为全线路的一相集中参数，k_r、k_x、k_b 分别是电阻、电抗及电纳的修正系数，这些修正系数分别为

$$\left.\begin{array}{l}k_r=1-x_1b_1\dfrac{l^2}{3}\\[2mm]k_x=1-\left(x_1b_1-\dfrac{r_1^2b_1}{x_1}\right)\dfrac{l^2}{6}\\[2mm]k_b=1+x_1b_1\dfrac{l^2}{12}\end{array}\right\}$$

应该指出，上述修正系数只适用于计算线路始、末端的电流和电压，如线路长度超过 300km、小于 750km 的架空线路及长度超过 100km、小于 250km 的电缆线路。超过上述长度并要求较准确计算远距离线路中任一点电压和电流值时，应按均匀分布参数的线路方程计算。

二、电抗器的参数和等值电路

电抗器的作用是限制短路电流，它是由电阻很小的电感线圈构成，因此等值电路可用电

抗来表示。普通电抗器每相用一个电抗表示即可，如图 2-8 所示。

一般电抗器铭牌上给定它的额定电压 U_{RN}、额定电流 I_{RN} 和电抗百分值 $X_R\%$，由此可求电抗器的电抗。

按百分值定义有

$$X_R\% = X_{R*} \times 100 = \frac{X_R}{X_N} \times 100$$

图 2-8　电抗器的图形符号和等值电路
（a）图形符号；（b）等值电路

而　$X_N = \frac{U_{RN}}{\sqrt{3}I_{RN}}$，于是得

$$X_R = \frac{X_R\% U_{RN}}{100\sqrt{3}I_{RN}} \tag{2-17}$$

式中　U_{RN}——电抗器的额定电压，kV；

I_{RN}——电抗器的额定电流，kA；

X_R——电抗器的每相电抗，Ω。

三、变压器的参数和等值电路

变压器有双绕组变压器、三绕组变压器、自耦变压器、分裂变压器等。变压器的参数包括电阻、电导、电抗和电纳。这些参数需要根据变压器铭牌上厂家提供的短路试验数据和空载试验数据来求取。变压器一般都是三相的，在正常运行的情况下，由于三相变压器是均衡对称的电路，因此等值电路可以只用一相代表。下面以电机学为基础，讨论变压器的参数和等值电路。

（一）双绕组变压器

由电机学可知，双绕组变压器的 T 形等值电路如图 2-9（a）所示，由于励磁支路阻抗 $Z_m = R_m + jX_m$ 相对较大，励磁电流 $\dot{I}_m$ 很小，$\dot{I}_m$ 在 Z_1 上引起的电压降也不大，所以可将励磁支路前移组成如图 2-9（b）所示的 Γ 形等值电路，励磁支路以阻抗形式表示。若将励磁支路的阻抗换成以导纳形式表示，如图 2-9（c）所示。图 2-9（c）中阻抗支路的阻抗 $Z_T = R_T + jX_T$，励磁支路的导纳　$Y_T = \frac{1}{Z_m} = \frac{1}{R_m + jX_m} = \frac{R_m}{R_m^2 + X_m^2} - j\frac{X_m}{R_m^2 + X_m^2} = G_T - jB_T$。

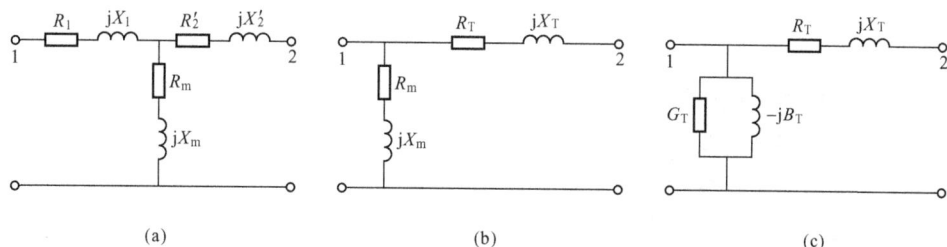

图 2-9　双绕组变压器等值电路
（a）T 形等值电路；（b）、（c）Γ 形等值电路

变压器的 R_T、X_T、G_T、B_T 分别反映了变压器的四种基本功率损耗，即铜损耗、漏磁损耗、铁损耗和励磁损耗。

每台变压器出厂时，铭牌上或出厂试验书中都要给出代表电气特性的 4 个数据：短路损

耗 P_k，空载损耗 P_0，短路电压百分值 $U_k\%$ 和空载电流百分值 $I_0\%$。此外变压器的型号上还标出额定容量 S_N 和额定电压 U_N。下面介绍由这 6 个（P_k、P_0、$U_k\%$、$I_0\%$、S_N、U_N）已知量求变压器的 4 个参数（R_T、X_T、G_T、B_T）的方法。

1. 电阻 R_T

变电器电阻 R_T 反映经过折算后的一、二次绕组电阻之和，通过短路试验数据求得。

变压器短路试验接线图如图 2 - 10 所示。进行短路试验时，二次侧短路，一次侧通过调压器接到电源，所加电压必须比额定电压低，当一次侧所加电流达到或近似于额定值时，二次绕组中电流也同时达到额定值，这时从一次侧测得短路损耗 P_k 和短路电压 U_k。

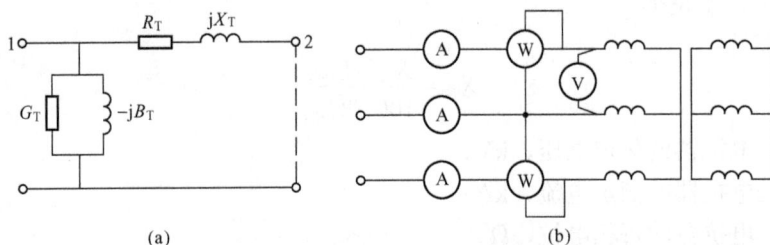

图 2 - 10　变压器短路试验接线图
(a) 单相等值电路；(b) 三相测试图

由于短路试验时，一次侧外加的电压是很低的，只是在变压器漏阻抗上的压降，所以铁芯中的主磁通也十分小，完全可以忽略励磁电流，铁芯中的损耗也可以忽略，这样变压器短路损耗 P_k 近似等于额定电流流过变压器时高低压绕组中总的铜损耗 P_{Cu}，于是有

$$P_k \approx P_{Cu} = 3I_N^2 R_T = 3\left(\frac{S_N}{\sqrt{3}U_N}\right)^2 R_T = \frac{S_N^2}{U_N^2}R_T$$

可解得

$$R_T = \frac{P_k U_N^2}{S_N^2} \tag{2 - 18}$$

式（2 - 18）中各物理量均为基本单位，U_N 以 V、S_N 以 VA 为单位，P_k 以 W 为单位。而工程上常采用的计算单位见表 2 - 2。于是有

$$R_T = \frac{P_k}{1000}\frac{U_N^2}{S_N^2} \tag{2 - 19}$$

式中　R_T——变压器高低压绕组的总电阻，Ω；

　　　　U_N——变压器额定线电压，kV；

　　　　S_N——变压器额定容量，MVA；

　　　　P_k——变压器三相短路损耗，kW。

表 2 - 2　　　　　　　　　　　　　电气量的单位

电　气　量	基 本 单 位	工 程 单 位	电　气　量	基 本 单 位	工 程 单 位
电　　压 U	伏（V）	千伏（kV）	无功功率 Q	乏（var）	千乏（kvar）
电　　流 I	安（A）	千安（kA）	阻　　抗 Z	欧（Ω）	欧（Ω）
视在功率 S	伏安（VA）	兆伏安（MVA）	导　　纳 Y	西（S）	西（S）
有功功率 P	瓦（W）	千瓦（kW）			

2. 电抗 X_T

变压器电抗 X_T 反映经过折算后一、二次绕组的漏抗之和，也是通过短路试验数据求得。当变压器二次绕组短路时，使绕组中通过额定电流，在一次侧测得的电压即为短路电压，它等于变压器的额定电流在一、二次绕组中所造成的电压降，即 $U_k = \sqrt{3} I_N (R_T + jX_T)$。

对于大容量的变压器，$X_T \gg R_T$，则可认为短路电压主要降落在 X_T 上，有 $U_k \approx \sqrt{3} I_N X_T$，从而得

$$X_T = \frac{U_k}{\sqrt{3} I_N}$$

而 $U_k = \frac{U_k\%}{100} U_N$，再用 $I_N = \frac{S_N}{\sqrt{3} U_N}$ 代入上式，则有

$$X_T = \frac{U_k\% U_N^2}{100 S_N} \tag{2-20}$$

式中　X_T——变压器一、二次绕组的总电抗，Ω；

　　　$U_k\%$——变压器的短路电压百分值。

3. 电导 G_T

变电器电导 G_T 反映与变压器励磁支路有功损耗相应的等值电导，通过空载试验数据求得。

变压器空载试验接线图如图 2-11 所示。进行空载试验时，二次侧开路，一次侧加上额定电压，在一次侧测得空载损耗 P_0 和空载电流 I_0。

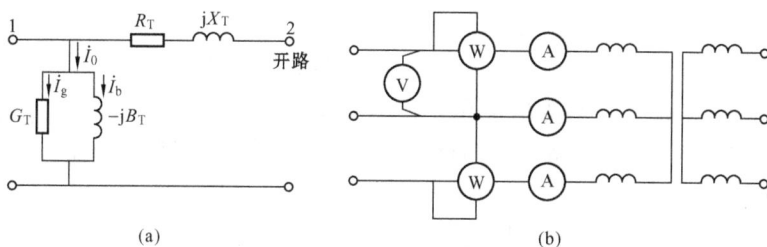

图 2-11　变压器空载试验接线图
(a) 单相等值电路；(b) 三相测试图

变压器励磁支路以导纳 Y_T 表示时，其中电导 G_T 对应的是铁芯损耗 P_{Fe}，而空载损耗包括铁芯损耗和空载电流引起的绕组中的铜损耗。由于空载试验的电流很小，变压器二次处于开路，所以此时的绕组铜损耗很小，可认为空载损耗主要损耗在 G_T 上，因此铁芯损耗 P_{Fe} 近似等于空载损耗 P_0，于是有

$$P_0 \approx P_{Fe} = U_N^2 G_T$$

$$G_T = \frac{P_0}{U_N^2}$$

式中，U_N 以 V、P_0 以 W 为单位。采用工程单位时，有

$$G_T = \frac{P_0}{1000 U_N^2} \tag{2-21}$$

式中　G_T——变压器的电导，S；

P_0——变压器的三相空载损耗，kW。

4. 电纳 B_T

变压器电纳 B_T 反映与变压器主磁通的等值参数（励磁电抗）相应的电纳，也是通过空载试验数据求得。

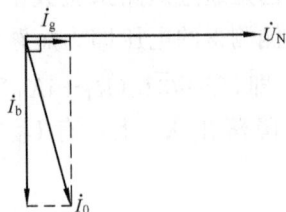

图 2 - 12　双绕组变压器空载
运行时的相量图

变压器空载试验时，流经励磁支路的空载电流 $\dot{I}_0$ 分解为有功电流 $\dot{I}_g$（流过 G_T）和无功电流 $\dot{I}_b$（流过 B_T），且有功分量 $\dot{I}_g$ 较无功分量 $\dot{I}_b$ 小得多（见图 2 - 12），所以在数值上 $I_0 \approx I_b$，即空载电流近似等于无功电流。然而由

$$U_N = \sqrt{3} I_0 \frac{1}{B_T} = \sqrt{3} I_b \frac{1}{B_T} \quad 得$$

$$I_b = \frac{U_N}{\sqrt{3}} B_T \tag{2 - 22a}$$

又由　$I_0\% = \dfrac{I_0}{I_N} \times 100$　得

$$I_0 = \frac{I_0\%}{100} I_N = \frac{I_0\%}{100} \times \frac{S_N}{\sqrt{3} U_N} \tag{2 - 22b}$$

将式（2 - 22a）、式（2 - 22b）相等，解得

$$B_T = \frac{I_0\% S_N}{100 U_N^2} \tag{2 - 23}$$

式中　B_T——变压器的电纳，S；

$I_0\%$——变压器的空载电流百分值。

求得变压器的阻抗、导纳后，即可作出变压器的等值电路。在电力系统计算中，常用 Γ 形等值电路，且励磁支路接电源侧。注意，变压器电纳的符号与线路电纳的符号正相反，因前者为感性，而后者为容性。

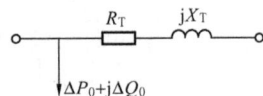

图 2 - 13　以励磁功率表示
的变压器 Γ 形等值电路

在工程计算中，因变压器的电压变化不太大，往往将变压器的励磁支路以额定电压下的励磁功率来代替，于是变压器的等值电路又可用图 2 - 13 表示。其中励磁功率损耗为

$$\left.\begin{aligned} \Delta P_0 &= \frac{P_0}{1000} \quad (MW) \\ \Delta Q_0 &= \frac{I_0\% S_N}{100} \quad (Mvar) \end{aligned}\right\}$$

式中　P_0——变压器的空载损耗，kW；

$I_0\%$——变压器的空载电流百分值；

S_N——变压器的额定容量，MVA；

ΔP_0——在额定运行条件下变压器励磁支路的有功损耗；

ΔQ_0——在额定运行条件下变压器励磁支路的无功损耗。

【例 2 - 2】　试计算 SFL1-20000/110 型双绕组变压器归算到高压侧的参数，并画出其等值电路。变压器铭牌给出该变压器的变比为 110/11kV、$S_N = 20MVA$、$P_k = 135kW$、$P_0 =$

22kW、$U_k\% = 10.5$、$I_0\% = 0.8$。

解 按照式（2-19），由短路损耗 $P_k = 135kW$ 可求得变压器电阻为

$$R_T = \frac{P_k U_N^2}{1000 S_N^2} = \frac{135 \times 110^2}{1000 \times 20^2} = 4.08(\Omega)$$

按照式（2-20）由短路电压百分值 $U_k\%$ 可求得变压器电抗为

$$X_T = \frac{U_k\% U_N^2}{100 S_N} = \frac{10.5 \times 110^2}{100 \times 20} = 63.53(\Omega)$$

按照式（2-21）由空载损耗 $P_0 = 22kW$ 可求得变压器励磁支路的电导为

$$G_T = \frac{P_0}{1000 U_N^2} = \frac{22}{1000 \times 110^2} = 1.82 \times 10^{-6}(S)$$

按照式（2-23）由空载电流百分值 $I_0\%$ 可求得变压器励磁支路的电纳为

$$B_T = \frac{I_0\% S_N}{100 U_N^2} = \frac{0.8 \times 20}{100 \times 110^2} = 1.322 \times 10^{-5}(S)$$

由以上结果得等值电路如图 2-14 所示。

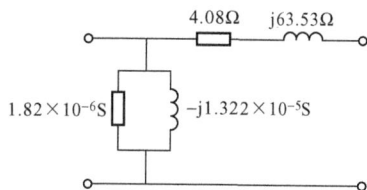

图 2-14 等值电路

（二）三绕组变压器

三绕组变压器的等值电路如图 2-15 所示。阻抗支路较双绕组变压器多了一个支路，$Z_{T1} = R_{T1} + jX_{T1}$、$Z_{T2} = R_{T2} + jX_{T2}$、$Z_{T3} = R_{T3} + jX_{T3}$ 分别代表在忽略励磁电流条件下得到的，折合到同一电压等级的三个绕组的等值阻抗。变压器的励磁支路仍以导纳 Y_T（$Y_T = G_T - jB_T$）表示，它代表励磁回路在同一电压等级下的等值导纳。

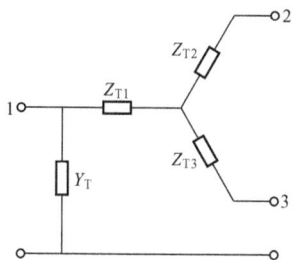

图 2-15 三绕组变压器的等值电路

计算三绕组变压器各绕组的阻抗及励磁支路的导纳的方法与计算双绕组变压器时没有本质的区别，也是根据厂家提供的一些短路试验数据和空载试验数据求取。但由于三绕组变压器三绕组的容量比有不同的组合，且各绕组在铁芯上的排列又有不同方式，所以存在一些归算问题。

三绕组变压器按三个绕组容量比的不同有三种不同类型。第Ⅰ种为 $100\%/100\%/100\%$，即三个绕组的容量都等于变压器额定容量。第Ⅱ种为 $100\%/100\%/50\%$，即第三绕组的容量仅为变压器额定容量的 50%。第Ⅲ种为 $100\%/50\%/100\%$，即第二绕组的容量仅为变压器额定容量的 50%。

三绕组变压器出厂时，厂家提供三个绕组两两间的短路损耗 $P_{k(1-2)}$、$P_{k(2-3)}$、$P_{k(3-1)}$ 和两两间的短路电压百分值 $U_{k(1-2)}\%$、$U_{k(2-3)}\%$、$U_{k(3-1)}\%$；空载试验数据仍提供空载损耗 P_0、空载电流百分值 $I_0\%$。根据这些数据求得变压器各绕组的阻抗及其励磁支路的导纳。

1. 各绕组的电阻（R_{T1}、R_{T2}、R_{T3}）

对于第Ⅰ种类型 $100\%/100\%/100\%$ 的变压器，由已知的三绕组变压器两两间的短路损耗 $P_{k(1-2)}$、$P_{k(2-3)}$、$P_{k(3-1)}$ 来求取电阻 R_{T1}、R_{T2}、R_{T3}。由于

$$\left.\begin{array}{l} P_{k(1-2)} = P_{k1} + P_{k2} \\ P_{k(2-3)} = P_{k2} + P_{k3} \\ P_{k(3-1)} = P_{k3} + P_{k1} \end{array}\right\}$$

所以可求得各绕组的短路损耗

$$P_{k1}=\frac{1}{2}\left[P_{k(1-2)}+P_{k(3-1)}-P_{k(2-3)}\right]$$

$$P_{k2}=\frac{1}{2}\left[P_{k(1-2)}+P_{k(2-3)}-P_{k(3-1)}\right] \qquad (2-24)$$

$$P_{k3}=\frac{1}{2}\left[P_{k(2-3)}+P_{k(3-1)}-P_{k(1-2)}\right]$$

然后按与双绕组变压器相似的公式计算各绕组的电阻

$$R_{T1}=\frac{P_{k1}U_N^2}{1000S_N^2}$$

$$R_{T2}=\frac{P_{k2}U_N^2}{1000S_N^2} \qquad (2-25)$$

$$R_{T3}=\frac{P_{k3}U_N^2}{1000S_N^2}$$

对于第Ⅱ、Ⅲ种类型变压器，由于各绕组的容量不同，厂家提供的短路损耗数据不是额定情况下的数据，而是使绕组中容量较大的一个绕组达到 $I_N/2$ 的电流，容量较小的一个绕组达到它本身的额定电流时，测得的这两绕组间的短路损耗，所以应先将两绕组间的短路损耗数据折合为额定电流下的值，再运用上述公式求取各绕组的短路损耗和电阻。

例如，对于 100％/50％/100％ 类型变压器，厂家提供的短路损耗 $P_{k(1-2)}$、$P_{k(2-3)}$ 都是第二绕组中流过它本身的额定电流时，即 1/2 变压器额定电流时测得的数据。因此，应首先将它们归算到对应于变压器的额定电流时的短路损耗，即

$$P_{k(1-2)}=\left(\frac{I_N}{I_N/2}\right)^2 P'_{k(1-2)}=\left(\frac{S_{N1}}{S_{N2}}\right)^2 P'_{k(1-2)}$$

$$P_{k(2-3)}=\left(\frac{I_N}{I_N/2}\right)^2 P'_{k(2-3)}=\left(\frac{S_{N3}}{S_{N2}}\right)^2 P'_{k(2-3)} \qquad (2-26)$$

$$P_{k(3-1)}=P'_{k(3-1)}$$

然后再按式（2-24）及式（2-25）求得各绕组的电阻。

有时，对三个绕组的容量分布不均的变压器，如 100％/100％/50％、100％/100％/66.7％ 类型变压器，一般厂家仅提供一个最大短路损耗 $P_{k\cdot max}$。所谓最大短路损耗，是指做短路试验时，让两个 100％ 容量的绕组中流过额定电流，另一个容量较小的绕组空载所测得的损耗。这时的损耗为最大，可由 $P_{k\cdot max}$ 求得两个 100％ 容量绕组的电阻，然后根据"按同一电流密度选择各绕组导线截面积"的变压器设计原则，得到另一个绕组的电阻。

如设第一、二绕组的容量为 S_N，第三绕组开路，$S_{N3}=0$，则有

$$P_{k\cdot max}=3I_N^2\left(R_{T1}+R_{T2}\right)=6I_N^2 R_{T(100)}=2\frac{S_N^2}{U_N^2}R_{T(100)}$$

$$R_{T(100)}=\frac{P_{k\cdot max}U_N^2}{2S_N^2}$$

采用工程单位后，即有

$$R_{T(100)}=\frac{P_{k\cdot max}U_N^2}{2000S_N^2} \qquad (2-27)$$

式中 $R_{T(100)}=R_{T1}=R_{T2}$——100%容量绕组的电阻，Ω；

$P_{k\cdot max}$——最大短路损耗，kW。

然后可求得另一个容量较小的绕组上的电阻，如 $R_{T(50)}=2R_{T(100)}$ 或 $R_{T(66.7)}=(100/66.7)\times R_{T(100)}$ 等。

2. 各绕组的电抗（X_{T1}、X_{T2}、X_{T3}）

三绕组变压器的电抗是根据厂家提供的各绕组两两间的短路电压百分值 $U_{k(1-2)}\%$、$U_{k(2-3)}\%$、$U_{k(3-1)}\%$ 来求取。由于三绕组变压器各绕组的容量比不同，各绕组在铁芯上排列方式不同，因而，各绕组两两间的短路电压也不同。

三绕组变压器按其三个绕组在铁芯上排列方式的不同有两种不同的结构，即升压结构和降压结构，如图 2-16 所示。设高、中、低压绕组分别为 1、2、3，对应的等值电路如图 2-17 所示。

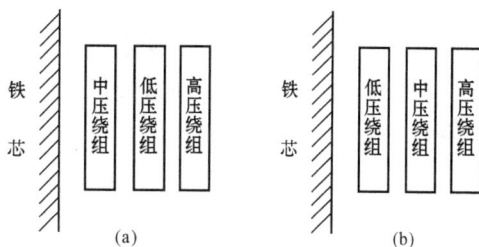

图 2-16 三绕组变压器绕组的两种排列方式
(a) 第一种排列方式——升压结构；
(b) 第二种排列方式——降压结构

图 2-17 (a) 示出了第一种排列方式，此时高压绕组与中压绕组之间间隙相对较大，即漏磁通道较大，相应的短路电压 $U_{k(1-2)}\%$ 也大。此种排列方式使低压绕组与高、中压绕组的联系均紧密，有利于功率从低压侧向高、中压侧传送，因此常用于升压变压器，此种结构也称为升压结构。由图 2-17 (a) 可看出，在低压绕组电抗 X_3 上通过的是全功率，功率是由低压侧向高、中压侧传输，两个交换功率的绕组之间的漏磁通道均较小，这样 $U_{k(3-1)}\%$、$U_{k(2-3)}\%$ 都较小。

图 2-17 (b) 示出了第二种排列方式，此时高、低压绕组间间隙相对较大，即漏磁通道较大，相应的短路电压 $U_{k(3-1)}\%$ 也大，此种绕组排列使高压绕组与中压绕组联系紧密，有利于功率从高压向中压侧传送，因此常用于降压变压器，此种结构也称降压结构。由图 2-17 (b) 可看出，功率是由高压侧向中、低压侧传送的。从高压侧来的功率，若主要是通过中压绕组（X_2）外送，则选这种排列方式的变压器。

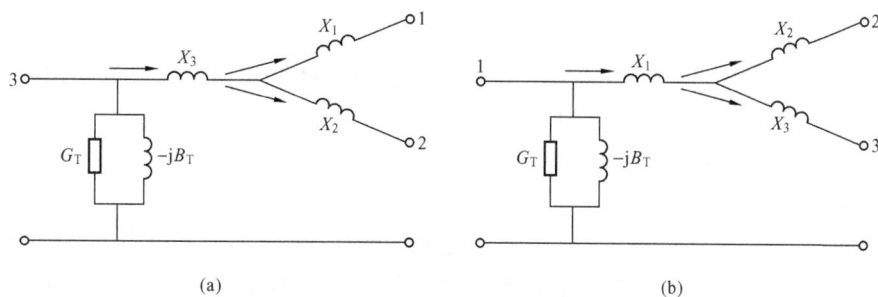

图 2-17 升、降压结构变压器的等值电路示意图
(a) 升压结构；(b) 降压结构

表 2-3 列出了 110kV 三绕组变压器在不同的绕组排列方式下的短路电压百分值。

表 2 - 3　　　　　　　　　　　　三相三绕组变压器的短路电压百分值

排 列 方 式	$U_{k(1-2)}\%$	$U_{k(3-1)}\%$	$U_{k(2-3)}\%$
第一种排列方式	17.5	10.5	6.5
第二种排列方式	10.5	17.5	6.5

由上可见，由于绕组的排列方式不同，各绕组间的漏磁通道以及由此引起的短路电压百分值不同，进而各绕组上的等值电抗也会不同。

可由绕组两两间短路电压百分值 $U_{k(1-2)}\%$、$U_{k(2-3)}\%$、$U_{k(3-1)}\%$ 求出各绕组的短路电压百分值。

由于

$$\left. \begin{aligned} U_{k(1-2)}\% &= U_{k1}\% + U_{k2}\% \\ U_{k(2-3)}\% &= U_{k2}\% + U_{k3}\% \\ U_{k(3-1)}\% &= U_{k3}\% + U_{k1}\% \end{aligned} \right\}$$

所以

$$\left. \begin{aligned} U_{k1}\% &= \frac{1}{2}\left[U_{k(1-2)}\% + U_{k(3-1)}\% - U_{k(2-3)}\%\right] \\ U_{k2}\% &= \frac{1}{2}\left[U_{k(1-2)}\% + U_{k(2-3)}\% - U_{k(3-1)}\%\right] \\ U_{k3}\% &= \frac{1}{2}\left[U_{k(2-3)}\% + U_{k(3-1)}\% - U_{k(1-2)}\%\right] \end{aligned} \right\} \tag{2-28}$$

再按与双绕组变压器相似的公式，求各绕组的电抗

$$\left. \begin{aligned} X_{T1} &= \frac{U_{k1}\% U_N^2}{100 S_N} \\ X_{T2} &= \frac{U_{k2}\% U_N^2}{100 S_N} \\ X_{T3} &= \frac{U_{k3}\% U_N^2}{100 S_N} \end{aligned} \right\} \tag{2-29}$$

与求取电阻时不同，按国家标准规定，对于绕组容量不等的普通三绕组变压器，厂家提供的短路电压是归算到各绕组通过变压器额定电流时的值，因此计算电抗时，短路电压不必再进行归算。

3. 电导 G_T 和电纳 B_T

求取三绕组变压器励磁支路导纳的方法与双绕组变压器相同，即仍可利用式（2 - 21）求电导 G_T，利用式（2 - 23）求电纳 B_T。

三绕组变压器的励磁支路也可以用励磁功率 $\Delta P_0 + j\Delta Q_0$ 来表示。

（三）自耦变压器

因为自耦变压器只能用于中性点直接接地的电网中，所以电力系统中广泛应用的自耦变压器都是星形接法。自耦变压器除了自耦联系的高压绕组和中压绕组外，还有一个第三绕组。由于铁芯的饱和现象，电压和电流不免有三次谐波出现，为了消除三次谐波电流，所以第三绕组单独接成三角形，如图 2 - 18（a）所示。第三绕组与自耦联系的高压及中压绕组，只有磁的联系，无电的联系。第三绕组除补偿三次谐波电流外，还可以连接发电机、同步调相机以及作为变电站附近用户的供电电源或变电站的站用电源。因此，自耦变压器和一个普

通的三绕组变压器等值电路相同、短路试验和空载试验相同、参数的确定也基本相同。唯一要注意的是：由于自耦变压器第三绕组的容量小，总是小于额定容量，厂家提供的短路试验数据中，不仅短路损耗没有归算，甚至短路电压百分值也是未经归算的数值。如需作这种归算，可将短路损耗 $P'_{k(3-1)}$、$P'_{k(2-3)}$ 乘以 $(S_N/S_3)^2$，将短路电压百分值 $U'_{k(3-1)}\%$、$U'_{k(2-3)}\%$ 乘以 S_N/S_3，即

$$\left.\begin{aligned}
P_{k(1-2)} &= P'_{k(1-2)} \\
P_{k(2-3)} &= \left(\frac{S_N}{S_3}\right)^2 P'_{k(2-3)} \\
P_{k(3-1)} &= \left(\frac{S_N}{S_3}\right)^2 P'_{k(3-1)}
\end{aligned}\right\}$$

$$\left.\begin{aligned}
U_{k(1-2)}\% &= U'_{k(1-2)}\% \\
U_{k(2-3)}\% &= \frac{S_N}{S_3}U'_{k(2-3)}\% \\
U_{k(3-1)}\% &= \frac{S_N}{S_3}U'_{k(3-1)}\%
\end{aligned}\right\}$$

然后再按式（2-24）、式（2-25）求各绕组的电阻，按式（2-28）、式（2-29）求各绕组的电抗。

自耦变压器的励磁支路与普通变压器的励磁支路表示方法相同，参数计算方法相同。

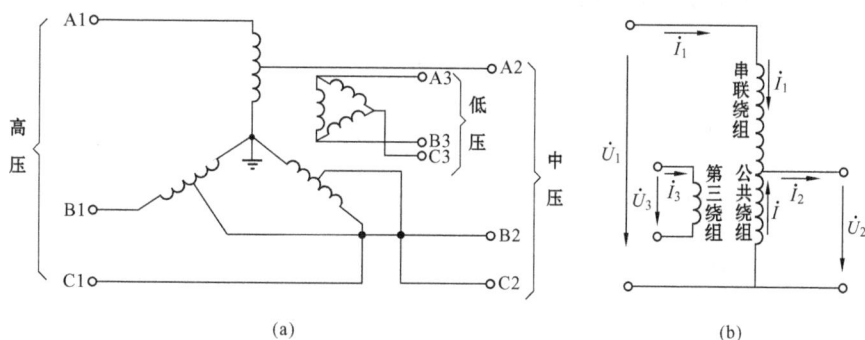

图 2-18　自耦变压器接线图
（a）三相接线；（b）单相接线

【例 2-3】　某变电站装设一台 OSFPSL—90000/220 型三相三绕组自耦变压器，各绕组电压 220/121/38.5kV，容量比 100%/100%/50%，实测的空载短路试验数据为：$P_{k(1-2)}=333\text{kW}$，$P'_{k(3-1)}=265\text{kW}$，$P'_{k(2-3)}=277\text{kW}$；$U_{k(1-2)}\%=9.09$，$U'_{k(3-1)}\%=16.45$，$U'_{k(2-3)}\%=10.75$；$P_0=59\text{kW}$；$I_0\%=0.332$。试求该自耦变压器的参数并绘制等值电路。

解　折合容量　$P_{k(1-2)}=333\text{kW}$

$$P_{k(3-1)}=\left(\frac{S_N}{S_3}\right)^2 P'_{k(3-1)}=4\times265=1060(\text{kW})$$

$$P_{k(2-3)}=\left(\frac{S_N}{S_3}\right)^2 P'_{k(2-3)}=4\times277=1108(\text{kW})$$

根据式（2-24）求各绕组的短路损耗

$$P_{k1} = \frac{1}{2} \times (333 + 1060 - 1108) = 142.5 (\text{kW})$$

$$P_{k2} = \frac{1}{2} \times (333 + 1108 - 1060) = 190.5 (\text{kW})$$

$$P_{k3} = \frac{1}{2} \times (1108 + 1060 - 333) = 917.5 (\text{kW})$$

根据式（2-25）求各绕组的电阻

$$R_{T1} = \frac{P_{k1} U_N^2}{1000 S_N^2} = \frac{142.5 \times 220^2}{1000 \times 90^2} = 0.85 (\Omega)$$

$$R_{T2} = \frac{P_{k2} U_N^2}{1000 S_N^2} = \frac{190.5 \times 220^2}{1000 \times 90^2} = 1.14 (\Omega)$$

$$R_{T3} = \frac{P_{k3} U_N^2}{1000 S_N^2} = \frac{917.5 \times 220^2}{1000 \times 90^2} = 5.48 (\Omega)$$

折合电压

$$U_{k(1-2)}\% = 9.09$$

$$U_{k(3-1)}\% = \frac{S_N}{S_3} U'_{k(3-1)}\% = \frac{100}{50} \times 16.45 = 32.9$$

$$U_{k(2-3)}\% = \frac{S_N}{S_3} U'_{k(2-3)}\% = \frac{100}{50} \times 10.75 = 21.5$$

根据式（2-28）求各绕组的短路电压

$$U_{k1}\% = \frac{1}{2} \times (9.09 + 32.9 - 21.5) = 10.245$$

$$U_{k2}\% = \frac{1}{2} \times (9.09 + 21.5 - 32.9) = -1.155$$

$$U_{k3}\% = \frac{1}{2} \times (21.5 + 32.9 - 9.09) = 22.655$$

根据式（2-29）求各绕组的电抗

$$X_{T1} = \frac{U_{k1}\% U_N^2}{100 S_N} = \frac{10.245 \times 220^2}{100 \times 90} = 55.10 (\Omega)$$

$$X_{T2} = \frac{U_{k2}\% U_N^2}{100 S_N} = \frac{1.155 \times 220^2}{100 \times 90} = 6.21 (\Omega)$$

$$X_{T3} = \frac{U_{k3}\% U_N^2}{100 S_N} = \frac{22.655 \times 220^2}{100 \times 90} = 121.83 (\Omega)$$

励磁支路的电导和电纳

$$G_T = \frac{P_0}{1000 U_N^2} = \frac{59}{1000 \times 220^2} = 1.22 \times 10^{-6} (\text{S})$$

$$B_T = \frac{I_0\% S_N}{100 U_N^2} = \frac{0.332 \times 90}{100 \times 220^2} = 6.17 \times 10^{-6} (\text{S})$$

等值电路如图 2-19 所示。

四、发电机、负荷的参数和等值电路

1. 发电机的参数和等值电路

发电机是供电的电源，其等值电路有两种，如图 2-20 所示。

在电力系统计算中，一般不计发电机的电阻，因此发电机参数只有一个电抗 X_G。

一般发电机出厂时厂家提供的参数有发电机额定容量 S_N、额定有功功率 P_N、额定功率因数 $\cos\varphi_N$、额定电压 U_{GN} 及电抗百分值 $X_G\%$，据此可求得发电机电抗 X_G。

按百分值定义，有 $X_G\% = \dfrac{X_G}{X_N} \times 100$，将 $X_N = \dfrac{U_{GN}}{\sqrt{3}I_N}$，$I_N = \dfrac{S_N}{\sqrt{3}U_{GN}}$ 代入可解得

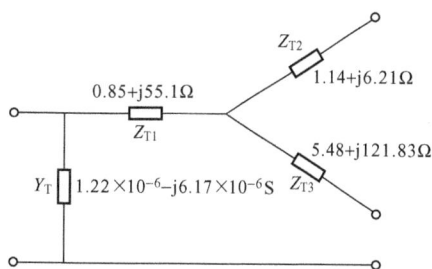

图 2 - 19　等值电路

$$X_G = \frac{X_G\% U_{GN}^2}{100 S_N} \qquad (2-30)$$

式中　X_G——发电机电抗，Ω；

$X_G\%$——发电机电抗百分值；

U_{GN}——发电机的额定电压，kV；

S_N——发电机的额定功率，MVA。

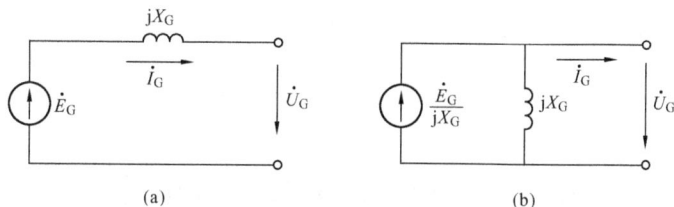

图 2 - 20　发电机简化等值电路

(a) 电压源；(b) 电流源

2. 负荷的功率和阻抗

这里所指的负荷是系统中母线上所带的负荷。根据工程上对计算要求的精度不同，负荷的表示方法也不同，一般有如下几种表示方法：

(1) 把负荷表示成恒定功率 $P_L = C$，$Q_L = C$；

(2) 把负荷表示成恒定阻抗 $Z_L = C$；

(3) 用感应电动机的机械特性表示负荷；

(4) 用负荷的静态特性方程表示负荷。

通常最常用的是前两种，其等值电路如图 2 - 21 所示。

负荷以恒定功率表示时，通常采用 $\dot{S} = \dot{U}\overset{*}{\dot{I}}$ 表示复功率，因此负荷功率可表示为

$$\dot{S}_L = \dot{U}_L \overset{*}{\dot{I}}_L = U_L I_L \angle(\varphi_u - \varphi_i) = U_L I_L \angle\varphi_L$$
$$= U_L I_L \cos\varphi_L + jU_L I_L \sin\varphi_L = P_L + jQ_L$$

式中　P_L——负荷的有功功率；

Q_L——负荷的无功功率。

可见，负荷为感性，负荷端电压 $\dot{U}_L$ 超前于负荷电流 $\dot{I}_L$ 一个 φ_L 角。

负荷以恒定阻抗表示时，阻抗值与功率、电压的关系如下：

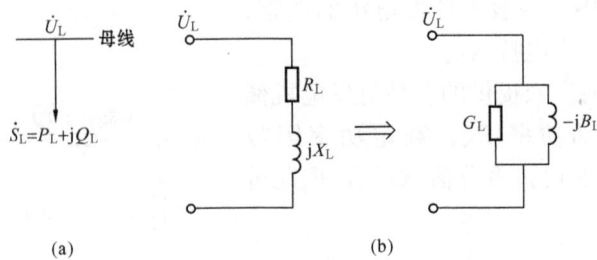

图 2-21　负荷的等值电路

(a) 用恒定功率表示负荷；(b) 用恒定阻抗及导纳表示负荷

由　$\dot{S}_L = \dot{U}_L \overset{*}{I}_L = \dot{U}_L \left(\dfrac{\overset{*}{U}_L}{\overset{*}{Z}_L} \right) = \dfrac{\dot{U}_L \overset{*}{U}_L}{\overset{*}{Z}_L}$ 得

$$Z_L = \frac{\overset{*}{U} \dot{U}}{\overset{*}{S}_L} \frac{\dot{S}_L}{\dot{S}_L} = \frac{U_L^2}{S_L^2} \dot{S}_L = \frac{U_L^2}{S_L^2} (P_L + jQ_L) = R_L + jX_L$$

显然，$R_L = \dfrac{U_L^2}{S_L^2} P_L$，$X_L = \dfrac{U_L^2}{S_L^2} Q_L$。

当然，负荷也可以以恒定导纳表示，其导纳为

$$Y_L = \frac{1}{Z_L} = \frac{1}{R_L + jX_L} = \frac{R_L}{R_L^2 + X_L^2} - j\frac{X_L}{R_L^2 + X_L^2} = G_L - jB_L$$

第二节　简单电力系统的等值网络

本章第一节讨论了电力系统各主要元件的参数和等值电路。电力系统的等值网络，显然就是由这些单个元件的等值电路连接在一起的。考虑到电力系统中可能有多个变压器存在，也就有不同的电压等级。因此，不能仅仅将这些简单元件的等值电路按元件原有参数简单地相连，而要进行适当的参数归算，将全系统各元件的参数归算至同一个电压等级，才能将各元件的等值电路连接起来，成为系统的等值网络。

究竟将参数归算到哪一个电压等级，要因具体情况而定，归算到哪一级，就称哪一级为基本级。在电力系统潮流计算中，一般选系统的最高电压等级为基本级。

对图 2-22 (a) 所示的简单电力系统，如果选 220kV 电压等级为基本级，则将各元件的参数全部归算到基本级后，即可连成系统的等值电路，如图 2-22 (b) 所示。

电力系统的等值电路是进行电力系统各种电气计算的基础，在电力系统的等值电路中，其元件参数可以用有名值表示，也可以用标幺值表示，这取决于计算的需要。

一、用有名值计算时的电压级归算

求得各元件的等值电路后，就可以根据电力系统的电气接线图绘制出整个系统的等值电路图。其中要注意电压等级的归算。对于多电压级的复杂系统，首先应选好基本级，其参数归算过程如下。

(1) 选基本级。基本级的确定取决于研究的问题所涉及的电压等级。如在电力系统稳态计算时，一般以最高电压等级为基本级；在进行短路计算时，以短路点所在的电压等级为基本级。

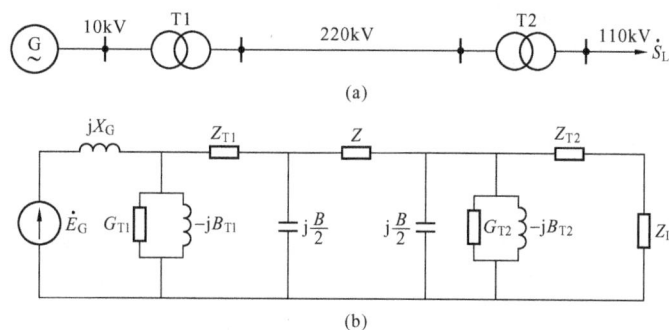

图 2-22　简单电力系统及等值电路

(a) 接线图；(b) 等值电路

(2) 确定变比。变压器的变比分为两种，即实际额定变比和平均额定变比。

实际额定变比是指变压器两侧的额定电压之比；平均额定变比是指变压器两侧母线的平均额定电压之比。变压器的变比是基本级侧的电压与待归算级侧的电压之比。

(3) 参数归算。工程上要求的精度不同，参数的归算要求也不同。在精度要求比较高的场合，采用变压器的实际额定变比进行归算，即准确归算法。在精度要求不太高的场合，采用变压器的平均额定变比进行归算，即近似归算法。

1) 准确归算法：变压器的实际额定变比为

$$K = \frac{\text{基本级侧的额定电压}}{\text{待归算级侧的额定电压}} \tag{2-31}$$

按这个变比把参数归算到基本级。

设待归算级的参数为 Z'、Y'、U'、I'，归算到基本级后为 Z、Y、U、I，二者关系为

$$Z = K^2 Z', Y = \frac{1}{K^2} Y', U = KU', I = \frac{1}{K} I' \tag{2-32}$$

式中，$K = K_1 K_2 \cdots K_n$。

2) 近似归算法：采用变压器的平均额定变比进行参数归算，而变压器两侧母线的平均额定电压一般较网络的额定电压近似高 5%。

各级额定电压和平均额定电压见表 2-4。

表 2-4　　　　　　　　　　　额定电压和平均额定电压

额定电压 U_N (kV)	3	6	10	35	110	220	330	500
平均额定电压 U_{av} (kV)	3.15	6.3	10.5	37	115	230	345	525

变压器平均额定变比为

$$K_{av} = \frac{U_{avb}}{U_{av}} \tag{2-33}$$

式中　U_{avb}——基本级侧的平均额定电压；

U_{av}——待归算级侧的平均额定电压。

采用平均额定变比时，参数的归算可按下式进行

$$Z = K_{av}^2 Z', \quad Y = \frac{1}{K_{av}^2} Y', \quad U = K_{av} U', \quad I = \frac{1}{K_{av}} I' \tag{2-34}$$

采用平均额定电压的优越性在于：对于多电压等级的复杂网，参数的归算按近似归算法进行时，可以大大减轻计算工作量。

图 2-23 所示的电力系统给出了变压器两侧的额定电压，末端负荷以恒定阻抗 Z'_L 表示，试用准确归算法和近似归算法将参数归算至基本级。

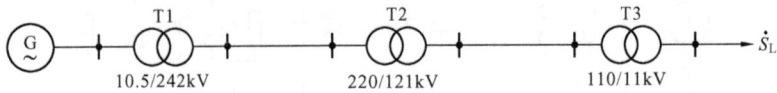

图 2-23　简单电力系统

（1）选定基本级：220kV 级。

（2）确定变比：

实际额定变比　$K_1 = 242/10.5$，$K_2 = 220/121$，$K_3 = 110/11$

平均额定变比　$K_1 = 230/10.5$，$K_2 = 230/115$，$K_3 = 115/10.5$

（3）参数归算：

准确归算　$Z_L = Z'_L K_3^2 K_2^2 = Z'_L \left(\dfrac{110}{11}\right)^2 \times \left(\dfrac{220}{121}\right)^2$

近似归算　$Z_L = Z'_L K_3^2 K_2^2 = Z'_L \left(\dfrac{115}{10.5}\right)^2 \times \left(\dfrac{230}{115}\right)^2 = Z'_L \left(\dfrac{230}{10.5}\right)^2$

可见，采用平均额定变比时，归算过程中中间电压等级的电压可以上下抵消。所以中间的变压器变比已知与否无关紧要，只要知道基本级和待归算级的电压，就可将参数归算到基本级上去，显然较按实际额定变比进行参数归算简化。对于经过多个变压器变比才能归算到基本级的情况，采用平均额定变比进行归算的优越性更为显著。

二、标幺值计算时的电压级归算

所谓标幺制是相对单位制的一种表示方法，在标幺制中参与计算的各物理量都是用无单位的相对数值表示。标幺值的一般数学表达式为

$$标幺值 = \frac{实际值（任意单位）}{基准值（与实际值同单位）} \tag{2-35}$$

标幺值之所以在电力系统计算中广泛采用，因为它有很多优点。

1. 标幺值的特点

（1）标幺值是无单位的量（为两个同量纲的数值比）。某物理量的标幺值不是固定的，随着基准值的不同而不同。如发电机的电压 $U_G = 10.5\text{kV}$，选基准电压 $U_B = 10\text{kV}$，则发电机电压的标幺值 $U_{G*} = 10.5/10 = 1.05$；若选基准电压 $U_B = 10.5\text{kV}$，则发电机电压的标幺值为 $U_{G*} = 10.5/10.5 = 1.0$。两种情况，虽然标幺值不同，但它们表示的物理量却是一个。两者之间的不同是因为基准值选得不同。所以当谈及一个物理量的标幺值时，必须同时说明它的基准值。

（2）标幺值具有计算结果清晰，便于迅速判断计算结果的正确性，可大大简化计算等优点。从上面的例子还可以看出，只要基准值取得恰当，采用标幺制可将一个很复杂的数字变成一个很简单的数字，从而使计算得到简化。工程上都习惯把额定值选为该物理量的基准值，这样如果该物理量处于额定状态下，其标幺值为 1.0，标幺值的名字即由此而来。

（3）标幺值与百分值有关系，即

$$百分值＝标幺值×100 \tag{2-36}$$

在进行电力系统分析和计算时，会发现有些物理量的百分值是已知的，可利用标幺值与百分值的关系求得标幺值。百分值也是一个相对值，两者的意义很接近。但在电力系统的计算中，标幺值应用较百分值要广泛得多，因为利用标幺值计算比较方便。

标幺值还有其他特点，在此不多述。

2. 三相系统中基准值的选择

采用标幺值进行计算时，第一步的工作是选取各个物理量的基准值，当基准值选定后，它所对应的标幺值即可根据标幺值的定义很容易地计算出来。

通常，对于对称的三相电力系统进行分析和计算时，均化成等值星形电路。因此，电压、电流的线与相之间的关系以及三相功率与单相功率之间的关系为

$$\left.\begin{array}{l} I=I_{\mathrm{ph}} \\ U=\sqrt{3}U_{\mathrm{ph}} \\ S=3S_{(1)} \end{array}\right\} \tag{2-37}$$

式中　U、U_{ph}——分别为线电压、相电压；

　　I、I_{ph}——分别为线电流、相电流；

　　S、$S_{(1)}$——分别为三相功率、单相功率。

电力系统计算中，五个能反映元件特性的电气量 U、I、Z、Y、S 不是相互独立的，它们存在如下关系。

在有名值中，有

$$\left.\begin{array}{l} S=\sqrt{3}UI \\ U=\sqrt{3}IZ \\ Z=\dfrac{1}{Y} \end{array}\right\}$$

在基准值中，由于基准值选择有两个限制条件：①基准值的单位与有名值单位相同；②各电气量的基准值之间符合电路的基本关系式。因此有

$$\left.\begin{array}{l} S_{\mathrm{B}}=\sqrt{3}U_{\mathrm{B}}I_{\mathrm{B}} \\ U_{\mathrm{B}}=\sqrt{3}I_{\mathrm{B}}Z_{\mathrm{B}} \\ Z_{\mathrm{B}}=\dfrac{1}{Y_{\mathrm{B}}} \end{array}\right\} \tag{2-38}$$

式中　Z_{B}、Y_{B}——每相阻抗、导纳的基准值；

　　U_{B}、I_{B}——线电压、线电流的基准值；

　　S_{B}——三相功率的基准值。

从理论上讲，五个电气量可以任意选择它们各自的基准值，但为了使基准值之间也同有名值一样满足电路基本关系式，一般首先选定 S_{B}、U_{B} 为功率和电压的基准值，其他三个基准值可按电路关系派生出来，即有

$$\left.\begin{array}{l} Z_{\mathrm{B}}=\dfrac{U_{\mathrm{B}}^2}{S_{\mathrm{B}}} \\[2mm] Y_{\mathrm{B}}=\dfrac{S_{\mathrm{B}}}{U_{\mathrm{B}}^2} \\[2mm] I_{\mathrm{B}}=\dfrac{S_{\mathrm{B}}}{\sqrt{3}U_{\mathrm{B}}} \end{array}\right\} \tag{2-39}$$

3. 标幺值用于三相系统

虽然在有名制中某物理量在三相系统中和单相系统中是不相等的，如线电压与相电压存在$\sqrt{3}$倍的关系，三相功率与单相功率存在3倍的关系，但它们在标幺制中是相等的，即有

$$U_* = \frac{U}{U_B} = \frac{\sqrt{3}IZ}{\sqrt{3}I_B Z_B} = I_* Z_* = U_{ph*}$$

$$S_* = \frac{S}{S_B} = \frac{\sqrt{3}IU}{\sqrt{3}I_B U_B} = I_* U_* = S_{(1)*}$$

可见，采用标幺制时，线电压等于相电压，三相功率等于单相功率。这就省去了那种线电压与相电压之间$\sqrt{3}$倍的关系，三相功率与单相功率之间3倍的关系。显然标幺值的优点是给计算带来方便。

4. 采用标幺制时的电压级归算

对多电压等级的网络，网络参数必须归算到同一个电压等级上。若这些网络参数是以标幺值表示的，则这些标幺值是根据基本级上取的基准值为基准的标幺值。

若要求作出图2-24所示电网的等值电路，其参数以标幺值表示。下面以图中所指的基本级和待归算级为例，说明参数的归算方法。

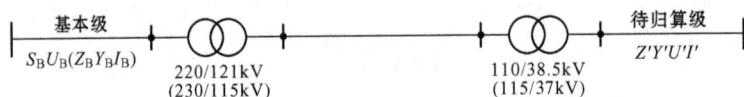

图2-24　简单电网

根据计算精度要求不同，参数在归算过程中可按变压器的实际额定变比归算，也可按平均额定变比归算。其归算途径有两个：

（1）先将网络中各待归算级各元件的阻抗、导纳以及电压、电流的有名值参数归算到基本级上，然后再除以基本级上与之相对应的基准值，得到标幺值参数，即先进行有名值归算，然后取标幺值。

归算过程中用到的公式

　　　　　（归算）　　　　　　（取标幺值）

$$Z = K^2 Z' \qquad Z_* = \frac{Z}{Z_B} = Z\frac{S_B}{U_B^2}$$

$$Y = \frac{1}{K^2}Y' \qquad Y_* = \frac{Y}{Y_B} = Y\frac{U_B^2}{S_B}$$

$$U = KU' \qquad U_* = \frac{U}{U_B}$$

$$I = \frac{1}{K}I' \qquad I_* = \frac{I}{I_B} = I\frac{\sqrt{3}U_B}{S_B}$$

式中　Z'、Y'、U'、I'——待归算级的有名值阻抗、导纳、电压和电流；

　　　　Z、Y、U、I——归算到基本级的有名值阻抗、导纳、电压和电流；

　Z_B、Y_B、U_B、I_B、S_B——基本级上的基准值阻抗、导纳、电压、电流和功率；

Z_*、Y_*、U_*、I_*——以基本级上的基准值为基准的标幺值阻抗、导纳、电压和电流。

（2）先将基本级上的基准值电压或电流、阻抗、导纳归算到各待归算级，然后再分别除以待归算级上相应的电压、电流、阻抗、导纳，得到标幺值参数，即先基准值归算，后取标幺值。

归算过程中用到的公式

（归算）

$$Z'_B = \frac{Z_B}{K^2}$$

$$Y'_B = K^2 Y_B$$

$$U'_B = \frac{1}{K} U_B$$

$$I'_B = K I_B$$

（取标幺值）

$$Z_* = \frac{Z'}{Z_B} = Z' \frac{S_B}{U_B'^2}$$

$$Y_* = \frac{Y'}{Y'_B} = Y' \frac{U_B'^2}{S_B}$$

$$U_* = \frac{U'}{U'_B}$$

$$I_* = \frac{I'}{I'_B} = I' \frac{\sqrt{3} U'_B}{S_B}$$

式中　Z'_B、Y'_B、U'_B、I'_B——待归算级的基准值阻抗、导纳、电压和电流。

由于一般先取 S_B、U_B 为基准值，而功率又不存在折合问题，因此实际上先作基准值归算时，仅需基准电压的归算，而待归算级上的基准阻抗、导纳、电流可由基准功率和归算后的基准电压派生出来。

以上两种归算途径得到的标幺值是相等的。实际应用中，哪种方便用哪一种，或哪种习惯用哪一种均可。

5. 基准值改变后的标幺值换算

在前面讨论的发电机、变压器、电抗器的电抗，厂家仅提供以百分值表示的数据 $X_G\%$、$U_k\%$、$X_R\%$，百分值除以 100 即得标幺值，这个标幺值是以元件本身的额定参数（额定电压、额定容量）为基准的标幺值。在电网计算中，当选定基本级后，应把这些电抗标幺值换算成以基本级上的参数为基准的标幺值，则需先将已知的发电机、变压器、电抗器的标幺值电抗还原出它的有名值，再按所选定的基本级上的基准值为基准，且考虑所经的变压器变比，算出归算到基本级的标幺值电抗。

设：Z_{0*} 是以元件本身的额定值为基准值的标幺值阻抗。

求：Z_{n*} 是以选定的基本级上的基准值为基准的标幺值阻抗。

由　$Z_{0*} = Z \frac{S_N}{U_N^2}$，还原得 $Z = Z_{0*} \frac{U_N^2}{S_N}$，则

$$Z_{n*} = Z \frac{S_B}{U_B'^2} = Z_{0*} \frac{U_N^2}{S_N} \frac{S_B}{U_B'^2} = Z_{0*} \left(\frac{U_N}{U'_B}\right)^2 \frac{S_B}{S_N} \tag{2-40}$$

式中　S_N、U_N——元件本身的额定容量、额定电压；

　　　　U'_B——由基本级归算到待归算级的基准电压。

因此，基准值改变后的发电机、变压器、电抗器的标幺值电抗为

$$\left.\begin{aligned}
X_{G*} &= \frac{X_G\%}{100} \frac{U_N^2}{U_B'^2} \frac{S_B}{S_N} \\
X_{T*} &= \frac{U_k\%}{100} \frac{U_N^2}{U_B'^2} \frac{S_B}{S_N} \\
X_{R*} &= \frac{X_R\%}{100} \frac{U_{RN}}{U'_B} \frac{I'_B}{I_{RN}}
\end{aligned}\right\} \tag{2-41}$$

若各级电压的基准值正好等于各级电压额定值，即 $U'_B=U_N$，则式（2-41）又可得到简化。

以上介绍了采用标幺制时的网络参数归算，显然较有名值归算复杂些，但对于后面的电力系统潮流计算、调压计算及短路计算等，采用以标幺值参数表示的等值电路进行计算较为方便。

电力系统等值电路的绘制，即是将参数归算到基本级后的各元件的等值电路连接起来。为了计算方便，等值电路越简单越好。

【例2-4】 试用准确计算和近似计算法计算图2-25（a）所示输电系统各元件的标幺值电抗，并标于等值电路中。

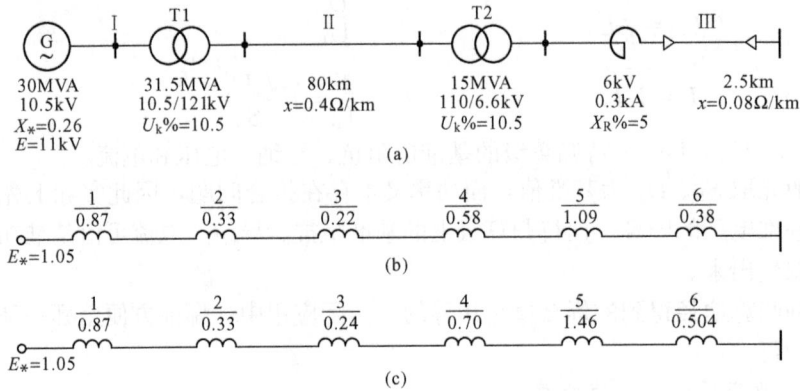

图 2-25   ［例2-4］计算用图
(a) 接线图；(b) 准确计算等值电路；(c) 近似计算等值电路

解 （1）准确计算法。选第Ⅱ段为基本段，并取 $U_{B2}=121kV$、$S_B=100MVA$ 为基准值。已知变压器的变比 $K_1=\dfrac{121}{10.5}$、$K_2=\dfrac{110}{6.6}$。

于是，其他两段的电压基准值分别为

$$U_{B1}=\frac{U_{B2}}{K_1}=121\times\frac{10.5}{121}=10.5(kV)$$

$$U_{B3}=\frac{U_{B2}}{K_2}=121\times\frac{6.6}{110}=7.26(kV)$$

各段的电流基准值为

$$I_{B1}=\frac{S_B}{\sqrt{3}U_{B1}}=\frac{100}{\sqrt{3}\times10.5}=5.5(kV)$$

$$I_{B2}=\frac{S_B}{\sqrt{3}U_{B2}}=\frac{100}{\sqrt{3}\times121}=0.484(kV)$$

$$I_{B3}=\frac{S_B}{\sqrt{3}U_{B3}}=\frac{100}{\sqrt{3}\times7.26}=7.95(kV)$$

各元件的电抗标幺值分别计算为：

发电机 $$X_{1*}=X_*\frac{S_B}{S_G}=0.26\times\frac{100}{30}=0.87$$

变压器 T1　　　　　　　$X_{2*}=\dfrac{U_k\%S_B}{100S_T}=\dfrac{10.5\times100}{100\times31.5}=0.33$

输电线　　　　　　　　$X_{3*}=x_1l\dfrac{S_B}{U_{B2}^2}=0.4\times80\times\dfrac{100}{121^2}=0.22$

变压器 T2　　　　　$X_{4*}=\dfrac{U_k\%}{100}\dfrac{U_N^2}{S_N}\dfrac{S_B}{U_{B2}^2}=\dfrac{10.5}{100}\times\dfrac{110^2}{15}\times\dfrac{100}{121^2}=0.58$

电抗器　　　　$X_{5*}=\dfrac{X_R\%}{100}\dfrac{U_{RN}}{I_{RN}}\dfrac{I_{B3}}{U_{B3}}=\dfrac{5}{100}\times\dfrac{6}{0.3}\times\dfrac{7.95}{7.26}=1.09$

电缆线　　　　　　$X_{6*}=x_1l\dfrac{S_B}{U_{B3}^2}=0.08\times2.5\times\dfrac{100}{7.26^2}=0.38$

电源电动势标幺值为

$$E_*=\dfrac{11}{10.5}=1.05$$

（2）近似计算法。仍取 $S_B=100MVA$，各段电压和电流基准值分别为

$$U_{B1}=10.5\ kV,\quad I_{B1}=\dfrac{100}{\sqrt3\times10.5}=5.5(kA)$$

$$U_{B2}=115\ kV,\quad I_{B2}=\dfrac{100}{\sqrt3\times115}=0.5(kA)$$

$$U_{B3}=6.3\ kV,\quad I_{B3}=\dfrac{100}{\sqrt3\times6.3}=9.2(kA)$$

各元件的电抗标幺值计算为：

发电机　　　　　　　$X_{1*}=0.26\times\dfrac{100}{30}=0.87$

变压器 T1　　　　　　$X_{2*}=\dfrac{10.5}{100}\times\dfrac{100}{31.5}=0.33$

输电线　　　　　　　$X_{3*}=0.4\times80\times\dfrac{100}{115^2}=0.24$

变压器 T2　　　　　　$X_{4*}=\dfrac{10.5}{100}\times\dfrac{100}{15}=0.70$

电抗器　　　　　　　$X_{5*}=\dfrac{5}{100}\times\dfrac{6}{0.3}\times\dfrac{9.2}{6.3}=1.46$

电缆线　　　　　　　$X_{6*}=0.08\times2.5\times\dfrac{100}{6.3}=0.504$

电源电动势标幺值为

$$E_*=\dfrac{11}{10.5}=1.05$$

两种计算法计算的标幺值电抗表示的等值电路如图 2-25（b）、（c）所示。

习 题 与 思 考 题

2-1　电力线路单位长度的电阻、电抗、电导、电纳如何计算？

2-2　架空线路采用分裂导线有什么好处？220、330、500kV 分别采用几分裂的导线？

2-3 电力线路的工作电压等于或大于电晕起始电压时，就会发生电晕。电晕起始电压的计算公式是什么？与哪些因素有关？

2-4 电力线路的等值电路如何表示？常用的等值电路是什么？

2-5 什么是电晕现象？电晕现象有什么危害？

2-6 双绕组变压器电阻、电抗、电导、电纳的计算公式是什么？与变压器短路试验数据和空载试验数据是怎样的对应关系？公式中电压 U_N 用哪一侧的值？

2-7 三绕组变压器励磁支路电导、电纳的计算公式与双绕组变压器的计算公式相同吗？

2-8 三绕组变压器按三个绕组的容量比不同分为几种类型？当三个绕组的容量不同时，三个绕组的电阻应如何计算？电抗应如何计算？

2-9 三绕组变压器三个绕组的排列应遵循什么原则？升压变压器的三个绕组如何排列？降压变压器的三个绕组如何排列？其等值电路中哪一个绕组的等值电抗最小？为什么？

2-10 自耦变压器第三绕组的容量总是小的，接成三角形接线有什么益处？自耦变压器与普通三绕组变压器的区别是什么？自耦变压器的电阻、电抗如何计算？存在容量折算问题吗？

2-11 绘制电力系统等值网络的基本要求是什么？如何把多电压等级的电力系统等值成用有名值表示的等值网络？

2-12 在进行电力系统等值网络的参数归算过程中，注意变压器变比的方向是由基本级到待归算级的。准确归算法与近似归算法有什么不同？

2-13 什么是变压器的平均额定变比？

2-14 用标幺值表示的电力系统的等值网络，其参数归算较复杂，归算途径有哪两个？

2-15 发电机、变压器、电抗器的电抗百分值分别是 $X_G\%$、$U_k\%$、$X_R\%$，将百分值除以 100 即为标幺值。如何将这些标幺值换算为以基本级上的基准值为基准的标幺值？

2-16 有一条 110kV、80km 的单回输电线路，导线型号为 LGJ—150，水平排列，其线间距离为 4m。求此输电线路在 40℃时的参数，并画出等值电路。

2-17 某 220kV 输电线路选用 LGJ—300 型导线，直径为 24.2mm，水平排列，线间距离为 6m。试求线路单位长度的电阻、电抗和电纳，并校验是否会发生电晕。

2-18 某 220kV 线路，选用 LGJJ—2×240 型分裂导线，每根导线直径为 22.4mm，分裂间距为 400mm，导线为水平排列，相间距离为 8m，光滑系数 m_1 取 0.85，气象系数 m_2 取 0.95，空气相对密度为 1.0。试求输电线每千米长度的电阻、电抗、电纳及电晕临界电压。

2-19 有一回 500kV 架空线路，采用 LGJQ—4×400 型的分裂导线，长度为 250km。每一导线的计算外径为 27.2mm，分裂根数 $n=4$，分裂间距为 400mm，三相导线水平排列，相邻导线间距离为 11m。求该架空线路的参数，并作等值电路。

2-20 某变电站装设的 SFL—31500/110 型三相双绕组变压器，额定电压为 110/38.5kV，空载损耗 $P_0=86$kW，短路损耗 $P_k=200$kW，短路电压 $U_k\%=10.5$，空载电流 $I_0\%=2.7$。试求变压器的阻抗及导纳参数，并绘制出等值电路。

2-21 SSPL—63000/220 型三相双绕组变压器的额定容量为 63 000kVA，额定电压为 242/10.5kV。短路损耗 $P_k=404$kW，短路电压 $U_k\%=14.45$，空载损耗 $P_0=93$kW，空载电流 $I_0\%=2.41$。求该变压器归算到高压侧的参数，并作出等值电路。

2-22 某电网由双回 110kV 的输电线路向末端变电站供电，其接线如图 2-26（a）所示。输电线路长 100km，采用 LGJ—120 型导线，在杆塔上的布置如图 2-26（b）所示。末端变电站装有两台 110/11kV、20 000kVA 的三相铝绕组变压器，型号为 SFL1—20000/110，$P_k=135kW$，$P_0=22kW$，$U_k\%=10.5$，$I_0\%=0.8$。试求：

（1）用查表法计算 40℃时每千米的线路参数；

（2）求末端变压器折算到 110kV 侧的参数；

（3）求并联运行后的等值参数，并画出其等值电路；

（4）校验此线路在 25℃正常大气压下是否会发生电晕。

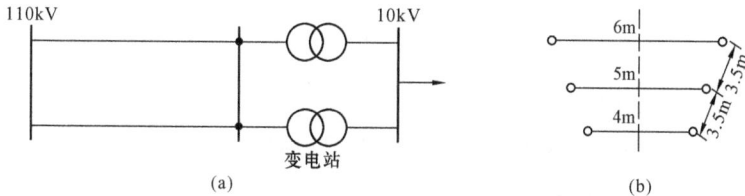

图 2-26 习题 2-22 图

（a）接线图；（b）导线在杆塔上的布置图

2-23 某发电厂装设一台三相三绕组变压器，额定容量 $S_N=60MVA$，额定电压为 121/38.5/10.5kV，各绕组容量比为 100%/100%/100%，两两绕组间的短路电压 $U_{k(1-2)}\%=17$、$U_{k(3-1)}\%=10.5$、$U_{k(2-3)}\%=6$，最大短路损耗 $P_{k\cdot max}=410kW$，空载损耗 $P_0=150kW$，空载电流 $I_0\%=3$。试求变压器参数和等值电路。

2-24 有一台容量为 20MVA 的三相三绕组变压器，三个绕组的容量比为 100%/100%/50%，额定电压为 121/38.5/10.5kV，短路损耗 $P'_{k(1-2)}=152.8kW$、$P'_{k(3-1)}=52kW$、$P'_{k(2-3)}=47kW$，短路电压 $U_{k(1-2)}\%=10.5$、$U_{k(3-1)}\%=18$、$U_{k(2-3)}\%=6.5$，空载损耗 $P_0=75kW$，空载电流 $I_0\%=4.1$。试求该变压器的阻抗、导纳参数，并作等值电路。

2-25 有一台容量为 90/90/45MVA 的三相三绕组自耦变压器，额定电压为 220/121/11kV，短路损耗 $P'_{k(1-2)}=325kW$、$P'_{k(3-1)}=345kW$、$P'_{k(2-3)}=270kW$，短路电压 $U'_{k(1-2)}\%=10$、$U'_{k(3-1)}\%=18.6$、$U'_{k(2-3)}\%=12.1$，空载损耗 $P_0=104kW$，空载电流 $I_0\%=0.65$。试求该自耦变压器的参数。

2-26 简化系统如图 2-27 所示。元件参数如下：

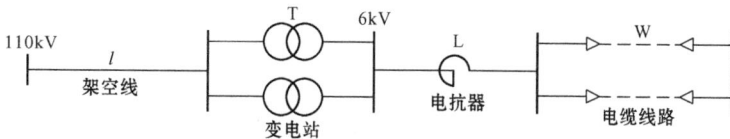

图 2-27 习题 2-26 图

架空线：$U_N=110kV$，$x_1=0.4\Omega/km$，长 $l=70km$。

变压器 T：两台 SFL—20000/110 型变压器并联运行，短路电压为 $U_k\%=10.5$。

电抗器 L：额定电压为 6kV，额定电流为 300A，电抗百分值为 4%。

电缆线：双回铜电缆线路，$U_N=6kV$，长 2.5km，缆芯截面 $S=70mm^2$，$x_1=$

$0.08\Omega/km$，电阻率 $\rho = 18.8\Omega \cdot mm^2/km$。

当选基准容量 $S_B = 100MVA$，基准电压为各段的平均电压。试求该系统各元件的标幺值参数，并作等值电路。

2-27 已知电网如图 2-28 所示。各元件的参数如下：

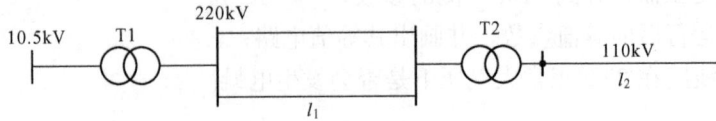

图 2-28 习题 2-27 图

变压器 T1：$S_N = 400MVA$，$U_k\% = 12$，242/10.5kV。

变压器 T2：$S_N = 400MVA$，$U_k\% = 12$，220/121kV。

线路 1：　　$x_1 = 0.4\Omega/km$（每回），$l_1 = 200km$。

线路 2：　　$x_1 = 0.4\Omega/km$，$l_2 = 60km$。

其余参数均略去不计。

取基准容量 $S_B = 1000MVA$，基准电压 $U_B = U_{av}$，试作出等值电路，并标上各元件的标幺值参数。

2-28 系统接线如图 2-29 所示。如果已知变压器 T1 归算至 121kV 侧的阻抗为 $2.95 + j48.7\Omega$，T2 归算至 110kV 侧的阻抗为 $4.48 + j48.4\Omega$，T3 归算至 35kV 侧的阻抗为 $1.127 + j9.188\Omega$，输电线路的参数已标于图 2-29 中，试分别作出元件参数用有名值和标幺值表示的等值电路。

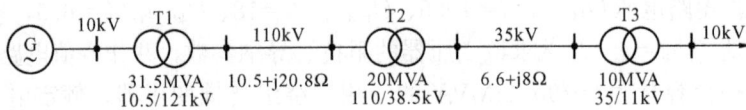

图 2-29 习题 2-28 图

第三章 电力系统的潮流分布

前面已经介绍了电力系统中各个元件的电阻、电抗、电导、电纳等参数的计算以及电力系统的等值网络的计算。本章利用电力系统的等值网络,讨论电力系统正常运行状况的电气计算。电力系统的潮流分布是描述电力系统运行状态的技术术语,它表明电力系统在某一确定的运行方式和接线方式下,系统中从电源到负荷各处的电压、电流的大小和方向以及功率的分布情况。对电力系统在各种运行方式下进行潮流分布计算,可以全面、准确地掌握电力系统中各元件的运行状态,正确地选择电气设备和导线截面,确定合理的供电方案,合理地调整负荷。通过潮流分布计算,还可以发现系统中的薄弱环节,检查设备、元件是否过负荷,各节点电压是否符合要求等,从中发现问题,提出必要的改进措施,实施相应的调压措施,保证电力系统运行时各点维持正常的电压水平,并使整个电力系统获得最大的经济性。

在进行电力系统潮流分布计算时,对于简单网络,可采用手算方法;对于复杂网络,则可借助计算机进行计算。本章从简单网络入手,进行电力系统潮流分布的分析和计算。

在讨论潮流分布之前,对复功率的表示作一说明,本书中将采用国际电工委员会推荐的约定,取复功率为

$$\dot{S} = \dot{U}\overset{*}{I}$$

若负荷为感性时,电流 $\dot{I}$ 滞后于电压 $\dot{U}$,复功率表示为

$$\dot{S} = UI\angle\varphi = UI\cos\varphi + jUI\sin\varphi = P + jQ$$

若负荷为容性时,电流 $\dot{I}$ 超前于电压 $\dot{U}$,复功率表示为

$$\dot{S} = UI\angle-\varphi = UI\cos\varphi - jUI\sin\varphi = P - jQ$$

由此可见,采用以上功率表示式时,感性负荷时无功功率取正号,容性负荷时无功功率取负号。

第一节 电力线路运行状况的分析与计算

电流或功率从电源向负荷沿电网流动时,在电网元件上将产生功率损耗和电压降落。要了解整个电力系统的潮流分布,必然要进行电网元件上的功率损耗和电压降落的计算。

一、电力线路上的功率损耗和电压降落

电力线路的 π 型等值电路如图 3-1 所示,若已知线路参数和末端电压 $\dot{U}_2$、功率 $\dot{S}_2$,求始端的电压 $\dot{U}_1$ 和功率 $\dot{S}_1$。

因为这种电路较简单,可以运用基本的电路关系式写出有关的计算公式。图 3-1 中,设末端电压 $\dot{U}_2 = U_2\angle0°$,末端功率 $\dot{S}_2 = P_2 + jQ_2$,则末端导纳支路的功率损耗 $\Delta\dot{S}_{Y2}$ 为

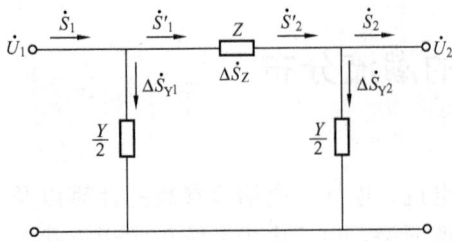

图 3-1　电力线路的电压和功率

$$\Delta \dot{S}_{Y2} = \dot{U}_2 \left(\frac{\overset{*}{Y}}{2} \dot{U}_2 \right) = U_2^2 \left(\frac{G}{2} - j \frac{B}{2} \right)$$
$$= \frac{1}{2} G U_2^2 - \frac{1}{2} j B U_2^2 = \Delta P_{Y2} - j \Delta Q_{Y2}$$

(3-1)

阻抗支路末端的功率 $\dot{S}'_2$ 为

$$\dot{S}'_2 = \dot{S}_2 + \Delta \dot{S}_{Y2} = (P_2 + jQ_2) + (\Delta P_{Y2} - j\Delta Q_{Y2})$$
$$= (P_2 + \Delta P_{Y2}) + j(Q_2 - \Delta Q_{Y2}) = P'_2 + jQ'_2$$

阻抗支路中损耗的功率 $\Delta \dot{S}_Z$ 为

$$\Delta \dot{S}_Z = \left(\frac{S'_2}{U_2} \right)^2 Z = \frac{P'^2_2 + Q'^2_2}{U_2^2} (R + jX)$$
$$= \frac{P'^2_2 + Q'^2_2}{U_2^2} R + j \frac{P'^2_2 + Q'^2_2}{U_2^2} X = \Delta P_Z + j \Delta Q_Z$$

(3-2)

阻抗支路始端的功率 $\dot{S}'_1$ 为

$$\dot{S}'_1 = \dot{S}'_2 + \Delta \dot{S}_Z = (P'_2 + jQ'_2) + (\Delta P_Z + j\Delta Q_Z)$$
$$= (P'_2 + \Delta P_Z) + j(Q'_2 + \Delta Q_Z) = P'_1 + jQ'_1$$

始端导纳支路的功率损耗 $\Delta \dot{S}_{Y1}$ 为

$$\Delta \dot{S}_{Y1} = \dot{U}_1 \left(\frac{\overset{*}{Y}}{2} \dot{U}_1 \right) = U_1^2 \left(\frac{G}{2} - j \frac{B}{2} \right)$$
$$= \frac{1}{2} G U_1^2 - \frac{1}{2} j B U_1^2 = \Delta P_{Y1} - j \Delta Q_{Y1}$$

(3-3)

始端功率 $\dot{S}_1$ 为

$$\dot{S}_1 = \dot{S}'_1 + \Delta \dot{S}_{Y1} = (P'_1 + jQ'_1) + (\Delta P_{Y1} - j\Delta Q_{Y1})$$
$$= (P'_1 + \Delta P_{Y1}) + j(Q'_1 - \Delta Q_{Y1}) = P_1 + jQ_1$$

这就是电力线路功率计算的全部内容。以上 ΔS_{Y1}、ΔS_{Y2} 是导纳支路的功率损耗，ΔS_Z 是阻抗支路的功率损耗。

但实际计算时，始端导纳支路功率 $\Delta \dot{S}_{Y1}$ 及始端功率 $\dot{S}_1$ 都是在求得始端电压 $\dot{U}_1$ 以后才能求得的。下面介绍求取始端电压 $\dot{U}_1$ 的方法。

设末端电压 $\dot{U}_2 = U_2 \angle 0°$（参考电压），线路接感性负荷，则线路阻抗 Z 上的电压降落为

$$d\dot{U} = \frac{\overset{*}{S}'_2}{\overset{*}{U}_2} Z = \frac{P'_2 - jQ'_2}{U_2} (R + jX) = \frac{P'_2 R + Q'_2 X}{U_2} + j \frac{P'_2 X - Q'_2 R}{U_2}$$

令　　　　　　　$\left. \begin{array}{l} \dfrac{P'_2 R + Q'_2 X}{U_2} = \Delta U \\[2mm] \dfrac{P'_2 X - Q'_2 R}{U_2} = \delta U \end{array} \right\}$

(3-4)

于是　$d\dot{U} = \Delta U + j\delta U$

因此，线路始端电压为

$$\dot{U}_1 = \dot{U}_2 + \mathrm{d}\dot{U} = (U_2 + \Delta U) + \mathrm{j}\delta U$$

如图 3-2 所示的电压相量图，$\dot{U}_2$ 为线路末端电压，$\mathrm{d}\dot{U} = \dot{U}_1 - \dot{U}_2$ 为线路阻抗上的电压降落，$\mathrm{d}\dot{U}$ 可分解为 ΔU 和 δU，ΔU 为电压降落 $\mathrm{d}\dot{U}$ 的纵分量，δU 为电压降落 $\mathrm{d}\dot{U}$ 的横分量，$\dot{U}_1$ 即为线路的始端电压。

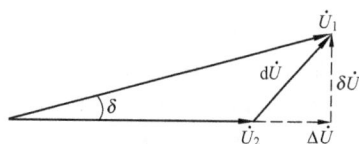

图 3-2　电力线路的电压相量图

始端电压的模值
$$U_1 = \sqrt{(U_2 + \Delta U)^2 + (\delta U)^2} \tag{3-5}$$

始末两端电压夹角
$$\delta = \tan^{-1}\frac{\delta U}{U_2 + \Delta U} \tag{3-6}$$

由于一般情况下，$U_2 + \Delta U \gg \delta U$，只有在 220kV 及以上的超高压电网中才计及 δU 对电压降落的影响；对于 110kV 及以下的电网，δU 对电压降落的影响不大，可忽略不计。因而始端电压可简化为

$$U_1 \approx U_2 + \Delta U = U_2 + \frac{P_2'R + Q_2'X}{U_2} \tag{3-7}$$

这就是电力线路电压计算的全部内容。

相似于这种推导，还可获得从始端电压 $\dot{U}_1$、始端功率 $\dot{S}_1$ 求取末端电压 $\dot{U}_2$、末端功率 $\dot{S}_2$ 的计算公式。其中计算功率的部分与式（3-1）～式（3-3）并无原则区别，计算电压的部分则应改为

设 $\dot{U}_1 = U_1 \angle 0°$（参考电压），线路阻抗 Z 上的压降为

$$\mathrm{d}\dot{U} = \frac{\overset{*}{S_1'}}{\overset{*}{U_1}}Z = \frac{P_1' - \mathrm{j}Q_1'}{U_1}(R + \mathrm{j}X) = \Delta U' + \mathrm{j}\delta U'$$

其中

$$\left.\begin{array}{l} \Delta U' = \dfrac{P_1'R + Q_1'X}{U_1} \\[2mm] \delta U' = \dfrac{P_1'X - Q_1'R}{U_1} \end{array}\right\} \tag{3-8}$$

则　$\dot{U}_2 = \dot{U}_1 - \mathrm{d}\dot{U} = (U_1 - \Delta U') - \mathrm{j}\delta U'$

电压相量图如图 3-3 所示，由图可得末端电压 U_2 的模值以及始末两端电压的夹角为

$$U_2 = \sqrt{(U_1 - \Delta U')^2 + (\delta U')^2} \tag{3-9}$$

$$\delta = \tan^{-1}\frac{-\delta U'}{U_1 - \Delta U'} \tag{3-10}$$

比较图 3-2 和图 3-3 可知，当已知末端功率、末端电压，求始端电压时，是取 $\dot{U}_2$ 作为参考的；而当已知始端功率、始端电压，求末端电压时，是以 $\dot{U}_1$ 为参考的。所以两种情况下，$\Delta U' \neq \Delta U$、$\delta U' \neq \delta U$。

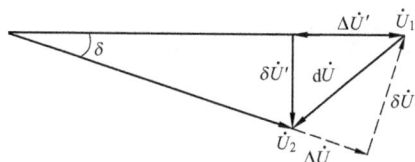

图 3-3　电力线路的电压相量图

求得线路两端电压后，就可以计算标志电压质量的指标，如电压降落、电压损耗及电压偏移等。

所谓电压降落是指线路始、末两端电压的相

量差 ($d\dot{U}=\dot{U}_1-\dot{U}_2$)。

所谓电压损耗是指线路始、末两端电压的数值差，即 U_1-U_2。

对于 110kV 及以下的电网，若忽略横分量 δU 对电压损耗的影响，则电压损耗近似等于电压降落的纵分量 ΔU。电压损耗还常以百分值表示，即为

$$\text{电压损耗}\% = \frac{U_1-U_2}{U_N} \times 100\% \tag{3-11}$$

式中 U_N——线路的额定电压。

所谓电压偏移是指网络中某一点的电压与该网络额定电压的数值差。如线路始端或末端电压与线路额定电压的数值差为 U_1-U_N 或 U_2-U_N。电压偏移也常以百分数表示，即为

$$\text{始端电压偏移}\% = \frac{U_1-U_N}{U_N} \times 100\% \tag{3-12}$$

$$\text{末端电压偏移}\% = \frac{U_2-U_N}{U_N} \times 100\% \tag{3-13}$$

通过以上的电压计算，就可以确定出电网的电压损耗与各负荷点的电压偏移，以便分析其原因，采取相应的调压措施，使网络中各点电压都维持在允许的偏移范围以内。

二、电力线路的电能损耗

电力线路的电能损耗直接影响到电力系统的经济费用，对于电力系统的设计和运行都是一个重要指标。在求出有功功率损耗 ΔP 后，进而可计算电能损耗。

如果在一段时间 t 内，电网的负荷不变，则相应的电能损耗为

$$\Delta W = \Delta Pt = \frac{P^2+Q^2}{U^2}Rt$$

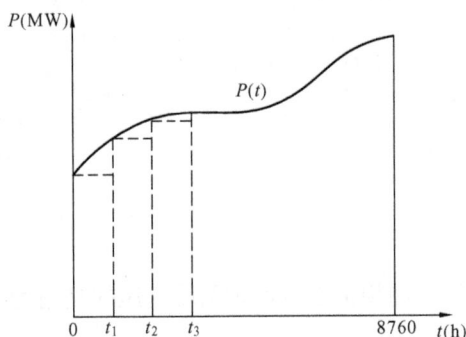

图 3-4 年负荷曲线

由于电力系统的实际负荷随时都在改变，因而通过电网的功率也不断变化，因此，功率损耗是时间 t 的函数。

下面介绍计算电力线路上电能损耗的方法。

1. 折线代曲线的方法

如图 3-4 所示，把曲线分成若干个时间小段，认为每小段上 $P(t)=c$，若将一年分成 k ($k=1, 2, \cdots, n$) 个时间小段，一天以 24h 计算，则时间 $t=24\text{h} \times 365 = 8760\text{h}$，全年的电能损耗为

$$\Delta W_Z = \int_0^{8760} \Delta P(t)\mathrm{d}t = \Delta W_{Z1} + \Delta W_{Z2} + \cdots + \Delta W_{Zk} + \cdots$$

$$= \sum_{k=1}^{n} \Delta W_{Zk}$$

$$= \frac{P_1^2+Q_1^2}{U_1^2}Rt_1 + \frac{P_2^2+Q_2^2}{U_2^2}Rt_2 + \cdots + \frac{P_k^2+Q_k^2}{U_k^2}Rt_k + \cdots$$

$$= \sum_{k=1}^{n} \left(\frac{P_k^2+Q_k^2}{U_k^2}\right)Rt_k \tag{3-14}$$

由于电力系统负荷随时变化，所以采用式（3-14）精确地计算一段时间内或一年的电能损耗将很繁琐，特别是计算年电能损耗时，更难以采用这种方法。目前最实用的电能损耗的计算方法是利用最大功率损耗时间法来进行的。

2. 最大功率损耗时间法

在电力线路中电能损耗的大小与用户的用电负荷大小有关。负荷的运行方式为最大负荷运行时，在网络中的有功功率损耗也最大（ΔP_{max}），电能损耗 ΔW_Z 也最大；以最小负荷运行时，在网络中的有功功率损耗也最小（ΔP_{min}），相应的电能损耗 ΔW_Z 也最小。

最大功率损耗时间法具体如下：首先根据负荷的功率因数 $\cos\varphi$ 查表（电力工程设计手册），求出最大负荷利用小时数 T_{max}，由 T_{max} 和 $\cos\varphi$ 直接从表 3-1 中查得最大功率损耗时间 τ_{max}，然后再由最大负荷时的功率损耗 ΔP_{max}，求出全年的电能损耗。

表 3-1　　最大功率损耗时间 τ_{max} 与最大负荷利用小时数 T_{max} 的关系

T_{max} ＼ $\cos\varphi$	0.80	0.85	0.90	0.95	1.00
2000	1500	1200	1000	800	700
2500	1700	1500	1250	1100	950
3000	2000	1800	1600	1400	1250
3500	2350	2150	2000	1800	1600
4000	2750	2600	2400	2200	2000
4500	3150	3000	2900	2700	2500
5000	3600	3500	3400	3200	3000
5500	4100	4000	3950	3750	3600
6000	4650	4600	4500	4350	4200
6500	5250	5200	5100	5000	4850
7000	5950	5900	5800	5700	5600
7500	6650	6600	6550	6500	6400
8000	7400	7350	7350	7300	7250

如图 3-5 所示，若已知负荷损耗特性曲线 $\Delta P(t)$，则曲线下面的面积表示实际全年网络中的电能损耗，表示为

$$\Delta W_Z = \int_0^{8760} \Delta P(t)\mathrm{d}t$$

假定负荷不变，功率损耗始终相当于最大负荷运行时在网络中造成的损耗，经过 τ_{max} 时间后，网络中的电能损耗相当于实际负荷运行时在网络中造成的损耗，则称 τ_{max} 为最大功率损耗时间。

最大功率损耗时间是指全年电能损耗 ΔW_Z 除以最大负荷时的功率损耗 ΔP_{max}，即

$$\tau_{max} = \frac{\Delta W_Z}{\Delta P_{max}}$$

由图 3-5 可知，负荷损耗曲线围成的面积近似等于矩形面积，于是电能损耗可表示为

$$\Delta W_{\mathrm{Z}} = \int_0^{8760} \Delta P(t)\mathrm{d}t = \Delta P_{\max}\tau_{\max}$$

因此，在没有负荷曲线的情况下，如果已知 $\tau_{\max}$ 值，再乘以最大功率损耗，即可求出网络中全年的电能损耗。

实际上任何一个用户，其全年所使用的电能很容易通过电能表记录而得出，所以其最大负荷使用的时间 $T_{\max}$ 可以由 $W = P_{\max}T_{\max}$ 求得。这样经过较长时间的运行经验，不难确定出各类负荷的 $T_{\max}$ 值。但是，某一网络全年的电能损耗不易直接知道，因为没有这样一种专门测量网络各部分电能损耗的测量装置。因此也不能通过网络的运行经验定出各类负荷的 $\tau_{\max}$ 值。因 $\tau_{\max}$ 与负荷曲线有关，$T_{\max}$ 也与负荷曲线有关，常常利用这种近似关系，如图 3-6 所示，由 $T_{\max}$ 求出 $\tau_{\max}$，以求得全年的电能损耗。

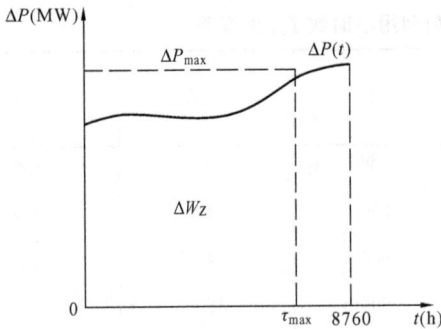

图 3-5　线损特性曲线

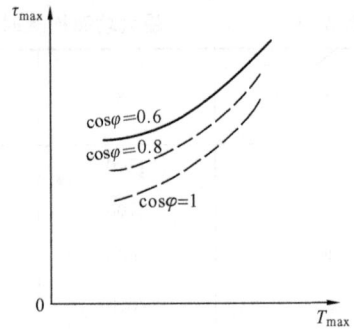

图 3-6　$T_{\max}$ - $\tau_{\max}$ 曲线

对于某一个负荷曲线对应一定的 $T_{\max}$ 和 $\tau_{\max}$。一个 $T_{\max}$ 值可以对应很多负荷曲线，因为尽管负荷曲线的形状不同，但只要负荷曲线与纵轴横轴间所包围的面积相同，$T_{\max}$ 值就相同，其 $\tau_{\max}$ 值不一定相同。$\tau_{\max}$ 不仅与 $T_{\max}$ 有关，而且还与线路传输功率的功率因数 $\cos\varphi$ 有关，见如下推导

$$\Delta W_{\mathrm{Z}} = \int_0^{8760} \Delta P(t)\mathrm{d}t = \int_0^{8760} \frac{S^2(t)}{U^2(t)}R\mathrm{d}t = \int_0^{8760} \frac{P^2(t)R}{U^2(t)\cos^2\varphi}\mathrm{d}t$$

可见，$\cos\varphi$ 越小，ΔW_{Z} 越大，则 $\tau_{\max}$ 越大。每个 $T_{\max}$ 对应的 $\tau_{\max}$ 不是唯一的，还取决于 $\cos\varphi$ 的大小，由 $T_{\max}$ - $\tau_{\max}$ 曲线可知，在 $T_{\max}$、$\cos\varphi$ 确定后，$\tau_{\max}$ 才唯一确定。

3. 经验法

在工程计算中，求电能损耗常常采用经验法。根据负荷的特性，从《电力工程设计手册》中查得最大负荷利用小时数 $T_{\max}$，进而求得年负荷率 f，再求年负荷损耗率 F，由此求得全年的电能损耗 ΔW_{Z}。

用经验法求电能损耗的步骤：

(1) 按负荷特性（$\cos\varphi$）从表（《电力工程设计手册》）中查得 $T_{\max}$。

(2) 求年负荷率 f。

所谓年负荷率 f，是指一年中负荷消费的电能 W 除以最大负荷 $P_{\max}$ 与一年 8760h 的乘积，即

$$f = \frac{W}{8760P_{\max}}$$

进而有

$$f = \frac{P_{\max}T_{\max}}{8760P_{\max}} = \frac{T_{\max}}{8760}$$

（3）求年负荷损耗率 F。

按经验公式 $$F = kf + (1-k)f^2$$

式中　　k——经验数据，一般取 $0.1\sim0.4$。

所谓年负荷损耗率 F，是指全年电能损耗 ΔW_Z 除以最大负荷时的功率损耗 ΔP_{max} 与一年 8760h 的乘积，即

$$F = \frac{\Delta W_Z}{8760\Delta P_{max}}$$

（4）全年的电能损耗

$$\Delta W_Z = 8760F\Delta P_{max}$$

这样整个过程是：由负荷特性查得 T_{max}，求出年负荷率 f 和年负荷损耗率 F，再求出最大负荷时的功率损耗 ΔP_{max}，于是可按上述公式计算全年电能损耗。

求得电能损耗后，又可求标志经济性能的指标——线损率。

线损率是指线路上损耗的电能与线路始端输入电能的比值。若不计对地电导或不计电晕损耗时，它就指线路电阻中损耗的电能 ΔW_Z 与线路始端输入电能 W_1 的比值，以百分值表示

$$线损率\% = \frac{\Delta W_Z}{W_1}\times100\% = \frac{\Delta W_Z}{W_2 + \Delta W_Z}\times100\%$$

式中　　W_2——末端输出的电能。

第二节　变压器运行状况的分析与计算

求得电力线路的功率和电压的计算公式后，就可以将它们套用于变压器的功率、电压计算，如图 3-7 所示的变压器等值电路。

1. 变压器的功率损耗

阻抗支路中的功率损耗 $\Delta\dot{S}_{ZT}$ 为

$$\begin{aligned}\Delta\dot{S}_{ZT} &= \left(\frac{S_2'}{U_2}\right)^2 Z_T = \frac{P_2'^2 + Q_2'^2}{U_2^2}(R_T + jX_T)\\ &= \frac{P_2'^2 + Q_2'^2}{U_2^2}R_T + j\frac{P_2'^2 + Q_2'^2}{U_2^2}X_T\\ &= \Delta P_{ZT} + j\Delta Q_{ZT}\end{aligned} \quad (3-15)$$

励磁支路中的功率损耗 $\Delta\dot{S}_{YT}$ 为

图 3-7　变压器的电压和功率

$$\Delta\dot{S}_{YT} = U_1^2\overset{*}{\dot{Y}}_T = U_1^2(G_T + jB_T) = U_1^2 G_T + jU_1^2 B_T = \Delta P_{YT} + j\Delta Q_{YT} \quad (3-16)$$

可见，变压器励磁支路的无功功率与线路对地支路的无功功率符号相反。

通常，变压器的功率损耗，也可直接由变压器铭牌上的试验数据 P_k、$U_k\%$、P_0、$I_0\%$ 等进行计算。计算变压器功率损耗的公式可由 R_T、X_T、G_T、B_T 的计算式（2-19）～式（2-22）代入式（3-15）、式（3-16）得到。

由于通常对变电站的变压器往往已知负荷侧的功率，而对发电厂的变压器往往已知电源侧的功率。下面把适用于变电站和发电厂的计算公式对照列出来。

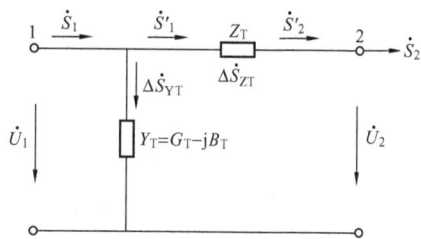

变电站的变压器
发电厂的变压器

$$\Delta P_{ZT}=\frac{P_k U_N^2 S_2'^2}{1000 U_2^2 S_N^2} \qquad\qquad \Delta P_{ZT}=\frac{P_k U_N^2 S_1'^2}{1000 U_1^2 S_N^2}$$

$$\Delta Q_{ZT}=\frac{U_k\% U_N^2 S_2'^2}{100 U_2^2 S_N} \qquad\qquad \Delta Q_{ZT}=\frac{U_k\% U_N^2 S_1'^2}{100 U_1^2 S_N}$$

$$\Delta P_{YT}=\frac{P_0 U_1^2}{1000 U_N^2} \qquad\qquad \Delta P_{YT}=\frac{P_0 U_1^2}{1000 U_N^2} \tag{3-17}$$

$$\Delta Q_{YT}=\frac{I_0\% S_N U_1^2}{100 U_N^2} \qquad\qquad \Delta Q_{YT}=\frac{I_0\% S_N U_1^2}{100 U_N^2}$$

如考虑到 $S_2=S_2'$，并取 $S_1=S_1'$，认为 $U_1=U_2=U_N$，上述公式可简化为

$$\Delta P_{ZT}=\frac{P_k S_2^2}{1000 S_N^2} \qquad\qquad \Delta P_{ZT}=\frac{P_k S_1^2}{1000 S_N^2}$$

$$\Delta Q_{ZT}=\frac{U_k\% S_N S_2^2}{100 S_N^2} \qquad\qquad \Delta Q_{ZT}=\frac{U_k\% S_N S_1^2}{100 S_N^2}$$

$$\Delta P_{YT}=\frac{P_0}{1000} \qquad\qquad \Delta P_{YT}=\frac{P_0}{1000} \tag{3-18}$$

$$\Delta Q_{YT}=\frac{I_0\%}{100}S_N \qquad\qquad \Delta Q_{YT}=\frac{I_0\%}{100}S_N$$

假定在额定条件下运行时，还可让 $S_2=S_N$、$S_1=S_N$，于是有

$$\Delta P_{ZT}=\frac{P_k}{1000} \qquad\qquad \Delta P_{ZT}=\frac{P_k}{1000}$$

$$\Delta Q_{ZT}=\frac{U_k\%}{100}S_N \qquad\qquad \Delta Q_{ZT}=\frac{U_k\%}{100}S_N$$

$$\Delta P_{YT}=\frac{P_0}{1000} \qquad\qquad \Delta P_{YT}=\frac{P_0}{1000} \tag{3-19}$$

$$\Delta Q_{YT}=\frac{I_0\%}{100}S_N \qquad\qquad \Delta Q_{YT}=\frac{I_0\%}{100}S_N$$

可见，在额定运行条件下，无论是变电站的变压器，还是发电厂的变压器，其功率损耗的计算公式是相同的，而且非常简单。然而，当变压器实际运行并非在额定的条件下，通过变压器的功率为 $\dot S$ 时，则变压器的功率损耗 $\Delta \dot S_T$ 为

$$\Delta \dot S_T = \Delta P_{YT}+j\Delta Q_{YT}+\left[\Delta P_{ZT}\left(\frac{S}{S_N}\right)^2+j\Delta Q_{ZT}\left(\frac{S}{S_N}\right)^2\right]$$

$$=\frac{P_0}{1000}+j\frac{I_0\%}{100}S_N+\left[\frac{P_k}{1000}\left(\frac{S}{S_N}\right)^2+j\frac{U_k\%}{100}S_N\left(\frac{S}{S_N}\right)^2\right] \tag{3-20}$$

对 n 台并列运行的变压器，其功率损耗为

$$\Delta \dot S_T = n(\Delta P_{YT}+j\Delta Q_{YT})+n\left[\Delta P_{ZT}\left(\frac{S}{nS_N}\right)^2+j\Delta Q_{ZT}\left(\frac{S}{nS_N}\right)^2\right] \tag{3-21}$$

以上式中 ΔP_{YT}、ΔQ_{YT}、ΔP_{ZT}、ΔQ_{ZT} 分别是额定负荷时变压器励磁支路和阻抗支路中的有功损耗和无功损耗。由以上公式可见，阻抗支路的功率损耗通过 $(S/S_N)^2$ 的换算就变成在实际通过功率 S 时的功率损耗，而励磁支路的功率损耗不用功率的换算，这是因为励磁支路中的功率损耗是固定的，与通过的功率大小无关。

2. 变压器的电压降落

类似于式（3-4），可列出变压器阻抗支路中电压降落的纵分量和横分量为

$$\left.\begin{array}{l}\Delta U_T = \dfrac{P'_2 R_T + Q'_2 X_T}{U_2} \\[3mm] \delta U_T = \dfrac{P'_2 X_T - Q'_2 R_T}{U_2}\end{array}\right\} \tag{3-22}$$

变压器电源端的电压 U_1 为

$$U_1 = \sqrt{(U_2 + \Delta U_T)^2 + (\delta U_T)^2} \tag{3-23}$$

变压器两端电压的夹角 δ_T 为

$$\delta_T = \tan^{-1}\frac{\delta U_T}{U_2 + \Delta U_T} \tag{3-24}$$

上述公式适用于变电站的变压器，而对发电厂的变压器，经常是电源侧的功率为已知，于是，计算电压降落应从电源侧起始。计算公式如下

$$\left.\begin{array}{l}\Delta U'_T = \dfrac{P'_1 R_T + Q'_1 X_T}{U_1} \\[3mm] \delta U'_T = \dfrac{P'_1 X_T - Q'_1 R_T}{U_1}\end{array}\right\} \tag{3-25}$$

进而可求得负荷端的电压 U_2 为

$$U_2 = \sqrt{(U_1 - \Delta U'_T)^2 + (\delta U'_T)^2} \tag{3-26}$$

变压器两端电压的夹角 δ_T 为

$$\delta_T = \tan^{-1}\frac{-\delta U'_T}{U_1 - \Delta U'_T} \tag{3-27}$$

3. 变压器的电能损耗

变压器的电能损耗等于励磁支路的电能损耗与阻抗支路的电能损耗之和。而变压器在额定运行条件下励磁支路的电能损耗对应着空载损耗 P_0，阻抗支路的电能损耗对应着短路损耗 P_k。因此有：

（1）变压器励磁支路电能损耗为

$$\Delta W_{YT} = \frac{P_0}{1000} t$$

变压器励磁支路的电能损耗与通过功率 S 及 τ_{max}（T_{max}）大小无关，只与变压器运行的时刻有关，变压器励磁支路在一年内的电能损耗为

$$\Delta W_{YT} = \frac{P_0}{1000} \times 8760$$

（2）变压器阻抗支路的电能损耗为

$$\Delta W_{ZT} = \frac{P_k}{1000}\left(\frac{S}{S_N}\right)^2 \tau_{max}$$

一般变压器厂（铭牌上）提供的 P_0、P_k 是以 kW 为单位的，而工程计算中常以 MW 为有功功率的单位，所以式中分母有 1000。在一年内变压器上的电能损耗为

$$\Delta W = \Delta W_{YT} + \Delta W_{ZT} = \frac{P_0}{1000} \times 8760 + \frac{P_k}{1000}\left(\frac{S}{S_N}\right)^2 \tau_{max}$$

推广到 n 台变压器中的电能损耗

$$\Delta W_n = n\frac{P_0}{1000}\times 8760 + n\frac{P_k}{1000}\left(\frac{S}{nS_N}\right)^2\tau_{\max} \qquad (3-28)$$

第三节　辐射形网络中的潮流分布

一、概述

电力系统的参数一般分为网络参数和运行参数两类。网络参数，是指系统中各元件的电阻 R、电抗 X、电导 G、电纳 B。在第二章里讨论了这类参数的计算方法，它们一般不随系统运行状态的改变而变化，通常作为常数。运行参数，是指系统中的电压 U、电流 I、功率 S（P、Q）等。这些运行参数确定了系统的运行状态，它们之间的关系不是相互独立的，是通过基尔霍夫定律等电路定律互相关联，并且随着负荷和发电量的变化而变化的。

电力系统的潮流分布计算，是通过已知的网络参数和某些运行参数来求系统中那些未知的运行参数，如节点电压、节点注入功率、支路中流动的功率及电流等。以便全面地掌握系统中各元件的运行状态，从而进行电力系统的规划设计、运行计划和运行调度，以保证电力系统运行的安全、可靠、经济和优质。

下面讨论简单辐射形网络的潮流分布。

辐射形网络可理解为包括图1-16所示的三种无备用接线网络，也包括图1-17（a）、（b）、（c）所示的三种有备用接线网络。

最简单的辐射形网络如图3-8（a）所示，它是一个只包含升、降压变压器和一段单回输电线的输电系统，其等值电路图如图3-8（b）所示，简化等值图如图3-8（c）所示。

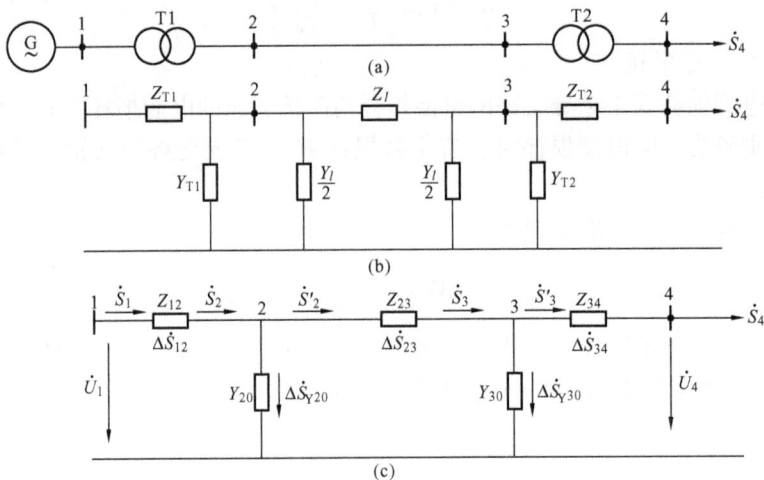

图3-8　简单电力系统等值图
（a）接线图；（b）等值电路图；（c）简化等值图

注意，图3-8中 Z_{T1}、Z_l、Z_{T2}、Y_{T1}、Y_l、Y_{T2} 均是归算在同一电压等级上的参数。

对于一个确定的网络，网络参数是已知的，运行参数满足节点电压方程（或回路电流方程、割集电压方程）。对于图3-8所示的网络，原则上可列出节点电压方程组（$Y_B U_B = I_B$），求解线性方程较容易。但实际上已知的不是节点电压、节点电流，而是已知节点功率，因此，只能列出非线性方程组 $Y_B \dot{U}_B = \overset{*}{\dot{S}}_B / \overset{*}{\dot{U}}_B$，求解比较繁琐。一般不能直接用解析法求解，只能用迭代法求近似解。由于图 3 - 8 所示的网络较为简单，因而不必列、解非线性方程组，可利用前面所讨论的计算线路及变压器的电压降落、功率损耗的公式，直接按图 3 - 8（c）所示的简化等值图从一端向另一端逐个元件地推算其潮流分布，此种方法可称为逐段推算法。

常用的公式总结如下：

功率损耗：阻抗支路　$\Delta \dot{S}_Z = \dfrac{P^2+Q^2}{U^2}R + j\dfrac{P^2+Q^2}{U^2}X$　　　　　　　　（3 - 29a）

$$\left.\begin{array}{l}\text{线路对地支路}\quad \Delta \dot{S}_{Yl} = \dfrac{1}{2}G_l U^2 - j\dfrac{1}{2}B_l U^2 \\[2mm] \text{变压器励磁支路}\quad \Delta \dot{S}_{YT} = G_T U^2 + jB_T U^2 \end{array}\right\}$$ 　（3 - 29b）

电压降落：$d\dot{U} = \Delta U + j\delta U$

$$\Delta U = \frac{PR+QX}{U} \qquad \delta U = \frac{PX-QR}{U}$$ 　　　　　　　（3 - 29c）

始端电压：$\dot{U}_1 = \dot{U}_2 + d\dot{U} = (U_2+\Delta U) + j\delta U = U_1\angle \delta_1$

$$U_1 = \sqrt{(U_2+\Delta U)^2 + (\delta U)^2} \qquad \delta_1 = \tan^{-1}\frac{\delta U}{U_2+\Delta U}$$ 　（3 - 29d）

二、辐射形网络潮流分布计算的一般步骤

由以上分析可知，为了方便潮流计算，首先由电气接线图作出等值电路图，而且等值电路图越简化，潮流计算就越方便。以图 3 - 8 为例，潮流分布计算的一般步骤和内容为：

（1）由已知电气接线图作出等值电路图；

（2）作出简化等值图；

（3）用逐段推算法推算其潮流分布。

假设功率分布情况如图 3 - 8（c）所示，计算其值可根据已知条件出现的不同，采用的方法、步骤有所不同。

（1）若已知末端的功率 $\dot{S}_4$ 和电压 $\dot{U}_4$ 时，这时的潮流计算就从末端开始，由末端功率 $\dot{S}_4$ 和电压 $\dot{U}_4$，利用式（3 - 29a）求出 Z_{34} 上的功率损耗 $\Delta \dot{S}_{34}$，$\dot{S}_4$ 加上 $\Delta \dot{S}_{34}$ 便得 $\dot{S}'_3$，再利用式（3 - 29c）、式（3 - 29d）求出 3 节点电压 $\dot{U}_3$，然后利用式（3 - 29b）求得 3 节点导纳支路的功率损耗 $\Delta \dot{S}_{Y30}$，$\dot{S}'_3$ 加上 $\Delta \dot{S}_{Y30}$ 便得 $\dot{S}_3$。于是，又可将 $\dot{S}_3$ 作为末端功率，$\dot{U}_3$ 作为末端电压，依次求得 $\dot{S}_2$、$\dot{U}_2$，进而求得 $\dot{S}_1$、$\dot{U}_1$。这个计算过程可表示为

$$\underset{\text{式（3 - 29a）}}{\xrightarrow{\dot{S}_4\dot{U}_4}}\left.\begin{array}{l}\Delta \dot{S}_{34} \longrightarrow \dot{S}'_3 \\ \Delta \dot{S}_{Y30}\end{array}\right\} \longrightarrow \dot{S}_3 \underset{\text{式（3 - 29a）}}{\xrightarrow{\dot{S}_3\dot{U}_3}}\left.\begin{array}{l}\Delta \dot{S}_{23}\longrightarrow \dot{S}'_2 \\ \Delta \dot{S}_{Y20}\end{array}\right\} \longrightarrow \dot{S}_2 \underset{\text{式（3 - 29a）}}{\xrightarrow{\dot{S}_2\dot{U}_2}}\Delta \dot{S}_{12}\longrightarrow \dot{S}_1$$

$$\text{式（3 - 29b）}\uparrow Y_{30}\dot{U}_3 \qquad\qquad \text{式（3 - 29b）}\uparrow Y_{20}\dot{U}_2$$

$$\underset{\text{式（3 - 29c）}}{\xrightarrow{\dot{S}_4\dot{U}_4}}\left.\begin{array}{l}\Delta U_{34} \\ \delta U_{34}\end{array}\right\}\underset{\text{式（3 - 29d）}}{\longrightarrow}\dot{U}_3 \underset{\text{式（3 - 29c）}}{\xrightarrow{\dot{S}_3\dot{U}_3}}\left.\begin{array}{l}\Delta U_{23} \\ \delta U_{23}\end{array}\right\}\underset{\text{式（3 - 29d）}}{\longrightarrow}\dot{U}_2 \underset{\text{式（3 - 29c）}}{\xrightarrow{\dot{S}_2\dot{U}_2}}\left.\begin{array}{l}\Delta U_{12} \\ \delta U_{12}\end{array}\right\}\underset{\text{式（3 - 29d）}}{\longrightarrow}\dot{U}_1$$

计算时要注意：式（3 - 29a）、式（3 - 29c）中 P、Q、U 一定用同一点的值。

（2）若已知末端功率 $\dot{S}_4$ 和始端电压 $\dot{U}_1$ 时，显然 $\dot{S}_4$ 与 $\dot{U}_1$ 不是同一点的值，这时的潮流计算必须通过反复推算才能获得同时满足这两个限制条件（$\dot{S}_4$ 和 $\dot{U}_1$）的结果。这种反复

推算，逐渐逼近，其实已属于迭代法的范畴。如果潮流计算仍从末端开始，则需要假设一个末端电压 $\dot{U}_4$，电压 $\dot{U}_4$ 可根据计算精度或经验取值。

1）在计算精度要求不高的场合，潮流计算可分两步进行。

第一步 设 $\dot{U}_4 = \dot{U}_N = U_N \angle 0°$，且设 $\dot{U}_3 = \dot{U}_2 = U_N \angle 0°$，即设全网电压均为额定电压。此时，就可由末端 $\dot{S}_4$ 和 $\dot{U}_4$，利用式（3-29a）、式（3-29b），求得各段阻抗支路的功率损耗及各导纳支路的功率损耗，而没有计及各段的电压损耗，公式中用到电压时，就取网络的额定电压。求得各段功率损耗后，即可得到从末端至始端的功率分布，其计算过程可简写为

$$\frac{\dot{S}_4 \dot{U}_4}{\text{式 (3-29a)}} \rightarrow \dot{S}_3' \xrightarrow{\Delta \dot{S}_{Y30}} \dot{S}_3 \xrightarrow{\Delta \dot{S}_{23}} \dot{S}_2' \xrightarrow{\Delta \dot{S}_{Y20}} \dot{S}_2 \xrightarrow{\Delta \dot{S}_{12}} \dot{S}_1$$

第二步 由已知的始端电压 $\dot{U}_1$ 和求得的始端功率 $\dot{S}_1$，利用式（3-29c）、式（3-29d）逐段求取各段的电压降落，这样就从始端电压一点一点降下来，得到各节点的电压，其计算过程简写为

$$\frac{\dot{U}_1 \dot{S}_1}{\text{式 (3-29c)}} \rightarrow \mathrm{d}\dot{U}_1 \xrightarrow{\text{式 (3-29d)}} \dot{U}_2 \xrightarrow{\text{式 (3-29c)}} \mathrm{d}\dot{U}_2 \xrightarrow{\text{式 (3-29d)}} \dot{U}_3 \xrightarrow{\text{式 (3-29c)}}$$

$$\mathrm{d}\dot{U}_3 \xrightarrow{\text{式 (3-29d)}} \dot{U}_4$$

这个推算电压的过程，不再重新推算功率，公式中用到功率时就取用第一步推算的功率。

可见这种潮流分布计算结果是经过一个来回的计算才得到，从末端往始端推算时，仅仅推算了功率，而从始端向末端推算时仅仅推算了电压。显然这种推算法得到的结果是近似的，一般手算潮流时可以采用这种推算法。

2）在计算精度要求较高的场合，设末端电压为 $\dot{U}_4^{(0)}$，以 $\dot{U}_4^{(0)}$ 和已知的 $\dot{S}_4^{(0)}$（$\dot{S}_4^{(0)} = \dot{S}_4$）为原始数据，利用式（3-29a）～式（3-29d）由末端向始端逐段推算其功率和电压；求得始端电压 $\dot{U}_1^{(1)}$ 和功率 $\dot{S}_1^{(1)}$ 后，再用始端已知电压 $\dot{U}_1^{(0)}$ 和求得的始端功率 $\dot{S}_1^{(1)}$ 由始端向末端逐段推算功率和电压；求得末端电压 $\dot{U}_4^{(1)}$ 和功率 $\dot{S}_4^{(1)}$ 后，再用求得的末端电压 $\dot{U}_4^{(1)}$ 和已知的末端功率 $\dot{S}_4^{(0)}$，由末端向始端推算，再次求得始端电压 $\dot{U}_1^{(2)}$ 和功率 $\dot{S}_1^{(2)}$；然后再用始端已知电压 $\dot{U}_1^{(0)}$ 和求得的始端功率 $\dot{S}_1^{(2)}$ 由始端向末端推算，依此反复推算下去，直至满足精度要求。

推算过程简写为

$$\dot{U}_4^{(0)} \dot{S}_4^{(0)} \rightarrow \dot{U}_1^{(1)} \dot{S}_1^{(1)}$$
$$\dot{U}_4^{(1)} \dot{S}_4^{(1)} \leftarrow \dot{U}_1^{(0)} \dot{S}_1^{(1)}$$
$$\dot{U}_4^{(1)} \dot{S}_4^{(0)} \rightarrow \dot{U}_1^{(2)} \dot{S}_1^{(2)}$$
$$\dot{U}_4^{(2)} \dot{S}_4^{(2)} \leftarrow \dot{U}_1^{(0)} \dot{S}_1^{(2)}$$
$$\vdots$$
$$\dot{U}_4^{(n-1)} \dot{S}_4^{(0)} \rightarrow \dot{U}_1^{(n)} \dot{S}_1^{(n)}$$

直至满足 $|\dot{U}_1^{(n)} - \dot{U}_1^{(0)}| \leqslant \varepsilon$（精度），这种反复推算的过程可用计算机进行。

三、对多端网络的处理

对于多端网络，即网络中不只一个负荷或不只一个电源的情况，如图 3-9 所示的网络，若以变电站 D 为末端、以发电厂 A 为始端，显然变电站 B 和发电厂 C 需要作一下简化才能

方便地用逐段推算法进行潮流分布计算。

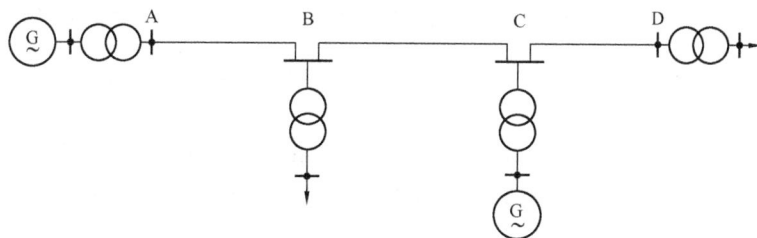

图 3 - 9　多端网络

下面介绍如何把变电站 B 的负荷等效成一个集中运算负荷功率挂在 B 点，又如何把发电厂 C 的电源功率等效成一个集中的运算电源功率挂在 C 点。

1. 变电站的运算负荷功率

如图 3 - 10（a）所示变电站两侧连接着线路，此变压器低压侧负荷使用的功率 $\dot{S}$ 称为负荷功率。$\Delta \dot{S}$ 为变压器的功率损耗，这里将变压器低压侧的负荷功率加上变压器的功率损耗，称为变电站的等值负荷功率，用 $\dot{S}'$ 表示，$\dot{S}' = \dot{S} + \Delta \dot{S}$。可见，等值负荷功率即是变电站从网络中吸取的功率。若再将变电站高压母线上所连线路对地电纳中无功功率的一半也并入等值负荷功率，用集中功率 $\dot{S}''$ 表示，则称 $\dot{S}''$ 为变电站的运算负荷功率，其计算式为

$$\dot{S}'' = \dot{S}' + \Delta \dot{S}_{l1} + \Delta \dot{S}_{l2} = \dot{S} + \Delta \dot{S} + (-j\Delta Q_{l1}) + (-j\Delta Q_{l2})$$

因此，可将图 3 - 10（a）等效成图 3 - 10（b）。

2. 发电厂的运算电源功率

如图 3 - 11（a）所示，发电厂两侧也连接着线路，该发电厂发出的功率 $\dot{S}_G$ 为电源功率，$\Delta \dot{S}_G$ 为发电厂升压变压器的功率损耗，若将发电厂发出的功率减去升压变压器的功率损耗用 $\dot{S}'_G$ 表示，称 $\dot{S}'_G$ 为发电厂的等值电源功率，$\dot{S}'_G = \dot{S}_G - \Delta \dot{S}_G$。可见等值电源功率即是

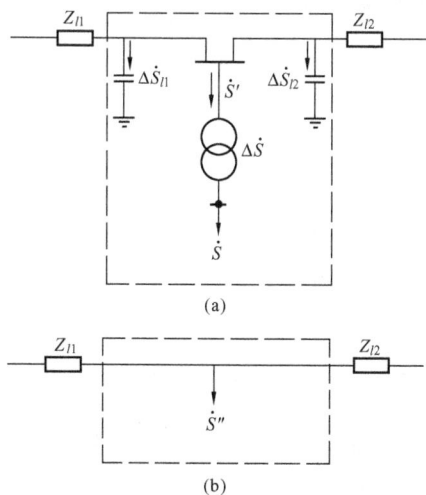

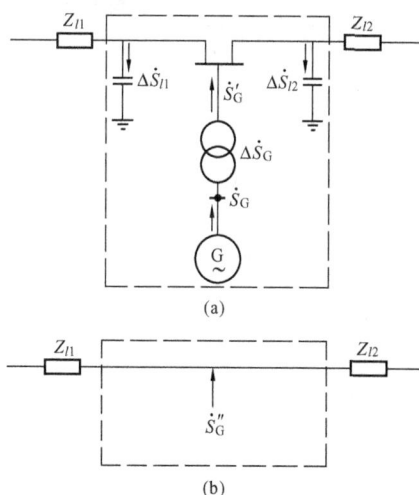

图 3 - 10　运算负荷功率　　　　　图 3 - 11　运算电源功率
（a）等值前；（b）等值后　　　　　（a）等值前；（b）等值后

电源向网络注入的功率。若再将发电厂高压母线上所连线路对地电纳中无功功率的一半也并入等值电源功率，用集中功率 $\dot{S}''_G$ 表示，可称 $\dot{S}''_G$ 为发电厂的运算电源功率，即

$$\dot{S}''_G=\dot{S}'_G-\Delta\dot{S}_{l1}-\Delta\dot{S}_{l2}=\dot{S}_G-\Delta\dot{S}_G+j\Delta Q_{l1}+j\Delta Q_{l2}$$

于是可将图 3 - 11 （a）等效成图 3 - 11 （b）。

经过以上的等值功率变换后，图 3 - 9 所示的网络就可作出图 3 - 12 所示的简化等值图。由图可看出，图中仅有各段的阻抗支路，而线路的对地电容支路及变压器的励磁支路已合并到运算功率中去，因此等值图十分简单。于是潮流分布计算就可按图 3 - 12 所示的等值图方便地进行，采用的方法、步骤及引用的公式可依照辐射形网络的潮流分布。

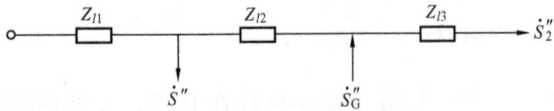

图 3 - 12　多端网的等值图

【例 3 - 1】　电力线路长 80km，额定电压为 110kV，末端连一容量为 30MVA、变比为 110/38.5kV 的降压变压器。变压器低压侧负荷为 $15+j11.25$MVA，正常运行时要求达 36kV。试求电源处母线上应有的电压和功率。计算时，（1）采用有名制；（2）采用标幺制，$S_B=15$MVA、$U_B=110$kV。

线路选用 LGJ—120 型导线，几何均距 4.25m，由此求得的每千米阻抗、导纳为

$$r_1=0.27\Omega/\text{km}; \quad x_1=0.412\Omega/\text{km}$$
$$g_1=0; \quad b_1=2.76\times10^{-6}\text{S/km}$$

变压器归算至 110kV 侧的阻抗、导纳为

$$R_T=4.93\Omega; \quad X_T=63.5\Omega$$
$$G_T=4.95\times10^{-6}\text{S}; \quad B_T=49.5\times10^{-6}\text{S}$$

网络接线如图 3 - 13 所示。

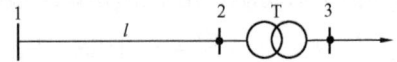

图 3 - 13　［例 3 - 1］网络接线图

解　先分别算出以有名制和标幺制表示的网络参数见表 3 - 2，等值电路如图 3 - 14 所示，然后分别以有名制和标幺制计算潮流分布，见表 3 - 3。

表 3 - 2　　　　　　　　　　　以有名制和标幺制计算的网络参数

运用有名制计算的图 3 - 14 （a）中的参数	运用标幺制计算的图 3 - 14 （b）中的参数
$R_l=r_1l=0.27\times80=21.6$ （Ω）	$R_{l*}=r_1l\dfrac{S_B}{U_B^2}=0.27\times80\times\dfrac{15}{110^2}=0.0268$
$X_l=x_1l=0.412\times80=33.0$ （Ω）	$X_{l*}=x_1l\dfrac{S_B}{U_B^2}=0.412\times80\times\dfrac{15}{110^2}=0.0408$
$\dfrac{1}{2}B_l=\dfrac{1}{2}b_1l=\dfrac{1}{2}\times2.76\times10^{-6}\times80=1.1\times10^{-4}$ （S）	$\dfrac{1}{2}B_{l*}=\dfrac{1}{2}b_1l\dfrac{U_B^2}{S_B}=\dfrac{1}{2}\times2.76\times10^{-6}\times80\times\dfrac{110^2}{15}=0.0890$
$R_T=4.93\Omega$	$R_{T*}=R_T\dfrac{S_B}{U_B^2}=4.93\times\dfrac{15}{110^2}=0.0061$
$X_T=63.5\Omega$	$X_{T*}=X_T\dfrac{S_B}{U_B^2}=63.5\times\dfrac{15}{110^2}=0.0787$
$G_T=4.95\times10^{-6}$S	$G_{T*}=G_T\dfrac{U_B^2}{S_B}=4.95\times10^{-6}\times\dfrac{110^2}{15}=0.0040$
$B_T=49.5\times10^{-6}$S	$B_{T*}=B_T\dfrac{U_B^2}{S_B}=49.5\times10^{-6}\times\dfrac{110^2}{15}=0.0400$

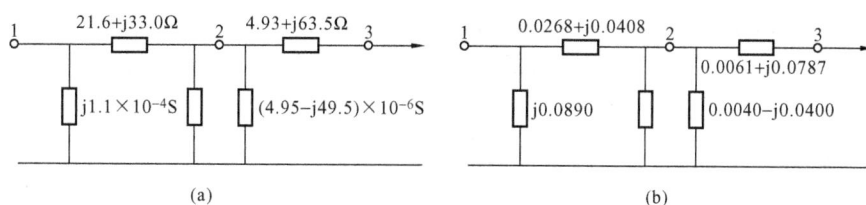

图 3-14　[例3-1] 等值电路

(a) 有名制；(b) 标幺制

表 3-3　　　　　　　　　**以有名制和标幺制计算的潮流分布**

运 用 有 名 制 计 算	运 用 标 幺 制 计 算
$\dot{S}_3=15+j11.25\ \text{MVA}$	$\dot{S}_{3*}=\dot{S}_3/S_B=(15+j11.25)/15=1.00+j0.75$
$U_3=36\times110/38.5=102.85\ (\text{kV})$	$U_{3*}=U_3/U_B=\dfrac{36\times110}{110\times38.5}=0.935$
$\Delta P_{ZT}=\dfrac{P_3^2+Q_3^2}{U_3^2}R_T=\dfrac{15^2+11.25^2}{102.85^2}\times4.93=0.16\ (\text{MW})$	$\Delta P_{ZT*}=\dfrac{P_{3*}^2+Q_{3*}^2}{U_{3*}^2}R_{T*}=\dfrac{1.00^2+0.75^2}{0.935^2}\times0.0061=0.0109$
$\Delta Q_{ZT}=\dfrac{P_3^2+Q_3^2}{U_3^2}X_T=\dfrac{15^2+11.25^2}{102.85^2}\times63.5$ $=2.11\ (\text{Mvar})$	$\Delta Q_{ZT*}=\dfrac{P_{3*}^2+Q_{3*}^2}{U_{3*}^2}X_{T*}=\dfrac{1.00^2+0.75^2}{0.935^2}\times0.0787=0.141$
$\Delta U_T=\dfrac{P_3R_T+Q_3X_T}{U_3}=\dfrac{15\times4.93+11.25\times63.5}{102.85}$ $=7.67\ (\text{kV})$	$\Delta U_{T*}=\dfrac{P_{3*}R_{T*}+Q_{3*}X_{T*}}{U_{3*}}$ $=\dfrac{1.00\times0.0061+0.75\times0.0787}{0.935}=0.0697$
$\delta U_T=\dfrac{P_3X_T-Q_3R_T}{U_3}=\dfrac{15\times63.5-11.25\times4.93}{102.85}$ $=8.71\ (\text{kV})$	$\delta U_{T*}=\dfrac{P_{3*}X_{T*}-Q_{3*}R_{T*}}{U_{3*}}$ $=\dfrac{1.00\times0.0787-0.75\times0.0061}{0.935}=0.0793$
$U_2=\sqrt{(U_3+\Delta U_T)^2+(\delta U_T)^2}$ $=\sqrt{(102.85+7.67)^2+8.71^2}=110.86\ (\text{kV})$	$U_{2*}=\sqrt{(U_{3*}+\Delta U_{T*})^2+(\delta U_{T*})^2}$ $=\sqrt{(0.935+0.0697)^2+(0.0793)^2}=1.008$
不计 δU_T 时，$U_2=U_3+\Delta U_T=102.85+7.67$ $=110.52\ (\text{kV})$	不计 δU_{T*} 时，$U_{2*}=U_{3*}+\Delta U_{T*}$ $=0.935+0.0697=1.005$
$\delta_T=\tan^{-1}\dfrac{\delta U_T}{U_3+\Delta U_T}=\tan^{-1}\dfrac{8.71}{110.52}=4.51°$	$\delta_{T*}=\tan^{-1}\dfrac{\delta U_{T*}}{U_{3*}+\Delta U_{T*}}=\tan^{-1}\dfrac{0.0793}{1.005}=0.0787$
$\Delta P_{YT}=G_TU_2^2=4.95\times10^{-6}\times110.52^2=0.06\ (\text{MW})$	$\Delta P_{YT*}=G_{T*}U_{2*}^2=0.004\times1.005^2\approx0.004$
$\Delta Q_{YT}=B_TU_2^2=49.5\times10^{-6}\times110.52^2=0.6\ (\text{Mvar})$	$\Delta Q_{YT*}=B_{T*}U_{2*}^2=0.04\times1.005^2\approx0.04$
$\dot{S}_2=P_2+jQ_2=(P_3+\Delta P_{ZT}+\Delta P_{YT})+j(Q_3+\Delta Q_{ZT}$ $+\Delta Q_{YT})=(15+0.16+0.06)+j(11.25+2.11$ $+0.6)=15.22+j13.96\ (\text{MVA})$	$\dot{S}_{2*}=P_{2*}+jQ_{2*}=(P_{3*}+\Delta P_{ZT*}+\Delta P_{YT*})+j(Q_{3*}$ $+\Delta Q_{ZT*}+\Delta Q_{YT*})=(1.00+0.0109+0.004)$ $+j(0.75+0.141+0.04)=1.015+j0.931$
$\Delta Q_{Yl2}=\dfrac{1}{2}B_lU_2^2=1.1\times10^{-4}\times110.52^2=1.34\ (\text{Mvar})$	$\Delta Q_{Yl2*}=\dfrac{1}{2}B_{l*}U_{2*}^2=0.089\times1.005^2=0.090$
$\dot{S}_2'=P_2+j(Q_2-\Delta Q_{Yl2})=15.22+j(13.96-1.34)$ $=15.22+j12.62\ (\text{MVA})$	$\dot{S}_{2*}'=P_{2*}+j(Q_{2*}-\Delta Q_{Yl2*})=1.015+j(0.931-0.090)$ $=1.015+j0.841$

运 用 有 名 制 计 算	运 用 标 幺 制 计 算
$\Delta P_{Zl}=\dfrac{P_2'^2+Q_2'^2}{U_2^2}R_l=\dfrac{15.22^2+12.62^2}{110.52^2}\times21.6$ $=0.691$（MW）	$\Delta P_{Zl*}=\dfrac{P_{2*}'^2+Q_{2*}'^2}{U_{2*}^2}R_{l*}=\dfrac{1.015^2+0.841^2}{1.005^2}\times0.0268$ $=0.0461$
$\Delta Q_{Zl}=\dfrac{P_2'^2+Q_2'^2}{U_2^2}X_l=\dfrac{15.22^2+12.62^2}{110.52^2}\times33.0$ $=1.056$（Mvar）	$\Delta Q_{Zl*}=\dfrac{P_{2*}'^2+Q_{2*}'^2}{U_{2*}^2}X_{l*}=\dfrac{1.015^2+0.841^2}{1.005^2}\times0.0408$ $=0.0701$
$\Delta U_l=\dfrac{P_2'R_l+Q_2'X_l}{U_2}=\dfrac{15.22\times21.6+12.62\times33.0}{110.52}$ $=6.74$（kV）	$\Delta U_{l*}=\dfrac{P_{2*}'R_{l*}+Q_{2*}'X_{l*}}{U_{2*}}$ $=\dfrac{1.015\times0.0268+0.841\times0.0408}{1.005}=0.0612$
$\delta U_l=\dfrac{P_2'X_l-Q_2'R_l}{U_2}=\dfrac{15.22\times33.0-12.62\times21.6}{110.52}$ $=2.08$（kV）	$\delta U_{l*}=\dfrac{P_{2*}'X_{l*}-Q_{2*}'R_{l*}}{U_{2*}}$ $=\dfrac{1.015\times0.0408-0.841\times0.0268}{1.005}=0.0188$
不计 δU_l 时，$U_1=U_2+\Delta U_l=110.52+6.74$ $=117.26$（kV）	不计 δU_{l*} 时，$U_{1*}=U_{2*}+\Delta U_{l*}=1.005+0.0612$ $=1.066$
$\delta_l=\tan^{-1}\dfrac{\delta U_l}{U_2+\Delta U_l}=\tan^{-1}\dfrac{2.08}{117.26}=1°$	$\delta_{l*}=\tan^{-1}\dfrac{\delta U_{l*}}{U_{2*}+\Delta U_{l*}}=\tan^{-1}\dfrac{0.0188}{1.066}=0.0176$
$\Delta Q_{Yl1}=\dfrac{1}{2}B_lU_1^2=1.1\times10^{-4}\times117.26^2=1.512$（Mvar）	$\Delta Q_{Yl1*}=\dfrac{1}{2}B_{l*}U_{1*}^2=0.089\times1.066^2=0.101$
$\dot S_1=P_1+jQ_1=(P_2'+\Delta P_{Zl})+j(Q_2'+\Delta Q_{Zl}$ $-\Delta Q_{Yl1})=(15.22+0.691)+j(12.62$ $+1.056-1.512)=15.91+j12.16$（MVA）	$\dot S_{1*}=P_{1*}+jQ_{1*}=(P_{2*}'+\Delta P_{Zl*})+j(Q_{2*}'+\Delta Q_{Zl*}$ $-\Delta Q_{Yl1*})=(1.015+0.0461)+j(0.841$ $+0.0701-0.101)=1.061+j0.810$

由表 3-3 可得本输电系统的有关技术经济指标为

$$始端电压偏移\%=\frac{U_1-U_N}{U_N}\times100\%=\frac{117.26-110}{110}\times100=6.60\%$$

$$末端电压偏移\%=\frac{U_3'-U_{3N}}{U_{3N}}\times100\%=\frac{36-35}{35}\times100=2.86\%$$

$$电压损耗\%=\frac{U_1-U_3}{U_N}\times100\%=\frac{117.26-102.85}{110}\times100=13.1\%$$

$$输电效率\%=\frac{P_3}{P_1}\times100\%=\frac{15}{15.91}\times100=94.3\%$$

以上指标都较理想，这是因为所计算的是一个负荷较轻的运行状况。由于负荷较轻，加之负荷功率因数较低、线路电阻 R_l 又较大，线路始末端电压间的相位角很小，$\delta_l=1°$。

由以上还可得如下有一定普遍意义的结论：

如只要求计算电压的数值，略去电压降落的横分量 δU 不会产生很大误差。如在 [例 3-1] 中，略去 δU_T 时，误差仅 $110.86-110.52=0.34$（kV），即仅 0.3%。因而，近

似计算公式 $U_1 = U_2 + \Delta U$ 有较大的适用范围。

变压器中电压降落的纵分量 ΔU_T 主要取决于变压器电抗。如［例3-1］中，$P_3 R_T/U_3 = 0.72$kV，而 $Q_3 X_T/U_3 = 6.95$kV，即后者较前者大9倍以上。

变压器中无功功率损耗远大于有功功率损耗，如［例3-1］中，$\Delta Q_{ZT} + \Delta Q_{YT} = 2.11 + 0.6 = 2.71$（Mvar），而 $\Delta P_{ZT} + \Delta P_{YT} = 0.16 + 0.06 = 0.22$（MW），即相差10倍以上。

线路负荷较轻时，线路电纳中吸收的容性无功功率大于电抗中消耗的感性无功功率的现象并不罕见，如［例3-1］中，$\Delta Q_{Yl1} + \Delta Q_{Yl2} = 1.512 + 1.34 = 2.852$（Mvar），而 $\Delta Q_{Zl} = 1.056$（Mvar），即这时的线路元件是一个感性无功功率电源。

至于有名制和标幺制的计算结果完全一致则无需解释。［例3-1］中，$U_{1*} U_B = 1.066 \times 110 = 117.3$kV，$\dot{S}_{1*} S_B = (1.061 + j0.810) \times 15 = 15.92 + j12.15$MVA，与有名制计算结果相差极微。

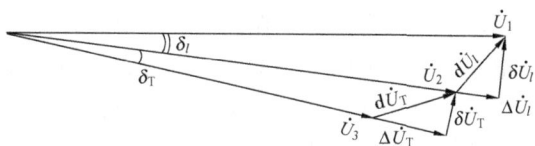

最后指出，［例3-1］中 $\dot{U}_1$、$\dot{U}_2$、$\dot{U}_3$ 间的相位关系见图3-15，即计算 ΔU_T、δU_T 时，以 $\dot{U}_3$ 为参考轴；计算 $\Delta \dot{U}_l$、$\delta \dot{U}_l$ 时以 $\dot{U}_2$ 为参考轴；$\dot{U}_1$ 与 $\dot{U}_3$ 间的相位角即 $\delta_l + \delta_T$。

图3-15　［例3-1］$\dot{U}_1$、$\dot{U}_2$、$\dot{U}_3$ 间的相位关系（示意图）

第四节　闭环网中的潮流分布

在电网运行中，为了提高供电的可靠性、经济性和运行的灵活性，或者为了降低电压损耗、电能损耗，往往需要从几个方向对用户输送电能，或将开环运行的网络闭环运行。凡是能从两个或两个以上方向给负荷供电的电网称为闭环网。如图3-16（a）所示为一简单闭环接线图。闭环网中最简单的形式是两端供电网。

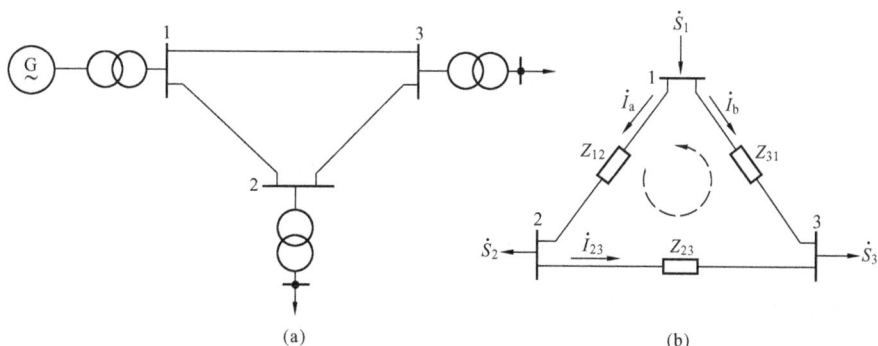

图3-16　简单闭环网
(a) 闭环网接线图；(b) 简化等值电路

在闭环网中，功率的分布受到很多因素的影响。因为闭环网中的负荷从各个支路上吸收的功率不同，所以输送这些功率在线路上的损耗也不同。各条支路中的功率损耗与其线路两端的电压、线路的阻抗有关，因此说闭环网中的潮流分布与网络的结构、负荷、电源等均有关，比辐射形网络的潮流分布要复杂得多。一般手算潮流分布时，首先求出各变电站的运算负荷功率和发电厂的运算电源功率，以得到简化的等值电路，如图 3 - 16 中，图（b）是图（a）的简化等值电路。在简化等值电路中就不再包含各变压器的阻抗支路和母线上并联的导纳支路，而是已经等效在运算功率之中。其次，在假设全网电压为额定电压的条件下，不考虑网络中的电压损耗和功率损耗，求出网络中的流动功率，即初步潮流分布，然后按初步潮流分布将闭环网分解成两个开式网，对这两个开式网分别按照辐射形网络潮流分布计算的方法进行潮流分布计算，从而要计及网络中的功率损耗、电压降落，最后得到最终的潮流分布计算结果。

一、闭环网的初步潮流分布

初步潮流分布是指，在假设全网电压均为额定电压的条件下，不计网络中的电压损耗和功率损耗，求得的闭环网中的功率分布。对于较复杂的多环网，必须利用网络化简的方法将网络化简成单环网，然后从某一电源点拉开，等效成两端供电网，才能进行初步潮流分布计算。而两端供电网的两端电压有时相等，有时不相等，下面分别讨论。

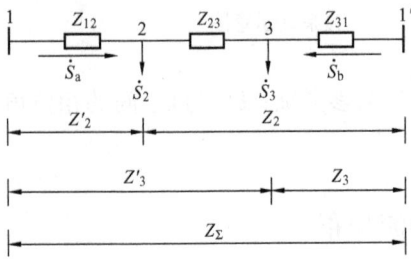

图 3 - 17 等值两端供电网

1. 两端电压相等时的功率分布

环形网中，回路电压为零的单一环网可等效成两端电压相等的两端供电网。例如将图 3 - 16（b）从节点 1 拉开，就由环形网变成一个两端供电网，如图 3 - 17 所示。图中 1 点和 1′ 点电压分别为 $\dot{U}_1$、$\dot{U}'_1$，且 $\dot{U}_1 = \dot{U}'_1$。从两端注入网络的功率设为 $\dot{S}_a$、$\dot{S}_b$，$\dot{S}_a$ 和 $\dot{S}_b$ 分别对应图 3 - 16（b）中的 $\dot{I}_a$ 和 $\dot{I}_b$。

按图 3 - 16（b）所示的回路正方向，可列出回路电压方程

$$\dot{I}_a Z_{12} + (\dot{I}_a - \dot{I}_2)Z_{23} + (\dot{I}_a - \dot{I}_2 - \dot{I}_3)Z_{31} = 0 \qquad (3 - 30)$$

式中：$\dot{I}_2$、$\dot{I}_3$ 为节点 2、3 的运算负荷电流。

设全网电压均为额定电压 $\dot{U}_N = U_N \angle 0°$，并将 $\dot{I} = \overset{*}{S}/\overset{*}{U}_N$ 代入式（3 - 29），正好电流以相应的功率替代，于是有

$$\overset{*}{S}_a Z_{12} + (\overset{*}{S}_a - \overset{*}{S}_2)Z_{23} + (\overset{*}{S}_a - \overset{*}{S}_2 - \overset{*}{S}_3)Z_{31} = 0$$

从而解得

$$\dot{S}_a = \frac{\dot{S}_2(\overset{*}{Z}_{23} + \overset{*}{Z}_{31}) + \dot{S}_3\overset{*}{Z}_{31}}{\overset{*}{Z}_{12} + \overset{*}{Z}_{23} + \overset{*}{Z}_{31}} = \frac{\dot{S}_2\overset{*}{Z}_2 + \dot{S}_3\overset{*}{Z}_3}{\overset{*}{Z}_\Sigma} \qquad (3 - 31)$$

式中　　　$\overset{*}{Z}_2 = \overset{*}{Z}_{23} + \overset{*}{Z}_{31}$，$\overset{*}{Z}_3 = \overset{*}{Z}_{31}$，$\overset{*}{Z}_\Sigma = \overset{*}{Z}_{12} + \overset{*}{Z}_{23} + \overset{*}{Z}_{31}$

同理，流经阻抗 Z_{31} 的功率 $\dot{S}_b$ 为

$$\dot{S}_b = \frac{\dot{S}_2\overset{*}{Z}_{12} + \dot{S}_3(\overset{*}{Z}_{12} + \overset{*}{Z}_{23})}{\overset{*}{Z}_{12} + \overset{*}{Z}_{23} + \overset{*}{Z}_{31}} = \frac{\dot{S}_2\overset{*}{Z}'_2 + \dot{S}_3\overset{*}{Z}'_3}{\overset{*}{Z}_\Sigma} \qquad (3 - 32)$$

式中　　　　　　　　$\overset{*}{Z}'_2 = \overset{*}{Z}_{12}$，$\overset{*}{Z}'_3 = \overset{*}{Z}_{23} + \overset{*}{Z}_{12}$

由图 3 - 17 看出，$\dot{S}_a$ 和 $\dot{S}_b$ 即是从两侧电源注入网络的功率。分析式（3 - 31）、式（3 - 32）可知，电源电压相等的两端供电网中，负荷是按阻抗反比分配于两端电源的。以上是在

假设全网均为额定电压时，用功率代替电流进行计算的，此假设条件也就是网络中没有功率损耗的情况，因此，可用如下关系式来校验 $\dot{S}_a$、$\dot{S}_b$ 的计算结果

$$\dot{S}_a + \dot{S}_b = \dot{S}_2 + \dot{S}_3 \tag{3-33}$$

对于具有 n 个节点的闭环网，以上式（3-31）～式（3-33）可以进一步推广

$$\dot{S}_a = \frac{\sum \dot{S}_m \overset{*}{Z}_m}{\overset{*}{Z}_\Sigma} \qquad (m=1, 2, \cdots, n) \tag{3-34}$$

$$\dot{S}_b = \frac{\sum \dot{S}_m \overset{*}{Z}'_m}{\overset{*}{Z}_\Sigma} \qquad (m=1, 2, \cdots, n) \tag{3-35}$$

$$\dot{S}_a + \dot{S}_b = \sum \dot{S}_m \qquad (m=1, 2, \cdots, n) \tag{3-36}$$

如果电网各段线路采用相同型号的导线，相同的材料，相同的截面，而且导线间的几何均距相等，那么这种电网单位长度的参数完全相同，称为均一网。对于均一网，其各段线路的单位长度的阻抗 $(r_1 + jx_1)$ 是不变的，然而功率分布可简化为

$$\dot{S}_a = \frac{\sum \dot{S}_m \overset{*}{Z}_m}{\overset{*}{Z}_\Sigma} = \frac{\sum \dot{S}_m l_m}{l_\Sigma} \tag{3-37}$$

$$\dot{S}_b = \frac{\sum \dot{S}_m \overset{*}{Z}'_m}{\overset{*}{Z}_\Sigma} = \frac{\sum \dot{S}_m l'_m}{l_\Sigma} \tag{3-38}$$

式中　　l_m、l'_m、l_Σ——与阻抗 Z_m、Z'_m、Z_Σ 相对应的线路长度。

在求得 $\dot{S}_a$ 和 $\dot{S}_b$ 以后，进而可求出网络中其他支路上的流动功率，得出环形网不计功率损耗的功率分布。而在求得这些功率后将发现，网络中某节点的两侧功率均流向该节点，这说明该节点的电压较低，这种节点称为功率分点，可用"▼"号表示。当有功、无功功率的分点不在同一点时，有功功率分点用"▼"号表示，无功功率分点用"▽"号表示。由于在高压网络中，$X \gg R$，电压损耗主要是由无功功率的流动引起的，无功功率分点往往是闭环网中电压最低点，所以应选取无功功率分点作为功率分点。

2. 两端电压不等时的功率分布

两端电压不相等的两端供电网可等效成回路电压不为零的单一环网，如图 3-18（a）所示的两端供电网，若 $\dot{U}_1 \neq \dot{U}_4$，可等效成图 3-18（b）所示的等值环网。

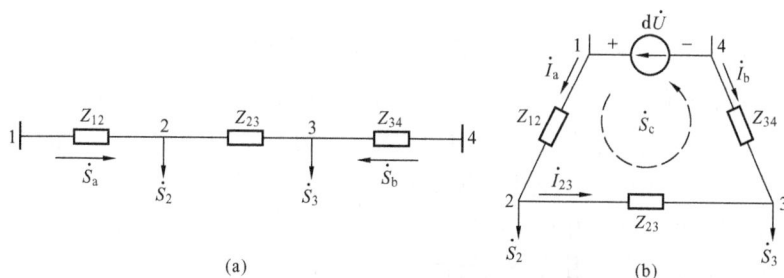

图 3-18　两端电压不等的网与环网的等值
(a) 两端电压不等的网；(b) 等值环网

图 3-18（b）中，令节点 1、4 的电压差 $d\dot{U} = \dot{U}_1 - \dot{U}_4$（线电压差），于是可列出回路电

压方程

$$\dot{I}_a Z_{12}+(\dot{I}_a-\dot{I}_2)Z_{23}+(\dot{I}_a-\dot{I}_2-\dot{I}_3)Z_{34}=\mathrm{d}\dot{U} \qquad (3-39)$$

设全网电压均为额定电压 $\dot{U}_N=U_N\angle 0°$，计及 $\dot{I}=\overset{*}{\dot{S}}/\overset{*}{\dot{U}}_N$，式（3-39）又可变为

$$\overset{*}{\dot{S}}_a Z_{12}+(\overset{*}{\dot{S}}_a-\overset{*}{\dot{S}}_2)Z_{23}+(\overset{*}{\dot{S}}_a-\overset{*}{\dot{S}}_2-\overset{*}{\dot{S}}_3)Z_{34}=U_N\mathrm{d}\dot{U} \qquad (3-40)$$

由式（3-40）可解得流经阻抗 Z_{12} 的功率 $\dot{S}_a$ 为

$$
\begin{aligned}
\dot{S}_a &=\frac{\dot{S}_2(\overset{*}{Z}_{23}+\overset{*}{Z}_{34})+\dot{S}_3\overset{*}{Z}_{34}}{\overset{*}{Z}_{12}+\overset{*}{Z}_{23}+\overset{*}{Z}_{34}}+\frac{U_N\mathrm{d}\overset{*}{U}}{\overset{*}{Z}_{12}+\overset{*}{Z}_{23}+\overset{*}{Z}_{34}} \\
&=\frac{\dot{S}_2\overset{*}{Z}_2+\dot{S}_3\overset{*}{Z}_3}{\overset{*}{Z}_\Sigma}+\frac{U_N\mathrm{d}\overset{*}{U}}{\overset{*}{Z}_\Sigma}
\end{aligned}
\qquad (3-41)
$$

相似地，流经阻抗 Z_{34} 的功率 $\dot{S}_b$ 为

$$
\begin{aligned}
\dot{S}_b &=\frac{\dot{S}_2\overset{*}{Z}_{12}+\dot{S}_3(\overset{*}{Z}_{12}+\overset{*}{Z}_{23})}{\overset{*}{Z}_{12}+\overset{*}{Z}_{23}+\overset{*}{Z}_{34}}-\frac{U_N\mathrm{d}\overset{*}{U}}{\overset{*}{Z}_{12}+\overset{*}{Z}_{23}+\overset{*}{Z}_{34}} \\
&=\frac{\dot{S}_2\overset{*}{Z}'_2+\dot{S}_3\overset{*}{Z}'_3}{\overset{*}{Z}_\Sigma}-\frac{U_N\mathrm{d}\overset{*}{U}}{\overset{*}{Z}_\Sigma}
\end{aligned}
\qquad (3-42)
$$

由式（3-41）、式（3-42）可见，两端电压不相等的两端供电网络中，各支路中流动的功率可看作是两个功率分量的叠加。其一为有负荷（$\dot{S}_2$、$\dot{S}_3$）、两端电压相等时的功率；另一分量为无负荷，仅取决于两端电压差与环网总阻抗的功率，即称为循环功率，以 $\dot{S}_c$ 表示

$$\dot{S}_c=\frac{U_N\mathrm{d}\overset{*}{U}}{\overset{*}{Z}_\Sigma}$$

注意，循环功率的正方向一般取为两端电压差的正方向。

对于有 n 个节点的两端电压不等的供电网，式（3-41）、式（3-42）可推广如下

$$
\left.
\begin{aligned}
\dot{S}_a &=\frac{\sum\dot{S}_m\overset{*}{Z}_m}{\overset{*}{Z}_\Sigma}+\dot{S}_c \qquad (m=1,\ 2,\ \cdots,\ n) \\
\dot{S}_b &=\frac{\sum\dot{S}_m\overset{*}{Z}'_m}{\overset{*}{Z}_\Sigma}-\dot{S}_c \qquad (m=1,\ 2,\ \cdots,\ n)
\end{aligned}
\right\}
\qquad (3-43)
$$

二、闭环网的分解及潮流分布

通过以上讨论可知，闭环网和两端供电网是可以互相等效的。对两端供电网，首先求出从两侧电源注入的功率 $\dot{S}_a$ 和 $\dot{S}_b$，然后求出各支路的流动功率。对于两端电压不相等的网络，应将电压差所引起的循环功率 $\dot{S}_c$ 加上，才是各支路的流动功率，这种功率的分布是不计网络中功率损耗的初步潮流分布。但实际的网络中功率损耗总是有的，而初步潮流分布的目的在于，由流动功率找出功率分点，以便在功率分点把闭环网分解成两个（或两个以上）辐射网。然后就可以功率分点为末端，分别对两个辐射网进行逐段推算潮流分布，从中要计及电压降落和功率损耗，所运用的公式与计算辐射网时完全相同。

如图 3-19（a）所示的两端供电网，若节点 3 为功率分点，则节点 3 的功率 $\dot{S}_3$，一部分由节点 1 供给 $P_{23}+\mathrm{j}Q_{23}$，另一部分由节点 4 供给 $P_b+\mathrm{j}Q_b$，拉开节点 3，就变成两个辐射形网，如图 3-19（b）所示。那么就可从功率分点（节点 3）开始，分别向两侧逐段推算潮流分布。若有功分点和无功分点不在一起时，如图 3-19（c）有功分点在节点 3，无功分点

在节点 2，这时应该从无功分点（节点 2）将网络拉开成两个辐射网如图 3 - 19（d）所示，然后分别对两个辐射网进行潮流分布计算。

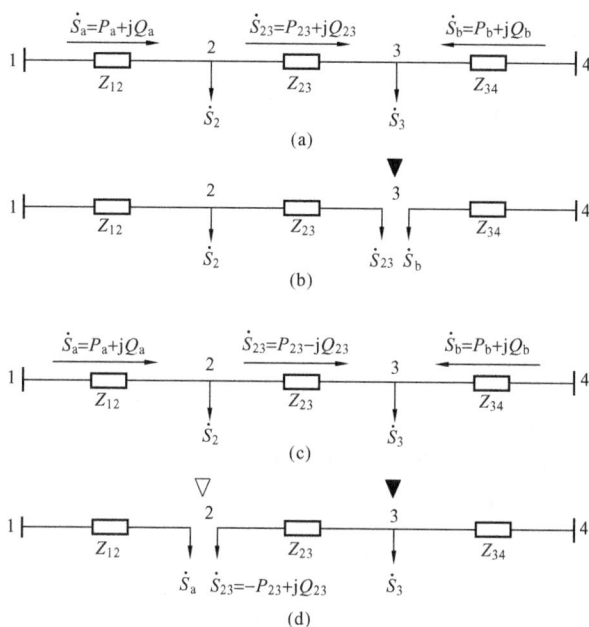

图 3 - 19　闭环网的分解

（a）流动功率均为正值；（b）节点 3 为功率分点；
（c）流动功率有负值；（d）节点 2 为功率分点

【例 3 - 2】　网络接线图如图 3 - 20 所示。图中，发电厂 F 母线 Ⅱ 上所连发电机给定运算功率为 40+j30MVA，其余功率由母线 Ⅰ 上所连发电机供给。

设连接母线 Ⅰ、Ⅱ 的联络变压器容量为 60MVA，$R_T=3\Omega$，$X_T=110\Omega$；线路末端降压变压器总容量为 240MVA，$R_T=0.8\Omega$，$X_T=23\Omega$；220kV 线路，$R_L=5.9\Omega$，$X_L=31.5\Omega$；110kV 线路，xb 段，$R_L=65\Omega$，$X_L=100\Omega$；bⅡ 段，$R_L=65\Omega$，$X_L=100\Omega$。所有阻抗均已按线路额定电压的比值归算至 220kV 侧。

降压变压器电导可略去，电纳中功率与 220kV 线路电纳中功率合并后作为一 10Mvar 的无功功率电源连接在降压变压器高压侧。

设联络变压器变比为 231/110kV，降压变压器变比为 231/121kV；发电厂母线 Ⅰ 上电压为 242kV，试计算网络中的潮流分布。

解　（1）计算初步功率分布。按给定条件作等值电路如图 3 - 21 所示。

设全网电压均为额定电压，以等电压两端供电网络的计算方法计算功率分布。

$$\dot{S}_1=\frac{\sum S_m \overset{*}{Z}_m}{\overset{*}{Z}_\Sigma}$$

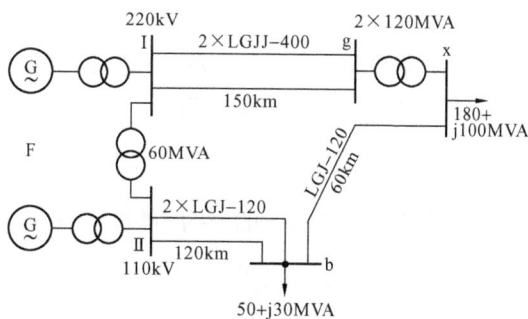

图 3 - 20　［例 3 - 2］网络接线图

$$= \frac{\dot{S}_g \overset{*}{Z}_5 + \dot{S}_x (\overset{*}{Z}_5 + \overset{*}{Z}_4) + \dot{S}_b (\overset{*}{Z}_5 + \overset{*}{Z}_4 + \overset{*}{Z}_3) + \dot{S}_{\text{II}} (\overset{*}{Z}_5 + \overset{*}{Z}_4 + \overset{*}{Z}_3 + \overset{*}{Z}_2)}{\overset{*}{Z}_1 + \overset{*}{Z}_2 + \overset{*}{Z}_3 + \overset{*}{Z}_4 + \overset{*}{Z}_5}$$

$$= \frac{1}{139.7 - j364.5} \times [-j10(5.9 - j31.5) + (180 + j100)(6.7 - j54.5) + (50 + j30)$$

$$\times (71.7 - j154.5) - (40 + j30)(136.7 - j254.5)]$$

$$= 22.13 - j4.48 (\text{MVA})$$

$$\dot{S}_5 = \frac{\sum \dot{S}_m \overset{*}{Z}'_m}{\overset{*}{Z}_\Sigma} = \frac{\dot{S}_{\text{II}} \overset{*}{Z}_1 + \dot{S}_b (\overset{*}{Z}_1 + \overset{*}{Z}_2) + \dot{S}_x (\overset{*}{Z}_1 + \overset{*}{Z}_2 + \overset{*}{Z}_3) + \dot{S}_g (\overset{*}{Z}_1 + \overset{*}{Z}_2 + \overset{*}{Z}_3 + \overset{*}{Z}_4)}{\overset{*}{Z}_1 + \overset{*}{Z}_2 + \overset{*}{Z}_3 + \overset{*}{Z}_4 + \overset{*}{Z}_5}$$

$$= \frac{1}{139.7 - j364.5} \times [-(40 + j30)(3 - j110) + (50 + j30)(68 - j210) + (180 + j100) \times (133$$

$$- j310) - j10(133.8 - j333)]$$

$$= 167.87 + j94.48 (\text{MVA})$$

校核

$$\dot{S}_1 + \dot{S}_5 = (22.13 - j4.48) + (167.87 + j94.48)$$

$$= 190 + j90 (\text{MVA})$$

$$\dot{S}_{\text{II}} + \dot{S}_b + \dot{S}_x + \dot{S}_g = -(40 + j30) + (50 + j30) + (180 + j100) - j10$$

$$= 190 + j90 (\text{MVA})$$

可见计算无误。

然后可作初步功率分布如图 3 - 22 所示。

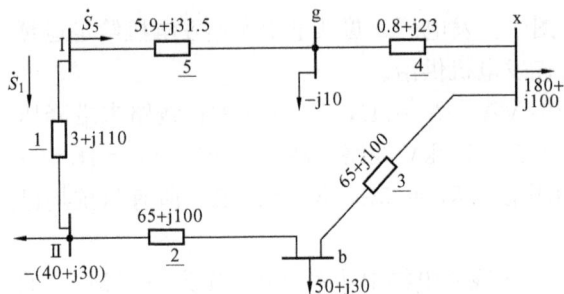

图 3 - 21　[例 3 - 2] 等值电路图　　　　图 3 - 22　[例 3 - 2] 初步功率分布

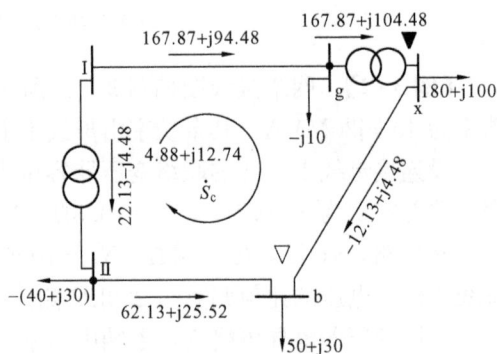

（2）计算循环功率。如在联络变压器高压侧将环网解开，则开口上方电压即发电厂母线Ⅰ电压 242kV；开口下方电压为

$$242 \times \frac{121}{231} \times \frac{231}{110} = 266.2 (\text{kV})$$

由此可见，循环功率的流向为顺时针方向，其值为

$$\dot{S}_c = \frac{U_N d\overset{*}{U}}{\overset{*}{Z}_\Sigma}$$

$$= \frac{220 \times (266.2 - 242)}{139.7 - j364.5} = 4.88 + j12.74 (\text{MVA})$$

求得循环功率后，即可计算计及循环功率时的功率分布，计算结果如图 3 - 23 所示。

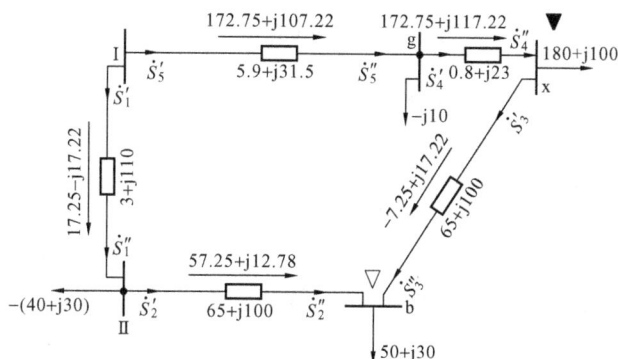

图 3 - 23　　〔例 3 - 2〕计及循环功率时的功率分布

（3）计算各线段的功率损耗。由图 3 - 23 可见，此处有两个功率分点，选无功功率分点为计算功率损耗的起点，并按网络额定电压 220kV 计算功率损耗。

$$\dot{S}''_2 = 57.25 + j12.78 \text{MVA}$$

$$\Delta P_2 = \frac{57.25^2 + 12.78^2}{220^2} \times 65 = 4.62 \text{(MW)}$$

$$\Delta Q_2 = \frac{57.25^2 + 12.78^2}{220^2} \times 100 = 7.11 \text{(Mvar)}$$

$$\Delta \dot{S}_2 = \Delta P_2 + j\Delta Q_2 = 4.62 + j7.11 \text{(MVA)}$$

$$\dot{S}'_2 = \dot{S}''_2 + \Delta \dot{S}_2 = (57.25 + j12.78) + (4.62 + j7.11) = 61.87 + j19.89 \text{(MVA)}$$

$$\dot{S}''_1 = \dot{S}'_2 + \dot{S}_{\text{II}} = (61.87 + j19.89) - (40 + j30) = 21.87 - j10.11 \text{(MVA)}$$

$$\Delta P_1 = \frac{21.87^2 + 10.11^2}{220^2} \times 3 = 0.04 \text{(MW)}$$

$$\Delta Q_1 = \frac{21.87^2 + 10.11^2}{220^2} \times 110 = 1.32 \text{(Mvar)}$$

$$\Delta \dot{S}_1 = \Delta P_1 + j\Delta Q_1 = 0.04 + j1.32 \text{(MVA)}$$

$$\dot{S}'_1 = \dot{S}''_1 + \Delta \dot{S}_1 = (21.87 - j10.11) + (0.04 + j1.32) = 21.91 - j8.79 \text{(MVA)}$$

$$\dot{S}''_3 = -7.25 + j17.22 \text{(MVA)}$$

$$\Delta P_3 = \frac{7.25^2 + 17.22^2}{220^2} \times 65 = 0.47 \text{(MW)}$$

$$\Delta Q_3 = \frac{7.25^2 + 17.22^2}{220^2} \times 100 = 0.72 \text{(Mvar)}$$

$$\Delta \dot{S}_3 = \Delta P_3 + j\Delta Q_3 = 0.47 + j0.72 \text{(MVA)}$$

$$\dot{S}'_3 = \dot{S}''_3 + \Delta \dot{S}_3 = (-7.25 + j17.22) + (0.47 + j0.72)$$
$$= -6.78 + j17.94 \text{(MVA)}$$

$$\dot{S}''_4 = \dot{S}'_3 + \dot{S}_x = (-6.78 + j17.94) + (180 + j100) = 173.22 + j117.94 \text{(MVA)}$$

$$\Delta P_4 = \frac{173.22^2 + 117.94^2}{220^2} \times 0.8 = 0.73(\text{MW})$$

$$\Delta Q_4 = \frac{173.22^2 + 117.94^2}{220^2} \times 23 = 20.87(\text{Mvar})$$

$$\Delta \dot{S}_4 = \Delta P_4 + j\Delta Q_4 = 0.73 + j20.87(\text{MVA})$$

$$\dot{S}_4' = \dot{S}_4'' + \Delta \dot{S}_4 = (173.22 + j117.94) + (0.73 + j20.87)$$
$$= 173.95 + j138.81(\text{MVA})$$

$$\dot{S}_5'' = \dot{S}_4' + \dot{S}_g = (173.95 + j138.81) - j10 = 173.95 + j128.81(\text{MVA})$$

$$\Delta P_5 = \frac{173.95^2 + 128.81^2}{220^2} \times 5.9 = 5.71(\text{MW})$$

$$\Delta Q_5 = \frac{173.95^2 + 128.81^2}{220^2} \times 31.5 = 30.49(\text{Mvar})$$

$$\Delta \dot{S}_5 = \Delta P_5 + j\Delta Q_5 = 5.71 + j30.49(\text{MVA})$$

$$\dot{S}_5' = \dot{S}_5'' + \Delta \dot{S}_5 = (173.95 + j128.81) + (5.71 + j30.49)$$
$$= 179.66 + j159.30(\text{MVA})$$

$$\dot{S}_{\text{I}} = \dot{S}_5' + \dot{S}_1' = (179.66 + j159.30) + (21.91 - j8.79)$$
$$= 201.57 + j150.51(\text{MVA})$$

（4）计算各线段的电压降落。由 U_{I}、$\dot{S}_5'$ 求 U_g

$$\Delta U_5 = \frac{179.66 \times 5.9 + 159.30 \times 31.5}{242} = 25.12(\text{kV})$$

$$\delta U_5 = \frac{179.66 \times 31.5 - 159.30 \times 5.9}{242} = 19.50(\text{kV})$$

$$U_g = \sqrt{(242 - 25.12)^2 + 19.50^2} = 217.75(\text{kV})$$

由 U_g、$\dot{S}_4'$ 求 U_x

$$\Delta U_4 = \frac{173.95 \times 0.8 + 138.81 \times 23}{217.75} = 15.30(\text{kV})$$

$$\delta U_4 = \frac{173.95 \times 23 - 138.81 \times 0.8}{217.75} = 17.86(\text{kV})$$

$$U_x = \sqrt{(217.75 - 15.30)^2 + 17.86^2} = 203.24(\text{kV})$$

由 U_x、$\dot{S}_3'$ 求 U_b

$$\Delta U_3 = \frac{-6.78 \times 65 + 17.94 \times 100}{203.24} = 6.66(\text{kV})$$

$$\delta U_3 = \frac{-6.78 \times 65 - 17.94 \times 100}{203.24} = -9.07(\text{kV})$$

$$U_b = \sqrt{(203.24 - 6.66)^2 + 9.07^2} = 196.79(\text{kV})$$

由 U_b、$\dot{S}_2''$ 求 U_{II}

$$\Delta U_2 = \frac{57.25 \times 65 + 12.78 \times 100}{196.79} = 25.40(\text{kV})$$

$$\delta U_2 = \frac{57.25 \times 65 - 12.78 \times 100}{196.79} = 24.87(\text{kV})$$

$$U_{\text{II}} = \sqrt{(196.79+25.40)^2+24.87^2} = 223.58\,(\text{kV})$$

由 U_{II}、$\dot{S}_1''$ 求 U_{I}

$$\Delta U_1 = \frac{21.87\times3-10.11\times110}{223.58} = -4.68\,(\text{kV})$$

$$\delta U_1 = \frac{21.87\times110+10.11\times3}{223.58} = 10.90\,(\text{kV})$$

$$U_{\text{I}} = \sqrt{(223.58-4.68)^2+10.90^2} = 219.17\,(\text{kV})$$

顺时针 I-g-x-b-II-I 逐段求得的 $U_{\text{I}}=219.17\text{kV}$ 与起始的 $U_{\text{I}}=242\text{kV}$ 相差很大。这一差别就是变压器变比不匹配形成的。如仍顺时针按给定的变压器变比将各点电压折算为实际值，余下的就是计算方法上的误差。这时

$$U_{\text{I}}=242\text{kV},\ U_g=217.75\,(\text{kV})$$

$$U_x'=203.24\times\frac{121}{231}=106.46\,(\text{kV}),\qquad U_b'=196.79\times\frac{121}{231}=103.08\,(\text{kV})$$

$$U_{\text{II}}'=223.58\times\frac{121}{231}=117.11\,(\text{kV}),\qquad U_{\text{I}}'=219.17\times\frac{121}{231}\times\frac{231}{110}=241.09\,(\text{kV})$$

最后，将计算结果标于图 3-24 上。

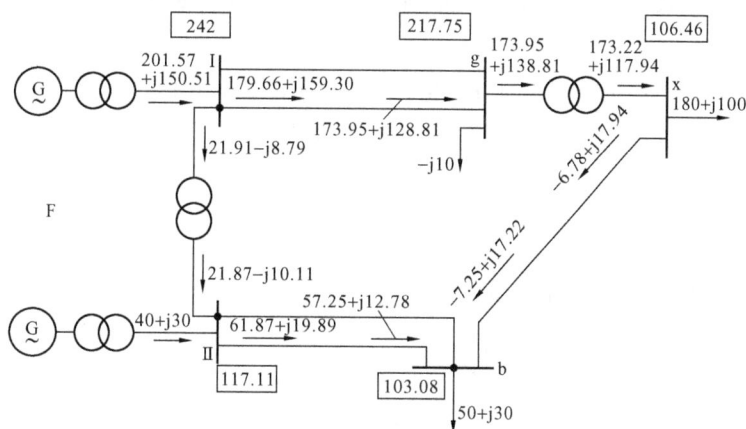

图 3-24　［例 3-2］潮流分布计算结果

第五节　电力网络的简化

辐射形网络和环形网络是电力网络结构中两种最基本形式。掌握了这两种电网最基本形式的分析与计算，再掌握几种网络简化的方法，就能分析较复杂的网络。下面介绍几种最常用的简化方法。

一、等值电源法

网络中有两个或两个以上有源支路向同一点供电时，可用一个等值有源支路来替代。替代后，网络中其他部分的电压、电流、功率仍保持不变。例如，图 3-25（a）所示的三个有源支路，可等效成图 3-25（b）所示的一个有源支路，而节点 i 以外的电压、电流及功率保持不变。

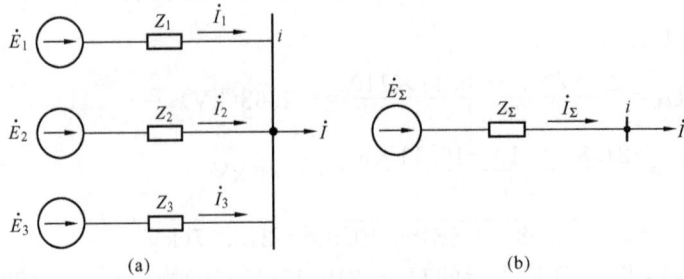

图 3-25　等值电源法

（a）多电源；（b）等效电源

此时等效条件可写为

$$\dot{I}_1+\dot{I}_2+\dot{I}_3=\dot{I}_\Sigma=\dot{I}$$

即有

$$\frac{\dot{E}_1-\dot{U}_i}{Z_1}+\frac{\dot{E}_2-\dot{U}_i}{Z_2}+\frac{\dot{E}_3-\dot{U}_i}{Z_3}=\frac{\dot{E}_\Sigma-\dot{U}_i}{Z_\Sigma} \tag{3-44}$$

无论网络怎样变化，都应满足这个等效条件。式（3-44）中 $\dot{E}_1$、$\dot{E}_2$、$\dot{E}_3$、$\dot{U}_i$ 为任意值时都成立。利用等效条件可以确定等效后的网络中等值电动势 $\dot{E}_\Sigma$ 和等值阻抗 Z_Σ。

1. 求等值阻抗

当令 $\dot{E}_1$、$\dot{E}_2$、$\dot{E}_3$ 均为零，从而 $\dot{E}_\Sigma$ 也为零时，由式（3-44）可得

$$\frac{1}{Z_1}+\frac{1}{Z_2}+\frac{1}{Z_3}=\frac{1}{Z_\Sigma} \tag{3-45}$$

或

$$y_1+y_2+y_3=y_\Sigma \tag{3-46}$$

2. 求等值电源电动势

当 $\dot{U}_i=0$ 时，则由式（3-44）可得

$$\frac{\dot{E}_1}{Z_1}+\frac{\dot{E}_2}{Z_2}+\frac{\dot{E}_3}{Z_3}=\frac{\dot{E}_\Sigma}{Z_\Sigma}$$

于是

$$\dot{E}_\Sigma=Z_\Sigma\left(\frac{\dot{E}_1}{Z_1}+\frac{\dot{E}_2}{Z_2}+\frac{\dot{E}_3}{Z_3}\right) \tag{3-47}$$

或

$$\dot{E}_\Sigma=\frac{\dot{E}_1y_1+\dot{E}_2y_2+\dot{E}_3y_3}{y_1+y_2+y_3} \tag{3-48}$$

将式（3-45）～式（3-48）推广运用于 l 个有源支路的情况，有

$$\frac{1}{Z_\Sigma}=\sum\frac{1}{Z_m}\quad 或\quad y_\Sigma=\sum y_m \qquad (m=1,\ 2,\ \cdots,\ l)$$

$$\dot{E}_\Sigma=Z_\Sigma\sum\frac{\dot{E}_m}{Z_m}或\dot{E}_\Sigma=\frac{\sum\dot{E}_my_m}{y_\Sigma}\qquad (m=1,\ 2,\ \cdots,\ l)$$

利用简化后的等值电路进行潮流分布计算，在求得总功率 $\dot{S}_\Sigma$ 后，有时还需从等值电源支路功率还原出原始各分支路功率（如 $\dot{S}_1$、$\dot{S}_2$、$\dot{S}_3$）。

3. 求原始各分支路功率

根据等效条件有

$$\dot{E}_1 - Z_1\dot{I}_1 = \dot{U}_i = \dot{E}_\Sigma - Z_\Sigma\dot{I}$$

从而解出

$$\dot{I}_1 = \frac{\dot{E}_1 - \dot{E}_\Sigma}{Z_1} + \dot{I}\frac{Z_\Sigma}{Z_1}$$

等式两边取共轭，然后乘以 $\dot{U}_i$ 得

$$\dot{U}_i\overset{*}{I}_1 = \frac{\overset{*}{E}_1 - \overset{*}{E}_\Sigma}{\overset{*}{Z}_1}\dot{U}_i + \dot{U}_i\overset{*}{I}\frac{\overset{*}{Z}_\Sigma}{\overset{*}{Z}_1}$$

于是有

$$\dot{S}_1 = \frac{\overset{*}{E}_1 - \overset{*}{E}_\Sigma}{\overset{*}{Z}_1}\dot{U}_i + \dot{S}_\Sigma\frac{\overset{*}{Z}_\Sigma}{\overset{*}{Z}_1} \tag{3-49}$$

将式（3-49）推广运用于任意支路

$$\dot{S}_m = \frac{\overset{*}{E}_m - \overset{*}{E}_\Sigma}{\overset{*}{Z}_m}\dot{U}_i + \dot{S}_\Sigma\frac{\overset{*}{Z}_\Sigma}{\overset{*}{Z}_m} \qquad (m=1, 2, \cdots, l) \tag{3-50}$$

式中 $\dot{S}_\Sigma = \sum\dot{S}_m \qquad m=1, 2, \cdots, l$

对于电源电动势大小相等、相位相同的情况，$\dot{E}_\Sigma = \dot{E}_m$ 时，式（3-50）又可改为

$$\dot{S}_m = \dot{S}_\Sigma\frac{\overset{*}{Z}_\Sigma}{\overset{*}{Z}_m} \tag{3-51}$$

等值电源法，只适用于从电源 $\dot{E}_1$、$\dot{E}_2$、$\cdots$、$\dot{E}_l$ 到受电点 i 的各线段上没有中间负荷的情况，如果中间有负荷，则需要先把负荷移走，才可以等效变换。

二、负荷移置法

负荷移置法就是将负荷移动位置，如图 3-26 中，将一个负荷移置到两处；图 3-27 中，将两个负荷移置到一处。移置前后网络其他部分的电压、电流、功率仍保持不变。

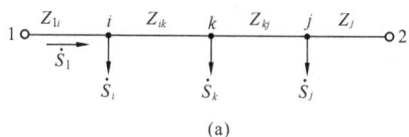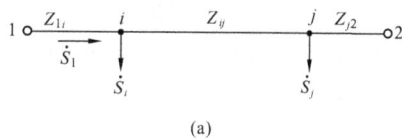

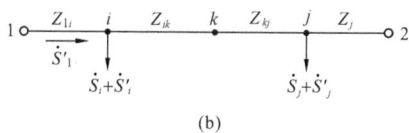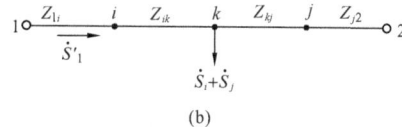

图 3-26 将一个负荷移置两处 　　图 3-27 将两个负荷移置一处
　(a) 移置前；(b) 移置后　　　　　(a) 移置前；(b) 移置后

图 3-26 中，拟将节点 k 的负荷移置到节点 i、j。移置前，节点 1 的注入功率也即流经阻抗 Z_{1i} 的功率为

$$\dot{S}_1 = \frac{\dot{S}_i(\overset{*}{Z}_{ik} + \overset{*}{Z}_{kj} + \overset{*}{Z}_{j2}) + \dot{S}_k(\overset{*}{Z}_{kj} + \overset{*}{Z}_{j2}) + \dot{S}_j\overset{*}{Z}_{j2}}{\overset{*}{Z}_{1i} + \overset{*}{Z}_{ik} + \overset{*}{Z}_{kj} + \overset{*}{Z}_{j2}}$$

移置后，流经阻抗 Z_{1i} 的功率为

$$\dot{S}'_1 = \frac{(\dot{S}_i + \dot{S}'_i)(\overset{*}{Z}_{ik} + \overset{*}{Z}_{kj} + \overset{*}{Z}_{j2}) + (\dot{S}_j + \dot{S}'_j)\overset{*}{Z}_{j2}}{\overset{*}{Z}_{1i} + \overset{*}{Z}_{ik} + \overset{*}{Z}_{kj} + \overset{*}{Z}_{j2}}$$

移置前后这两个功率应相等，$\dot{S}_1 = \dot{S}'_1$，计及 $\dot{S}_k = \dot{S}'_i + \dot{S}'_j$，从而将会解得

$$\dot{S}'_i = \dot{S}_k \frac{\overset{*}{Z}_{kj}}{\overset{*}{Z}_{ik} + \overset{*}{Z}_{kj}} \qquad (3-52)$$

相似地

$$\dot{S}'_j = \dot{S}_k \frac{\overset{*}{Z}_{ik}}{\overset{*}{Z}_{ik} + \overset{*}{Z}_{kj}} \qquad (3-53)$$

$\dot{S}'_i$、$\dot{S}'_j$ 就是将 $\dot{S}_k$ 移置到两节点 i、j 的负荷。

图 3-27 中，拟将节点 i、j 的负荷移置到节点 k，求节点 k 的位置。移置前，节点 1 的注入功率也即流经阻抗 Z_{1i} 的功率为

$$\dot{S}_1 = \frac{\dot{S}_i(\overset{*}{Z}_{ij} + \overset{*}{Z}_{j2}) + \dot{S}_j \overset{*}{Z}_{j2}}{\overset{*}{Z}_{1i} + \overset{*}{Z}_{ij} + \overset{*}{Z}_{j2}}$$

移置后，流经阻抗 Z_{1i} 的功率为

$$\dot{S}'_1 = \frac{(\dot{S}_i + \dot{S}'_j)(\overset{*}{Z}_{kj} + \overset{*}{Z}_{j2})}{\overset{*}{Z}_{1i} + \overset{*}{Z}_{ik} + \overset{*}{Z}_{kj} + \overset{*}{Z}_{j2}}$$

移置前后，这两个功率应相等，$\dot{S}_1 = \dot{S}'_1$，再计及 $\dot{S}_k = \dot{S}_i + \dot{S}_j$ 和 $Z_{ij} = Z_{ik} + Z_{kj}$。于是可解得

$$Z_{ik} = Z_{ij} \frac{\overset{*}{S}_j}{\overset{*}{S}_i + \overset{*}{S}_j} \qquad (3-54)$$

$$Z_{kj} = Z_{ij} \frac{\overset{*}{S}_i}{\overset{*}{S}_i + \overset{*}{S}_j} \qquad (3-55)$$

由 Z_{ik} 或 Z_{kj} 都可确定节点 k 的位置。

需要指出，以上的推导虽从两端电压相等的供电网络的关系式出发，但结论也适用于两端电压不等的供电网络，因为负荷的移置并不影响仅由电压差值决定的循环功率。

然后再讨论将星形电路中性点的负荷移置到各射线端点，如图 3-28 所示。移置前后各射线端点的电压、电流、功率保持不变。

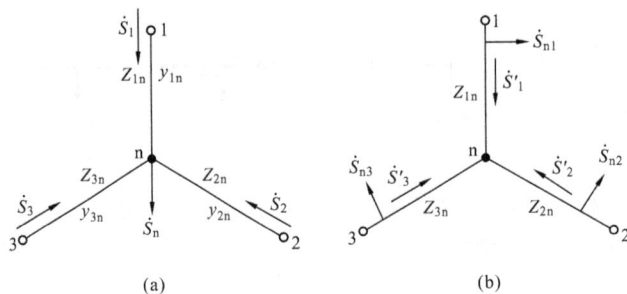

图 3-28　星形电路中性点负荷的移置
(a) 移置前；(b) 移置后

图 3-28 中，$\dot{S}_n$ 为星形电路中性点的负荷，$\dot{S}_{n1}$、$\dot{S}_{n2}$、$\dot{S}_{n3}$ 为移置到各射线端点的负荷，显然 $\dot{S}_n = \dot{S}_{n1} + \dot{S}_{n2} + \dot{S}_{n3}$，且移置前后功率之间的关系为 $\dot{S}_1 - \dot{S}'_1 = \dot{S}_{n1}$，$\dot{S}_2 - \dot{S}'_2 = \dot{S}_{n2}$，$\dot{S}_3 - \dot{S}'_3 = \dot{S}_{n3}$。根据移置前后的等效条件和这些功率之间的关系可推导出移置到各射线端点的负荷为

$$\left.\begin{array}{l} \dot{S}_{n1} = \dot{S}_n \dfrac{\overset{*}{y}_{1n}}{\overset{*}{y}_{1n} + \overset{*}{y}_{2n} + \overset{*}{y}_{3n}} \\[4mm] \dot{S}_{n2} = \dot{S}_n \dfrac{\overset{*}{y}_{2n}}{\overset{*}{y}_{1n} + \overset{*}{y}_{2n} + \overset{*}{y}_{3n}} \\[4mm] \dot{S}_{n3} = \dot{S}_n \dfrac{\overset{*}{y}_{3n}}{\overset{*}{y}_{1n} + \overset{*}{y}_{2n} + \overset{*}{y}_{3n}} \end{array}\right\} \tag{3-56}$$

三、星—网变换法

1. 星—三角变换

如图 3-29 所示，星—三角变换已在电路理论课程中有过证明，这里仅列出有关公式。

由 △ 变为 Y 时，Y 各射线的阻抗为

$$\left.\begin{array}{l} Z_{1n} = \dfrac{Z_{12} Z_{31}}{Z_{12} + Z_{23} + Z_{31}} \\[4mm] Z_{2n} = \dfrac{Z_{12} Z_{23}}{Z_{12} + Z_{23} + Z_{31}} \\[4mm] Z_{3n} = \dfrac{Z_{23} Z_{31}}{Z_{12} + Z_{23} + Z_{31}} \end{array}\right\} \tag{3-57}$$

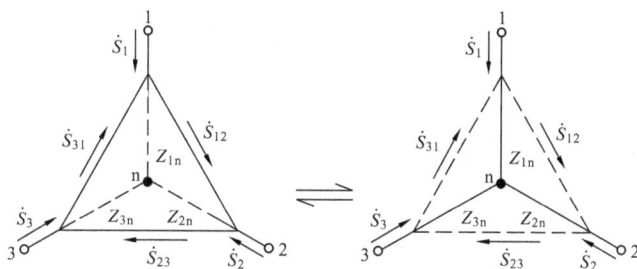

图 3-29　Y-△互换

射线中的功率为

$$\dot{S}_1 = \dot{S}_{12} - \dot{S}_{31}, \quad \dot{S}_2 = \dot{S}_{23} - \dot{S}_{12}, \quad \dot{S}_3 = \dot{S}_{31} - \dot{S}_{23}$$

由 Y 变为 △ 时，△ 各边的阻抗为

$$\left.\begin{array}{l} Z_{12} = Z_{1n} + Z_{2n} + \dfrac{Z_{1n} Z_{2n}}{Z_{3n}} \\[4mm] Z_{23} = Z_{2n} + Z_{3n} + \dfrac{Z_{2n} Z_{3n}}{Z_{1n}} \\[4mm] Z_{31} = Z_{3n} + Z_{1n} + \dfrac{Z_{3n} Z_{1n}}{Z_{2n}} \end{array}\right\} \tag{3-58}$$

各边的功率为

$$\left.\begin{array}{l} \dot{S}_{12} = \dfrac{\dot{S}_1 \overset{*}{Z}_{1n} - \dot{S}_2 \overset{*}{Z}_{2n}}{\overset{*}{Z}_{12}} \\[4mm] \dot{S}_{23} = \dfrac{\dot{S}_2 \overset{*}{Z}_{2n} - \dot{S}_3 \overset{*}{Z}_{3n}}{\overset{*}{Z}_{23}} \\[4mm] \dot{S}_{31} = \dfrac{\dot{S}_3 \overset{*}{Z}_{3n} - \dot{S}_1 \overset{*}{Z}_{1n}}{\overset{*}{Z}_{31}} \end{array}\right\} \tag{3-59}$$

2. 星—网变换

星—网变换是星—三角变换的更普通形式，这里仅将星形网变成网形网。变换前后各射线端点的电压、电流、功率保持不变。如图 3-30 所示，有 $l+1$ 个节点的星形网，若消去中间的第 n 个节点，则变成了 l 个节点的网形网。若中间第 n 个节点有负荷时，则需先将负荷移走。

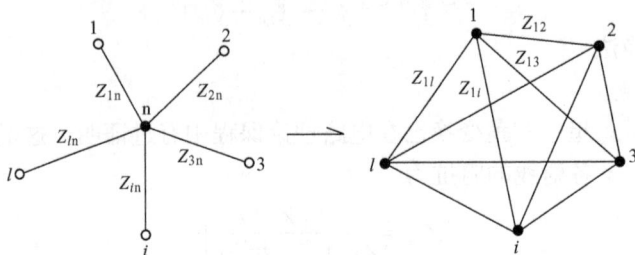

图 3-30　星—网变换

根据等效条件，再计及星形网和网形网各阻抗支路中的功率关系

$$\begin{array}{l}\dot S_1=\dot S_{12}+\dot S_{13}+\cdots+\dot S_{1l}\\ \dot S_2=\dot S_{21}+\dot S_{23}+\cdots+\dot S_{2l}\\ \vdots\\ \dot S_l=\dot S_{l1}+\dot S_{l2}+\cdots+\dot S_{l(l-1)}\end{array}\Bigg\}$$

可推导出连接网形网任意两节点的阻抗为

$$\left.\begin{array}{l}Z_{12}=Z_{1n}Z_{2n}y_\Sigma\\ Z_{23}=Z_{2n}Z_{3n}y_\Sigma\\ \vdots\\ Z_{1l}=Z_{1n}Z_{ln}y_\Sigma\end{array}\right\}\tag{3-60}$$

其中 $y_\Sigma=y_{1n}+y_{2n}+\cdots+y_{ln}$，是 $1\sim l$ 条支路对 n 点的导纳之和。

第六节　电力系统潮流的调整控制

一、调整控制潮流的必要性

前面所讨论的功率分布均是不采取任何控制、调节手段时环形网中的功率分布，即功率的自然分布，如图 3-17 所示的网络中，对于流经阻抗 Z_{12} 的功率为

$$\dot S_a=\frac{\dot S_2\overset{*}{Z}_2+\dot S_3\overset{*}{Z}_3}{\overset{*}{Z}_\Sigma}=\frac{\sum\dot S_m\overset{*}{Z}_m}{\overset{*}{Z}_\Sigma}$$

可见，功率的自然分布取决于网络各线段的阻抗，负荷是按阻抗反比分配于两端电源的。而电力系统潮流的调整控制即是指潮流的经济功率分布。经济功率分布是使系统中功率损耗最小的一种潮流分布。

如图 3-31 所示的网络，各段的总功率损耗为

$$\Delta P_\Sigma=\frac{P_a^2+Q_a^2}{U_N^2}R_{12}+\frac{(P_a-P_2)^2+(Q_a-Q_2)^2}{U_N^2}R_{23}$$

$$+ \frac{(P_a - P_2 - P_3)^2 + (Q_a - Q_2 - Q_3)^2}{U_N^2} R_{31} \qquad (3-61)$$

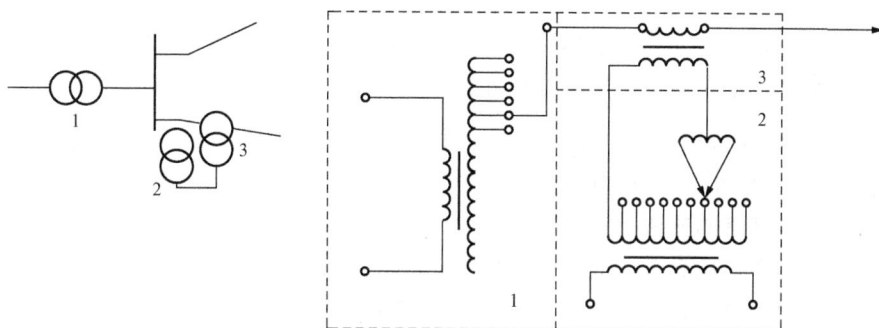

图 3-31 附加串联加压器接入的原理图

1—主变压器；2—电源变压器；3—串联加压器

已知 $\dot{S}_2$、$\dot{S}_3$ 及网络参数，将 ΔP_Σ 看成是 P_a、Q_a 的函数（因 P_a、Q_a 可调）。如果不对网络加以调整控制，将会在网络中造成很大的功率损耗。为实现经济功率分布，从理论上，使全网有功功率损耗 ΔP_Σ 最小，只要对 ΔP_Σ 求 P_a 和 Q_a 的一阶导数，使一阶偏导数等于零，从而可求得 P_a 和 Q_a 的最小值。

对式（3-61）求偏导，并令偏导数等于零，即

$$\frac{\partial \Delta P_\Sigma}{\partial P_a} = \frac{2P_a}{U_N^2} R_{12} + \frac{2(P_a - P_2)}{U_N^2} R_{23} + \frac{2(P_a - P_2 - P_3)}{U_N^2} R_{31} = 0$$

$$\frac{\partial \Delta P_\Sigma}{\partial Q_a} = \frac{2Q_a}{U_N^2} R_{12} + \frac{2(Q_a - Q_2)}{U_N^2} R_{23} + \frac{2(Q_a - Q_2 - Q_3)}{U_N^2} R_{31} = 0$$

于是可解得 P_a、Q_a、S_a

$$P_{a.0} = \frac{P_2(R_{23} + R_{31}) + P_3 R_{31}}{R_{12} + R_{23} + 4_{31}}$$

$$Q_{a.0} = \frac{Q_2(R_{23} + R_{31}) + Q_3 R_{31}}{R_{12} + R_{23} + R_{31}}$$

$$\dot{S}_{a.0} = \frac{\dot{S}_2(R_{23} + R_{31}) + \dot{S}_3 R_{31}}{R_{12} + R_{23} + R_{31}}$$

推广一般式

$$\left.\begin{array}{l} P_{a.0} = \dfrac{\sum P_m R_m}{R_\Sigma} \\[3mm] Q_{a.0} = \dfrac{\sum Q_m R_m}{R_\Sigma} \\[3mm] \dot{S}_{a.0} = \dfrac{\sum \dot{S}_m R_m}{R_\Sigma} \end{array}\right\} \qquad (3-62)$$

一般称式（3-62）中 $P_{a.0}$、$Q_{a.0}$、$S_{a.0}$ 为经济功率分布，且分别以下角标"a.0"表示，以区别于自然功率分布的表示。按这样的功率分布，能使全网的功率损耗最小、最经济。

比较自然功率和经济功率的公式

$$\dot{S}_a = \frac{\sum \dot{S}_m \overset{*}{Z}_m}{\overset{*}{Z}_\Sigma}, \quad \dot{S}_{a.0} = \frac{\sum \dot{S}_m \overset{*}{R}_m}{\overset{*}{R}_\Sigma}$$

由上可知，二者的区别是：自然功率分布 $\dot{S}_a$ 取决于网络各线段的阻抗，即按阻抗分布；而经济功率分布 $\dot{S}_{a.0}$ 取决于网络各线段的电阻，即按电阻分布。二者的差异，仅是无功功率 Q 在网络中的消耗，前者 $\dot{S}_a$ 与电抗 X 有关，必有无功功率 Q 在网络中的消耗；后者 $\dot{S}_{a.0}$ 与电抗 X 无关，少了无功功率 Q 在网络中的消耗。显然经济功率分布较自然功率分布经济。

二、调整控制潮流的方法

为使网络中功率损耗最小，应采取相应的措施，克服自然功率分布与经济功率分布的不一致，实现经济功率分布。从理论上讲，可以在网络中（自然功率分布上）串加一个强制循环功率 $\dot{S}_{fc}$，使网络的功率分布为经济功率分布。于是有

$$\dot{S}_a + \dot{S}_{fc} = \dot{S}_{a.0}$$

经济功率分布的措施：

（1）对两端供电电压不等的网络，可通过调节两端变压器变比 K，人为地加强制循环功率 $\dot{S}_{fc}$，以调整两端电源供电功率（$\dot{S}_a$、$\dot{S}_b$）。

（2）对闭环网，则靠串联加压器。

网络中加串联加压器如图 3-32 所示。对网络中的电压差 $d\dot{U}$，可附加一个可调电动势 $\dot{E}_c$。调整电动势 $\dot{E}_c$ 的大小方能达到调整功率的目的。经过这样的强制调整，使得自然分布率变成了经济功率分布。

这里电动势 $\dot{E}_c$ 等于缺口电压 $d\dot{U}$，即 $\dot{E}_c = d\dot{U}$，则强制循环功率为

$$\dot{S}_{fc} = \frac{\overset{*}{E}_c U_N}{\overset{*}{Z}_\Sigma}$$

于是，附加电动势为

$$\dot{E}_c = \frac{\overset{*}{S}_{fc}}{U_N} Z_\Sigma = \frac{\overset{*}{S}_{a.0} - \overset{*}{S}_a}{U_N} Z_\Sigma = E_{cx} + jE_{cy}$$

式中　E_{cx}——纵向附加电动势，即纵向加串联加压器得到的电动势，其相位与线路电压一致；

　　　E_{cy}——横向附加电动势，即横向加串联加压器得到的电动势，其相位与线路电压相差 $90°$。

图 3-32 为加串联加压器的原理图。其中图（a）是纵向串联加压器；图（b）是横向串联加压器。三相同时加串联加压器时的相量图亦如图 3-32 所示。由图可见，$\dot{U}_A$，$\dot{U}_B$，$\dot{U}_C$ 仍然是对称的。

循环功率 $\dot{S}_{fc}$ 与 E_{cx} 及 E_{cy} 的关系

$$\dot{S}_{fc} = \frac{\overset{*}{E}_c U_N}{\overset{*}{Z}_\Sigma} = \frac{(E_{cx} - jE_{cy})U_N}{R_\Sigma - jX_\Sigma}$$

$$= \frac{U_N(E_{cx}R_\Sigma + E_{cy}X_\Sigma)}{R_\Sigma^2 + X_\Sigma^2} + j\frac{U_N(E_{cx}X_\Sigma - E_{cy}R_\Sigma)}{R_\Sigma^2 + X_\Sigma^2}$$

$$= P_{fc} + jQ_{fc}$$

在高压网络中，由于 $X_\Sigma \gg R_\Sigma$，所以 $E_{cy}X_\Sigma \gg E_{cx}R_\Sigma$，$E_{cx}X_\Sigma \gg E_{cy}R_\Sigma$。由上可知，当横向串联加压器时，调节作用主要调节有功功率；而纵向串联加压器时，则主要调节无功功率。在闭环网中，串联加压变压器不仅可以调压，还可以改变环网中的功率分布。

网络中串联加压变压器的优点：简单，能用普通变压器改装，降低网损，消除某些设备的过负荷。

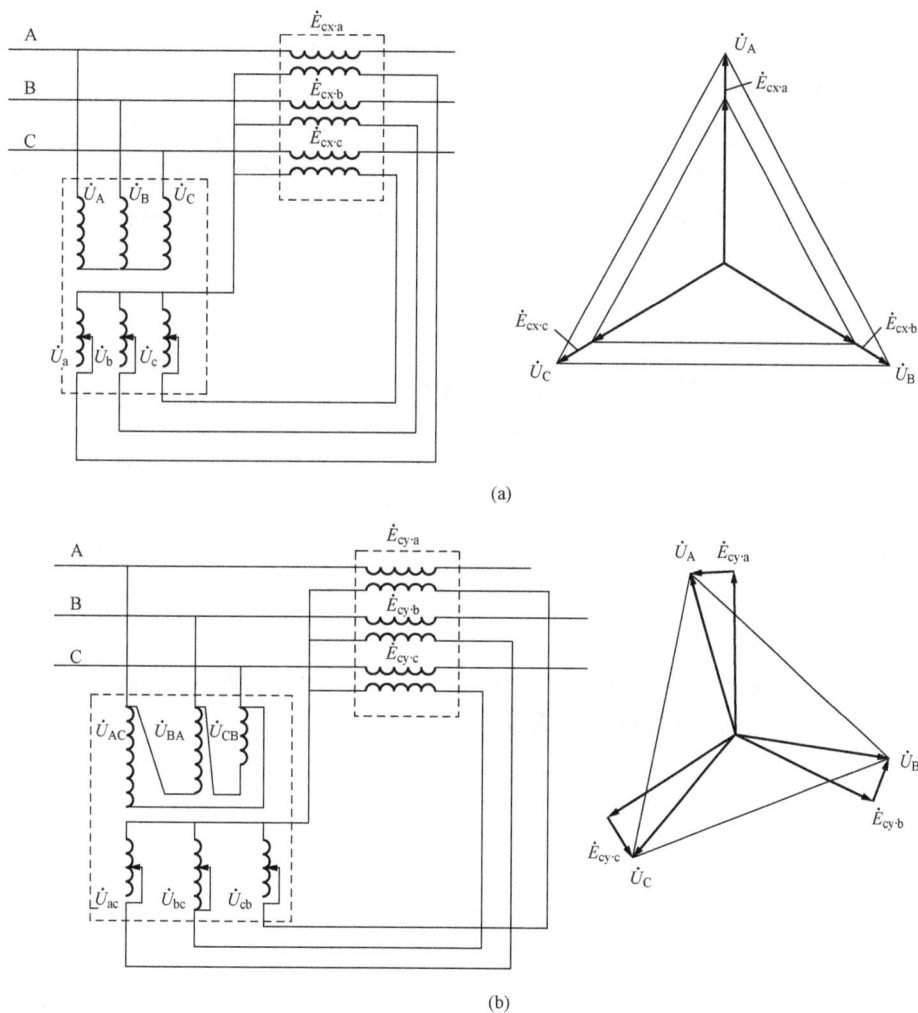

(a)

(b)

图 3-32　串联加压器的连接方式和作用
（a）纵向串联加压器；（b）横向串联加压器

第七节　电力系统潮流分布的计算机算法

前面结合简单电网讲述了电力系统在给定的某些运行条件和系统接线方式下潮流分布的计算。而实际的电力系统并非都那么简单，随着电力工业的发展，现实电网越来越大、越来越复杂。无论是在电力系统的规划设计中，还是在运行管理时，都需要大量、足够精确的快速计算。显然，如果用手算，则难以满足快速、精确等要求。从 20 世纪 50 年代中期，电子数字计算机越来越多地用于解决电力系统的有关计算。由于电子数字计算机的迅速发展和普及应用，特别是存储量的不断扩大和计算速度的不断提高，为现代电力系统的各种计算、控制和信息处理提供了基础。因此需解决的问题只要能用数学方程或数码形式进行描述，并能编出计算程序，都可以用计算机进行分析计算。

运用计算机计算时，一般要完成几个步骤：①建立数学模型；②确定解算方法；③制订程序框图；④编制程序；⑤上机调试及运算。

本节着重介绍前两步，但也涉及原理框图以加深对计算过程的理解。

一、潮流计算的数学模型

这里所谓数学模型，是指反映电力系统中运行状态参数（如电压、电流、功率等）与网络参数之间关系，反映网络性能的数学方程式。不难想到，符合这种要求的方程有节点电压方程、回路电流方程、割集电压方程等。目前运用计算机进行电力系统的潮流分布计算，引用节点电压方程的较普遍，这里限于篇幅，也仅讨论节点电压方程及有关问题，从而推出潮流计算的基本方程。

1. 节点电压方程

在电工原理课程中，已导出了运用节点导纳矩阵的节点电压方程

$$I_B = Y_B U_B \tag{3-63}$$

上式中，I_B 是节点注入电流的列向量，可理解为某个节点的电源电流与负荷电流之总和，并规定流入网络的电流为正。U_B 是节点电压的列向量。网络中有接地支路时，节点电压通常指各节点的对地电压，这是因为通常一般是以大地作为参考节点的；网络中没有接地支路时，各节点电压可指该节点与某一个被选定参考节点之间的电压差。Y_B 是节点导纳矩阵，它的阶数等于网络的独立节点数。

对于一个有 n 个独立节点的网络，Y_B 为 $n \times n$ 阶的方阵，其对角元称为自导纳，以 Y_{ii} 表示（$i=1, 2, \cdots, n$），非对角元称为互导纳，以 Y_{ji} 表示（$j=1, 2, \cdots, n, i=1, 2, \cdots, n, i \neq j$）。于是节点电压方程展开为

$$
\begin{bmatrix}
\dot{I}_1 \\
\dot{I}_2 \\
\dot{I}_3 \\
\vdots \\
\dot{I}_n
\end{bmatrix}
=
\begin{bmatrix}
Y_{11} & Y_{12} & \cdots Y_{1n} \\
Y_{21} & Y_{22} & \cdots Y_{2n} \\
Y_{31} & Y_{32} & \cdots Y_{3n} \\
\vdots & & \vdots \\
Y_{n1} & Y_{n2} & \cdots Y_{nn}
\end{bmatrix}
\begin{bmatrix}
\dot{U}_1 \\
\dot{U}_2 \\
\dot{U}_3 \\
\vdots \\
\dot{U}_n
\end{bmatrix}
\tag{3-64}
$$

对于 $n+1$ 个节点的网络，有 n 个独立节点，1 个参考节点，可把它看成一个抽象的无源网，如图 3-33 所示。

图 3-33 中，n 个独立节点中包括电源节点、负荷节点、中间联络节点等。若将各个节点引出来，对于电源节点，注入网络为正电流（$+I$），对于负荷节点，注入网络为负电流（$-I$），对于联络节点，流入的电流等于流出的电流，所以总和电流为零（$I=0$）。

下面以三个节点的网络为例，说明 Y_B 各元素的物理

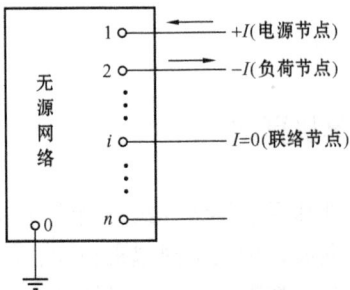

图 3-33　等值无源网络

意义。

对于图 3-34 （a）所示的网络，若将电源用等值电流源表示，负荷用等值导纳表示，网络参数均以导纳表示，其等值电路见图 3-34 （b），节点电压方程的形式为

$$
\begin{bmatrix} \dot{I}_1 \\ \dot{I}_2 \\ 0 \end{bmatrix} = \begin{bmatrix} Y_{11} & Y_{12} & Y_{13} \\ Y_{21} & Y_{22} & Y_{23} \\ Y_{31} & Y_{32} & Y_{33} \end{bmatrix} \begin{bmatrix} \dot{U}_1 \\ \dot{U}_2 \\ \dot{U}_3 \end{bmatrix}
$$

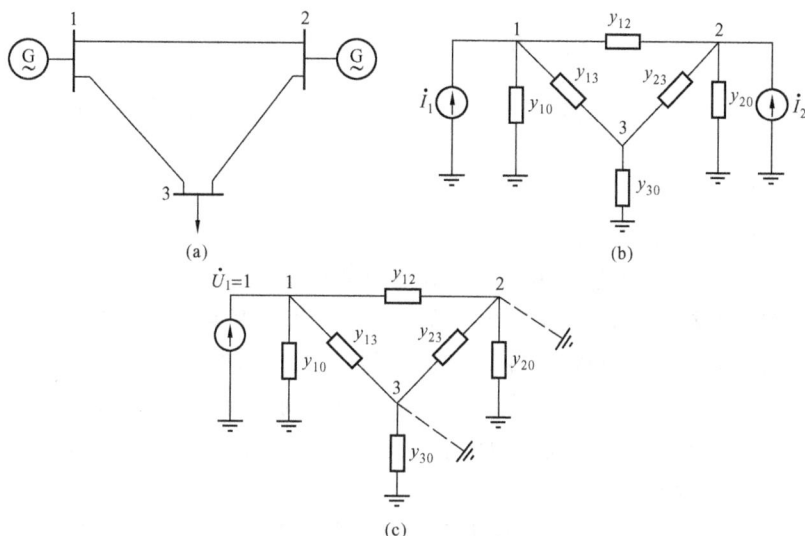

图 3-34 三节点网络图
（a）简化接线图；（b）等值电路图；（c）自、互导纳的确定

可见，当网络结构确定后，网络参数是一定的，节点导纳矩阵 $\boldsymbol{Y}_B$ 也是一定的，$\boldsymbol{Y}_B$ 反映了网络的结构及性质。

设把节点 1 加单位电压 $\dot{U}_1 = 1$，其他节点（节点 2、3）强迫接地，y_{20}、y_{30} 被短路掉，其等值电路如图 3-34 （c）所示。这时的节点电压方程为

$$
\begin{bmatrix} \dot{I}_1 \\ \dot{I}_2 \\ 0 \end{bmatrix} = \begin{bmatrix} Y_{11} & Y_{12} & Y_{13} \\ Y_{21} & Y_{22} & Y_{23} \\ Y_{31} & Y_{32} & Y_{33} \end{bmatrix} \begin{bmatrix} \dot{U}_1 \\ 0 \\ 0 \end{bmatrix}
$$

于是有 $\dot{I}_1 = Y_{11}\dot{U}_1 = Y_{11}$，$\dot{I}_2 = Y_{21}\dot{U}_1 = Y_{21}$，$\dot{I}_3 = Y_{31}\dot{U}_1 = Y_{31}$。

因此，在物理意义上，Y_{11} 可看成是在节点 1 加单位电压源，其他节点（节点 2、3）强迫接地时，经节点 1 注入网络的电流。Y_{21} 可看成是在节点 1 加单位电压源，其他节点（节点 2、3）强迫接地时，经节点 2 注入网络的电流。Y_{31} 可看成是在节点 1 加单位电压源，其他节点（节点 2、3）强迫接地时，经节点 3 注入网络的电流。

同理，其他元素的物理意义也就不难理解。

通过以上讨论，可将 $\boldsymbol{Y}_B$ 的性质归纳如下。

（1）自、互导纳的物理意义。自导纳 Y_{ii} 在数值上相当于在节点 i 施加单位电压，而其

他节点全部接地时，经节点 i 注入网络的电流。因此，它的定义为

$$Y_{ii} = \left(\frac{\dot{I}_i}{\dot{U}_i} \right) \Bigg|_{(\dot{U}_j = 0, j \neq i)} \tag{3-65}$$

按如上定义，自导纳 Y_{ii} 在数值上等于与该节点 i 直接连接的所有支路导纳的总和，如 $Y_{11} = y_{10} + y_{12} + y_{13}$。

互导纳 Y_{ji} 在数值上相当于在节点 i 施加单位电压，其他节点全部接地时，经节点 j 注入网络的电流。因此，它的定义为

$$Y_{ji} = \left(\frac{\dot{I}_j}{\dot{U}_i} \right) \Bigg|_{(\dot{U}_j = 0, j \neq i)} \tag{3-66}$$

按如上定义，互导纳 Y_{ji} 在数值上等于连接节点 i、j 支路导纳的负值，即 $Y_{ji} = -y_{ji}$，如 $Y_{21} = -y_{21}$。

（2）节点导纳矩阵 $\mathbf{Y}_\mathrm{B}$ 为对称方阵。$\mathbf{Y}_\mathrm{B}$ 为 $n \times n$ 阶时，以主对角线元素 Y_{ii} 为对称轴，$Y_{ji} = Y_{ij}$，上三角元素与下三角元素对应相等。

（3）节点导纳矩阵 $\mathbf{Y}_\mathrm{B}$ 为稀疏矩阵。也就是导纳矩阵中有零元素，所以不为满阵。因为网络中不是所有节点都相连，有些节点与节点之间无直接联系，那么其对应的互导纳则为零。一般，网络越大，节点数越多，$\mathbf{Y}_\mathrm{B}$ 的零元素越多，稀疏性越好。

（4）节点导纳矩阵 $\mathbf{Y}_\mathrm{B}$ 具有对角优势。$\mathbf{Y}_\mathrm{B}$ 的 i 行 j 列内所有元素都有大小区别，但各行对角线上的元素总是大于非对角线上的元素，即 $Y_{ii} > Y_{ji}$（$Y_{ii} > Y_{ij}$）。

2. 节点导纳矩阵的形成

（1）理想变压器的引用。运用计算机进行电力系统潮流计算时，在建立数学模型的过程中，首先形成节点导纳矩阵，一般对多电压级网络要把全网的参数归算到同一电压等级后，才能形成节点导纳矩阵。

在实际运行中，有些变压器的变比会发生变化（如调分接头时），这样，由于变比的变化，就需要重新归算那些与该变压器变比有关的参数，因此导纳矩阵修改的工作量将很大。为减小这个工作量，使导纳矩阵在变比变化时只是局部元素发生变化，解决的办法是引用"理想变压器"。

如图 3-35（a）所示，变压器变比为 K，这里可以把变比为 K 的变压器用两个变压器与之相当。一个为额定变比 K_N 的变压器，一个为理想变比 K_* 的变压器，即理想变压器，如图 3-35（b）所示。

变比之间的关系为

$$K = K_\mathrm{N} \frac{K}{K_\mathrm{N}} = K_\mathrm{N} K_* \tag{3-67}$$

$$K = \frac{U_\mathrm{II}}{U_\mathrm{I}}, \quad K_\mathrm{N} = \frac{U_\mathrm{IIN}}{U_\mathrm{IN}}, \quad K_* = \frac{K}{K_\mathrm{N}} = \frac{U_\mathrm{II}}{U_\mathrm{I}} \frac{U_\mathrm{IN}}{U_\mathrm{IIN}}$$

式中　K——实际变比；

$\quad U_\mathrm{I}$——Ⅰ段的电压；

$\quad U_\mathrm{II}$——Ⅱ段的电压；

$\quad K_\mathrm{N}$——额定变比（标准变比）；

$\quad U_\mathrm{IN}$——Ⅰ段的额定电压；

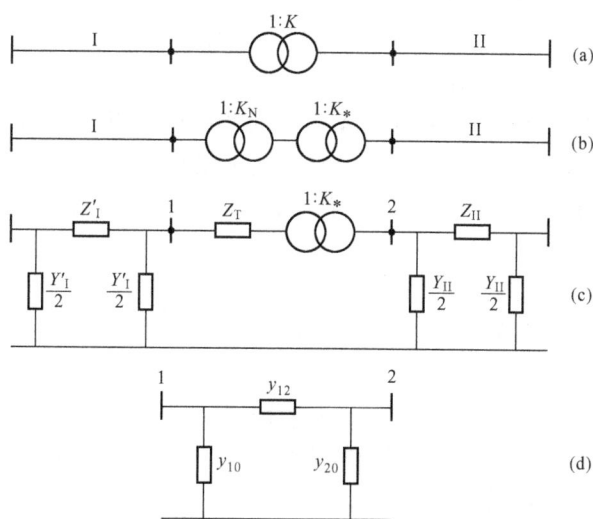

图 3 - 35 具有理想变压器的等值网络

(a) 原始多电压级网络；(b) 引入理想变压器时；

(c) 接入理想变压器后；(d) 变压器以导纳表示时

$U_{ⅡN}$——Ⅱ段的额定电压；

K_*——理想变比（非标准变比）。

所谓理想变压器，是指以理想铁磁材料制作的具有理想磁化特性的变压器。它没有损耗，没有漏磁，不需励磁电流，仅对电压、电流起变换作用，因此变压器上的损耗全部归于额定变比的变压器承担。

经引用理想变压器后，若将Ⅰ段的参数 $Z_Ⅰ$、$Y_Ⅰ$ 归算至Ⅱ段，则需经两个变压器的变比折算，即在额定变比 K_N 下折算一次，再经理想变比 K_* 折算一次。这也相当于一次性把 $Z_Ⅰ$、$Y_Ⅰ$ 按实际变比 K 折算至Ⅱ段，懂得了这个道理，就可以绘制图 3 - 35（c）。图中略去了变压器的励磁支路，$Z'_Ⅰ$、$Y'_Ⅰ$ 是按额定变比 K_N 折算至Ⅱ段的值。由于图 3 - 35（c）中 1—2 段内有理想变压器存在，也就是在等值电路中仍有磁的联系。为把磁的联系转换成电的联系的等值电路，这里处理的方法是：$Z'_Ⅰ$、$Y'_Ⅰ$ 不需再经理想变比 K_* 的折算，当变比 K 变化时，看作 K_N 不变，K_* 变，让 K_* 与变压器的阻抗 Z_T 去中和。于是，就可把图 3 - 35（c）中 1—2 段等效成图 3 - 35（d）所示的 π 型等值电路。然而整个等值电路均为电的联系。

图 3 - 35（d）中 1—2 段 π 型等值电路的等值参数 y_{12}、y_{10}、y_{20} 可由两端口网络的等效条件求得

$$\left.\begin{aligned} y_{12} &= \frac{1}{Z_T K_*} = \frac{y_T}{K_*} \\ y_{10} &= \frac{K_* - 1}{K_*} \frac{1}{Z_T} = \frac{K_* - 1}{K_*} y_T \\ y_{20} &= \frac{1 - K_*}{K_*^2} \frac{1}{Z_T} = \frac{1 - K_*}{K_*^2} y_T \end{aligned}\right\} \quad (3 - 68)$$

由此可见，采用理想变压器的好处在于不论变压器的变比怎样变化，Ⅰ段按额定变比折

算到Ⅱ段的参数 Z'_I、Y'_I 不用再变。当变压器变比变化时，只看成是理想变比 K_* 在变化，与 K_* 有关的参数（y_{12}、y_{10}、y_{20}）在变化，也即导纳矩阵的局部元素发生变化。这样就大大减小了修改导纳矩阵的计算工作量。

（2）用直接形成法形成节点导纳矩阵 Y_B。节点导纳矩阵即可根据自导纳和互导纳的定义直接形成，也可用支路—节点关联矩阵计算，这里仅介绍前一种方法。

根据自、互导纳的定义直接求取节点导纳矩阵的方法，称为节点导纳矩阵的直接形成法。直接形成法应遵循的原则如下：

1）节点导纳矩阵是方阵，其阶数就等于网络中除参考节点外的节点数。

2）节点导纳矩阵是稀疏矩阵，其各行非对角元非零元素的个数等于与该行相对应节点所连接的不接地的支路数。

3）节点导纳矩阵的对角元等于各该节点所连接导纳的总和。

4）节点导纳矩阵的非对角元 Y_{ij} 等于连接节点 i、j 支路导纳的负值。

5）节点导纳矩阵是对称阵，以对角元为轴，上三角元和下三角元对应相等，因此，一般只求上三角或下三角部分元素。

6）网络中的变压器可采用"理想变压器"，用 π 型等值电路代替。

按上述直接形成法，可对前面三个节点的网络图 3 - 34 直接形成 3×3 阶的节点导纳矩阵

$$Y_B = \begin{bmatrix} y_{12}+y_{13}+y_{10} & -y_{12} & -y_{13} \\ -y_{12} & y_{12}+y_{23}+y_{20} & -y_{23} \\ -y_{13} & -y_{23} & y_{13}+y_{23}+y_{30} \end{bmatrix}$$

3. 节点导纳矩阵的修改

节点导纳矩阵是关于网络参数对节点电压和节点电流的导纳特性的描述，它取决于构成网络中各支路的电气参数和它们最终的连接方式。在电网运行中，网络结构改变时，网络参数就改变，因此节点导纳矩阵就要随之而变。例如，网络中某电力线路、变压器的投入或切除，该支路的参数要发生变化，但由于改变一个支路的参数，只影响该支路两端节点的自导纳和两节点之间的互导纳，因此可不必重新形成与新的运行状况相对应的节点导纳矩阵，只需将原有的矩阵作一下修改。以下介绍几种典型的修改方法。

（1）从原有网络引出一支路，同时增加一节点，如图 3 - 36（a）所示。设 i 为原有网络中的节点，j 为新增加的节点，新增加支路导纳为 y_{ij}，则因新增一节点，节点导纳矩阵将增加一阶。

新增的对角元 Y_{jj}，$Y_{jj} = y_{ij}$；

新增的非对角元 Y_{ij}，$Y_{ij} = Y_{ji} = -y_{ij}$；

原有矩阵中的对角元 Y_{ii} 将增加 ΔY_{ii}，$\Delta Y_{ii} = y_{ij}$。

（2）在原有网络的节点 i、j 之间增加一支路，如图 3 - 36（b）所示。这时由于仅增加支路不增加节点，节点导纳矩阵阶数不变，但与节点 i、j 有关的元素应作一下修改，其增量为

$$\Delta Y_{ii} = \Delta Y_{jj} = y_{ij}, \quad \Delta Y_{ij} = \Delta Y_{ji} = -y_{ij}$$

（3）在原有网络的节点 i、j 之间切除一支路，如图 3 - 36（c）所示。切除一导纳为 y_{ij} 的支路，相当于增加一导纳为 $-y_{ij}$ 的支路，从而与节点 i、j 有关的元素应作如下

修改

$$\Delta Y_{ii} = \Delta Y_{jj} = -y_{ij} , \quad \Delta Y_{ij} = \Delta Y_{ji} = y_{ij}$$

（4）原有网络节点 i、j 之间的导纳由 y_{ij} 改变为 y'_{ij}，如图 3-36（d）所示。这种情况相当于切除一导纳为 y_{ij} 的支路并增加一导纳为 y'_{ij} 的新支路，从而与节点 i、j 有关的元素应作如下修改

$$\Delta Y_{ii} = \Delta Y_{jj} = y'_{ij} - y_{ij} , \quad \Delta Y_{ij} = \Delta Y_{ji} = y_{ij} - y'_{ij}$$

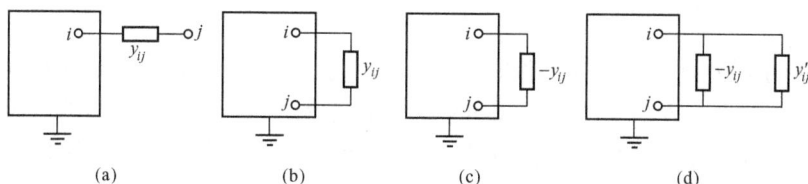

图 3-36 电网接线变更示意图

（a）增加支路和节点；（b）增加支路；（c）切除支路；（d）改变支路参数

（5）原有网络节点 i、j 之间变压器的变比由 K_* 改变为 K'_*，如图 3-37（a）所示。这种情况相当于在 i、j 节点之间并联一个变比为 $-K_*$ 的变压器，再并联一个变比为 K'_* 的变压器，引用"理想变压器"的 π 型等值电路见图 3-37（b），变压器变比由 K_* 改变为 K'_* 时，原网中与节点 i、j 有关的元素应作如下修改

$$\Delta Y_{ii} = 0 , \quad \Delta Y_{jj} = \left(\frac{1}{K'^2_*} - \frac{1}{K^2_*}\right)y_T , \quad \Delta Y_{ij} = \Delta Y_{ji} = \left(\frac{1}{K_*} - \frac{1}{K'_*}\right)y_T$$

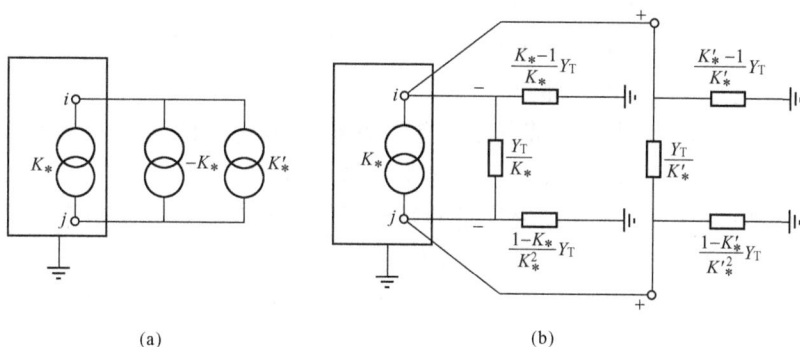

图 3-37 修正变压器变比时 π 型等值电路

（a）示意图；（b）等值电路

不难发现，这些计算公式其实就是切除一台变比为 K_* 的变压器，并增加一台变比为 K'_* 的变压器的计算公式。

4. 潮流计算的基本方程

以上讨论了节点导纳矩阵的形成和修改，因此可以说，对于一个已知的网络，节点导纳矩阵 Y_B 是可以已知的。运行参数满足节点电压方程 $Y_B U_B = I_B$，若已知节点电压 U_B 或节点电流 I_B，对此线性方程求解是容易的。而实际电力系统中，已知的既不是节点电流，又不是全部的节点电压，通常已知的是节点注入功率 S_B，这就需要以 $(\overset{*}{S}_B / \overset{*}{U}_B)$ 取代节点电压方

程中的节点电流 I_B，于是节点电压方程的表示形式变为

$$Y_B U_B = \left(\frac{\overset{*}{S}_B}{\overset{*}{U}_B}\right) \tag{3-69}$$

其展开式为

$$\sum_{j=1}^{n} Y_{ij} \dot{U}_j = \frac{P_i - jQ_i}{\overset{*}{U}_i} \qquad (i = 1, 2, \cdots, n) \tag{3-70}$$

或

$$P_i + jQ_i = \dot{U}_i \sum_{j=1}^{n} \overset{*}{Y}_{ij} \overset{*}{U}_j \qquad (i = 1, 2, \cdots, n) \tag{3-71}$$

式中，P_i、Q_i 分别为由节点 i 向网络注入的有功、无功功率。若节点 i 上既有电源功率，又有负荷功率时，节点注入功率即为电源功率与负荷功率之和，且注入网络的电源功率为正。

式（3-71）即为潮流计算的基本方程，由此看出，电力系统的潮流计算可以概括地归结为由系统各节点给定的复功率求各节点电压的问题。显然式（3-71）为非线性方程，求解比较困难，因而要借助计算机进行计算。

若把式（3-71）复功率表示的潮流方程实部和虚部分开，便得到有功功率和无功功率两个潮流方程式。而每个节点有 4 个变量，包括节点注入有功、无功功率及节点的电压值和相位角。如节点 i 的变量为 P_i、Q_i、U_i、δ_i。因此，对于有 n 个独立节点的网络，其潮流方程有 $2n$ 个，变量数为 $4n$ 个。根据电力系统的实际运行情况，一般每个节点 4 个变量中总有两个是已知的，两个是未知的。按各个节点所已知变量的不同，可把节点分为三种类型。

（1）PQ 节点。这类节点已知节点注入有功功率 P_i、无功功率 Q_i，待求的未知量是节点电压值 U_i 及相位角 δ_i，所以称此类节点为 PQ 节点。

一般电力系统中没有发电设备的变电站母线、发固定功率的发电厂母线可作为 PQ 节点，这类节点在电力系统中占大部分。

（2）PV 节点。这类节点已知节点注入有功功率 P_i 和电压值 U_i，待求的未知量是节点注入无功功率 Q_i 和电压的相位角 δ_i，所以称此类节点为 PV 节点。

这类节点一般为有一定无功功率储备的发电厂母线和有一定无功功率电源的变电站母线，这类节点在电力系统中为数不多，甚至可有可无。

（3）平衡节点。潮流计算时，一般只设一个平衡节点，全网的功率由平衡节点作为平衡机来平衡。平衡节点电压的幅值 U_S 和相位角 δ_S 是已知的，如给定 $U_S = 1.0$、$\delta_S = 0$，待求的则是注入功率 P_S、Q_S，若平衡节点上既有负荷功率 P_{LS}、Q_{LS}，又有电源的功率 P_{GS}、Q_{GS} 时，一般负荷功率 P_{LS}、Q_{LS} 是已知的，因此待求的仅是电源功率 P_{GS}、Q_{GS}。所以平衡节点一般选在担负调整系统频率任务的发电厂母线，P_{GS}、Q_{GS} 能够经常调节。

对于 n 个节点的电力系统中，$n = 1, 2, \cdots, m-1, m, m+1, \cdots, n$，其中有 $m-1$ 个节点为 PQ 节点；有 $n-m$ 个节点为 PV 节点；第 m 个节点为平衡节点，平衡节点仅有一个。

二、高斯—塞德尔法计算潮流

对于一个已知的电力系统，建立了节点导纳矩阵，就可以进行潮流分布计算。由前面的讨论可知，式（3-71）以复功率表示的节点电压方程，即潮流方程，是一组非线性方程，而解这组非线性方程最有效的方法是牛顿—拉夫逊法。这种方法不仅在多数情况下没有发散

的危险，而且收敛性较强，可以大大节省计算时间，因而得到了广泛的应用。但它最大的特点是初始值的选择要求严格，必须选好恰当的初始值，否则不收敛。为此，通常人们把牛顿—拉夫逊法和高斯—塞德尔法结合起来使用，即先用高斯—塞德尔法进行几次迭代，将迭代后的结果作为牛顿—拉夫逊法的初始值，然后再进行牛顿—拉夫逊迭代。所以这里首先介绍高斯—塞德尔法。

高斯—塞德尔法采用了非常简单的改进步骤，以提高收敛速度，它可以直接迭代解节点电压方程。

对于 n 个节点的系统，将节点电压方程展开后，即为

$$\left.\begin{aligned}
\dot{I}_1 &= Y_{11}\dot{U}_1 + Y_{12}\dot{U}_2 + \cdots + Y_{1n}\dot{U}_n = \sum_{j=1}^{n} Y_{1j}\dot{U}_j = \left(\frac{\overset{*}{S}_1}{\overset{*}{U}_1}\right) \\
\dot{I}_2 &= Y_{21}\dot{U}_1 + Y_{22}\dot{U}_2 + \cdots + Y_{2n}\dot{U}_n = \sum_{j=1}^{n} Y_{2j}\dot{U}_j = \left(\frac{\overset{*}{S}_2}{\overset{*}{U}_2}\right) \\
&\vdots \\
\dot{I}_i &= Y_{i1}\dot{U}_1 + Y_{i2}\dot{U}_2 + \cdots + Y_{in}\dot{U}_n = \sum_{j=1}^{n} Y_{ij}\dot{U}_j = \left(\frac{\overset{*}{S}_i}{\overset{*}{U}_i}\right) \\
&\vdots \\
\dot{I}_n &= Y_{n1}\dot{U}_1 + Y_{n2}\dot{U}_2 + \cdots + Y_{nn}\dot{U}_n = \sum_{j=1}^{n} Y_{nj}\dot{U}_j = \left(\frac{\overset{*}{S}_n}{\overset{*}{U}_n}\right)
\end{aligned}\right\} \quad (3\text{-}72)$$

可见，对于第 i 个节点，节点电流为 $\dot{I}_i$，节点电压 $\dot{U}_i$，节点注入功率 $\dot{S}_i = P_i + jQ_i$，则第 i 个节点的电压方程又可写为

$$Y_{ii}\dot{U}_i + \sum_{\substack{j=1 \\ j\neq i}}^{n} Y_{ij}\dot{U}_j = \frac{P_i - jQ_i}{\overset{*}{U}_i} \quad (3\text{-}73)$$

则有

$$\dot{U}_i = \frac{1}{Y_{ii}}\left(\frac{P_i - jQ_i}{\overset{*}{U}_i} - \sum_{\substack{j=1 \\ j\neq i}}^{n} Y_{ij}\dot{U}_j\right) \quad (3\text{-}74)$$

式中 $P_i - jQ_i$ 是给定的节点注入功率的共轭（$i=1, 2, \cdots, n$）。

再将式（3-71）进一步展开，于是有

$$\left.\begin{aligned}
\dot{U}_1 &= \frac{1}{Y_{11}}\left[\frac{P_1 - jQ_1}{\overset{*}{U}_1} - Y_{12}\dot{U}_2 - Y_{13}\dot{U}_3 - \cdots - Y_{1n}\dot{U}_n\right] \\
\dot{U}_2 &= \frac{1}{Y_{22}}\left[\frac{P_2 - jQ_2}{\overset{*}{U}_2} - Y_{21}\dot{U}_1 - Y_{23}\dot{U}_3 - \cdots - Y_{2n}\dot{U}_n\right] \\
&\vdots \\
\dot{U}_n &= \frac{1}{Y_{nn}}\left[\frac{P_n - jQ_n}{\overset{*}{U}_n} - Y_{n1}\dot{U}_1 - Y_{n2}\dot{U}_2 - \cdots - Y_{n(n-1)}\dot{U}_{n-1}\right]
\end{aligned}\right\} \quad (3\text{-}75)$$

显然，式（3-75）为以复功率表示的节点电压方程，高斯—塞德尔迭代法就是反复利用式（3-75），求解各节点的电压。计算过程中，需要多次迭代，如果迭代次数设为 k，$k=0, 1, 2, \cdots, n$。迭代次数标在式（3-75）中各电压的右上角。

应用高斯—塞德尔法计算的主要步骤如下：

（1）根据网络结构、参数，形成节点导纳矩阵 $\boldsymbol{Y}_\mathrm{B}$。

（2）迭代计算各节点电压 $\dot{U}_i$。

1）对 PQ 节点：

a. 设某节点为平衡节点。如设节点 1 为平衡节点，则给定 $\dot{U}_1=\dot{U}_1^{(0)}=U_1^{(0)}\angle\delta_1^{(0)}$。

b. 设各节点电压的初始值。如对 $\dot{U}_2^{(0)}$，$\dot{U}_3^{(0)}$，$\cdots$，$\dot{U}_n^{(0)}$ 取一组初值。可凭经验取值，或取 $\dot{U}_i^{(0)}=1+\mathrm{j}0=1\angle0°$。

c. 据初始值电压 $\dot{U}_1^{(0)}$、$\dot{U}_i^{(0)}$（$i=2,3,\cdots,n$）及已知的节点注入功率 P_i、Q_i 进行第一次迭代，求 $\dot{U}_2^{(1)}$，$\dot{U}_3^{(1)}$，$\cdots$，$\dot{U}_n^{(1)}$，即有

$$\dot{U}_2^{(1)}=\frac{1}{Y_{22}}\left[\frac{P_2-\mathrm{j}Q_2}{\overset{*}{\dot{U}}_2^{(0)}}-Y_{21}\dot{U}_1^{(0)}-Y_{23}\dot{U}_3^{(0)}-Y_{24}\dot{U}_4^{(0)}-\cdots-Y_{2n}\dot{U}_n^{(0)}\right]$$

$$\dot{U}_3^{(1)}=\frac{1}{Y_{33}}\left[\frac{P_3-\mathrm{j}Q_3}{\overset{*}{\dot{U}}_3^{(0)}}-Y_{31}\dot{U}_1^{(0)}-Y_{32}\dot{U}_2^{(1)}-Y_{34}\dot{U}_4^{(0)}-\cdots-Y_{3n}\dot{U}_n^{(0)}\right]$$

$$\vdots$$

$$\dot{U}_n^{(1)}=\frac{1}{Y_{nn}}\left[\frac{P_n-\mathrm{j}Q_n}{\overset{*}{\dot{U}}_n}-Y_{n1}\dot{U}_1^{(1)}-Y_{n2}\dot{U}_2^{(1)}-Y_{n3}\dot{U}_3^{(1)}-\cdots-Y_{n(n-1)}\dot{U}_{n-1}^{(1)}\right]$$

d. 第二次迭代。由第一次迭代结果 $\dot{U}_i^{(1)}$ 和已知的 $\dot{U}_1$、P_i、Q_i 进行迭代，求 $\dot{U}_2^{(2)}$，$\dot{U}_3^{(2)}$，$\cdots$，$\dot{U}_n^{(2)}$。

e. 第 $k+1$ 次迭代。由第 k 次迭代的结果 $\dot{U}_i^{(k)}$ 和已知的 $\dot{U}_1$、P_i、Q_i 进行迭代，求 $\dot{U}_2^{(k+1)}$，$\dot{U}_3^{(k+1)}$，$\cdots$，$\dot{U}_n^{(k+1)}$。于是有

$$\begin{cases}\dot{U}_2^{(k+1)}=\dfrac{1}{Y_{22}}\left[\dfrac{P_2-\mathrm{j}Q_2}{\overset{*}{\dot{U}}_2^{(k)}}-Y_{21}\dot{U}_1^{(0)}-Y_{23}\dot{U}_3^{(k)}-Y_{24}\dot{U}_4^{(k)}-\cdots-Y_{2n}\dot{U}_n^{(k)}\right]\\[3mm]\dot{U}_3^{(k+1)}=\dfrac{1}{Y_{33}}\left[\dfrac{P_3-\mathrm{j}Q_3}{\overset{*}{\dot{U}}_3^{(k)}}-Y_{31}\dot{U}_1^{(0)}-Y_{32}\dot{U}_2^{(k+1)}-Y_{34}\dot{U}_4^{(k)}-\cdots-Y_{3n}\dot{U}_n^{(k)}\right]\\[3mm]\dot{U}_4^{(k+1)}=\dfrac{1}{Y_{44}}\left[\dfrac{P_4-\mathrm{j}Q_4}{\overset{*}{\dot{U}}_4^{(k)}}-Y_{41}\dot{U}_1^{(0)}-Y_{42}\dot{U}_2^{(k+1)}-Y_{43}\dot{U}_3^{(k+1)}-\cdots-Y_{4n}\dot{U}_n^{(k)}\right]\\[3mm]\qquad\qquad\vdots\\[2mm]\dot{U}_n^{(k+1)}=\dfrac{1}{Y_{nn}}\left[\dfrac{P_n-\mathrm{j}Q_n}{\overset{*}{\dot{U}}_n^{(k)}}-Y_{n1}\dot{U}_1^{(0)}-Y_{n2}\dot{U}_2^{(k+1)}-Y_{n3}\dot{U}_3^{(k+1)}-\cdots-Y_{n(n-1)}\dot{U}_{n-1}^{(k+1)}\right]\end{cases}\tag{3-76}$$

这是按高斯—塞德尔法解方程组时的标准书写模式。按这种模式，式中等号左侧的电压为 $\dot{U}_i$，而等号右侧的电压 $\dot{U}_j$ 的取值方法为：当 $j<i$ 时，$\dot{U}_j$ 用第 $k+1$ 次的迭代值；当 $j>i$ 时，$\dot{U}_j$ 用第 k 次的迭代值。每次这样取可能的最近信息，以利于提高收敛性。

f. 第 $k+1$ 次迭代后，当所有节点电压都满足 $|\dot{U}_i^{(k+1)}-\dot{U}_i^{(k)}|\leqslant\varepsilon$（精度）时，表明迭代收敛，则第 $k+1$ 次的结果即为所求。

2）对 PV 节点：设第 $p(p>4)$ 节点为 PV 节点，由于已知 U_p、P_p，未知 δ_p、Q_p，欲求 $\dot{U}_p$，于是只有先求出 Q_p，使 PV 节点向 PQ 节点转化，然后代入式（3-76）进行迭代，每次求得的 $\dot{U}_p^{(k+1)}$ 要进行修正，将求得的电压大小 $U_p^{(k+1)}$ 改为给定的 U_p，即将 $\dot{U}_p^{(k+1)}=$

$U_p^{(k+1)} \angle \delta_p^{(k+1)}$ 修正为 $\dot{U}_p = U_p \angle \delta_p^{(k+1)}$。

求 PV 节点的无功 Q_p 的方法不一，可根据经验假设一个 Q_p，也可由节点电压方程求出 Q_p 的近似值，如对节点 p，其节点电压方程可展开为

$$Y_{pp}\dot{U}_p + \sum_{\substack{j=1 \\ j \neq p}}^{n} Y_{pj}\dot{U}_j = \frac{P_p - \mathrm{j}Q_p}{\overset{*}{U}_p} \tag{3-77}$$

于是有
$$P_p - \mathrm{j}Q_p = \overset{*}{U}_p Y_{pp}\dot{U}_p + \overset{*}{U}_p \sum_{\substack{j=1 \\ j \neq p}}^{n} Y_{pj}\dot{U}_j \tag{3-78}$$

将式（3-78）右边展开，并取虚部，以求取 $Q_p^{(k)}$，即有

$$Q_p^{(k)} = -I_m [\overset{*}{U}_p^{(k)} Y_{pp}\dot{U}_p^{(k)} + \overset{*}{U}_p^{(k)} (Y_{p1}\dot{U}_1^{(0)} + Y_{p2}\dot{U}_2^{(k+1)}$$
$$+ Y_{p3}\dot{U}_3^{(k+1)} + Y_{p4}\dot{U}_4^{(k+1)} + \cdots + Y_{pn}\dot{U}_n^{(k)})] \tag{3-79}$$

求得 $Q_p^{(k)}$ 后，再代入式（3-76）即有

$$\dot{U}_p^{(k+1)} = \frac{1}{Y_{pp}}\left[\frac{P_p - \mathrm{j}Q_p^{(k)}}{\overset{*}{U}_p^{(k)}} - Y_{p1}\dot{U}_1^{(0)} - Y_{p2}\dot{U}_2^{(k+1)} - Y_{p3}\dot{U}_3^{(k+1)} - Y_{p4}\dot{U}_4^{(k+1)} - \cdots - Y_{pn}\dot{U}_n^{(k)}\right] \tag{3-80}$$

迭代过程中往往会出现 Q_p 越限，即按式（3-79）求得的 $Q_p^{(k)}$ 不能满足约束条件 $Q_{p\min} \leqslant Q_p \leqslant Q_{p\max}$ 的情况。考虑到实际中对节点电压的限制不如对节点功率的限制严格，于是，出现这种情况时，只能用 $Q_{p\max}$ 或 $Q_{p\min}$ 代入式（3-80）以求取 $\dot{U}_p^{(k+1)}$。它们的物理解释是说明 PV 节点所设置的可调无功电源设备满足不了要求，无法维持 $U_p^{(k)}$ 在给定值。此时，该节点的性质实际上已发生了变化，即 P_p、Q_p 恒定，而 U_p 成为可变的量，由 PV 节点转化为 PQ 节点。

（3）计算功率。当迭代收敛后，就可以计算平衡节点的功率 $\dot{S}_1$ 及各支路上的流通功率。如图 3-38 所示流通功率 $\dot{S}_{ij}$、$\dot{S}_{ji}$。即有下列公式

$$\dot{S}_1 = \dot{U}_1 \sum_{j=1}^{n} \overset{*}{Y}_{1j}\overset{*}{U}_j = P_1 + \mathrm{j}Q_1 \tag{3-81}$$

$$\left.\begin{aligned}\dot{S}_{ij} = \dot{U}_i \overset{*}{I}_{ij} = \dot{U}_i [\overset{*}{U}_i \overset{*}{y}_{i0} + (\overset{*}{U}_i - \overset{*}{U}_j) \overset{*}{y}_{ij}] = P_{ij} + \mathrm{j}Q_{ij} \\ \dot{S}_{ji} = \dot{U}_j \overset{*}{I}_{ji} = \dot{U}_j [\overset{*}{U}_j \overset{*}{y}_{j0} + (\overset{*}{U}_j - \overset{*}{U}_i) \overset{*}{y}_{ji}] = P_{ji} + \mathrm{j}Q_{ji}\end{aligned}\right\} \tag{3-82}$$

进而还可求出各支路上的功率损耗

$$\Delta\dot{S}_{ij} = \dot{S}_{ij} + \dot{S}_{ji} = \Delta P_{ij} + \mathrm{j}\Delta Q_{ij} \tag{3-83}$$

这样，潮流计算的整个过程可简述为：

（1）由式（3-76）求得所有 PQ 节点的电压大小及相位角；

（2）由式（3-79）和式（3-80）求得所有 PV 节点的无功功率和电压相位角；

（3）由式（3-81）求得平衡节点的有功和无功功率；

（4）由式（3-82）和式（3-83）求得各支路上的流通功率和功率损耗。

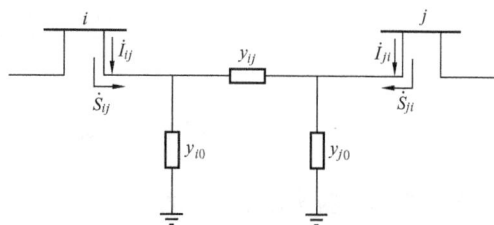

图 3-38　支路上流通的电流和功率

另外，还可将以上的计算过程概括为图 3-39 所示的原理框图。

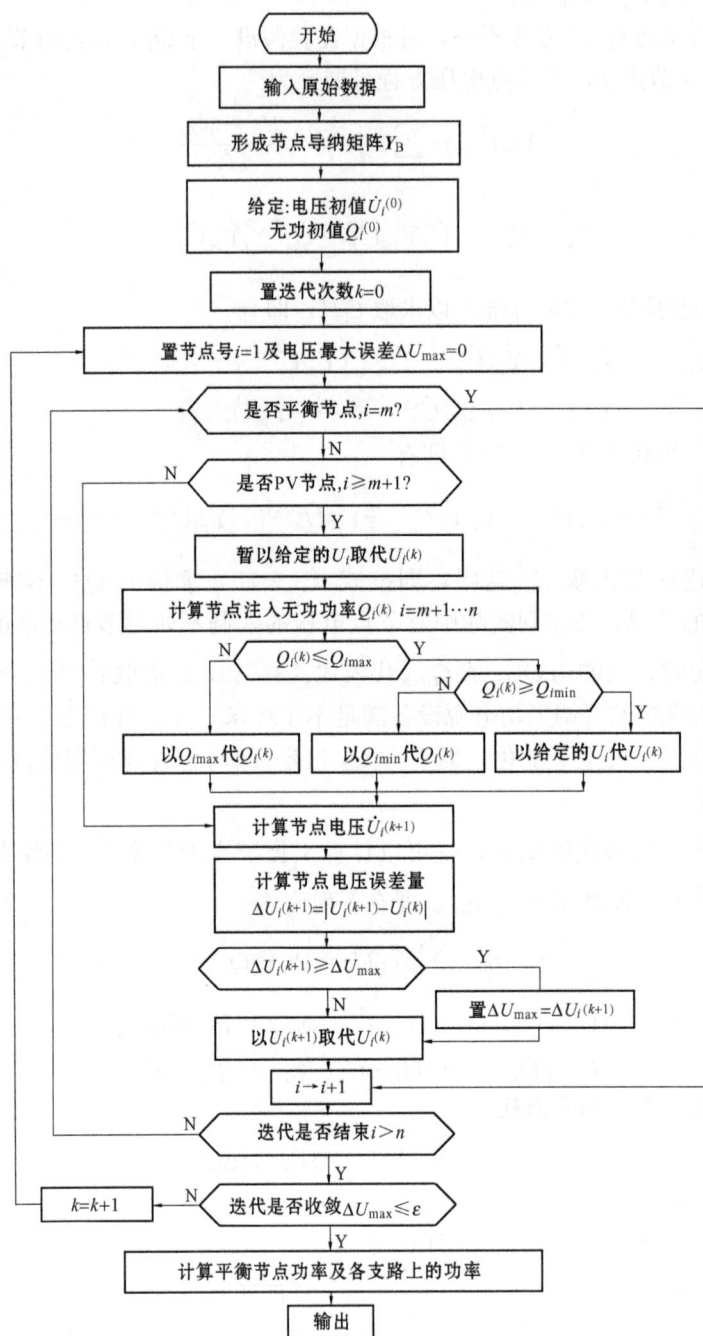

图 3 - 39 高斯—塞德尔潮流计算原理框图

三、牛顿—拉夫逊法计算潮流

（一）概述

牛顿—拉夫逊法是目前求解非线性方程最好的一种方法。这种方法的要点就是把对非线性方程的求解过程变为反复对相应的线性方程求解的过程，通常称为逐次线性化过程，这是牛顿—拉夫逊法的核心。为容易理解牛顿—拉夫逊法的解题方法，这里从 1 维非线性方程式的解来阐明它的意义和推导过程，而后推广到 n 维变量的一般情况。

1. 牛顿—拉夫逊法的意义和推导过程

设 1 维非线性函数为

$$f(x) = 0 \qquad\qquad (3\text{-}84)$$

对于它的解 x，假设其初始值为 $x^{(0)}$，这和真解之间的误差为 $\Delta x^{(0)}$，如果能找到这样的 $\Delta x^{(0)}$，将其加到初始值 $x^{(0)}$ 上，使它等于真解 x，即有

$$x = x^{(0)} - \Delta x^{(0)} \qquad\qquad (3\text{-}85)$$

式中　x——真解；

$x^{(0)}$——解的初始值；

$\Delta x^{(0)}$——解的修正量。

若将 $\Delta x^{(0)}$ 代入式（3-84）有

$$f(x) = f[x^{(0)} - \Delta x^{(0)}] = 0$$

将 $f(x)$ 按泰勒级数在 $x^{(0)}$ 点展开

$$f(x) = f[x^{(0)}] - f'[x^{(0)}]\Delta x^{(0)} + \frac{f''[x^{(0)}]}{2!}[x^{(0)}]^2 + \cdots + (-1)^n \frac{f^n[x^{(0)}]}{n!}[\Delta x^{(0)}]^n = 0$$

$$(3\text{-}86)$$

如果选择的初始值 $x^{(0)}$ 很接近于真解，误差值 $\Delta x^{(0)}$ 很小时，然而式（3-86）中所包含 $\Delta x^{(0)}$ 二次项和更高次项都可以略去不计。因此式（3-86）简化为

$$f[x^{(0)}] - f'[x^{(0)}]\Delta x^{(0)} = 0 \qquad\qquad (3\text{-}87)$$

这是对于修正量 $\Delta x^{(0)}$ 的线性方程式，又称为修正方程。由于修正方程是略去了高次项后的简化方程式，因而按修正方程所解出的 $\Delta x^{(0)}$ 是近似值，从式（3-87）即得

$$\Delta x^{(0)} = \frac{f[x^{(0)}]}{f'[x^{(0)}]}$$

于是，非线性方程的解为

$$x^{(1)} = x^{(0)} - \Delta x^{(0)}$$

这是一次迭代后的值，显然是近似解，但它已向真解逼近了一步。

再以 $x^{(1)}$ 作为初始值，代入式（3-87）有

$$\Delta x^{(1)} = \frac{f[x^{(1)}]}{f'[x^{(1)}]}$$

进而又可得第二次迭代后的值 $x^{(2)}$ 为

$$x^{(2)} = x^{(1)} - \Delta x^{(1)}$$

更近于真解。这样继续迭代下去，直至满足 $|\Delta x^{(k)}| \leqslant \varepsilon$（精度）时，所得出的 $x^{(k+1)}$ 为所求的真解，这就是牛顿—拉夫逊法解题的过程。

2. 牛顿—拉夫逊法的特点

（1）牛顿—拉夫逊法是迭代法，逐渐逼近的方法；

（2）修正方程是线性化方程，它的线性化过程体现在把非线性方程在 $x^{(0)}$ 按泰勒级数展开，并略去高阶小量；

（3）用牛顿—拉夫逊法解题时，其初始值要求严格（较接近真解），否则迭代不收敛。

3. 多变量非线性方程的解

设有 n 维非线性方程式组如下

$$
\left.
\begin{aligned}
f_1(x_1, x_2 \cdots x_n) &= 0 \\
f_2(x_1, x_2 \cdots x_n) &= 0 \\
&\vdots \\
f_n(x_1, x_2 \cdots x_n) &= 0
\end{aligned}
\right\}
\tag{3-88}
$$

假设各变量的初始值为 $x_1^{(0)}$，$x_2^{(0)} \cdots x_n^{(0)}$，并令 $\Delta x_1^{(0)}$，$\Delta x_2^{(0)} \cdots \Delta x_n^{(0)}$ 分别为各变量的修正量，对以上 n 个方程式在初始值 $[x_1^{(0)}, x_2^{(0)} \cdots x_n^{(0)}]$ 点按泰勒级展开，并略去包含 $\Delta x_1^{(0)}$，$\Delta x_2^{(0)}$，$\cdots$，$\Delta x_n^{(0)}$ 所组成的二次项和更高次项后，将得下式

$$
\left.
\begin{aligned}
f_1[x_1^{(0)}, x_2^{(0)}, \cdots, x_n^{(0)}] - \left[\frac{\partial f_1}{\partial x_1}\Big|_0 \Delta x_1^{(0)} + \frac{\partial f_1}{\partial x_2}\Big|_0 \Delta x_2^{(0)} + \cdots + \frac{\partial f_1}{\partial x_n}\Big|_0 \Delta x_n^{(0)}\right] &= 0 \\
f_2[x_1^{(0)}, x_2^{(0)}, \cdots, x_n^{(0)}] - \left[\frac{\partial f_2}{\partial x_1}\Big|_0 \Delta x_1^{(0)} + \frac{\partial f_2}{\partial x_2}\Big|_0 \Delta x_2^{(0)} + \cdots + \frac{\partial f_2}{\partial x_n}\Big|_0 \Delta x_n^{(0)}\right] &= 0 \\
&\vdots \\
f_n[x_1^{(0)}, x_2^{(0)}, \cdots, x_n^{(0)}] - \left[\frac{\partial f_n}{\partial x_1}\Big|_0 \Delta x_1^{(0)} + \frac{\partial f_n}{\partial x_2}\Big|_0 \Delta x_2^{(0)} + \cdots + \frac{\partial f_n}{\partial x_n}\Big|_0 \Delta x_n^{(0)}\right] &= 0
\end{aligned}
\right\}
\tag{3-89}
$$

写成矩阵的形式

$$
\begin{bmatrix}
f_1[x_1^{(0)}, x_2^{(0)}, \cdots, x_n^{(0)}] \\
f_2[x_1^{(0)}, x_2^{(0)}, \cdots, x_n^{(0)}] \\
\vdots \\
f_n[x_1^{(0)}, x_2^{(0)}, \cdots, x_n^{(0)}]
\end{bmatrix}
=
\begin{bmatrix}
\frac{\partial f_1}{\partial x_1}\Big|_0 & \frac{\partial f_1}{\partial x_2}\Big|_0 & \cdots & \frac{\partial f_1}{\partial x_n}\Big|_0 \\
\frac{\partial f_2}{\partial x_1}\Big|_0 & \frac{\partial f_2}{\partial x_2}\Big|_0 & \cdots & \frac{\partial f_2}{\partial x_n}\Big|_0 \\
\vdots & & & \vdots \\
\frac{\partial f_n}{\partial x_1}\Big|_0 & \frac{\partial f_n}{\partial x_2}\Big|_0 & \cdots & \frac{\partial f_n}{\partial x_n}\Big|_0
\end{bmatrix}
\begin{bmatrix}
\Delta x_1^{(0)} \\
\Delta x_2^{(0)} \\
\vdots \\
\Delta x_n^{(0)}
\end{bmatrix}
\tag{3-90}
$$

这是修正量 $\Delta x_1^{(0)}$，$\Delta x_2^{(0)}$，$\cdots$，$\Delta x_n^{(0)}$ 的线性方程组，因此叫做牛顿—拉夫逊法的修正方程。通过修正方程可求出各修正量，进而求非线性方程组的解

$$
\left.
\begin{aligned}
x_1^{(1)} &= x_1^{(0)} - \Delta x_1^{(0)} \\
x_2^{(1)} &= x_2^{(0)} - \Delta x_2^{(0)} \\
&\vdots \\
x_n^{(1)} &= x_n^{(0)} - \Delta x_n^{(0)}
\end{aligned}
\right\}
\tag{3-91}
$$

再将式（3-91）所得出的第一次迭代结果 $x_1^{(1)}$，$x_2^{(1)}$，$\cdots$，$x_n^{(1)}$ 作为初始值，代入式（3-90）进行第二次迭代，反复利用式（3-90）、式（3-91）。为了一般化，假设进行到第 k 次迭代，这时修正方程为

$$
\begin{bmatrix}
f_1[x_1^{(k)}, x_2^{(k)}, \cdots, x_n^{(k)}] \\
f_2[x_1^{(k)}, x_2^{(k)}, \cdots, x_n^{(k)}] \\
\vdots \\
f_n[x_1^{(k)}, x_2^{(k)}, \cdots, x_n^{(k)}]
\end{bmatrix}
=
\begin{bmatrix}
\frac{\partial f_1}{\partial x_1}\Big|_k & \frac{\partial f_1}{\partial x_2}\Big|_k & \cdots & \frac{\partial f_1}{\partial x_n}\Big|_k \\
\frac{\partial f_2}{\partial x_1}\Big|_k & \frac{\partial f_2}{\partial x_2}\Big|_k & \cdots & \frac{\partial f_2}{\partial x_n}\Big|_k \\
\vdots & & & \vdots \\
\frac{\partial f_n}{\partial x_1}\Big|_k & \frac{\partial f_n}{\partial x_2}\Big|_k & \cdots & \frac{\partial f_n}{\partial x_n}\Big|_k
\end{bmatrix}
\begin{bmatrix}
\Delta x_1^{(k)} \\
\Delta x_2^{(k)} \\
\vdots \\
\Delta x_n^{(k)}
\end{bmatrix}
\tag{3-92}
$$

缩写为
$$F[X^{(k)}]=J^{(k)}\Delta X^{(k)} \tag{3-93}$$

式中 J 称为雅可比矩阵。

同样，式（3-91）对应第 k 次迭代后也可缩写为
$$X^{(k+1)}=X^{(k)}-\Delta X^{(k)} \tag{3-94}$$

这样反复求解式（3-93）、式（3-94），就可以使 $X^{(k+1)}$ 逐步逼近于真解，直至满足 $|\Delta X^{(k)}|\leqslant\varepsilon$（精度），即对应的 $X^{(k+1)}$ 为所求的真解。

（二）潮流计算时的修正方程

运用牛顿—拉夫逊法计算潮流分布时，首先要找出描述电力系统的非线性方程。这里仍从节点电压方程入手，设电力系统导纳矩阵已知，则系统中某节点（节点 i）电压方程为
$$\sum_{j=1}^{n}Y_{ij}\dot{U}_j=\left(\frac{\overset{*}{S}_i}{\overset{*}{U}_i}\right)$$

从而得
$$\dot{S}_i=\dot{U}_i\sum_{j=1}^{n}\overset{*}{Y}_{ij}\overset{*}{U}_j$$

进而有
$$(P_i+\mathrm{j}Q_i)-\dot{U}_i\sum_{j=1}^{n}\overset{*}{Y}_{ij}\overset{*}{U}_j=0 \tag{3-95}$$

式（3-95）中，左边第一项为给定的节点注入功率，第二项为由节点电压求得的节点注入功率。它们二者之差就是节点功率的不平衡量。现在有待解决的问题就是各节点功率的不平衡量都趋近于零时，各节点电压应具有何值。

由此可见，如将式（3-95）作为牛顿—拉夫逊法中的非线性函数方程 $F(X)=0$，其中节点电压就相当于变量 X。建立了这种对应关系，就可仿照式（3-92）列出修正方程式，并迭代求解。但由于节点电压可以有两种表示方式——以直角坐标或以极坐标表示，因而列出的修正方程相应地也有两种，下面分别讨论。

1. 直角坐标表示的修正方程

节点电压以直角坐标表示时，令 $\dot{U}_i=e_i+\mathrm{j}f_i$，$\dot{U}_j=e_j+\mathrm{j}f_j$，且将导纳矩阵中元素表示为 $Y_{ij}=G_{ij}+\mathrm{j}B_{ij}$，则式（3-95）改变为
$$P_i+\mathrm{j}Q_i-(e_i+\mathrm{j}f_i)\sum_{j=1}^{n}(G_{ij}-\mathrm{j}B_{ij})(e_j-\mathrm{j}f_j)=0 \tag{3-96}$$

再将实部和虚部分开，可得
$$\left.\begin{array}{l}P_i-\displaystyle\sum_{j=1}^{n}[e_i(G_{ij}e_j-B_{ij}f_j)+f_i(G_{ij}f_j+B_{ij}e_j)]=0\\[4mm]Q_i-\displaystyle\sum_{j=1}^{n}[f_i(G_{ij}e_j-B_{ij}f_j)-e_i(G_{ij}f_j+B_{ij}e_j)]=0\end{array}\right\} \tag{3-97}$$

这就是直角坐标下的功率方程。可见，一个节点列出了有功和无功两个方程。而对于 n 个节点的系统，怎样列出修正方程，见如下讨论。

对于 PQ 节点（$i=1,2,\cdots,m-1$），给定量为节点注入功率，记为 P_i'、Q_i'，则由式（3-97）可得功率的不平衡量，作为非线性方程
$$\left.\begin{array}{l}\Delta P_i=P_i'-\displaystyle\sum_{j=1}^{n}[e_i(G_{ij}e_j-B_{ij}f_j)+f_i(G_{ij}f_j+B_{ij}e_j)]\\[4mm]\Delta Q_i=Q_i'-\displaystyle\sum_{j=1}^{n}[f_i(G_{ij}e_j-B_{ij}f_j)-e_i(G_{ij}f_j+B_{ij}e_j)]\end{array}\right\} \tag{3-98}$$

式中　ΔP_i、ΔQ_i——分别表示第 i 节点的有功功率的不平衡量和无功功率的不平衡量。

对于 PV 节点（$i=m+1$，$m+2$，…，n），给定量为节点注入有功功率及电压数值，记为 P_i'、U_i'，因此，可以用有功功率的不平衡量和电压的不平衡量表示出非线性方程，即有

$$\left.\begin{array}{l}\Delta P_i = P_i'-\sum_{j=1}^{n}\left[e_i(G_{ij}e_j - B_{ij}f_j)+f_i(G_{ij}f_j+B_{ij}e_j)\right]\\ \Delta U_i^2 = U_i'^2 - (e_i^2+f_i^2)\end{array}\right\}\qquad(3\text{-}99)$$

式中　ΔU_i——电压的不平衡量。

对于平衡节点（$i=m$），因为电压数值及相位角给定，所以 $\dot U_s = e_s+jf_s$ 也确定，不需要参加迭代求节点电压。

因此，对于 n 个节点的系统只能列出 $2(n-1)$ 个方程，其中有功功率方程 $(n-1)$ 个，无功功率方程 $(m-1)$ 个，电压方程 $(n-m)$ 个。将式（3-98）、式（3-99）非线性方程联立，成为 n 个节点系统的非线性方程组，且按泰勒级数在 $f_i^{(0)}$、$e_i^{(0)}$（$i=1$，2，…，n，$i\neq m$）展开，并略去高次项后，得出以矩阵形式表示的修正方程如下

$$(3\text{-}100)$$

式（3-100）中雅可比矩阵的各个元素则分别为

$$H_{ij}=\frac{\partial \Delta P_i}{\partial f_j}\qquad N_{ij}=\frac{\partial \Delta P_i}{\partial e_j}$$
$$J_{ij}=\frac{\partial \Delta Q_i}{\partial f_j}\qquad L_{ij}=\frac{\partial \Delta Q_i}{\partial e_j}$$
$$R_{ij}=\frac{\partial \Delta U_i^2}{\partial f_j}\qquad S_{ij}=\frac{\partial \Delta U_i^2}{\partial e_j}$$

将式（3-100）写成缩写形式

$$\begin{bmatrix}\Delta P\\\Delta Q\\\Delta U^2\end{bmatrix}=\begin{bmatrix}H&N\\J&L\\R&S\end{bmatrix}\begin{bmatrix}\Delta f\\\Delta e\end{bmatrix}=[\boldsymbol{J}]\begin{bmatrix}\Delta f\\\Delta e\end{bmatrix}\qquad(3\text{-}101)$$

对雅可比矩阵各元素可做如下讨论：

当 $j \neq i$ 时，由于对特定的 j，只有该特定节点的 f_j 和 e_j 是变量，于是雅可比矩阵中各非对角元素的表示式为

$$H_{ij} = \frac{\partial \Delta P_i}{\partial f_j} = B_{ij} e_i - G_{ij} f_i \qquad N_{ij} = \frac{\partial \Delta P_i}{\partial e_j} = -G_{ij} e_i - B_{ij} f_i$$

$$J_{ij} = \frac{\partial \Delta Q_i}{\partial f_j} = B_{ij} f_i + G_{ij} e_i \qquad L_{ij} = \frac{\partial \Delta Q_i}{\partial e_j} = -G_{ij} f_i + B_{ij} e_i$$

$$R_{ij} = \frac{\partial \Delta U_i^2}{\partial f_j} = 0 \qquad S_{ij} = \frac{\partial \Delta U_i^2}{\partial e_j} = 0$$

当 $j = i$ 时，雅可比矩阵中各对角元素的表示式为

$$H_{ii} = \frac{\partial \Delta P_i}{\partial f_i} = -\sum_{j=1}^{n}(G_{ij} f_j + B_{ij} e_j) - G_{ij} f_i + B_{ij} e_i$$

$$N_{ii} = \frac{\partial \Delta P_i}{\partial e_i} = -\sum_{j=1}^{n}(G_{ij} e_j - B_{ij} f_j) - G_{ii} e_i - B_{ii} f_i$$

$$J_{ii} = \frac{\partial \Delta Q_i}{\partial f_i} = -\sum_{j=1}^{n}(G_{ij} e_j - B_{ij} f_j) + G_{ii} e_i + B_{ii} f_i$$

$$L_{ii} = \frac{\partial \Delta Q_i}{\partial e_i} = +\sum_{j=1}^{n}(G_{ij} f_j + B_{ij} e_j) - G_{ii} f_i + B_{ii} e_i$$

$$R_{ii} = \frac{\partial \Delta U_i^2}{\partial f_i} = -2 f_i$$

$$S_{ii} = \frac{\partial \Delta U_i^2}{\partial e_i} = -2 e_i$$

由上述表达式可知，直角坐标的雅可比矩阵有以下特点：

1) 雅可比矩阵是 $2(n-1)$ 阶方阵，由于 $H_{ij} \neq H_{ji}$，$N_{ij} \neq N_{ji}$ 等，所以它是一个不对称的方阵。

2) 雅可比矩阵中诸元素是节点电压的函数，在迭代过程中随电压的变化而不断地改变。

3) 雅可比矩阵的非对角元素与节点导纳矩阵 $\boldsymbol{Y}_B$ 中相应的非对角元素有关，当 $\boldsymbol{Y}_B$ 中 Y_{ij} 为零时，雅可比矩阵中相应的 H_{ij}、N_{ij}、J_{ij}、L_{ij} 也都为零，因此，雅可比矩阵也是一个稀疏矩阵。

2. 极坐标表示的修正方程

在牛顿—拉夫逊法计算中，选择功率方程 $P_i + jQ_i - \dot{U}_i \sum_{j=1}^{n} \overset{*}{Y}_{ij} \overset{*}{U}_j = 0$ 作为非线性函数方程，把式中电压相量表示为极坐标形式

$$\dot{U}_i = U_i e^{j\delta_i} = U_i(\cos\delta_i + j\sin\delta_i)$$

$$\dot{U}_j = U_j e^{j\delta_j} = U_j(\cos\delta_j + j\sin\delta_j)$$

则节点功率方程变为

$$P_i + jQ_i - U_i(\cos\delta_i + j\sin\delta_i)\sum_{j=1}^{n}(G_{ij} - jB_{ij})U_j(\cos\delta_j - j\sin\delta_j) = 0 \qquad (3-102)$$

将式（3-102）分解为实部和虚部

$$P_i - U_i\sum_{j=1}^{n}U_j(G_{ij}\cos\delta_{ij} + B_{ij}\sin\delta_{ij}) = 0$$

$$Q_i - U_i \sum_{j=1}^{n} U_j (G_{ij}\sin\delta_{ij} - B_{ij}\cos\delta_{ij}) = 0$$

这就是功率方程的极坐标形式，由此可得出描述电力系统的非线性方程。

对于 PQ 节点，给定了 P_i'、Q_i'，于是非线性方程为

$$\Delta P_i = P_i' - U_i \sum_{j=1}^{n} U_j (G_{ij}\cos\delta_{ij} + B_{ij}\sin\delta_{ij})$$
$$\Delta Q_i = Q_i' - U_i \sum_{j=1}^{n} U_j (G_{ij}\sin\delta_{ij} - B_{ij}\cos\delta_{ij})$$
$$(i = 1, 2, \cdots, m-1) \tag{3-103}$$

对于 PV 节点，给定了 P_i'、U_i'，而 Q_i' 未知，故式（3-103）中 ΔQ_i 将失去作用，于是 PV 节点仅保留 ΔP_i 方程，以求得电压的相位角。

$$\Delta P_i = P_i' - U_i \sum_{j=1}^{n} U_j (G_{ij}\cos\delta_{ij} + B_{ij}\sin\delta_{ij})$$
$$(i = m+1, m+2, \cdots, n) \tag{3-104}$$

对于平衡节点，同样因为 U_s、δ_s 已知，不参加迭代计算。

将式（3-103）、式（3-104）联立，且按泰勒级数展开，并略去高次项后，得出矩阵形式的修正方程

$$
\begin{bmatrix} \Delta P_1 \\ \Delta Q_1 \\ \Delta P_2 \\ \Delta Q_2 \\ \vdots \\ \Delta P_p \\ \vdots \\ \Delta P_n \end{bmatrix}
=
\begin{bmatrix}
H_{11} & N_{11} & H_{12} & N_{12} & H_{1p} & H_{1n} \\
J_{11} & L_{11} & J_{12} & L_{12} & J_{1p} & J_{1n} \\
H_{21} & N_{21} & H_{22} & N_{22} & H_{2p} & H_{2n} \\
J_{21} & L_{21} & J_{22} & L_{22} & J_{2p} & J_{2n} \\
\vdots & & & & & \\
H_{p1} & N_{p1} & H_{p2} & N_{p2} & H_{pp} & H_{pn} \\
\vdots & & & & & \\
H_{n1} & N_{n1} & H_{n2} & N_{n2} & H_{np} & H_{nn}
\end{bmatrix}
\begin{bmatrix} \Delta\delta_1 \\ \Delta U_1/U_1 \\ \Delta\delta_2 \\ \Delta U_2/U_2 \\ \vdots \\ \Delta\delta_p \\ \vdots \\ \Delta\delta_n \end{bmatrix}
\tag{3-105}
$$

雅可比矩阵中，对于 PV 节点，仍写出两个方程的形式，但其中的元素以零元素代替，从而也显示了雅可比矩阵的高度稀疏性。式中电压幅值的修正量采用 $\Delta U/U$ 的形式，并没有什么特殊意义，仅是为了雅可比矩阵中各元素具有相似的表达式。

雅可比矩阵的各元素如下

$$H_{ij} = \frac{\partial \Delta P_i}{\partial \delta_j} = -U_i U_j (G_{ij}\sin\delta_{ij} - B_{ij}\cos\delta_{ij})$$

$$H_{ii} = \frac{\partial \Delta P_i}{\partial \delta_i} = U_i \sum_{\substack{j=1\\j\neq i}}^{n} U_j (G_{ij}\sin\delta_{ij} - B_{ij}\cos\delta_{ij})$$

$$N_{ij} = \frac{\partial \Delta P_i}{\partial U_j} U_j = -U_i U_j (G_{ij}\cos\delta_{ij} + B_{ij}\sin\delta_{ij})$$

$$N_{ii} = \frac{\partial \Delta P_i}{\partial U_i} U_i = -U_i \sum_{\substack{j=1\\j\neq i}}^{n} U_j (G_{ij}\cos\delta_{ij} + B_{ij}\sin\delta_{ij}) - 2U_i^2 G_{ii}$$

$$J_{ij} = \frac{\partial \Delta Q_i}{\partial \delta_j} = U_i U_j (G_{ij}\cos\delta_{ij} + B_{ij}\sin\delta_{ij})$$

$$J_{ii} = \frac{\partial \Delta Q_i}{\partial \delta_i} = -U_i \sum_{\substack{j=1 \\ j \neq i}}^{n} U_j (G_{ij} \cos\delta_{ij} + B_{ij} \sin\delta_{ij})$$

$$L_{ij} = \frac{\partial \Delta Q_i}{\partial U_j} = -U_i U_j (G_{ij} \cos\delta_{ij} - B_{ij} \sin\delta_{ij})$$

$$L_{ii} = \frac{\partial \Delta Q_i}{\partial U_i} U_j = -U_i \sum_{\substack{j=1 \\ j \neq i}}^{n} U_j (G_{ij} \sin\delta_{ij} - B_{ij} \cos\delta_{ij}) + 2U_i^2 B_{ii}$$

将式（3-105）写成缩写形式

$$\begin{bmatrix} \Delta P \\ \Delta Q \end{bmatrix} = \begin{bmatrix} H & N \\ J & L \end{bmatrix} \begin{bmatrix} \Delta \delta \\ \Delta U/U \end{bmatrix} \tag{3-106}$$

以上得到了两种坐标系下的修正方程，这是牛顿—拉夫逊法潮流计算中需要反复迭代求解的基本方程式。两种坐标的修正方程式给牛顿—拉夫逊法潮流计算带来的差异是：当采用极坐标时，程序中对 PV 节点处理比较方便，而且计算经验表明，它的收敛性略高一些。当采用直角坐标时，在迭代过程中避免了三角函数的运算，因而每次迭代速度略快一些。一般说来，这些差异并不十分显著。对整个计算过程的计算速度、计算结果的精度并无多大差异。因此，在牛顿—拉夫逊法潮流程序中，两种坐标形式的修正方程均可应用。

（三）牛顿—拉夫逊法的求解过程及框图（以直角坐标为例）

对于一个 n 节点的电力系统，用牛顿—拉夫逊法计算潮流时有如下步骤：

（1）输入原始数据和信息：①输入支路导纳；②输入所有节点注入的有功 $P_i'(i=1, 2, \cdots, m-1, m+1, \cdots, n, i \neq m)$，$n-1$ 个；③输入 PQ 节点注入的无功 $Q_i'(i=1, 2, \cdots, m-1)$，$m-1$ 个；④输入 PV 节点的电压幅值 $U_i'(i=m+1, \cdots, n)$，$n-m$ 个；⑤输入节点功率范围 P_{max}、P_{min}、Q_{max}、Q_{min}；⑥输入平衡节点的电压 $\dot{U}_S$（$U_S \angle \delta_S$）。

（2）形成节点导纳矩阵 $\mathbf{Y}_B$。

（3）送电压初始值 $e_i^{(0)}$、$f_i^{(0)}$（$i=1, 2, \cdots, n; i \neq m$）。

（4）求不平衡量 $\Delta P_i^{(0)}$、$\Delta Q_i^{(0)}$、$\Delta U_i^{(0)}$

$$\Delta P_i^{(0)} = P_i' - \sum_{j=1}^{n} \{e_i^{(0)}[G_{ij}e_j^{(0)} - B_{ij}f_j^{(0)}] + f_i^{(0)}[G_{ij}f_j^{(0)} + B_{ij}e_j^{(0)}]\}$$

$$\Delta Q_i^{(0)} = Q_i' - \sum_{j=1}^{n} \{f_i^{(0)}[G_{ij}e_j^{(0)} - B_{ij}f_j^{(0)}] - e_i^{(0)}[G_{ij}f_j^{(0)} + B_{ij}e_j^{(0)}]\}$$

$$\Delta U_i^{(0)2} = U_i'^2 - [e_i^{(0)2} + f_i^{(0)2}]$$

（5）计算雅可比矩阵的各元素（H_{ij}、N_{ij}、J_{ij}、L_{ij}、R_{ij}、S_{ij}）。

（6）解修正方程，求 $\Delta f_i^{(0)}$、$\Delta e_i^{(0)}$（$i=1, 2, \cdots, n, i \neq m$）

$$\begin{bmatrix} \Delta f \\ \\ \Delta e \end{bmatrix} = \begin{bmatrix} H & N \\ J & L \\ R & S \end{bmatrix}^{-1} \begin{bmatrix} \Delta P \\ \Delta Q \\ \Delta U^2 \end{bmatrix}$$

（7）求节点电压新值

$$e_i^{(1)} = e_i^{(0)} - \Delta e_i^{(0)} \qquad f_i^{(1)} = f_i^{(0)} - \Delta f_i^{(0)}$$

（8）判断是否收敛

$$\max |\Delta f_i^{(k)}| \leqslant \varepsilon \qquad \max |\Delta e_i^{(k)}| \leqslant \varepsilon$$

（9）重复选代第（4）～（7）步，直至满足第（8）步的条件。

（10）求平衡节点的功率和 PV 节点的无功功率 Q_i 及各支路的功率

$$\dot{S}_1 = \dot{U}_1 \sum_{j=1}^{n} \overset{*}{Y}_{1j} \overset{*}{U}_j = P_1 + jQ_1$$

$$Q_i = \sum_{j=1}^{n} \left[f_i (G_{ij} e_j - B_{ij} f_j) - e_i (G_{ij} f_j + B_{ij} e_j) \right]$$

$$\dot{S}_{ij} = \dot{U}_i (\overset{*}{U}_i - \overset{*}{U}_j) \overset{*}{y}_{ij} + U_i^2 \overset{*}{y}_{i0}$$

$$\dot{S}_{ji} = \dot{U}_j (\overset{*}{U}_j - \overset{*}{U}_i) \overset{*}{y}_{ij} + U_j^2 \overset{*}{y}_{j0}$$

常用的牛顿—拉夫逊法潮流计算框图如图 3 - 40 所示。

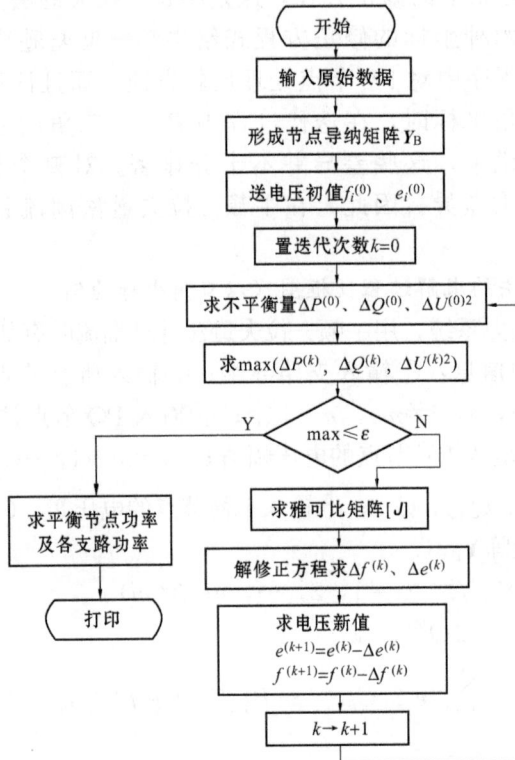

图 3 - 40　牛顿—拉夫逊潮流计算原理框图

四、P-Q 分解法计算潮流

P-Q 分解法派生于极坐标表示的牛顿—拉夫逊法。二者的区别在于修正方程和计算步骤。以下仅着重讨论这两个方面。

（一）计算潮流时的修正方程

利用 P-Q 分解法进行潮流计算时的修正方程式，是计及电力系统的特点后对牛顿—拉夫逊法修正方程式进行简化的方程式。为说明这简化，先将式（3 - 105）重新排列如下

$$
\begin{bmatrix} \Delta P_1 \\ \Delta P_2 \\ \vdots \\ \Delta P_p \\ \Delta P_n \\ \hdashline \Delta Q_1 \\ \Delta Q_2 \\ \vdots \end{bmatrix} = \left[\begin{array}{ccccccccc} H_{11} & H_{12} & \cdots & H_{1p} & H_{1n} & N_{11} & N_{12} & \cdots \\ H_{21} & H_{22} & \cdots & H_{2p} & H_{2n} & N_{21} & N_{22} & \cdots \\ & & \cdots & & & & & \cdots \\ H_{p1} & H_{p2} & \cdots & H_{pp} & H_{pn} & N_{p1} & N_{p2} & \cdots \\ H_{n1} & H_{n2} & \cdots & H_{np} & H_{nn} & N_{n1} & N_{n2} & \cdots \\ \hdashline J_{11} & J_{12} & \cdots & J_{1p} & J_{1n} & L_{11} & L_{12} & \cdots \\ J_{21} & J_{22} & \cdots & J_{2p} & J_{2n} & L_{21} & L_{22} & \cdots \\ & & \cdots & & & & & \cdots \end{array}\right] \begin{bmatrix} \Delta\delta_1 \\ \Delta\delta_2 \\ \vdots \\ \Delta\delta_p \\ \Delta\delta_n \\ \hdashline \Delta U_1/U_1 \\ \Delta U_2/U_2 \\ \vdots \end{bmatrix}
$$

$$\qquad\qquad\qquad |\!\longleftarrow\!(n-1)\!\longrightarrow\!|\!\longleftarrow\!(m-1)\!\longrightarrow\!| \tag{3-107}$$

或简写为

$$
\begin{bmatrix} \Delta \boldsymbol{P} \\ \Delta \boldsymbol{Q} \end{bmatrix} = \begin{bmatrix} \boldsymbol{H} & \boldsymbol{N} \\ \boldsymbol{J} & \boldsymbol{L} \end{bmatrix} \begin{bmatrix} \Delta \boldsymbol{\delta} \\ \Delta \boldsymbol{U}/\boldsymbol{U} \end{bmatrix} \tag{3-108}
$$

重新排列时不再留空行、空列。显然，这种重新排列并不影响修正方程式的内容。

（1）对修正方程式的第一步简化。计及电网中各元件的电抗一般远大于电阻 $X \geqslant R$，以致各节点电压相位角的改变主要影响各元件中的有功功率潮流从而各节点的注入有功功率；各节点电压大小的改变主要影响各元件中的无功功率潮流从而各节点的注入无功功率；可将式（3-108）中的子阵 $\boldsymbol{N}$、$\boldsymbol{J}$ 略去，将修正方程式简化为

$$
\begin{bmatrix} \Delta \boldsymbol{P} \\ \Delta \boldsymbol{Q} \end{bmatrix} = \begin{bmatrix} \boldsymbol{H} & 0 \\ 0 & \boldsymbol{L} \end{bmatrix} \begin{bmatrix} \Delta \boldsymbol{\delta} \\ \Delta \boldsymbol{U}/\boldsymbol{U} \end{bmatrix} \tag{3-109}
$$

（2）对修正方程式的第二步简化。基本对状态变量 δ_i 的约束条件 $|\delta_i - \delta_j| < |\delta_i - \delta_j|_{max}$，即 $|\delta_i - \delta_j| = \delta_{ij}$ 不宜过大。计及这一条件，再计及 $G_{ij} \ll B_{ij}$，可以认为

$$\cos\delta_{ij} \approx 1, \quad G_{ij}\sin\delta_{ij} \leqslant B_{ij}$$

于是，雅可比矩阵的各个元素可简化为

$$H_{ij} = -U_i U_j B_{ij}$$

$$L_{ij} = -U_i U_j B_{ij}$$

$$H_{ii} = U_i \sum_{\substack{j=1 \\ j \neq i}}^{j=n} U_j B_{ij} = U_i \sum_{j=1}^{j=n} U_j B_{ij} - U_i^2 B_{ii}$$

$$L_{ii} = -U_i \sum_{\substack{j=1 \\ j \neq i}}^{j=n} U_j B_{ij} - 2U_i^2 B_{ii} = -U_i \sum_{j=1}^{j=n} U_j B_{ij} - U_i^2 B_{ii}$$

$$H_{ii} = -Q_i - U_i^2 B_{ii}$$

$$L_{ii} = Q_i - U_i^2 B_{ii}$$

再按自导纳的定义，上两式中的 $U_i^2 B_{ii}$ 项应为各元件电抗远大于电阻的前提下，除节点 i 外其他节点都接地时，由节点 i 注入的无功功率。该无功功率必远大于正常运行时节点 i 的注入无功功率。亦即 $U_i^2 B_{ii} \gg Q_i$，上两式又可简化

$$H_{ii} = -U_i^2 B_{ii}, \quad L_{ii} = -U_i^2 B_{ii}$$

这样，雅可比矩阵中两个子阵 $\boldsymbol{H}$、$\boldsymbol{L}$ 的元素将具有相同的表示式，但是它们的阶数不同，前者为 $n-1$ 阶、后者为 $m-1$ 阶。

这两个子阵 **H**、**L** 都可展开为如下形式

$$\begin{bmatrix} U_1B_{11}U_1 & U_1B_{12}U_2 & U_1B_{13}U_3 & \cdots \\ U_2B_{21}U_1 & U_2B_{22}U_2 & U_2B_{23}U_3 & \cdots \\ U_3B_{31}U_1 & U_3B_{32}U_2 & U_3B_{33}U_3 & \cdots \\ & & \cdots & \end{bmatrix}$$

$$= \begin{bmatrix} U_1 & & & \\ & U_2 & & 0 \\ & & U_3 & \\ 0 & & & \ddots \end{bmatrix} \begin{bmatrix} B_{11} & B_{12} & B_{13} & \cdots \\ B_{21} & B_{22} & B_{23} & \cdots \\ B_{31} & B_{32} & B_{33} & \cdots \\ \vdots & & & \ddots \end{bmatrix} \begin{bmatrix} U_1 & & & \\ & U_2 & & 0 \\ & & U_3 & \\ 0 & & & \ddots \end{bmatrix} \tag{3-110}$$

将其代入式（3-109），展开成两式，可得

$$\begin{bmatrix} \Delta P_1 \\ \Delta P_2 \\ \Delta P_3 \\ \cdots \\ \Delta P_n \end{bmatrix} = - \begin{bmatrix} U_1 & & & & \\ & U_2 & & 0 & \\ & & U_3 & & \\ & 0 & & \ddots & \\ & & & & U_m \end{bmatrix} \begin{bmatrix} B_{11} & B_{12} & B_{13} & \cdots & B_{1n} \\ B_{21} & B_{22} & B_{23} & \cdots & B_{2n} \\ B_{31} & B_{32} & B_{33} & \cdots & B_{3n} \\ & & & \cdots & \\ B_{n1} & B_{n2} & B_{n3} & \cdots & B_{nn} \end{bmatrix} \begin{bmatrix} U_1\Delta\delta_1 \\ U_2\Delta\delta_2 \\ U_3\Delta\delta_3 \\ \vdots \\ U_n\Delta\delta_n \end{bmatrix} \tag{3-111a}$$

$$\begin{bmatrix} \Delta Q_1 \\ \Delta Q_2 \\ \vdots \\ \Delta Q_m \end{bmatrix} = - \begin{bmatrix} U_1 & & & \\ & U_2 & & 0 \\ & & \ddots & \\ & 0 & & U_n \end{bmatrix} \begin{bmatrix} B_{11} & B_{12} & \cdots & B_{1m} \\ B_{21} & B_{22} & \cdots & B_{2m} \\ & & \cdots & \\ B_{m1} & B_{m2} & \cdots & B_{mm} \end{bmatrix} \begin{bmatrix} \Delta U_1 \\ \Delta U_2 \\ \vdots \\ \Delta U_m \end{bmatrix} \tag{3-111b}$$

将上两式等号左右都乘以

$$\begin{bmatrix} U_1 & & & \\ & U_2 & 0 & \\ & 0 & U_3 & \\ & & & \ddots \end{bmatrix}^{-1} = \begin{bmatrix} \dfrac{1}{U_1} & & & \\ & \dfrac{1}{U_2} & 0 & \\ & 0 & \dfrac{1}{U_1} & \\ & & & \ddots \end{bmatrix}$$

可得

$$\begin{bmatrix} \Delta P_1/U_1 \\ \Delta P_2/U_2 \\ \Delta P_3/U_3 \\ \vdots \\ \Delta P_n/U_n \end{bmatrix} = - \begin{bmatrix} B_{11} & B_{12} & B_{13} & \cdots & B_{1n} \\ B_{21} & B_{22} & B_{23} & \cdots & B_{2n} \\ B_{31} & B_{32} & B_{33} & \cdots & B_{3n} \\ & & & \cdots & \\ B_{n1} & B_{n2} & B_{n3} & \cdots & B_{nn} \end{bmatrix} \begin{bmatrix} U_1\Delta\delta_1 \\ U_2\Delta\delta_2 \\ U_3\Delta\delta_3 \\ \vdots \\ U_n\Delta\delta_n \end{bmatrix} \tag{3-112a}$$

$$\begin{bmatrix} \Delta Q_1/U_1 \\ \Delta Q_2/U_2 \\ \vdots \\ \Delta Q_m/U_m \end{bmatrix} = - \begin{bmatrix} B_{11} & B_{12} & \cdots & B_{1m} \\ B_{21} & B_{22} & \cdots & B_{2m} \\ & & \cdots & \\ B_{m1} & B_{m2} & \cdots & B_{mm} \end{bmatrix} \begin{bmatrix} \Delta U_1 \\ \Delta U_2 \\ \vdots \\ \Delta U_m \end{bmatrix} \tag{3-112b}$$

它们可简写为

$$\Delta \boldsymbol{P}/\boldsymbol{U} = - \boldsymbol{B}'\boldsymbol{U}\Delta\boldsymbol{\delta} \qquad (3-113a)$$

$$\Delta \boldsymbol{Q}/\boldsymbol{U} = - \boldsymbol{B}''\Delta\boldsymbol{U} \qquad (3-113b)$$

这就是 P-Q 分解法的修正方程式。式中等号右侧的系数矩阵 $\boldsymbol{B}'$、$\boldsymbol{B}''$ 并不相同。

（1）阶数不同。

$\boldsymbol{B}'$ 为（$n-1$）阶，包括 PQ 节点、PV 节点，除平衡节点外；

$\boldsymbol{B}''$ 为（$m-1$）阶，包括 PQ 节点，除 PV 节点、平衡节点外。

（2）元素的取舍内容不同。

$\boldsymbol{B}'$ 的元素不严格是导纳矩阵的虚部，在 $\boldsymbol{B}'$ 中去除那些与有功功率和角度关系不密切的量，$\boldsymbol{B}'$ 中不考虑线路对地电容支路及变压器非标准变比表示的 π 型等值电路的对地支路，经验表明这有利于收敛。$\boldsymbol{B}'$ 中 R 为零，可以克服 R/X 之比大于 1 不收敛的缺陷。

$\boldsymbol{B}''$ 的元素是由导纳矩阵的虚部构成。在 $\boldsymbol{B}''$ 中去除那些对无功功率及电压幅值影响较小的因素（如忽略线路电阻）。

P-Q 分解法与牛顿—拉夫逊法相比，有如下的特点：①计算速度快；②节省内存；③线性敛速；④程序简单计算量小。从修正方程式分析其原因：

（1）以一个 $n-1$ 阶和一个 $m-1$ 阶系数矩阵 $\boldsymbol{B}'$、$\boldsymbol{B}''$ 替代原有的 $n+m-2$ 阶系数矩阵 $\boldsymbol{J}$，提高计算速度，节省内存。

（2）系数矩阵 $\boldsymbol{J}$ 常数化。$\boldsymbol{J}$ 阵中的元素不在是节点电压的函数，以迭代过程中保持不变的系数矩阵 $\boldsymbol{B}'$、$\boldsymbol{B}''$ 替代起变化的系数矩阵 $\boldsymbol{J}$，显著地提高了计算速度。

（3）$\boldsymbol{B}'$、$\boldsymbol{B}''$ 均为对称阵。以对称的系数矩阵 $\boldsymbol{B}'$、$\boldsymbol{B}''$ 替代不对称的系数矩阵 $\boldsymbol{J}$，使求逆等运算量和所需的储存容量大为减少。

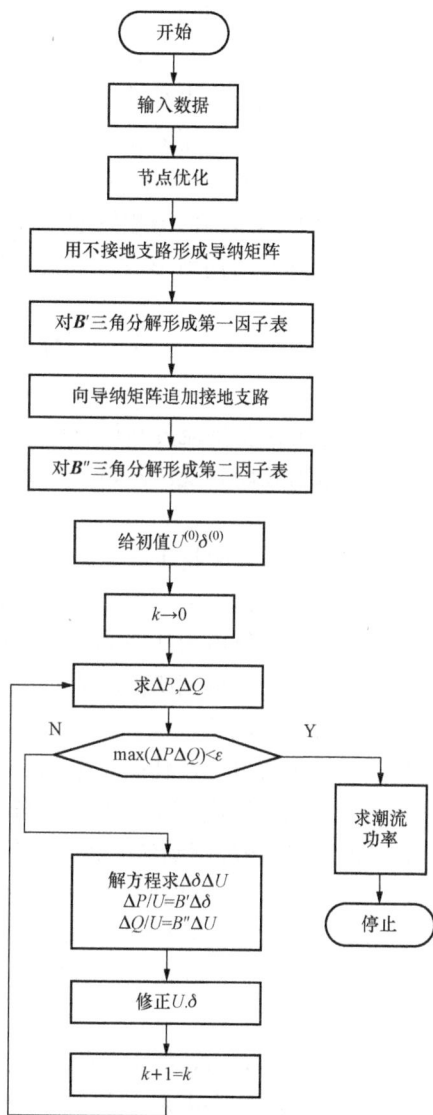

图 3-41 P-Q 分解法潮流计算框图

应强调指出，导出这修正方程式时所作的种种简化不影响用这种方法计算的精确度。因采用这种方法时，迭代收敛的判据仍是 $\Delta P_i \leqslant \varepsilon$、$\Delta Q_i \leqslant \varepsilon$。

（二）P-Q 分解法计算潮流分布的基本步骤

（1）形成系数矩阵 $\boldsymbol{B}'$、$\boldsymbol{B}''$，并求其逆阵。

（2）设各节点电压的初值 $\delta_i^{(0)}$（$i=1,2,\cdots,n$，$i \neq s$）和 $U_i^{(0)}$（$i=1,2,\cdots,m$，$i \neq s$）。

（3）计算有功功率的不平衡量 $\Delta P_i^{(0)}$，从而求出 $\Delta P_i^{(0)}/U_i^{(0)}$（$i=1,2,\cdots,n,\ i\neq s$）。

（4）解修正方程式（3-112a），求各节点电压相位角的变量 $\Delta\delta_i^{(0)}$（$i=1,2,\cdots,n,\ i\neq s$）。

（5）求各节点电压相位角的新值 $\delta_i^{(0)}=\delta_i^{(0)}+\Delta\delta_i^{(0)}$（$i=1,2,\cdots,n,\ i\neq s$）。

（6）计算无功功率的不平衡量 $\Delta Q_i^{(0)}$，从而求出 $\Delta Q_i^{(0)}/U_i^{(0)}$（$i=1,2,m,\ i\neq s$）。

（7）解修正方程式（3-112b），求各节点电压大小的变量 $\Delta U_i^{(0)}$（$i=1,2,\cdots,m,\ i\neq s$）。

（8）求各节点电压大小的新值 $U_i^{(1)}=U_i^{(0)}+\Delta U_i^{(0)}$（$i=1,2,\cdots,m,\ i\neq s$）。

（9）运用各节点电压的新值自第（3）步开始进入下一次迭代。

（10）计算平衡节点功率和线路功率。

概括这些基本步骤的流程图如图 3-41 所示。由图可见，P-Q 分解法与牛顿—拉夫逊法不同，在开始迭代之前就形成了系数矩阵 $\boldsymbol{B}'$、$\boldsymbol{B}''$，并求得了它们的逆阵。

习 题 与 思 考 题

3-1　电力系统潮流分布计算的目的是什么？

3-2　电力线路和变压器阻抗支路的功率损耗表达式是什么？导纳支路的功率损耗表达式是什么？

3-3　电力线路阻抗上电压降落的纵分量和横分量的表达式是什么？

3-4　电压降落、电压损耗、电压偏移各是如何定义的？

3-5　如何计算电力线路的电能损耗？如何计算变压器中的电能损耗？

3-6　简单辐射形网络潮流分布计算的内容及一般步骤是什么？

3-7　对于变电站，什么是负荷功率？什么是等值负荷功率？什么是运算负荷功率？

3-8　对于发电厂，什么是电源功率？什么是等值电源功率？什么是运算电源功率？

3-9　对闭环网进行初步潮流分布时，是否考虑网络中的功率损耗和电压降落？

3-10　简单闭环网潮流分布计算的内容及主要步骤是什么？

3-11　为什么要对电网中的潮流进行调整控制，调整控制潮流的手段主要有哪些？

3-12　运用计算机计算复杂电力系统潮流分布的一般步骤是什么？

3-13　节点导纳矩阵中，自导纳和互导纳的物理意义是什么？节点导纳矩阵有什么特点？

3-14　用直接形成法形成节点导纳矩阵时，如何计算自导纳和互导纳？

3-15　什么是理想变压器？在修改节点导纳矩阵时，引用理想变压器的益处是什么？

3-16　修改节点导纳矩阵时，若增加树支，则增加节点，节点导纳矩阵的阶数是否增加？若增加链支，不增加节点，节点导纳矩阵的阶数是否改变？原节点导纳矩阵中哪些元素发生变化？

3-17　运用计算机计算电力系统潮流分布时，变量和节点是如何分类的？什么是 PQ 节点、PV 节点及平衡节点？

3-18　牛顿—拉夫逊法的基本原理是什么？潮流计算的修正方程有几种形式？

3-19　采用牛顿—拉夫逊法进行潮流分布计算的基本步骤是什么？

3-20　采用高斯—塞德尔法进行潮流分布计算时，对 PQ 节点、PV 节点是如何考虑的？迭代步骤如何？

3-21　有一条 220kV 电力线路供给地区负荷，采用 LGJJ-400 型导线，线路长 230km，导线水平排列，线间距离为 6.5m，线路末端负荷为 120MW、$\cos\varphi=0.92$，末端电压为 209kV。试求出线路始端的电压及功率。

3-22　单回 220kV 架空输电线长 200km，线路每千米参数为：$r_1=0.108\Omega/\text{km}$、$x_1=0.426\Omega/\text{km}$、$b_1=2.66\times10^{-6}\text{S/km}$，线路空载运行，末端电压 U_2 为 205kV，求线路送端电压 U_1。

3-23　某负荷由发电厂母线经 110kV 单回线路供电，线路长 80km，型号为 LGJ-95，线间几何均距为 5m，发电厂母线电压 $U_1=$ 116kV，受端负荷 $\dot{S}_L=15+j10\text{MVA}$，求输电线路的功率损耗及受端电压 U_2。

3-24　如图 3-42 所示输电线路，已知始、末端电压分别为 248、220kV，末端负荷为 $220+j165\text{MVA}$，试求始端功率因数。

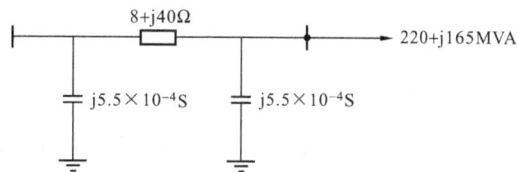

图 3-42　习题 3-24 图

3-25　有一回电压为 110kV、长为 140km 的输电线路，末端接一台容量为 31.5MVA 的降压变压器，变比为 110/11kV，如图 3-43 所示电路。当 A 点实际电压为 115kV 时，求 A、C 两点间的电压损耗及 B 点和 C 点的电压。

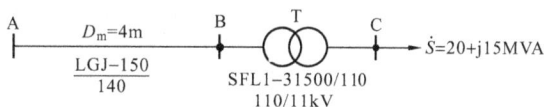

图 3-43　习题 3-25 图

3-26　额定电压为 110kV 的辐射形电网，各段阻抗及负荷如图 3-44 所示。已知电源 A 的电压为 121kV，求功率分布和各母线电压（注：考虑功率损耗，可以不计电压降落的横分量 δU）。

3-27　由 A、B 两端供电的电力网，其线路阻抗和负荷功率如图 3-45 所示，试求当 A、B 两端供电电压相等时，各段线路的输送功率是多少（不计线路的功率损耗）？

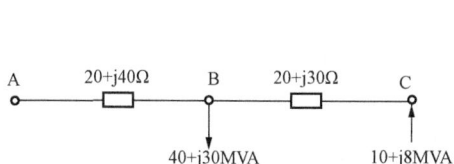

图 3-44　习题 3-26 图

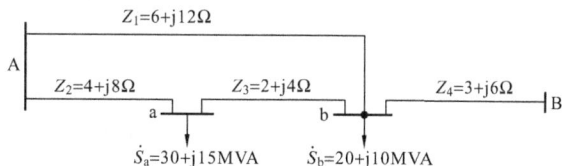

图 3-45　习题 3-27 图

3-28　简化 10kV 地方电网如图 3-46 所示，它属于两端电压相等、相位相同的均一网，各段采用铝导线型号，线段距离千米数均标于图中，各段导线均为三角排列，几何均距相等，试求该电网的功率分布及其中的最大电压损耗。

3-29　发电厂 C 的输出功率、负荷 D 及 E 的负荷功率以及线路长度及参数如图 3-47

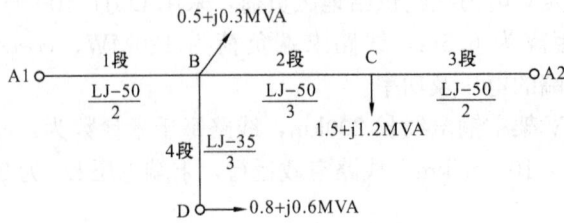

图 3-46 习题 3-28 图

$D_m = 0.8\text{m}$ LJ-50 $r_1 = 0.63\Omega/\text{km}$, $x_1 = 0.341\Omega/\text{km}$

             LJ-35 $r_1 = 0.91\Omega/\text{km}$, $x_1 = 0.352\Omega/\text{km}$

所示。当 $\dot{U}_C = 112\angle 0°\text{kV}$，$\dot{U}_A = \dot{U}_B$，并计及线路 CE 上的功率损耗，但不计其他线路上功率损耗时，求线路 AD、DE 及 BE 上通过的功率。

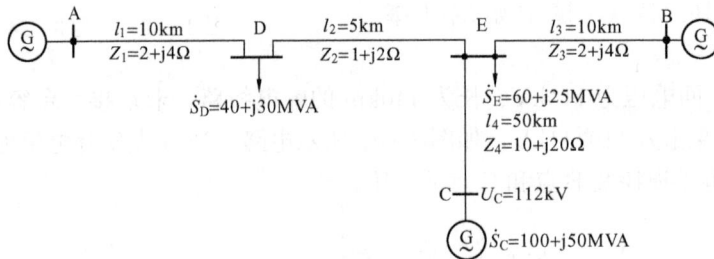

图 3-47 习题 3-29 图

3-30   额定电压 10kV 的地方电网各段阻抗及负荷如图 3-48 所示。求正常运行时的功率分布（不计功率损耗）。

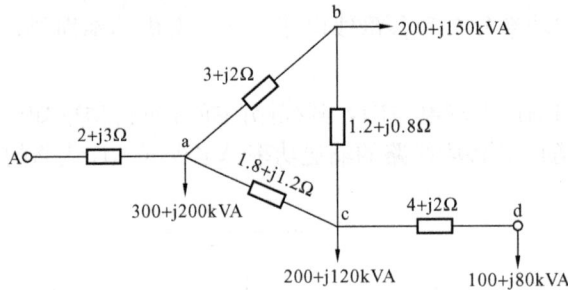

图 3-48 习题 3-30 图

3-31   如图 3-49 所示等值系统，已知闭式网络参数：$l_1 = 10\text{km}$，$Z_1 = 2 + j4\Omega$；$l_2 = 15\text{km}$，$Z_2 = 3 + j6\Omega$；$l_3 = 20\text{km}$；$Z_3 = 4 + j8\Omega$。负荷参数：$\dot{S}_B = 10 + j5\text{MVA}$，$\dot{S}_C = 30 + j15\text{MVA}$。电源参数 $U_A = 110\text{kV}$。试求闭式网上的潮流分布及 B 点电压值（不计线路上的功率损耗）。

3-32   按直接形成法形成如图 3-50 所示网络的节点导纳矩阵。

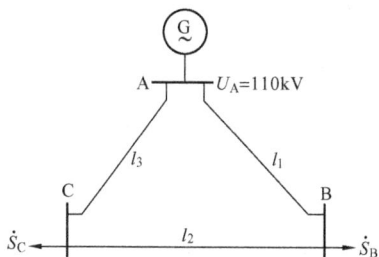

图 3-49 习题 3-31 图

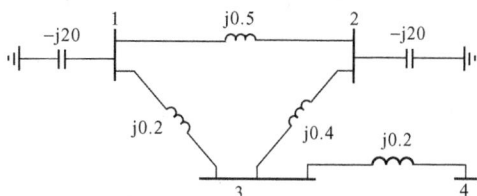

图 3-50 习题 3-32 图

3-33 求如图 3-51 所示系统的节点导纳矩阵（图中数字是标幺值阻抗）。

3-34 试述（或用框图表明）用高斯—塞德尔法进行潮流分布计算的解题方法步骤。

3-35 试述（或用框图表明）用牛顿—拉夫逊法进行潮流分布计算的解题方法步骤。

3-36 用牛顿—拉夫逊法求解图 3-52 所示系统中的潮流。

已知：节点 1 为平衡节点，$\dot{U}_1=1.0\angle0°$；节点 3 为 PQ 节点，$P_3+jQ_3=1+j0.5$；节点 2 为 PV 节点，$P_2=0.4$，$U_2=1.0$。

提示：假定 $\dot{U}_3^{(0)}=1.0\angle0°$；$\dot{U}_2^{(0)}=1\angle0°$。

3-37 有一个两节点的电力系统见图 3-53，已知节点 1 的电压为 $\dot{U}_1=1+j0$，节点 2 上发电机输出功率 $\dot{S}_G=$

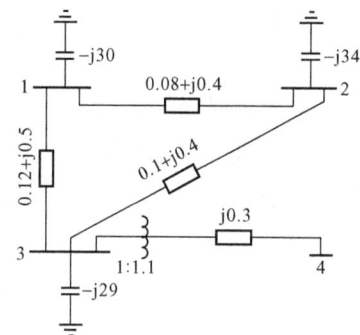

图 3-51 习题 3-33 图

$0.8+j0.6$，负荷功率 $\dot{S}_L=1+j0.8$，输电线路导纳 $Y=1-j4$。试用牛顿—拉夫逊法计算潮流，写出第一次迭代时的直角坐标修正方程式（电压迭代初始值取 $1+j0$）。

图 3-52 习题 3-36 图

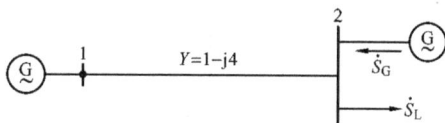

图 3-53 习题 3-37 图

3-38 已知双母线系统如图 3-54 所示，图中参数以标幺值表示。

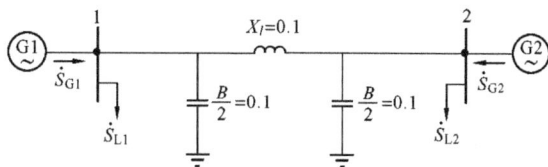

图 3-54 习题 3-38 图

已知：$\dot{S}_{L1}=10+j3$，$\dot{S}_{L2}=20+j10$，$\dot{U}_1=1\angle0°$，$P_{G2}=15$，$U_2=1$。

试写出：（1）节点 1、2 的节点类型；

　　　　　（2）网络的节点导纳矩阵；

　　　　　（3）直角坐标表示的功率方程及相应的修正方程。

　　3-39　如图 3-55 所示等值系统，节点 1 为平衡节点，给定 $\dot{U}_1=1+j0$，节点 2 为 PQ 节点，给定 $\dot{S}_2=1+j0.8$。试写出：

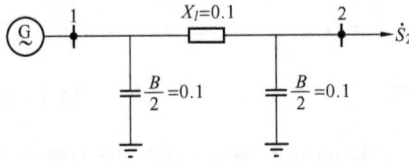

图 3-55　习题 3-39 图

　　（1）以直角坐标表示的牛顿—拉夫逊法计算各节点电压〔可取 $\dot{U}_2^{(0)}=1+j0$，迭代一次即可〕。

　　（2）列出以误差形式表示的功率方程和相应的修正方程。

　　3-40　如图 3-56 所示系统，节点 1 为平衡节点，节点 4 是 PV 节点，节点 2、3 是 PQ 节点。已知 $\dot{U}_1=1.05\underline{/0°}$，$\dot{S}_2=0.55+j0.13$，$\dot{S}_3=0.3+j0.18$，$P_4=0.5$，$U_4=1.1$。

试求：（1）系统的功率方程；

　　　　（2）用牛顿法进行潮流分布（迭代一次的值）。

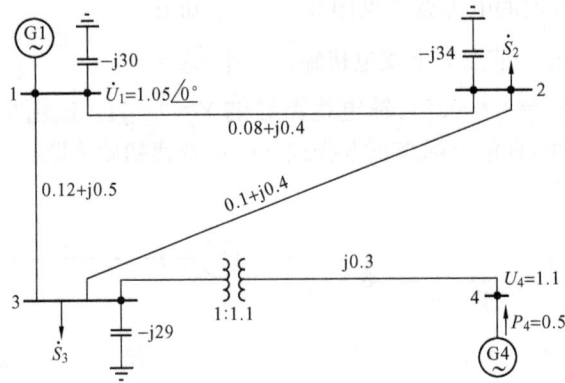

图 3-56　习题 3-40 图

第四章　电力系统运行状况的优化和调整

本章讨论电力系统正常运行状况的优化和调整问题，也就是保证电力系统正常稳态运行时的电能质量和经济性的问题。所谓优化，是指对系统中有功功率和无功功率的优化分配。所谓调整，是指调整系统中的电压和频率。

第一节　电力系统无功功率的平衡和电压调整

电力系统中的电压是衡量电能质量的一个重要指标。保证供给用户的电压与其额定值的偏移不超过规定的数值是电力系统运行调整的基本任务之一。从前面分析可知，电力系统中的电压与系统中的无功功率密切相关，为保证系统的电压水平，系统中应有充足的无功电源。本节就是分析无功功率与电压的关系，以及对电压的调整问题。

一、电力系统无功功率的平衡

系统的电压水平决定于系统的无功平衡情况，因此首先对无功负荷、网络的无功损耗及各种无功电源的特点作一些说明（假设系统的频率维持在额定值不变）。

（一）无功功率负荷和无功功率损耗

1. 无功功率负荷

电力系统的负荷包括异步电动机、同步电动机、电炉、整流设备及照明灯具等。一般系统负荷的功率因数约为 0.6～0.9。当系统频率一定时，负荷功率（包括有功和无功功率）随电压而变化的关系称为负荷的静态电压特性。由于在电力系统的负荷中，异步电动机占较大的比重，而且异步电动机消耗无功功率较多，可以说，系统中大量的无功负荷是异步电动机，因此，综合负荷的无功静态电压特性，主要取决于异步电动机的无功静态电压特性。

异步电动机从电网吸收的无功功率主要用于以下两部分。一部分消耗在漏抗上的无功功率 Q_σ；另一部分作为励磁的无功功率 Q_f，根据图 4-1 所示的异步电动机的等值电路，可以得到这两部分无功功率为

$$Q_\sigma \approx 3I_1^2(X_1+X_2')$$

$$Q_f \approx \frac{U_1^2}{X_f}$$

由以上两式可见，它们都是电压的函数。

对于 Q_σ，当外加电压升高时，由于转动力矩增大，会使转差率 s 减小，电动机的等值电阻 $\frac{r_2'}{s}$ 增大，所以电动机电流减小，于是 Q_σ 减小，即 $U_1\uparrow \to s\downarrow \to \frac{r_2'}{s}\uparrow \to I_1\downarrow \to Q_\sigma\downarrow$。

对于 Q_f，显然是随电压的升高而增大，但由于励磁电抗 X_f 与电动机的饱和特性有关，随

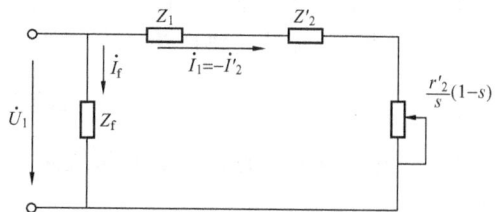

图 4-1　异步电动机的等值电路

电压的升高，电动机的饱和程度越大，导磁率 μ 下降，X_f 减小，所以 Q_f 随电压的升高而很快增大。

　　异步电动机无功功率特性如图 4-2 所示，由图可见，要保持负荷的电压水平，就得供给负荷所需要的无功功率，只有当系统有能力供给足够的无功时，负荷的端电压才能维持在正常的水平。如果系统的无功电源容量不足，负荷的端电压将被迫降低，所以维持电力系统的电压水平与无功功率之间有着不可分割的关系。

　　电力系统综合无功负荷的静态电压特性如图 4-3 所示，曲线的变化趋势与异步电动机的静态电压特性相似。它的特点是：电压略低于额定值时，无功功率随电压下降较为明显；当电压下降幅度较大时，无功功率减小的程度逐渐变小。

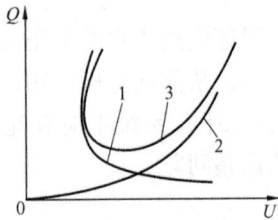

图 4-2　异步电动机的无功功率特性
1—Q_σ；2—Q_f；3—$Q_\sigma+Q_f$

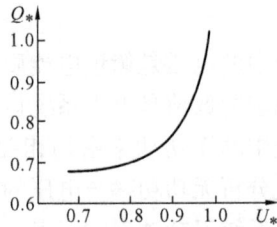

图 4-3　综合无功负荷的静态电压特性

2. 变压器的无功功率损耗

变压器的无功功率损耗包括两部分：一部分为励磁损耗 ΔQ_0，与变压器的负荷大小无关，可表示为

$$\Delta Q_0=\frac{I_0\%}{100}S_N$$

励磁损耗的百分数基本上等于空载电流百分数 $I_0\%$，即 $\Delta Q_0\%\approx I_0\%=1\%\sim2\%$。

另一部分为电抗上的无功损耗 ΔQ_k，与变压器的负荷大小有关，可表示为

$$\Delta Q_k=\frac{U_k\%}{100}S_N\left(\frac{S}{S_N}\right)^2$$

在变压器额定负荷时，电抗上无功损耗的百分数约与短路电压百分数 $U_k\%$ 相等，即

$$\Delta Q_k\%\approx U_k\%=10\%\sim14\%$$

因此，对单个变压器的无功损耗约为它满载时额定容量的 12%，但对多电压等级的网络，变压器的无功功率损耗就相当可观。

3. 电力线路的无功功率损耗

电力线路的无功功率损耗也可分为两部分，即并联电纳和串联电抗中的无功功率损耗。

并联电纳中的无功功率损耗 ΔQ_b 可表示为

$$\Delta Q_b=-U^2\frac{B}{2}$$

可见，并联电纳中的无功功率与线路电压的平方成正比，呈容性，又称为线路的充电功率。

而串联电抗中的无功功率损耗 ΔQ_x 可表示为

$$\Delta Q_x = I^2 X = \frac{P^2 + Q^2}{U^2} X$$

可见，串联电抗中的无功功率与负荷电流的平方成正比，呈感性。

以上两部分无功功率的总和反映线路上的无功功率损耗。如果容性大于感性，则向系统输送无功；如果感性大于容性，则从系统吸收无功。因此，电力线路究竟是消耗无功还是产生无功，则需要按具体情况作具体的分析、计算。

（二）无功功率电源

电力系统的无功功率电源，除了发电机外，还有调相机、静电电容器和静止补偿器。这三种装置又称为无功补偿装置。

1. 发电机

发电机既是唯一的有功功率电源，同时也是最基本的无功功率电源。在正常运行时，其定子电流和转子电流都不应超过额定值。在额定状态下运行时，发电机容量得到最充分的利用。

设发电机额定视在功率为 S_N，额定有功功率为 P_N，额定功率因数为 $\cos\varphi_N$，则发电机在额定状态下运行时，可发出的额定无功功率为

$$Q_N = S_N \sin\varphi_N = \frac{P_N}{\cos\varphi_N} \sin\varphi_N = P_N \tan\varphi_N$$

现在讨论发电机在非额定功率因数下运行时可能发出的有功功率和无功功率范围。

图 4-4 为发电机的运行极限图。图中 $\overline{O'O}$ 代表发电机的额定端电压 $\dot{U}_N$，$\overline{O'a}$ 代表发电机的额定定子电流 $\dot{I}_N$，$\overline{O'O}$ 和 $\overline{O'a}$ 之间的夹角为额定功率因数角 φ_N。$\overline{O'B}$ 则表示额定运行方式下的空载电动势 $\dot{E}_{qN}$。$\overline{O'B}$ 的长度即代表发电机额定运行方式下的空载电动势 E_{qN}，也可以按一定比例表示发电机的额定励磁电流 I_{eN}。$\overline{OB}$ 的长度代表发电机定子额定全电流 $\dot{I}_N$ 与 X_d 的乘积，它可以一定比例代表发电机的额定视在功率 $\dot{S}_N$。相应地，$\overline{OB}$ 在纵横轴的投影 $\overline{OC} = \overline{OB}\cos\varphi_N$、$\overline{Ob} = \overline{OB}\sin\varphi_N$ 可分别以一定比例代表发电机的额定有功功率 P_N 和额定无功功率 Q_N。

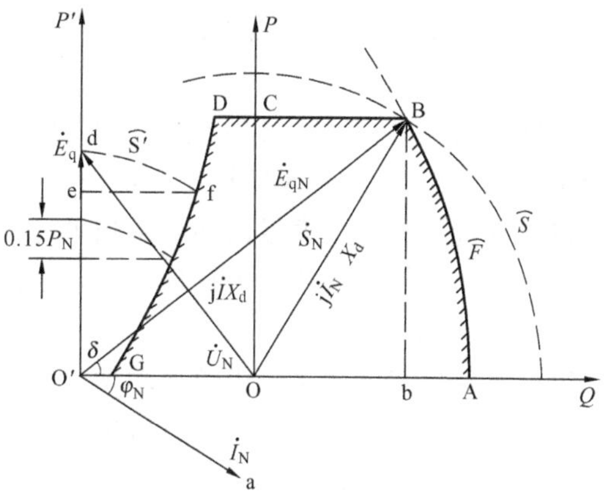

图 4-4　发电机的运行极限图

发电机以低于额定功率因数运行时，如从定子电流亦即视在功率不超过额定值的要求出发，以 O 为圆心，$\overline{OB}$ 为半径作圆弧 $\widehat{S}$，同时励磁电流亦即空载电动势也不能超过额定值，其运行点又不能越出以 O' 点为圆心，以 $\overline{O'B}$ 为半径所作的圆弧 $\widehat{F}$。

发电机以高于额定的功率因数运行时，励磁电流的大小不再是限制条件，这是因为与发电机配套的原动机功率约与其额定有功功率 P_N 相等，则原动机功率便成了限制条件。这时发电机的运行点将不能越出图中的直线 $\overline{BC}$。

发电机以超前功率因数运行时，定子电流和励磁电流的大小都不再是限制条件，并列运行的稳定性成了限制条件。当发电机直接和无限大容量母线相连时，图 4-4 中直线 $\overline{O'P'}$ 表示其并列运行的稳定性所决定的限制条件，发电机抵达这个极限运行状况时，空载电动势和

端电压之间的相位角——功率角 δ 将达 $90°$，连接相量 $\dot{U}_N$ 和 $\dot{E}_q$ 端点的直线 $\overline{Od}$（jIX_d）将代表这种情况下的视在功率，它在纵、横轴上的投影 $\overline{O'd}$ 和 $\overline{O'O}$ 分别代表相应的有功、无功功率。若需要保证一定的稳定储备，则要有一定的储备容量，因此，可将发电机的有功功率适当减小，例如，减小 $0.15P_N$，即由 $\overline{O'd}$ 减小为 $\overline{O'e}$。但空载电动势不应因此而减小，即其运行点应仍位于与原始 E_q 对应的圆弧 $\overset{\frown}{S'}$ 上，这个运行点就在从点 e 作平行于横轴的直线 $\overline{ef}$ 和圆弧 $\overset{\frown}{S'}$ 的交点 f 上。取不同的空载电动势值为半径，以点 O' 为圆心作一系列类似 $\overset{\frown}{S'}$ 的圆弧，可得一系列类似 f 的运行点，连接这些运行点的曲线 DG 就是保证并列运行稳定性的极限。

综上所述，可得图 4-4 中所示的发电机运行极限，其中，线段 $\overline{AB}$ 表示励磁电流限制条件；线段 $\overline{BD}$ 表示原动机功率的限制条件；线段 $\overline{DG}$ 表示并列运行稳定性的限制条件。应该指出，这种运行极限图是以不计电动机铁芯饱和为前提绘制的。

由以上分析可知，发电机供给的无功功率不是无限可调的，当发电厂距用户较远时，无功功率所引起的线损较大，这种情况下，则应在用户中心设置补偿装置。

2. 同步调相机

同步调相机实质上是只发无功功率的同步发电机，它在过励运行时向系统供给无功功率，欠励运行时从系统吸取无功功率。因此改变同步调相机的励磁，可以平滑地改变它的无功功率的大小及方向，从而平滑地调节所在地区的电压。但在欠励状态下运行时，其容量约为过励运行时额定容量的 $50\%\sim60\%$。

同步调相机可以装设自动励磁调节装置，能自动地在系统电压降低时增加输出无功功率以维持系统电压。有强行励磁装置时，在系统故障情况下也能调节系统电压，有利于系统稳定运行。

但同步调相机在运行时要产生有功功率损耗，一般在满负荷运行时，有功功率损耗为额定容量的 $1.5\%\sim3\%$，容量越小，所占的比重越大；在轻负荷时，这一比例数也要增大。从建设投资费用看，小容量的同步调相机每千伏安的费用大，故同步调相机适用于大容量集中使用。此外，同步调相机为转动设备，维护工作量相对较大。

3. 静电电容器

静电电容器只能向系统供给无功功率，它可以根据需要由许多电容器连接成组。因此，静电电容器组的容量可大可小，既可集中使用，又可分散使用，使用起来比较灵活。静电电容器在运行时的功率损耗较小，约为额定容量的 $0.3\%\sim0.5\%$。

电容器所供出的无功功率 Q_C 与其端电压 U 的平方成正比，即

$$Q_C = \frac{U^2}{X_C}$$

式中　X_C——电容器的容抗。

故当节点电压下降时，它供给系统的无功功率也将减小，导致系统电压水平进一步下降，这是其不足的地方。

4. 静止补偿器

静止补偿器由电力电容器与电抗器并联组成。电容器可发出无功功率，电抗器可吸收无功功率，两者结合起来，再配以适当的调节装置，就成为能够平滑地改变输出（或吸收）无功功率的静止补偿器。

静止补偿器有很多类型，目前较为完善的有直流助磁饱和电抗器型、晶闸管控制电抗器

型、自饱和电抗器型三种，如图 4-5 所示。这三种补偿器都有两个支路，左侧支路为电抗器支路，右侧支路为电容器支路。它们的共同点是，其中的电容器支路既为同步频率下感性无功功率的电源，又因电容 C 与电感 Lf 串联构成谐振回路，并作高次谐波的滤波器，滤去补偿器中各电磁元件产生的 5、7、11、13 等奇次谐波电流，这类支路是不可控的。它们的不同点集中在电抗器支路，直流助磁饱和电抗器和晶闸管控制电抗器都是可控电抗器，而自饱和电抗器则不可控；晶闸管控制电抗器是不饱和电抗器，其他两种则都是饱和电抗器。显然，静止补偿器向系统供应感性无功功率的容量取决于它的电容器支路，从系统吸取感性无功功率的容量则取决于它的电抗器支路。

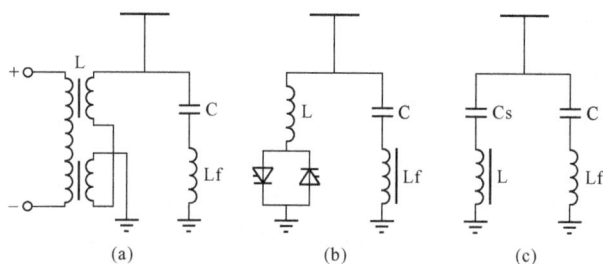

图 4-5 静止补偿器

(a) 直流助磁饱和电抗器型；(b) 晶闸管控制电抗器型；(c) 自饱和电抗器型

关于静止补偿器的工作原理，这里仅对自饱和电抗器型静止补偿器作说明。采用自饱和电抗器型静止补偿器，几乎可以完全消除电压波动，可维持母线电压在额定值附近。如图 4-6 (a) 所示，C-Lf 支路是一个通过电容电流 i_1 的通道，兼有滤波作用；Cs-L 支路中，自饱和电抗器 L 和串联电容器 Cs 组成一个有图 4-6 (b) 中 i_2 所示电压—电流特性的支路，自饱和电抗器 L 的铁芯在额定电压时自行饱和，相当于空心电抗器，选择串联电容 Cs，使在额定频率下容抗的绝对值与电抗器空心绕组漏抗的绝对值相等，以补偿漏抗值。

正常运行时，补偿器工作在 A 点，$i_1 + i_2 = 0$。当电压低于额定电压时，电抗器 L 铁芯不饱和，电抗器与串联电容器组合回路的总感抗很大，故基本上不消耗无功功率，并联电容器 C 发出的无功功率使母线电压升高。当电压高于额定电压时，由于此时的电抗器因饱和感抗很小，所吸收的无功功率增加，从而使母线电压降低。

静止补偿器能快速平滑地调节无功功率，以满足无功功率的要求，这样就克服了电容器作为无功补偿装置只能作电源不能作负荷、调节不连续的缺点。与同步调相机相比较，静止补偿器运行维护简单、功率损耗小，能做到分相补偿以适应不平衡的负荷变化，对于冲击性负荷也有较强的适应性，因此在电力系统中得到越来越广泛的应用。

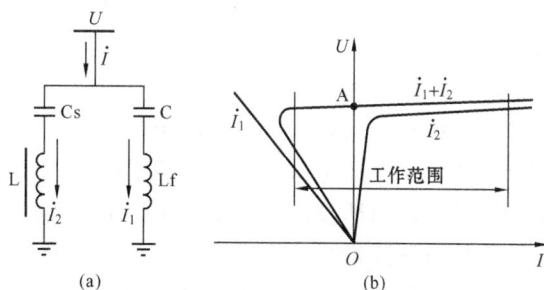

图 4-6 自饱和电抗器型静止补偿器工作原理

(a) 补偿器电路；(b) 补偿器电压—电流特性

（三）无功功率的平衡

综合以上所述的无功功率负荷、无功功率损耗及无功功率电源，就可以作出系统的无功功率平衡。如果发电机所发出的无功功率为 Q_G，调相机所发出的无功功率为 Q_{C1}，电容器所供无功功率为 Q_{C2}，静止补偿器所供无功功率为 Q_{C3}，而负荷消耗的无功功率为 Q_L，变压器的无功损耗为 ΔQ_T，线路电抗无功损耗为 ΔQ_x，线路电纳无功损耗为 ΔQ_b，因此，相似于有功功率的平衡，无功功率的平衡式为

$$\sum Q_G + \sum Q_{C1} + \sum Q_{C2} + \sum Q_{C3} = \sum Q_L + \Delta Q_T + \Delta Q_x - \Delta Q_b \qquad (4-1)$$

式（4-1）还可简写为

$$\sum Q_{GC} = \sum Q_L + \Delta Q_\Sigma \qquad (4-2)$$

式中　　$\sum Q_{GC}$——无功功率电源容量之和；

　　　　　$\sum Q_L$——无功功率负荷之和；

　　　　　ΔQ_Σ——电力网中的无功功率损耗。

在无功平衡的基础上，应有一定的无功备用。无功备用容量一般为无功负荷的 7%～8%，以防止负荷增大时电压质量下降。通常将无功备用容量放在发电厂内。发电机一般在额定功率因数以下运行，若发电机有一定的有功备用容量，也就保持了一定的无功备用容量。

应该指出，进行无功功率平衡计算的前提应是系统的电压水平正常。若不能在正常电压水平下保证无功功率的平衡，则系统的电压质量就不能保证。从系统综合负荷无功功率—电压静态特性曲线（见图 4-3）可清楚地看到这一点。

当系统中某些负荷节点电压低落的原因是由于系统中无功电源不足时，那么调压问题就与无功功率的合理供应和合理使用是分不开的。如果不从解决无功电力不足的问题着手，而是调节电源，使发电机多发无功功率，这是很不合理的。因为电源与负荷间距离较远，发电机发的功率多则在网络中的无功损耗也大，不易调高末端电压。而且，为了防止发电机因输出过多的功率而严重过负荷，往往不得不降低整个系统的电压水平，以减小无功功率的消耗量，所以这就不免出现电压水平低落和无功功率不足的恶性循环。因此，在个别负荷节点电压较低的情况下，就应想办法增加无功补偿装置，补充系统的无功功率，从而抬高电压水平。

二、电力系统的电压偏移

1. 电压波动对用电设备的影响

由于各种用电设备是按照额定电压来设计制造的，用电设备在其额定电压下运行性能最好，如果其端电压偏离额定电压时，用电设备的性能就要受到影响。如果用电设备的端电压较大幅度地上升或下降，很可能使设备损坏，产品质量下降，产量降低等，甚至引起系统的"电压崩溃"，造成大面积停电。现分别说明如下：

系统电压降低时，发电机的定子电流将因其功率角的增大而增大。如果这个电流原来已达到额定值，当电压降低后，将会使电流超过额定值，为使发电机定子绕组不致过热，因此不得不减少发电机所发出的功率。类似地，系统电压降低后，也不得不减少变压器的负荷。

当系统电压降低时，各类负荷中占比重最大的异步电动机的转差率增大，从而电动机各绕组中的电流将增大，温升将增加，效率将降低，寿命将缩短，如图 4-7 所示。而且某些电动机驱动生产机械的机械转矩与转速的高次方成正比，转差增大、转速下降时，其功率将迅速减小。如发电厂厂用电动机输出功率的减小，将影响锅炉、汽轮机的工作，从而影响发

电机发出功率。尤为严重的是，系统电压降低后，电动机的启动过程将大大加长，电动机可能在启动过程中因温度过高而烧毁。

电炉的有功功率与电压的平方成正比，炼钢厂的电炉将因电压过低而影响冶炼时间，从而影响产量。

系统电压过高将使所有电气设备绝缘受损，而且变压器、电动机铁芯会饱和，铁芯损耗增大，温升将增加，寿命将缩短。

照明负荷，尤其是白炽灯，对电压变化的反应最灵敏。电压过高，白炽灯的寿命将大为缩短；电压过低，光通量和发光效率又要大幅度下降，如图 4-8 所示。

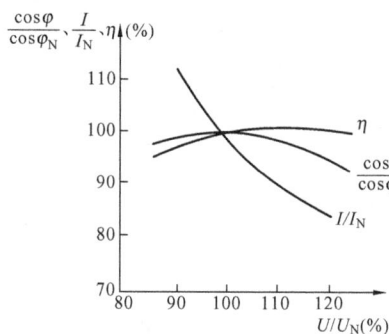

图 4-7　异步电动机的电压特性

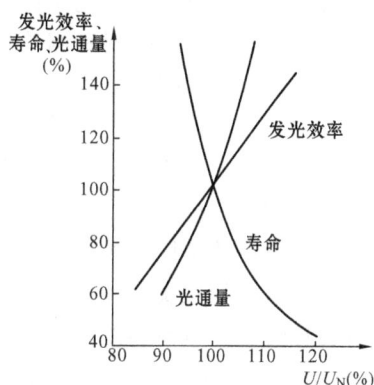

图 4-8　白炽灯的电压特性

至于因系统中无功功率短缺，电压水平低下，某些枢纽变电站母线电压在微小扰动下顷刻之间的大幅度下降，即如图 4-9 所示的"电压崩溃"现象，则更是一种将导致发电厂之间失步、系统瓦解的灾难事故。

由此可见，电力系统正常运行时，应保持各节点电压在额定值，但因系统中节点很多，网络结构复杂，负荷分布不均匀等原因，要做到这一点是很困难的。

2. 电力系统允许的电压偏移

电力系统在正常运行时，负荷经常会发生变化，电力系统的运行方式也常有变化，它们都将使电网中功率分布不断变化，造成网络中电压损耗的不断改变，因而系统的运行电压也不断变化，因此严格保证所有用户在任何时刻电压都为额定值几乎是不可能的。从用电方面来说，用电设备在其额定电压下运行时性能最好，但对大多数用电设备，都允许有一定的电压偏移。允许的电压偏移是根据用电设备对电压偏移的敏感性和电压偏移对用电设备所造成后果的严重性而定的。从供电方面来说，允许的电压偏移越大，供电系统的技术指标越易达到。综合考虑供电和用电两个方面的情况，得出反映国民经济整体利益的合理的允许电压偏移标准。目前，我国规定的各类用户的允许电压偏移在正常状况下为：

35kV 及以上电压供电的负荷为±5%；

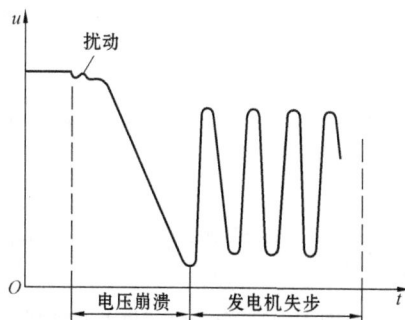

图 4-9　"电压崩溃"现象

10kV 及以下电压供电的负荷为±7%；

低压照明负荷为+5%、−10%；

农村电网为+7.5%、−10%。

在事故状况下，允许在上述基础上再增加 5%，但正偏移最大不能超过+10%。

三、电力系统的电压管理

1. 电压中枢点的选择

电力系统调整电压的目的，是要在各种运行方式下，能维持各用电设备的端电压在规定的波动范围内，从而保证电力系统运行的电能质量和经济性。

由于电力系统结构复杂，用电设备数量极大，因此电力系统运行部门对网络各母线电压及各用电设备的端电压进行监视和调整是不可能的，而且也没有必要。在电力系统中常常选择一些有代表性的点（母线）作为电压中枢点，运行人员监视中枢点电压，将中枢点电压控制调整在允许的电压偏移范围内。只要这些中枢点的电压质量满足要求，其他各点的电压质量便能基本上满足要求。所谓电压中枢点系指那些能反映和控制整个系统电压水平的点。一般选择下列母线作为中枢点：

（1）大型发电厂的高压母线（高压母线上有多回出线时）；

（2）枢纽变电站的二次母线；

（3）有大量地方性负荷的发电厂母线。

图 4-10 所示发电厂低压母线 I 和末端变电站二次母线 II 可作为中枢点。

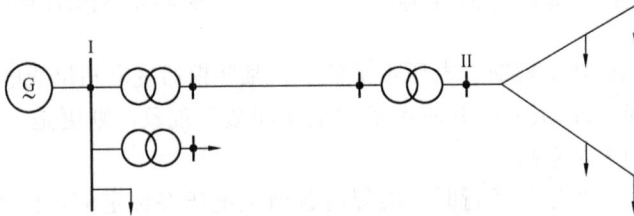

图 4-10　电力系统中枢点的选择

2. 中枢点电压和负荷电压的关系

为对中枢点电压进行控制和调整，必须首先确定中枢点电压的允许波动范围，以使中枢点（如节点 i）电压 U_i 满足 $U_{imin} < U_i < U_{imax}$。

一般各负荷点都允许有一定的电压偏移，例如，负荷点允许电压偏移为±5%，再计及由负荷点到中枢点的线路上的电压损耗，便可确定中枢点电压的波动范围。

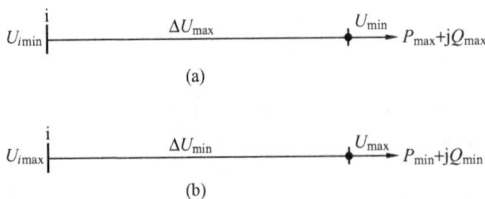

图 4-11　负荷电压与中枢点电压

（a）最大负荷时；（b）最小负荷时

中枢点的最低电压 U_{imin}，等于在地区负荷最大时某用户电压最低点的下限加上到中枢点的电压损耗 ΔU_{max}，如图 4-11（a）所示。中枢点的最高电压 U_{imax}，等于在地区负荷最小时某用户电压最高点的上限，加上到中枢点的电压损耗 ΔU_{min}，如图 4-11（b）所示。

对于一个实际运行的系统，网络参数和负荷曲线已知后，要确定中枢点的电压波动范围，如图 4-12（a）所示由一个中枢点 i 向两个负荷 j、k 供电的简单网络。设 j、k 两负荷允许电压偏移都为 $\pm5\%$，如图 4-12（b）所示；负荷 j、k 的简化日负荷曲线如图 4-12（c）、（d）所示；设由于这两个负荷功率的流通，线路 $i-j$、$i-k$ 上的电压损耗分别如图 4-12（e）、（f）所示。求中枢点电压 U_i 的波动范围。

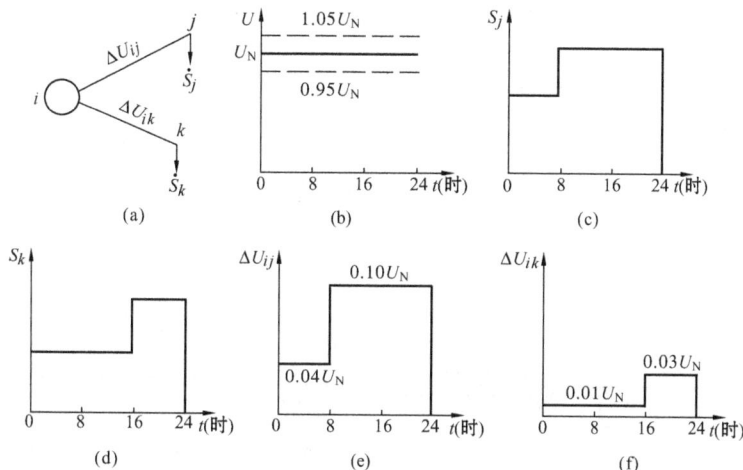

图 4-12　简单网络的电压损耗

(a) 简单网络；(b) 负荷 j、k 允许的电压偏移；(c) 负荷 j 日负荷曲线；
(d) 负荷 k 日负荷曲线；(e) ΔU_{ij} 的变化；(f) ΔU_{ik} 的变化

根据负荷对电压的要求，可求出中枢点电压的波动范围。

只满足 j 负荷时，中枢点电压 U_i 应维持的电压为：

0～8 时　$U_i=U_j+\Delta U_{ij}=(0.95\sim1.05)U_N+0.04U_N=(0.99\sim1.09)U_N$；

8～24 时　$U_i=U_j+\Delta U_{ij}=(0.95\sim1.05)U_N+0.10U_N=(1.05\sim1.15)U_N$。

只满足 k 负荷时，中枢点电压 U_i 应维持的电压为：

0～16 时　$U_i=U_k+\Delta U_{ik}=(0.95\sim1.05)U_N+0.01U_N=(0.96\sim1.06)U_N$；

16～24 时　$U_i=U_k+\Delta U_{ik}=(0.95\sim1.05)U_N+0.03U_N=(0.98\sim1.08)U_N$。

根据这些要求可作出中枢点 i 电压的变动范围如图 4-13 所示。

将图 4-13（a）、（b）合并，就可得同时满足负荷 j、k 要求的中枢点 i 的电压允许变动范围，如图 4-14（a）中的阴影部分。

可见，同时满足 j、k 两点电压要求时，中枢点电压 U_i 的变动范围为：

0～8 时　　$U_i=(0.99\sim1.06)U_N$；

8～16 时　$U_i=(1.05\sim1.06)U_N$；

16～24 时　$U_i=(1.05\sim1.08)U_N$。

由以上可知，虽然负荷 j、k 允许的电压偏移都是 $\pm5\%$，即都有 10% 的允许变化范围。但由于中枢点 i 与这些负荷之间线路上电压损耗 ΔU_{ij}、ΔU_{ik} 的大小和变化规律都不相同，要同时满足这两个负荷对电压质量的要求，则中枢点电压的允许变化范围会大大缩小，最小时仅有 1%。

若同时考虑两个负荷，两个负荷对中枢点电压的允许波动范围没有相交的阴影部分，则

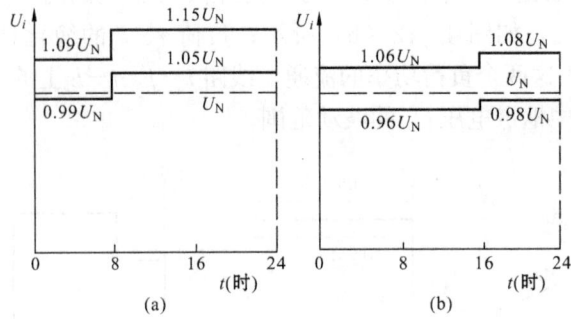

图 4-13 中枢点 i 电压的允许变动范围
(a) 根据负荷 j 的要求；(b) 根据负荷 k 的要求

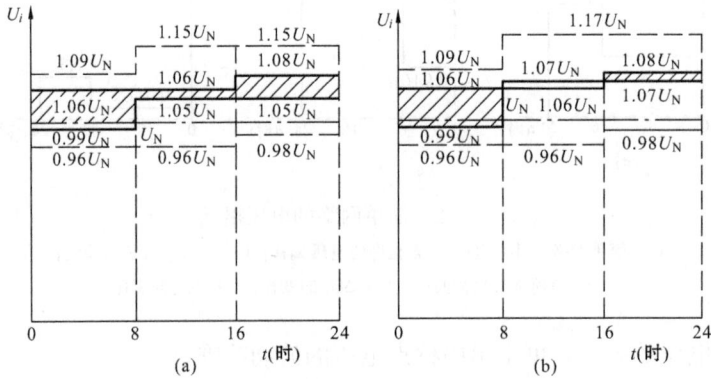

图 4-14 中枢点 i 电压的允许变动范围
(a) 能同时满足负荷 j、k 的要求；(b) 不能同时满足负荷 j、k 的要求

中枢点不能同时满足两个负荷对电压的要求。例如，设 8～24 时，ΔU_{ij} 增大为 $0.12U_N$，则 8～16 时，从曲线上找不到公共的阴影部分，中枢点 i 的电压就难以同时满足负荷 j、k 对电压质量的要求，如图 4-14 (b) 所示。一旦出现这种情况，仅靠控制中枢点电压已不足以控制所有负荷点的电压，则应考虑采取其他措施。

3. 中枢点的调压方式

当在实际运行的电力系统中，由于缺乏必要的数据而无法确定中枢点的电压控制范围时，可根据中枢点所管辖的电力系统中负荷分布的远近及负荷波动的程度，对中枢点的电压调整方式提出原则性要求，以确定一个大致的电压波动范围。这种电压调整方式一般分为逆调压、顺调压和常调压三类。

(1) 逆调压。对于大型电网，如中枢点至负荷点的供电线路较长，且负荷变动较大（即最大负荷与最小负荷的差值较大），则在最大负荷时要提高中枢点的电压，以抵偿线路上因最大负荷而增大的电压损耗；在最小负荷时则要将中枢点电压降低一些，以防止负荷点的电压过高，一般对这种情况的中枢点实行"逆调压"。采用逆调压方式的中枢点电压，在最大负荷时较线路的额定电压高 5%，即 $1.05U_N$；在最小负荷时等于线路的额定电压，即 $1.0U_N$。

(2) 顺调压。对于小型电网，如中枢点至负荷点的供电线路不长，负荷大小变动不大，线路上的电压损耗也很小，在这种情况下，可对中枢点采用"顺调压"。采用顺调压方式的中枢点电压，在最大负荷时允许中枢点电压低一些，但不低于线路额定电压的＋2.5％，即 $1.025U_N$；在最小负荷时允许中枢点电压高一些，但不高于线路额定电压的＋7.5％，即 $1.075U_N$。

（3）常调压。对于中型电网，如负荷变动较小，线路上电压损耗也较小，这种情况只要把中枢点电压保持在较线路电压高2％～5％的范围，即 $1.02～1.05U_N$，不必随负荷变化来调整中枢点的电压，仍可保证负荷点的电压质量，这种方式称为"常调压"。

以上都是指系统正常运行时的调压方式，当系统发生事故时，因电压损耗比正常时大，故电压质量允许降低一些。如前所述，事故时负荷点的电压偏移允许较正常时再增大5％。

四、电力系统电压调整的措施

电力系统中电压调整必须根据具体的调压要求，在不同的地点可采用不同的调压方法。调压方法很多：增减无功功率进行调节，如调节发电机的励磁调节器、设置调相机、并联电容器、并联电抗器等；改变有功和无功功率的重新分布进行调压，如改变变压器分接头、利用有载调压变压器；改变网络参数进行调压，如串联电容器、停投并列变压器等。下面介绍四种调压方法。

1. 改变发电机端电压调压

现代大中型同步发电机大都装有自动励磁调节装置，发电机端电压调整就是借助于发电机的自动励磁调节器，改变励磁机电压而实现的。改变发电机转子电流，就可以改变发电机定子的端电压。

现在用于同步发电机的励磁调节装置种类很多，但原理是相同的。如图4-15所示，发电机的自动励磁调节器由量测滤波、综合放大、移相触发、晶闸管输出及转子电压软负反馈等环节组成。

当发电机端电压变化时，测量单元测得的信号与给定电压 U_{G0} 相比较，得到的电压偏差信号经放大后，又作用于移相触发单元，产生不同相位的触发脉冲，进而改变晶闸管元件的导通角，使调节器输出发生变化，励磁机电压随之变化，从而达到调节发电机端电压的目的。

转子电压软负反馈的作用是提高调节系统的稳定性，并改善调节器品质，它的输出正比转子电压的变化率。稳定运行时，转子电压不变，其输出为零。

当系统中负荷增大时，电网的电压损耗增加，用户端电压下降，这时增加发电机励磁电流以提高发电机电压；在负荷减小时，电网的电压损耗减小，用户端电压升高，这时减小发电机励磁电流以降低发电机电压。这种能高能低的调压方式，就是前面提到的"逆调压"。这种调压方法，不需增加额外的设备，因此是最经济合理的调压措施，应优先考虑。

但对线路较长且是多电压级网络，并有地方负荷的情况下，单靠发电机调压就不能满足负荷点的电压要求。图4-16所示为一多电压级网络，各级网络的额定电压及最大、最小负荷时的电压损耗均标于图

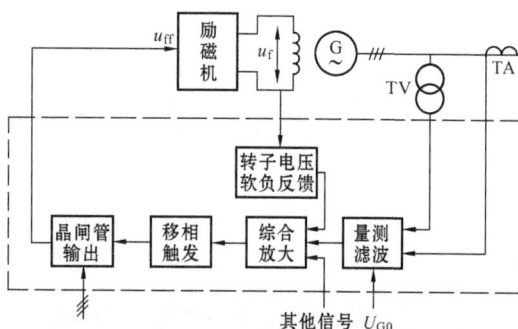

图4-15　同步发电机调压系统原理图

中。最大负荷时，从发电机至线路末端的总电压损耗为 35%，最小负荷时，总电压损耗为 15%，两者相差 20%，而对发电机来说，考虑机端负荷的要求及供电至地方负荷线路上的电压损耗，其电压调整范围为 0%～5%，因此，仅靠发电机机端调压不能满足远方负荷的电压要求，还应采用其他调压方法。

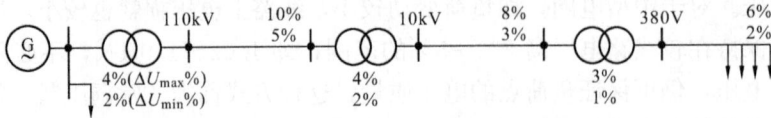

图 4-16　多电压级网络及其电压损耗

2. 改变变压器变比调压

普通双绕组变压器的高压绕组和三绕组变压器的高、中压绕组都留有几个抽头供调压选择使用。一般容量为 6300kVA 及以下的变压器有三个抽头，分别为 $1.05U_N$、U_N、$0.95U_N$ 处引出，调压范围为 ±5%，其 U_N 为高压侧额定电压，在 U_N 处引出的抽头被称为主抽头。容量为 8000kVA 及以上的变压器有五个抽头，分别为 $1.05U_N$、$1.025U_N$、U_N、$0.975U_N$、$0.95U_N$ 处引出，调压范围为 ±2×2.5%。

普通变压器不能带负荷调分接头，只能停电后改变分接头，因此需要事先选择好一个合适的分接头，以使系统在最大、最小运行方式下电压偏移均不超出允许波动范围。

（1）普通双绕组变压器。如图 4-17（a）所示为降压变压器，U_I 为高压母线电压，U_i 为低压母线电压（在高压侧的值），U_i' 为低压母线实际调压要求的电压，ΔU_I 为变压器上的电压损耗，U_{Ni} 为变压器低压侧额定电压，U_{tI} 为变压器高压侧抽头电压，于是变压器的变比为

$$K = \frac{U_{tI}}{U_{Ni}} \tag{4-3}$$

由于 $U_i = KU_i'$，所以有

$$U_{tI} = U_i \frac{U_{Ni}}{U_i'} \tag{4-4}$$

最大负荷时，U_{Imax}、ΔU_{Imax}、U_{imax}、U_{imax}' 已知，分接头电压为

$$U_{tImax} = U_{imax} \frac{U_{Ni}}{U_{imax}'} = (U_{Imax} - \Delta U_{Imax}) \frac{U_{Ni}}{U_{imax}'} \tag{4-5}$$

最小负荷时，U_{Imin}、ΔU_{Imin}、U_{imin}、U_{imin}' 已知，分接头电压为

$$U_{tImin} = U_{imin} \frac{U_{Ni}}{U_{imin}'} = (U_{Imin} - \Delta U_{Imin}) \frac{U_{Ni}}{U_{imin}'} \tag{4-6}$$

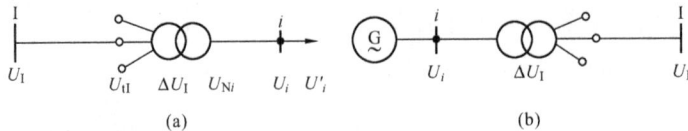

图 4-17　变压器的分接头
(a) 降压变压器；(b) 升压变压器

对于不能带负荷调压的变压器，为使最大、最小负荷两种情况下变压器的分接头均适用，则变压器高压绕组的分接头电压取最大和最小负荷时分接头电压的平均值，即为

$$U_{tI} = \frac{U_{tImax} + U_{tImin}}{2} \tag{4-7}$$

这样计算出分接头电压后，就可选择一个最接近这个计算值的实际分接头，进而可确定变压器的变比 $K = U_{tI}/U_{Ni}$。然后，还需按这个变比返回校验低压侧的电压是否符合调压要求。

其返回校验过程如下。

1）求低压母线电压：

最大负荷时
$$\left.\begin{array}{l} U'_{imax} = U_{imax}\dfrac{U_{Ni}}{U_{tI}} \\[3mm] U'_{imin} = U_{imin}\dfrac{U_{Ni}}{U_{tI}} \end{array}\right\} \tag{4-8}$$
最小负荷时

2）求电压偏移百分值（或求电压偏移）：

最大负荷时
$$\left.\begin{array}{l} \Delta U'_{imax}\% = \dfrac{U'_{imax} - U_{iN}}{U_{iN}} \times 100 \\[3mm] \Delta U'_{imin}\% = \dfrac{U'_{imin} - U_{iN}}{U_{iN}} \times 100 \end{array}\right\} \tag{4-9}$$
最小负荷时

式（4-9）中 U_{iN} 为低压母线的额定电压。通过这样的返回校验，如果在最大、最小负荷时低压母线电压偏移均在调压要求所允许的电压偏移范围，即说明所选择的分接头合适。如果不满足调压要求，应再改选变压器的其他分接头，或采用有载调压变压器，或考虑采取其他调压措施。

如图 4-17（b）所示，发电厂升压变压器分接头的选择，其选择方法与降压变压器分接头的选择方法基本相同，差别仅在于由高压母线电压推算低压母线电压时，因功率是从低压侧流向高压侧的，因此，应将变压器的电压损耗与高压母线电压相加得发电厂低压母线电压。在最大、最小负荷时，升压变压器分接头电压应按下式选择

$$U_{tImax} = U_{imax}\frac{U_{Ni}}{U'_{imax}} = (U_{Imax} + \Delta U_{Imax})\frac{U_{Ni}}{U'_{imax}}$$

$$U_{tImin} = U_{imin}\frac{U_{Ni}}{U'_{imin}} = (U_{Imin} + \Delta U_{Imin})\frac{U_{Ni}}{U'_{imin}}$$

$$U_{tI} = \frac{U_{tImax} + U_{tImin}}{2}$$

【例 4-1】　某降压变电站装设一台容量 S_N 为 20MVA、电压为 110/11kV 的变压器，其电路如图 4-18 所示。要求变压器低压侧的电压偏移在最大、最小负荷时分别不超过额定值的 2.5% 和 7.5%，最大负荷为 18MVA，最小负荷为 7MVA，$\cos\varphi = 0.8$，变压器高压侧的电压在任何运行情况下均维持 107.5kV，变压器参数为 $U_k\% = 10.5$，$P_k = 163kW$，励磁影响不计，试选择变压器的分接头。

解　变压器的电阻和电抗

$$R_T = \frac{P_k U_N^2}{1000 S_N^2} = \frac{163 \times 110^2}{1000 \times 20^2} = 4.93(\Omega)$$

$$X_T = \frac{U_k\% U_N^2}{100 S_N} = \frac{10.5 \times 110^2}{100 \times 20} = 63.5(\Omega)$$

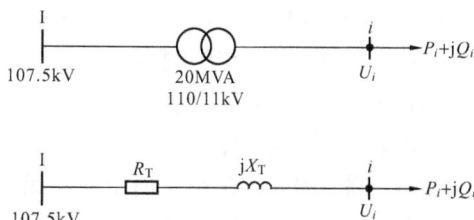

图 4-18　[例 4-1] 降压变压器及等值电路

末端最大、最小负荷为

$$\dot{S}_{max}=18\cos\varphi+\mathrm{j}18\sin\varphi=18\times0.8+\mathrm{j}18\times0.6=14.4+\mathrm{j}10.8(\mathrm{MVA})$$

$$\dot{S}_{min}=7\cos\varphi+\mathrm{j}7\sin\varphi=7\times0.8+\mathrm{j}18\times0.6=5.6+\mathrm{j}4.2(\mathrm{MVA})$$

最大、最小负荷时低压侧实际调压要求的电压为

$$U'_{imax}=U_{iN}(1+2.5\%)=10\times(1+2.5\%)=10.25(\mathrm{kV})$$

$$U'_{imin}=U_{iN}(1+7.5\%)=10\times(1+7.5\%)=10.75(\mathrm{kV})$$

在最大、最小负荷时，低压侧的电压为

$$\left.\begin{array}{l}U_{imax}=U_{Imax}-\Delta U_{max}=107.5-\dfrac{14.4\times4.93+10.8\times63.5}{U_{imax}}\\[3mm]U_{imin}=U_{Imin}-\Delta U_{min}=107.5-\dfrac{5.6\times4.93+4.2\times63.5}{U_{imin}}\end{array}\right\}$$

解得　$U_{imax}=99.9\mathrm{kV}$，　$U_{imin}=104.6\mathrm{kV}$。

于是，可按式（4-5）、式（4-6）求最大、最小负荷时分接头电压

$$U_{tImax}=U_{imax}\dfrac{U_{Ni}}{U'_{imax}}=99.9\times\dfrac{11}{10.25}=107.2(\mathrm{kV})$$

$$U_{tImin}=U_{imin}\dfrac{U_{Ni}}{U'_{imin}}=104.6\times\dfrac{11}{10.75}=107(\mathrm{kV})$$

所以由式（4-7）得　　　$U_{tI}=\dfrac{U_{tImax}+U_{tImin}}{2}=\dfrac{107.2+107}{2}=107.1(\mathrm{kV})$

故选择电压为 $110\times(1-2.5\%)=107.25\mathrm{kV}$ 的分接头。

校验：

按式（4-8）求低压母线电压：

最大负荷时　　　　　　　$U'_{imax}=99.9\times\dfrac{11}{107.25}=10.25$　（kV）

最小负荷时　　　　　　　$U'_{imin}=104.6\times\dfrac{11}{107.25}=10.73$　（kV）

按式（4-9）求电压偏移：

最大负荷时　　　　　　　$\Delta U'_{imax}\%=\dfrac{10.25-10}{10}\times100=2.5$

最小负荷时　　　　　　　$\Delta U'_{imin}\%=\dfrac{10.73-10}{10}\times100=7.3$

可比较知，所选择的分接头满足调压要求。

（2）普通三绕组变压器。三绕组变压器一般在高、中压绕组有分接头可供选择使用，而低压侧没有分接头，高、中压侧分接头的选择方法可两次套用双绕组变压器的选择方法。一般可先按低压侧调压要求，由高、低压侧确定好高压绕组的分接头；然后再用选定的高压绕组的分接头，考虑中压侧的调压要求，由高、中压侧选择中压绕组的分接头。注意，同样也有校验过程，若在最大、最小负荷时，高、中压绕组选择的分接头不能满足调压要求时，往往要采用有载调压变压器。

【例 4-2】 图 4-19（a）所示三绕组变压器的额定电压为 110/38.5/6.6kV，各绕组最大负荷时流通的功率见图 4-19（b），最小负荷为最大负荷的 1/2。设与该变压器相连的高压母线电压最大、最小负荷时分别为 112、115kV，中、低压母线电压偏移最大、最小负荷

时分别允许为 0%、7.5%。试选择该变压器高、中压绕组的分接头。

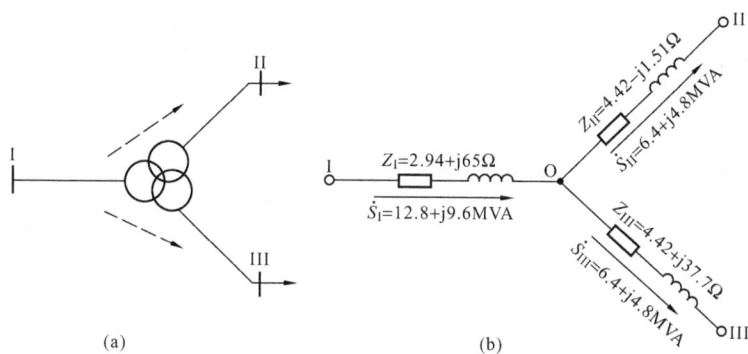

图 4-19　[例 4-2] 三绕组变压器及等值电路

(a) 三绕组变压器；(b) 等值电路

解　分析思路是先以低压侧调压要求 0%、7.5% 为准，由高、低压侧确定高压绕组的分接头，然后再由高、中压侧确定出中压绕组的分接头。

按给定条件求得在最大、最小负荷时各绕组中电压损耗见表 4-1，归算至高压侧的各母线电压见表 4-2。

表 4-1　　　　　　　　　　　　　　各绕组电压损耗　　　　　　　　　　　　　　(kV)

负 荷 水 平	高 压 绕 组	中 压 绕 组	低 压 绕 组
最大负荷	5.91	0.197	1.980
最小负荷	2.88	0.093	0.935

表 4-2　　　　　　　　　　　　　　各母线电压　　　　　　　　　　　　　　(kV)

负 荷 水 平	高 压 母 线	中 压 母 线	低 压 母 线
最大负荷	112	105.9	104.1
最小负荷	115	112.0	111.1

1) 根据低压母线调压要求，由高、低压两侧选择高压绕组的分接头。低压侧调压要求的电压为：

最大负荷时　　　　　$U'_{\text{III max}}=U_{3N}(1+0\%)=6\times(1+0\%)=6(\text{kV})$

最小负荷时　　　　　$U'_{\text{III min}}=U_{3N}(1+7.5\%)=6\times(1+7.5\%)=6.45(\text{kV})$

求高压绕组分接头电压 U_{tI}：

最大负荷时　　　　　$U_{\text{tImax}}=U_{\text{III max}}\dfrac{U_{N3}}{U'_{\text{III max}}}=104.1\times\dfrac{6.6}{6}=114.5(\text{kV})$

最小负荷时　　　　　$U_{\text{tImin}}=U_{\text{III min}}\dfrac{U_{N3}}{U'_{\text{III min}}}=111.1\times\dfrac{6.6}{6.45}=113.7(\text{kV})$

因此　$U_{\text{tI}}=\dfrac{U_{\text{tImax}}+U_{\text{tImin}}}{2}=\dfrac{114.5+113.7}{2}=114.1(\text{kV})$

于是，选择 $110\times(1+5\%)=115.5\text{kV}$ 电压的分接头。

2）校验。低压侧母线电压：

最大负荷时　　$U'_{\text{III max}}=U_{\text{III max}}\dfrac{U_{\text{N3}}}{U_{\text{tI}}}=104.1\times\dfrac{6.6}{115.5}=5.95(\text{kV})$

最小负荷时　　$U'_{\text{III min}}=U_{\text{III min}}\dfrac{U_{\text{N3}}}{U_{\text{tI}}}=111.1\times\dfrac{6.6}{115.5}=6.35(\text{kV})$

电压偏移：

最大负荷时　　$\Delta U'_{\text{III max}}\%=\dfrac{5.95-6}{6}\times100=-0.833<0$

最小负荷时　　$\Delta U'_{\text{III min}}\%=\dfrac{6.35-6}{6}\times100=5.83<7.5$

虽然最大负荷时的电压偏移较要求的低 0.833%，但由于分接头之间的电压差为 2.5%，求得的电压偏移距要求不超过 1.25% 是允许的，所以，选择的分接头是正确的。变压器高、低压变比 $K_{\text{I-III}}=115.5/6.6\text{kV}$。

3）根据中压侧的调压要求，由高、中压两侧选择中压绕组的分接头。中压侧调压要求的电压为：

最大负荷时　　　　　$U'_{\text{II max}}=35\times(1+0\%)=35(\text{kV})$

最小负荷时　　　　　$U'_{\text{II min}}=35\times(1+7.5\%)=37.6(\text{kV})$

求中压分接头电压 U_{tII}：

最大负荷时　　　　　$U_{\text{tII max}}=U'_{\text{II max}}\dfrac{U_{\text{tI}}}{U_{\text{II max}}}=35\times\dfrac{115.5}{105.9}=38.2(\text{kV})$

最小负荷时　　　　　$U_{\text{II min}}=U'_{\text{II min}}\dfrac{U_{\text{tI}}}{U_{\text{II min}}}=37.6\times\dfrac{115.5}{112}=38.8(\text{kV})$

因此　$U_{\text{tII}}=\dfrac{38.2+38.8}{2}=38.5(\text{kV})$

于是，选电压为 38.5kV 的主抽头。

4）校验。中压侧母线电压：

最大负荷时　　　　　$U'_{\text{II max}}=U_{\text{II max}}\dfrac{U_{\text{tII}}}{U_{\text{tI}}}=105.9\times\dfrac{38.5}{115.5}=35.3(\text{kV})$

最小负荷时　　　　　$U'_{\text{II min}}=U_{\text{II min}}\dfrac{U_{\text{tII}}}{U_{\text{tI}}}=112\times\dfrac{38.5}{115.5}=37.3(\text{kV})$

电压偏移：

最大负荷时　　　　　$\Delta U'_{\text{II max}}\%=\dfrac{35.3-35}{35}\times100=0.86>0$

最小负荷时　　　　　$\Delta U'_{\text{II min}}\%=\dfrac{37.3-35}{35}\times100=6.57<7.5$

可见，电压偏移在要求的范围之内，也即满足调压要求。

于是，该变压器按选择的分接头电压，其变比为 $115.5/38.5/6.6\text{kV}$。

（3）有载调压变压器。有载调压变压器可以在带负荷情况下不停电改变变压器的分接头，因此可以在最大、最小负荷时分别采用不同的分接头来取得不同的变比以满足调压要求，而且调节范围比较大，一般在 15% 以上。目前，我国暂定 110kV 级有载调压变压器有 $\pm(1\sim3)\times2.5\%$ 共七级分接头；220kV 级的有 $\pm(1\sim4)\times2.5\%$ 共九级分接头。此外，特殊情况下，还可以有 15、27 级和 48 级分接头等。

　　有载调压变压器分接头电压的计算与普通变压器相同，但可以根据最大负荷、最小负荷时计算得的值分别选择各自合适的分接头，这样能缩小二次电压的变化幅度，甚至改变电压变化趋势，以达到调压目的。

　　图 4-20 是内部具有调压绕组的有载调压变压器的原理接线图。它的主绕组同一个具有若干个分接头的调压绕组串联，依靠特殊的切换装置可以在负荷电流下改换分接头。切换装置有两个可动触头 Ka 和 Kb，改换分接头时，先将一个可动触头移到另一个分接头上，然后再把另一个可动触头也移到该分接头上。这样在不断开电路的情况下完成了分接头的切换。为了防止可动触头在切换过程中产生电弧，造成变压器绝缘油劣化，在可动触头 Ka、Kb 上串联两个接触器 KMa、KMb，将它们放在单独的油箱里。当变压器切换分接头时，首先断开 KMa，将 Ka 切换到另一个分接头上，然后将 KMa 接通。另一个触头也采用同样的切换步骤，使两个触头都接到

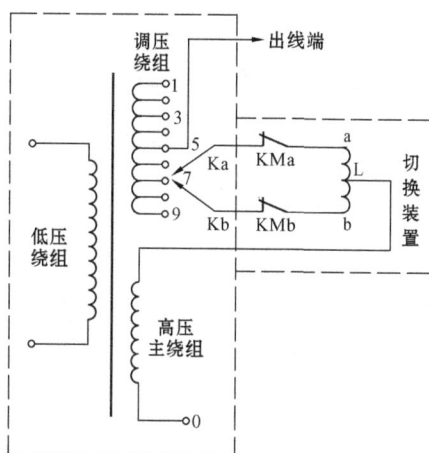

图 4-20　有载调压变压器的原理接线

另一个分接头上。切换装置中的电抗器 L 是为了在切换过程中限流用的，当两个可动触头在不同的分接头上时，限制两个分接头之间的短路电流。

　　对 110kV 及更高电压级的变压器，一般将调压绕组放在变压器中性点侧，因变压器中性点接地后，中性点侧电压很低，可以降低调整装置的绝缘要求。

　　3. 利用无功补偿设备调压

　　当系统中某些节点电压偏低的原因是由于无功电源不足时，如果仅靠改变变压器变比是不能实现调压的，而必须在系统中电压较低的点（或其附近）设置无功补偿电源。这样的补偿也常称为并联补偿。设置无功电源的作用和目的归纳为两点：一是可调整网络中的节点电压，使之维持在额定值附近，从而保证系统的电能质量；二是可改变网络中无功功率的分布，以降低网络中功率、电压及电能损耗，提高系统运行的经济性。这里主要从满足调压要求的角度来讨论无功功率补偿容量的选择问题。

　　图 4-21 所示为简单电网，已知线路首端电压为 U_A，Z 为归算到高压侧包括变压器阻抗在内的线路总阻抗，$P_i + jQ_i$ 为负荷功率，无功补偿设备的容量 Q_C 的计算如下。

　　在变电站末端设置并联补偿设备前，线路首端电压为

$$U_A = U_i + \frac{P_i R + Q_i X}{U_i}$$

式中　U_i——设置无功补偿设备前归算到高压侧的变电站低压母线电压。

　　设置无功补偿设备后，线路首端电压为

$$U_A = U_{iC} + \frac{P_i R + (Q_i - Q_C) X}{U_{iC}}$$

式中　U_{iC}——设置无功补偿设备后归算到高压侧的变电站低压母线电压。

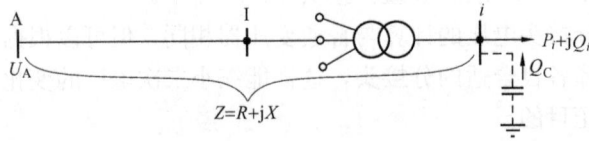

图 4-21　具有并联补偿设备的简单网络

设补偿前后线路首端电压 U_A 保持不变,则有

$$U_i+\frac{P_iR+Q_iX}{U_i}=U_{iC}+\frac{P_iR+(Q_i-Q_C)X}{U_{iC}}$$

可解得无功补偿容量

$$Q_C=\frac{U_{iC}}{X}\Big[(U_{iC}-U_i)\ +\Big(\frac{P_iR+Q_iX}{U_{iC}}-\frac{P_iR+Q_iX}{U_i}\Big)\Big] \tag{4-10}$$

分析式（4-10）可知,等式右边第二个小括号内的数值一般不大,可略去。于是,式（4-10）又可改写为

$$Q_C=\frac{U_{iC}}{X}\ (U_{iC}-U_i) \tag{4-11}$$

可见,无功补偿容量 Q_C 与补偿前后变电站低压母线电压 U_i、U_{iC} 均有关,但 U_{iC} 和 U_i 均为归算到高压侧的电压,考虑到 Q_C 的确定应满足低压侧的调压要求,设低压侧的实际母线调压要求的电压为 U'_{iC},显然,U'_{iC} 乘以变压器变比 K 等于 U_{iC},即 $U_{iC}=KU'_{iC}$,所以式（4-11）又可表示为

$$Q_C=\frac{KU'_{iC}}{X}(KU'_{iC}-U_i)=\frac{K^2U'_{iC}}{X}\Big(U'_{iC}-\frac{U_i}{K}\Big) \tag{4-12}$$

由此可见,无功补偿容量不仅与低压母线调压要求有关,而且还与变压器变比选择有关。在满足调压要求的前提下,如果变压器变比选择合适,就可以使补偿设备的容量小些,较为经济。因此,这就存在着无功补偿容量 Q_C 的选择与变比 K 的选择相互配合问题。而且随着采用无功补偿装置的不同,Q_C 与 K 的选择方法也有所不同。

（1）选用静电电容器。对于降压变电站,若在大负荷时电压偏低,小负荷时电压稍高,这种情况下,可采用静电电容器补偿。但静电电容器只能发出无功功率提高节点电压,而不能吸收无功功率来降低电压。为了充分利用补偿容量,则在大负荷时将电容器全部投入,在最小负荷时全部退出。在选用电容器容量时,应分两步来考虑。

第一步是确定变压器变比。变压器分接头电压应按最小负荷时电容器全部退出的条件来选择,由最小负荷时低压侧调压要求的电压 U'_{imin} 和变压器二次侧额定电压 U_{Ni} 计算分接头电压

$$U_{tI}=U_{imin}\frac{U_{Ni}}{U'_{imin}} \tag{4-13}$$

然后选择一个最接近这个计算电压值的分接头,于是变压器变比就确定了,即 $K=U_{tI}/U_{Ni}$。

第二步是确定电容器容量。电容器容量按最大负荷时的调压要求来确定。最大负荷时电容全部投入,低压侧调压要求的电压为 U'_{iCmax},将 U'_{iCmax} 和 K 代入式（4-12）,即有

$$Q_\text{C}=\frac{K^2 U'_{i\text{Cmax}}}{X}\left(U'_{i\text{Cmax}}-\frac{U_{i\text{max}}}{K}\right) \tag{4-14}$$

（2）选用调相机。由于调相机即能过励运行发出感性无功功率作为无功电源，又能欠励运行吸收感性无功功率作为无功负荷，所以调相机可一直处于投入状态。

在最大负荷时调相机可以过励运行发出无功功率，在最小负荷时可欠励运行以吸收无功功率。但在欠励运行时，其容量仅为过励时额定容量的 50%，故在最大、最小负荷时，调相机的容量分别为

$$Q_\text{C}=\frac{K^2 U'_{i\text{Cmax}}}{X}\left(U'_{i\text{Cmax}}-\frac{U_{i\text{max}}}{K}\right) \tag{4-15}$$

$$-\frac{1}{2}Q_\text{C}=\frac{K^2 U'_{i\text{Cmin}}}{X}\left(U'_{i\text{Cmin}}-\frac{U_{i\text{min}}}{K}\right) \tag{4-16}$$

式中　$U'_{i\text{Cmax}}$ 和 $U'_{i\text{Cmin}}$ ——分别为并联调相机后低压母线最大、最小负荷时调压要求的电压。

由式（4-15）、式（4-16）可解得变压器变比为

$$K=\frac{U'_{i\text{Cmax}}U_{i\text{max}}+2U'_{i\text{Cmin}}U_{i\text{min}}}{U'^2_{i\text{Cmax}}+2U'^2_{i\text{Cmin}}} \tag{4-17}$$

求得 K 值后，又可计算变压器分接头电压，然后选择一个合适的分接头。于是，便可确定变压器实际变比 $K=U_\text{tI}/U_{Ni}$。可见，变压器变比 K 是兼顾最大、最小负荷两种运行方式下的调压要求选择的。

确定变比后，再按最大负荷时的调压要求来选择调相机的容量。调相机的容量计算式为

$$Q_\text{C}=\frac{K^2 U'_{i\text{Cmax}}}{X}\left(U'_{i\text{Cmax}}-\frac{U_{i\text{max}}}{K}\right)$$

$$=\frac{U'_{i\text{Cmax}}}{X}\left(U'_{i\text{Cmax}}-U_{i\text{max}}\frac{U_{Ni}}{U_\text{tI}}\right)\left(\frac{U_\text{tI}}{U_{Ni}}\right)^2 \tag{4-18}$$

以上即按最大、最小负荷两种运行方式选择变压器变比 K，然后再按最大负荷时选择调相机容量。这样可保证在满足调压要求的前提下，选用的容量较小。在求出无功补偿容量 Q_C 后，根据产品目录选出与之相近的调相机。最后按选定的容量进行电压校验。

【例 4-3】　简单输电系统如图 4-22 所示，变压器变比为 $110\pm2\times2.5\%/11\text{kV}$，若不计变压器励磁支路及线路对地电容，则线路和变压器的总阻抗 $Z=26+\text{j}130\Omega$，节点 A 的电压为 118kV，且维持不变，降压变电站低压侧母线要求常调压，保持 10.5kV 的电压。试求配合变压器分接头的选择确定受端应设置的无功补偿设备分别为静电电容器、调相机的容量。

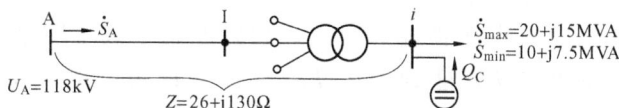

图 4-22　[例 4-3] 简单输电系统

解 计算补偿前最大、最小负荷时低压侧归算到高压侧的电压。

先计算功率损耗

$$\Delta \dot{S}_{max} = \frac{S_{min}^2}{U_N^2} Z = \frac{20^2 + 15^2}{110^2} \times (26 + j130) = 1.34 + j6.71 (MVA)$$

$$\Delta \dot{S}_{min} = \frac{S_{min}^2}{U_N^2} Z = \frac{10^2 + 7.5^2}{110^2} \times (26 + j130) = 0.34 + j1.68 (MVA)$$

首端功率为

$$\dot{S}_{Amax} = \dot{S}_{max} + \Delta \dot{S}_{max} = (20 + j15) + (1.34 + j6.71) = 21.34 + j21.71 (MVA)$$

$$\dot{S}_{Amin} = \dot{S}_{min} + \Delta \dot{S}_{min} = (10 + j7.5) + (0.34 + j1.68) = 10.34 + j9.18 (MVA)$$

因此，i 节点电压为

$$U_{imax} = U_A - \frac{P_{Amax}R + Q_{Amax}X}{U_A} = 118 - \frac{21.34 \times 26 + 21.71 \times 130}{118} = 89.38 (kV)$$

$$U_{imin} = U_A - \frac{P_{Amin}R + Q_{Amin}X}{U_A} = 118 - \frac{10.34 \times 26 + 9.18 \times 130}{118} = 105.61 (kV)$$

(1) 选择电容器容量。先按最小负荷时电容器全部退出的条件选择变压器变比，由式（4-13）有

$$U_{t1} = U_{imin}\frac{U_{Ni}}{U'_{imin}} = 105.61 \times \frac{11}{10.5} = 110.64 (kV)$$

于是，可选 110kV 电压的主抽头，即 $U_{t1} = 110kV$，则变压器变比 $K = 110/11 = 10$。

再按最大负荷时的要求，求无功补偿容量 Q_C，由式（4-14）得

$$Q_C = \frac{K^2 U'_{iCmax}}{X}\left(U'_{iCmax} - \frac{U_{imax}}{K}\right) = \frac{10^2 \times 10.5}{130} \times \left(10.5 - \frac{89.38}{10}\right) = 12.62 (Mvar)$$

(2) 选择调相机容量。按最大、最小负荷两种运行情况确定变比 K，由式（4-17）有

$$K = \frac{10.5 \times 89.38 + 2 \times 10.5 \times 105.61}{10.5^2 + 2 \times 10.5^2} = 9.54$$

从而可计算分接头电压：$U_{t1} = KU_{Ni} = 9.54 \times 11 = 104.94$（kV），于是，选择 $110 \times (1 - 2 \times 2.5\%) = 104.5$（kV）电压的分接头，可确定变比 $K = 104.5/11 = 9.5$。

按最大负荷时的运行条件选择无功补偿容量，由式（4-18）有

$$Q_C = \frac{K^2 U'_{iCmax}}{X}\left(U'_{iC} - \frac{U_{imax}}{K}\right) = \frac{9.5^2 \times 10.5}{130} \times \left(10.5 - \frac{89.38}{9.5}\right) = 7.96 (Mvar)$$

在以上求得无功补偿容量 Q_C 后，应按产品标准规格选择容量相近的无功补偿装置。加上无功补偿装置后，还需再校验低压侧母线电压是否符合要求。

4. 利用串联补偿电容调压

通过对电力系统正常运行情况下的分析和计算可知，引起网络末端电压偏移的直接原因是在线路和变压器上有电压损耗。因此，如果能设法减小网络中的电压损耗也可以实现调压。由电压降落的纵分量 $\Delta U = (PR + QX)/U$ 可看出，改变网络参数，可以使电压损耗减小。一般网络中 $X \gg R$，所以，利用改变网络中的电抗来调压的效果较为明显。

线路串联电容主要用来补偿线路的电抗，通过改变线路参数，起到调压作用。假如在加串联电容器前后，线路始端电压、线路电流都相同，由于串联了电容，电容的容抗和线路的

感抗互相补偿，减小了线路电抗，从而减小了网络中的电压损耗，就会使末端电压比未加串联电容时有所提高。

下面就如何选择串联电容的电抗 X_C 和容量 Q_C 进行讨论。

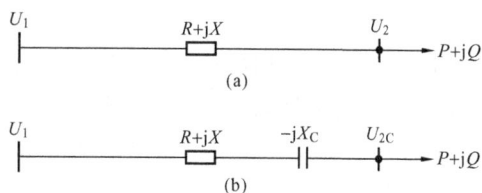

图 4 - 23 串联电容补偿

（a）补偿前；（b）补偿后

设图 4 - 23 的线路末端电压在串联电容器前为 U_2，在串联电容器后为 U_{2C}，末端负荷为 $P+jQ$，而首端电压 U_1 在补偿前后不变。

补偿前

$$U_1 = U_2 + \frac{PR+QX}{U_2}$$

补偿后

$$U_1 = U_{2C} + \frac{PR+Q(X-X_C)}{U_{2C}}$$

于是，有

$$U_2 + \frac{PR+QX}{U_2} = U_{2C} + \frac{PR+Q(X-X_C)}{U_{2C}}$$

因此

$$X_C = \frac{U_{2C}}{Q}\Big[(U_{2C}-U_2)+\Big(\frac{PR+QX}{U_{2C}}-\frac{PR+QX}{U_2}\Big)\Big] \tag{4-19}$$

一般等式右边第二个小括号内的数值很小，可略去，则有

$$X_C = \frac{U_{2C}}{Q}(U_{2C}-U_2)=\frac{U_{2C}}{Q}\Delta U \tag{4-20}$$

若近似认为 U_{2C} 接近额定电压 U_N，则有

$$X_C \approx \frac{U_N}{Q}\Delta U \tag{4-21}$$

其中 $\Delta U=U_{2C}-U_2$，正是由于串联电容后减小的电压损耗，也即补偿后线路末端电压升高的数值，所以可根据线路末端要求提高电压的数值来确定应补偿电容的电抗值。

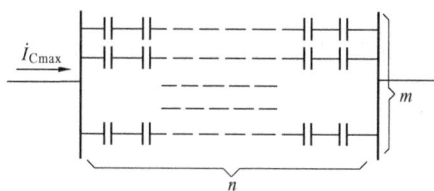

图 4 - 24 串联电容器组

实际上，串联电容都是由若干个电容器串、并联组成串联电容器组。假如串联电容器组是由 n 个电容器组成一串，而一串电容器不能承受很大的负荷电流，所以可用 m 串电容器并联起来，如图 4 - 24 所示，n 的确定取决于调压的大小，m 的确定取决于载流量的大小。如果每个电容器的额定电流为 I_{NC}，额定电压为 U_{NC}，则可根据线路通过的最大负荷电流 I_{Cmax} 和所需容抗值 X_C 计算出电容器串、并联的个数，它们应满足

$$\left.\begin{array}{c} mI_{NC} \geqslant I_{Cmax} \\ nU_{NC} \geqslant I_{Cmax}X_C \end{array}\right\} \tag{4-22}$$

式（4-22）表明，m 串并联电容器的额定电流之和不小于通过的最大负荷电流，n 个电容器的额定电压之和不小于电容器组上流过最大负荷电流时所产生的压降。

如果用 Q_{NC} 表示每个电容器的额定容量，则

$$Q_{NC}=U_{NC}I_{NC} \tag{4-23}$$

三相电容器组的总容量为

$$Q_{\mathrm{C}}=3mnQ_{\mathrm{NC}}=3mnU_{\mathrm{NC}}I_{\mathrm{NC}} \tag{4-24}$$

如上利用串联电容器调压的方法，加串联电容器后使末端电压提高的数值 $\Delta U=QX_{\mathrm{C}}/U_{\mathrm{N}}$ 随无功负荷的增减而增减。这恰于调压要求一致，这是串联电容器调压的一个显著优点。串联电容补偿调压一般用于供电电压为 35kV 或 10kV、负荷波动大而频繁、功率因数又很低的配电线路。

【例 4-4】　一条 35kV 线路，全线路阻抗为 10＋j10Ω，输送功率为 7＋j6MVA，线路首端电压为 35kV，欲使线路末端电压不低于 33kV，试确定串联补偿电容器的容量。

解　补偿前线路末端电压为

$$U_2=35-\frac{7\times10+6\times10}{35}=31.29(\mathrm{kV})$$

补偿后线路末端电压为 33kV，则补偿后线路末端要升高的电压为

$$\Delta U=33-31.29=1.71(\mathrm{kV})$$

由式（4-21）可得应补偿电容器的电抗为

$$X_{\mathrm{C}}=\frac{35}{6}\times1.71=9.98(\Omega)$$

选用额定电压 $U_{\mathrm{NC}}=0.6\mathrm{kV}$，额定容量 $Q_{\mathrm{NC}}=20\mathrm{kvar}$ 的单相油浸纸质电容器，则每个电容器的额定电流为

$$I_{\mathrm{NC}}=\frac{Q_{\mathrm{NC}}}{U_{\mathrm{NC}}}=\frac{20}{0.6}=33.33(\mathrm{A})$$

每个电容器的电抗为

$$X_{\mathrm{NC}}=\frac{U_{\mathrm{NC}}}{I_{\mathrm{NC}}}=\frac{0.6\times1000}{33.33}=18(\Omega)$$

而线路通过的最大负荷电流为

$$I_{\mathrm{Cmax}}=\frac{\sqrt{7^2+6^2}}{\sqrt{3}\times35}\times1000=152.1(\mathrm{A})$$

串联电容器组应满足 $mI_{\mathrm{NC}}\geqslant I_{\mathrm{Cmax}}$，$nU_{\mathrm{NC}}\geqslant I_{\mathrm{Cmax}}X_{\mathrm{C}}$，于是电容器组需要并联的串数

$$m\geqslant\frac{I_{\mathrm{Cmax}}}{I_{\mathrm{NC}}}=\frac{152.1}{33.33}=4.56$$

每串需要串联电容器的个数

$$n\geqslant\frac{I_{\mathrm{Cmax}}X_{\mathrm{C}}}{U_{\mathrm{NC}}}=\frac{152.1\times9.98}{0.6\times1000}=2.53$$

取 $m=5$，$n=3$，则串联电容器组由 5 串并联组成，每串有 3 个电容器。

此电容器组的总容量为

$$Q_{\mathrm{C}}=3mnQ_{\mathrm{NC}}=3\times5\times3\times20=900(\mathrm{kvar})$$

实际补偿的容抗为

$$X_{\mathrm{C}}=\frac{nX_{\mathrm{NC}}}{m}=\frac{3\times18}{5}=10.8(\Omega)$$

串联电容器组后，线路末端电压为

$$U_{2\mathrm{C}}=35-\frac{7\times10+6\times(10-10.8)}{35}=33.14(\mathrm{kV})>33(\mathrm{kV})$$

可见，符合要求，即说明选择的电容器组适当。

第二节　电力系统有功功率的优化分配及频率调整

一、概述

电力系统中有功功率的合理分配及频率调整，是同时具有技术、经济性能的问题。我们知道，电力系统运行的基本任务是保证对用户供电的可靠性、电能质量和经济性。因此，在保证对负荷持续供电的前提下，发电机发出多少电能才能使在产生电能的过程中消耗的能源最少，这仍属于电力系统运行的基本任务之一。系统的频率是衡量电能质量的一个重要指标，然而保持系统的频率不变，首先决定了系统本身的稳定工作以及网络上连接的许多用户的稳定工作，因此保持系统的频率在允许的波动范围内也是电力系统运行的基本任务之一。

1. 电力系统频率调整的必要性

频率和电压都是衡量电能质量的重要指标，但系统中对频率恒定的要求显得比对电压恒定的要求更为严格。因为系统中的电压等级较多，调压可以分散调整，且调压方法较多；而系统的频率调整涉及全电力系统的电源和负荷，调频只能集中在发电厂调整。

电力系统的频率是由发电机转速 ω 决定的，而发电机的转速与其轴上的转矩平衡有关。如图 4-25 所示，发电机转轴上有三个转矩作用：一个是原动机作用的机械转矩 M_T，它与机械功率 P_T 的关系为 $M_T = P_T/\omega$；另一个是发电机作用的电磁转矩 M_E，它与电磁功率的关系为 $M_E = P_E/\omega$；再一个是转子转动时产生的摩擦转矩，摩擦转矩很小，可忽略不计。正常稳态运行时，若不计摩擦转矩的作用，则原动机的机械转矩与发电机的

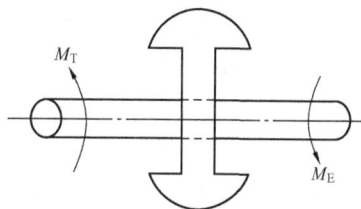

图 4-25　转矩平衡

电磁转矩平衡，即 $M_T = M_E$。在额定频率下，机械功率与电磁功率也平衡，即 $P_T = P_E$。如果原动机输入的机械功率能与发电机输出的电磁功率保持平衡，发电机的转速就能恒定，系统的频率就能保持不变。但是，发电机输出的电磁功率是由系统的运行方式决定的，全系统发电机发出的有功功率之总和，时刻都应与系统中有功功率负荷及网络上有功功率损耗相等，这种情况被称为系统的有功功率平衡。当系统中有功功率负荷变化时，发电机的电磁功率也变化，且这种变化是瞬时出现的。而原动机输入的机械功率，由于调节系统及发电机组转子的惯性，很难跟上发电机电磁功率的瞬时变化，这就出现了功率的不平衡。于是，发电机的转速将有所变化，系统的频率无法严格维持恒定。但是，把频率的偏移限制在一个相当小的范围是必要的，而且也是能够实现的。我国电力系统的额定频率 f_N 为 50Hz，《电力工业技术管理法则》中规定的频率偏差范围为 $\pm(0.2\sim0.5)$Hz。

综上所述，系统的有功功率平衡与系统的频率有着密切的关系，当系统的有功功率平衡不能保持时，系统的频率也要发生变化。

系统频率变化时，对用户、发电厂及系统本身均有影响：

（1）大多数工业用户使用异步电动机，电动机的转速与系统频率有关。频率变化将引起电动机转速的变化，将影响产品的质量，如纺织工业、造纸工业，将因频率变化而出现残

次品。

（2）系统频率降低，将使电动机的功率降低。当频率降低1%时，一般恒定转矩负荷（如机床设备）的电动机吸收的有功功率也降低1%。这种电动机有功功率的降低，将影响所传动机械的功率。

（3）近代工业、国防和科学技术都广泛使用着电子技术设备（电子仪器及自动控制设备）。系统频率的不稳定，将会影响电子技术设备的准确性。有些用户使用电钟计时，频率的变化将影响电钟计时的准确性。

（4）发电厂的厂用机械（泵与风机）是使用异步电动机带动的。系统频率降低将使电动机功率降低，若系统频率降低过多，将使电动机停止运转，会引起严重后果，例如给水泵停止运转，将迫使锅炉停炉。

（5）系统在低频率运行时，容易引起汽轮机叶片的共振，缩短汽轮机叶片的寿命，严重时会使叶片断裂。所以现代大型汽轮机—发电机组对系统频率的变动有相当严格的要求。

（6）系统频率降低时，异步电动机和变压器的励磁电流将大为增加，引起了系统无功功率的增加，其结果是引起电压的降低。当系统频率维持稳定时，系统电压调整也较容易。

总之，由于所有设备都是按系统的额定频率设计的，系统频率的下降将影响各行各业。而频率过低时，甚至会使整个系统瓦解，造成大面积停电。

系统中有功功率负荷的经常变化有两种情况：一种是按负荷曲线的正常变化；另一种是偶然的、变动周期较短的变化。这些都会使系统频率受到影响，从而提出了系统频率调整的必要性。

2. 有功功率负荷的变动及调整

在电力系统中，负荷作功需要一定的有功功率，同时，传输这些功率也要在网络中造成有功功率损耗。因此，电源发出的有功功率必须满足下列平衡式

$$\sum P_G = \sum P_L + \Delta P_\Sigma \tag{4-25}$$

式中　$\sum P_G$——所有电源发出的有功功率；

$\quad\quad\ \sum P_L$——所有负荷需要的有功功率；

$\quad\quad\ \Delta P_\Sigma$——网络中的有功功率损耗。

可见，发电机发出的功率比负荷功率大得多才行。当系统中负荷增大时，网络损耗也将增大，发电机发出的功率也要增加。在实际电力系统中，有功负荷随时随地在变化，且是随机的、不可控的。所以在电力系统的运行中必须靠调节电源侧，使发电机发出的功率总跟随负荷的变化而变化。

负荷曲线的形状往往是无一定规律的，可以把这种不规则、无规律可循的曲线看成是几种有规律的曲线的叠加。如图4-26所示，把一条不规则的负荷曲线，分解成三种负荷曲线。

第一种负荷曲线的变化，频率很快，周期很短，变化幅度很小，这是由于想象不到的小负荷经常性的变化引起的。

第二种负荷曲线的变化，频率较慢，周期较长，幅度较大。这是由于一些冲击性、间歇性负荷的变动引起的，如工业中大电动机、电炉、延压机、电气机车等的开停。

第三种负荷曲线的变化，变化缓慢，幅度很大。这是由于人们的生产、生活及气象条件

等引起的，这种负荷是可以预计的。从前提出的负荷曲线所反映的基本上是这种负荷的变化。

这些负荷的变化都将会打破系统的功率平衡，使系统的频率发生变化。为保证电力系统的供电可靠性和电能质量，要求电源输出的功率也能作相应的变化，以使系统的功率能重新平衡，频率趋于稳定。电力系统的运行正是在这种功率平衡不断被打破而又不断恢复的过程中进行的。

对于第一种负荷变化引起的频率偏移进行调整，称为频率的"一次调整"。调节方法一般是调节发电机组的调速器系统。对于第二种负荷变化引起的频率偏移进行调整，称为频率的"二次调整"。调节方法是调节发电机组的调频器系统。对于第三种负荷的变化，通常是根据预计的负荷曲线，按照一定的优化分配原则，在各发电厂间、发电机间实现功率的经济分配，称为有功功率负荷的优化分配。

3. 有功功率电源和备用容量

电力系统的有功功率电源是各类发电厂的发电机，但并非系统中的电源容量始终等于所有发电机额定容量之和。因为既不是所有发电机全部不间断地投入运行，也不是所有投入运行的发电机都能按额定容量发电，例如，需要定期停机检修；某些水电厂的发电机由于水头的极度降低不能按额定容量运行等。因此系统的调度部门应及时、确切地掌握系统中各发电厂预计可投入运行的发电机可发功率。只是这些可投入运行的发电机可发功率之和才是真正可供调度的系统电源容量。

显然，系统电源容量应不小于包括网络损耗和厂用电在内的系统总发电负荷。要想实现有功功率在各电厂的最优分配，则电厂中必有足够的备用，否则，谈不上实现最优分配。电力系统中只有拥有适当的备用容量，才有可能保证系统优质、安全、经济地运行。系统电源的装机容量大于发电负荷（即发电容量）的部分，称为系统的备用容量，如图 4-27 所示。一般备用容量占最大发电负荷的 15%～20%。

系统中备用容量可分为负荷备用、事故备用、检修备用和国民经济备用，或分为热备用和冷备用等。

（1）负荷备用：为满足系统中短时的负荷波动和一日中计划外的负荷增加，而在系统中留有的备用容量，称为负荷备用。这种备用的大小要根据系统总负荷的大小及运行经验，并考虑系统各类用户的比重来确定，一般为最大发电负荷的 2%～5%。

（2）事故备用：为防止系统中某些发电设备发生偶然事故影响供电，而在系统中留有的备用容量，称为事故备用。这种备用的大小，要根据系统中机组的台数、机组容量的大小、机组的故障率以及系统可靠性指标来确定。一般为最大发电负荷的 5%～10%，并且不小于系统中一台最大机组的容量。

（3）检修备用：为保证系统的发电设备进行定期检修时不致影响供电，而在系统中留有的备用容量，称为检修备用。发电设备的检修分大修、小修。大修一般分批分期安排在一年中最小负荷季节进行；小修则利用节假日进行，以尽量减小因检修停机所需的备用容量。这种备用的大小，应根据需要而定，一般为最大发电负荷的 4%～5%。

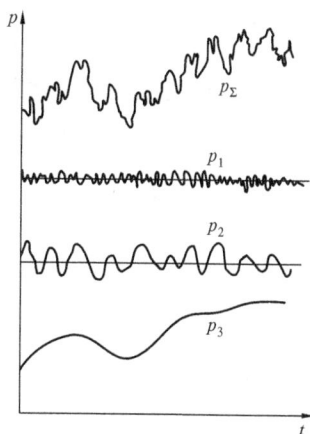

图 4-26 有功功率负荷的变动

p_1—第一种负荷变动；p_2—第二种负荷变动；p_3—第三种负荷变动；p_Σ—实际不规则的负荷变动

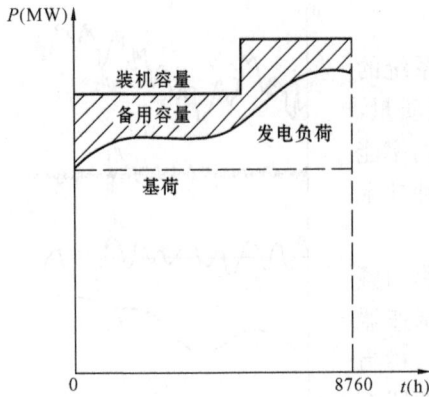

图 4-27　系统备用容量

（4）国民经济备用：考虑到工业用户超计划生产、新用户的出现等而设置的备用，这种备用容量的大小要根据国民经济的增长来确定，一般为最大发电负荷的 3%～5%。

以上四种备用中，负荷备用和事故备用是要求在需要的时候立即投入运行的容量。但是一般火电厂的锅炉和汽轮机，从停机状态启动到投入运行带上负荷，要有一个过程，这一过程短则一两个小时，长则十余小时，因此将火电厂停机状态的机组来作这两类备用是不行的。水电厂的水轮机组从停机状态启动到投入运行带上负荷，也需要几分种，同样不能满足这两种备用的要求。故这两种需要立即投入运行的备用容量，必须是处在运行状态的容量，称为旋转备用或热备用。热备用是指运转中的发电机可能发出的最大功率与实际发电功率的差值。

但热备用容量不宜过大，还有一部分为冷备用。冷备用是指未运转的发电机组可能发出的最大功率。故冷备用可作为检修备用、国民经济备用和一部分事故备用。

因此电厂装机容量应包括发电负荷和备用容量，它们的关系为：

$$
总装机容量
\begin{cases}
最大发电负荷：P_{\Sigma m} = \sum P_{Lmax} + \Delta P_{\Sigma max} \\
备用容量：负荷备用 2\%～5\% \\
事故备用 5\%～10\% \\
检修备用 4\%～5\% \\
国民经济备用 3\%～5\%
\end{cases}
$$

式中　$P_{\Sigma m}$——系统总的最大发电负荷；

$\sum P_{Lmax}$——系统所有负荷最大有功功率之和；

$\Delta P_{\Sigma Lmax}$——系统最大负荷在网络中的总损耗。

二、电力系统的频率调整

电力系统的频率调整是指频率的一次调整和二次调整。对付系统中突然负荷变动引起的频率变化，靠人工手动调节是来不及的，只能靠自动调节装置进行自动调节。调整电力系统频率的主要手段是靠调节原动机的自动调速系统，特别是其中的调速器和调频器。

由前面的讨论可知，作用在发电机转轴上的功率平衡是暂时的，不平衡却是经常发生的，这就使得发电机的转速或频率经常变化。为了保证电能质量，使频率变化不超出允许的波动范围，则需要进行频率调整。频率调整与发电机原动机的转速调整密切相关。当系统有功功率平衡遭到破坏而引起频率变化时，原动机的调速系统将自动改变原动机的进汽（水）量，相应增加或减小发电机的输出功率。当调速系统的调节过程结束后，系统又运行在新的运行状态。

1. 发电机组的频率特性

发电机组的有功功率与频率之间的关系，称为发电机组的有功功率—静态频率特性，简称发电机组的频率特性。为了说明这种特性，需要先对原动机的自动调速系统的作用原理加以说明。

（1）自动调速系统。自动调速系统的种类很多，下面介绍一种最原始的机械调速系统——离心飞摆式调速系统。这种调速系统比较直观，而且调节机理与新型调速系统没有很大差别。

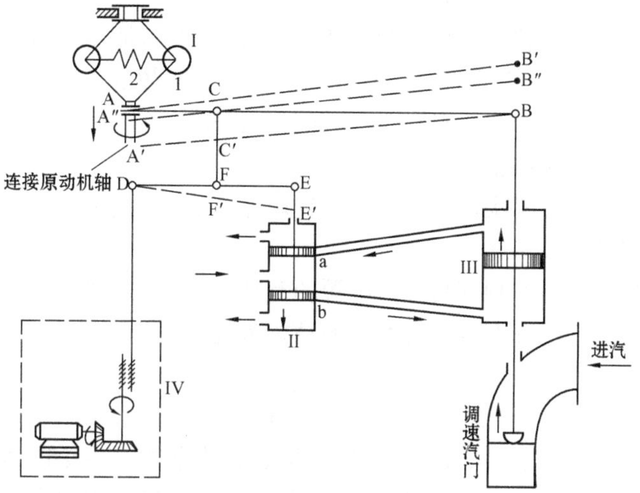

图 4-28 离心飞摆式调速系统示意图

Ⅰ—测速元件；Ⅱ—错油门；Ⅲ—油动机；Ⅳ—调频器；1—飞摆；2—弹簧

离心飞摆式调速系统的示意图如图 4-28 所示，其作用原理如下。

1）调速器的工作原理：电力系统在某种正常运行方式下运行时，发电机以同步转速运行，汽轮机的汽门开度或水轮机的水门开度一定，原动机的机械功率 P_T 一定，发电机的电磁功率 P_E 等于原动机的机械功率。当外界负荷 P_L 变化时，如 P_L 增加，发电机的电磁功率 P_E 应增加，根据下列关系式

$$P_E = M_E \omega \qquad M_E = M_T \qquad P_T = M_T \omega$$

当 $P_E\uparrow \rightarrow M_E\uparrow \rightarrow M_T\uparrow$（$P_T=c$）$\rightarrow \omega\downarrow \rightarrow f\downarrow$，即当电磁功率 P_E 增加时，电磁转矩 M_E 应增加，由于电磁转矩 M_E 与机械转矩 M_T 平衡，所以机械转矩 M_T 就应增加，在汽轮机的汽门开度或水轮机的水门开度不变时，机械功率 P_T 不变。或者说，在电磁功率变化的瞬间，机械功率还来不及变化，因而转速 ω 减小，频率 f 减小。当机组的转速减小时，此时，飞摆由于离心力的减小，在弹簧 2 的作用下向转轴靠拢，使 A 点向下移动到 A′点，C 点下移至 C′点。但因油动机Ⅲ活塞两边油压相等，所以 B 点不动，结果使杠杆 AB 绕 B 点逆时针转动到 A′B。在调频器不动作的情况下，D 点也不动，则杠杆 DE 绕 D 点顺时针转动到 DE′，从而 F 点下移至 F′点，E 点向下移动到 E′点。错油门Ⅱ活塞向下移动，使油管 a、b 小孔开启，压力油经油管 b 进入油动机活塞底部，而油动机活塞上部的油则经油管 a 经错油门上部小孔溢出。在油压作用下，油动机活塞向上移动，B 点上移至 B″点，使汽轮机的调节汽门或水轮机水门的导向叶片开度增大，增加进汽量或进水量。因而会使机组的转速 ω 回升，杠杆 A′点上移至 A″点，当 C′回至 C 点时，错油门活塞提升，使油管 a、b 的小孔重新堵住。这就完成了一次调整。

这时，比较杠杆 AB 与 A″B″的位置，C 点仍能恢复 C 点，因机组转速稳定后，错油门

活塞的位置恢复原状，B″高于 B，A″低于 A，可见经一次调速后，虽然进汽量或进水量增大了，发出的功率增大了，但由于钢体的不可变形性，机组的转速不能达到调节前的转速，而是 $f < f_N$。要想使之恢复原状，再靠二次调整。

2）调频器的工作原理：二次调整是借调频器Ⅳ完成的，调频器转动蜗轮蜗杆，将 D 点抬高，杠杆 DE 的 F 点不动，E 点下降，使错油门活塞再次向下移动，开启小孔。在油压作用下，油动机活塞再次向上移动，B″点移至 B′点，进一步增加进汽或进水量。机组转速上升，离心飞摆使 A 点由 A″向上升至 A，杠杆 AB′为二次调频的结果。而在油动机活塞向上移动时，杠杆 AB 向上移动，带动 C、F、E 点向上移动，再次堵住错油门小孔，再次结束调节过程，这就完成了二次调整。

由以上分析可知，经过两次调整，机组的转速才恢复，使系统的频率达到或近似等于调节前的额定频率，即 $f \approx f_N$。

（2）电源的有功功率静态频率特性。电源的有功功率静态频率特性通常可理解为就是发电机组中原动机机械功率的静态频率特性。原动机未配置自动调整系统时，其机械功率与角速度或频率的关系为

$$P_T = C_1 \omega - C_2 \omega^2 = C_3 f - C_4 f^2 \tag{4-26}$$

式中各变量都是标幺值，C_1、C_2、C_3、C_4 均为常数。关系式（4-26）可用图 4-29 所示曲线表示，而这条曲线又可理解为：机组转速很小时，即使蒸汽或水在它叶轮上施加很大转矩，但由于功率为转矩和转速的乘积，即 $P_T = M_T \omega$，所以这时它的输出功率 P_T 仍很小；又如机组转速很大时由于进汽或进水速度难以跟上叶轮速度，它们在叶轮上施加的转矩很小，功率 P_T 也很小。只有在额定条件下，转速和转矩都适中，它们的乘积最大，功率 P_T 也最大。

原动机配置自动调速系统后，它的调速器随机组转速的变动不断改变进汽或进水量，使原动机的运行点不断从一根静态频率特性曲线向另一根静态频率特性曲线过渡，如图 4-30 中 a′—a″—a‴—…。图中曲线组是分别对应不同进汽或进水量的静态频率特性。连接不同曲线上运行点 a′，a″，a‴…的虚线 1—2—3，则是有调速器调节，或有频率的一次调整时的静态频率特性。线段 2—3 之所以有下降的趋势是因为运行点转移到点 2 时，进汽或进水量已达最大值，调速器已不能再发挥作用，以致转速或频率进一步下降时，运行点只能沿对应最大进汽或进水量时的频率特性转移，原动机的功率只能下降。有时，为简化分析，常以直线 1—2 替代曲线 1—2；以直线 2—3′替代曲线 2—3，即可以认为进汽或进水量达到最大值后，原动机的机械功率可保持不变。图 4-30 中直线（实线）1—2—3′为有调速器时电源的有功功率静态频率特性。

调速系统中调频器的二次调整作用在于：原动机的负荷改变时，手动或自动地操作调频器，使有一次调整的静态频率特性平行移动，如图 4-31（a）所示。图中实线所示的一组平行直线是一组仅有一次调整时的静态频率特性。有调频器的二次调整后，原动机的运行点就不断从一根仅有一次调整的静态频率特性曲线过渡到另一根曲线，如图 4-31 中 b′—b″—b‴—…所示。因此，曲线Ⅰ—Ⅱ或与它近似的直线Ⅰ—Ⅱ是有调频器的二次调整后，原动机的静态频率特性。这种静态频率特性有两种类型：一种称为无差调节，即负荷变动时，原动机的调速系统经二次调整后使得频率恢复了初始值，如图 4-31（a）所示；另一种称为有差调节，如图 4-31（b）所示，即负荷变动时，原动机的调速系统经二次调整后，使得频率

没有恢复初始值，而是有很小的频率误差，该频率误差也是根据情况的需要设置的。

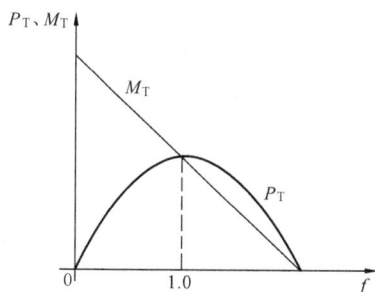

图 4-29　未配置自动调速系统时
原动机的静态频率特性

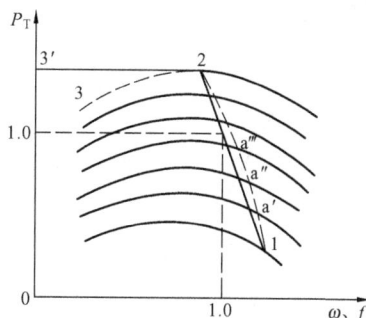

图 4-30　有一次调整时原动机
的静态频率特性

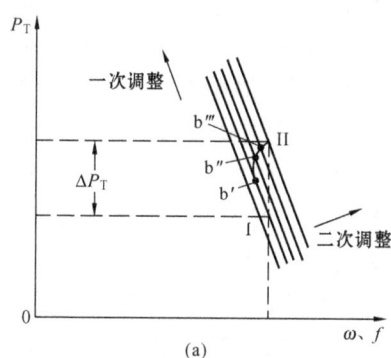

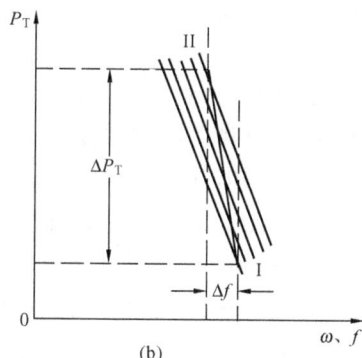

图 4-31　有二次调整时原动机的静态频率特性
(a) 调频器的作用（无差调节）；(b) 有调频器时的静态频率特性（有差调节）

　　由于电力系统的负荷随时都在变化，因此系统的频率也随之变化，欲使系统的频率变化不超过允许的范围，就必须对频率进行调整。

　　2. 频率的一次调整

　　负荷和电源的有功功率静态频率特性已知后，分析频率的一次调整并不困难。这里以一台机一个综合负荷为例，见图 4-32 (a)，机组的静态频率特性如图 4-32 (b) 所示，负荷的静态频率特性如图 4-32 (c) 所示，为简化分析，用直线代替曲线。若把电源和负荷的静态频率特性画在同一个坐标系上得一个综合静态频率特性，如图 4-32 (d) 所示。

　　设原始正常运行方式下负荷功率为 P_L，发电机组原动机的频率特性与负荷频率特性的交点就是系统的原始运行工作点，即图 4-32 (d) 中点 O。发电机运行在点 O，发出的功率为 P_o，系统的频率为 f_o。

　　当负荷功率突然增加时，如由 P_L 增加到 $P_L'(P_L'>P_L)$，见图 4-32 (d) 中 P_L' 曲线。设负荷的性质不变，则负荷的频率特性突然向上移动 ΔP_{Lo}。由于负荷突然增加时发电机组的功率不能及时随之变动，因而机组将减速，频率将下降。而在频率下降的同时，发电机组的功率将因它的调速器的一次调速作用而增大，图 4-32 (d) 中运行点从点 O 沿原动机的频率特性向上转移。负荷的功率将因它本身的调节效应而减小，减小的趋势见图中运行点从点

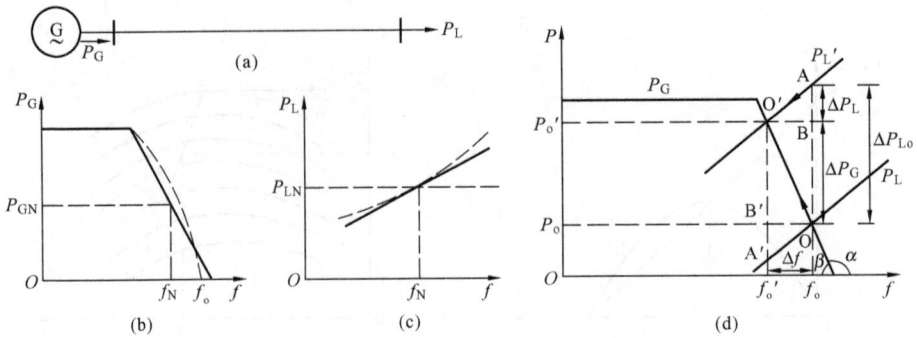

图 4-32　频率的一次调整

(a) 简化电力系统；(b) 电源的静态频率特性；(c) 负荷的静态频率特性；(d) 综合频率特性

A 沿负荷的频率特性向下转移。前者沿原动机的频率特性向上增加，后者沿负荷的频率特性向下减小，正好到点 O′ 二者相交，即负荷的频率特性和电源的频率特性相交。由于在一次调整过程中，发电功率 P_G 的增减都有一定的惯性，所以将在点 O′ 经过一系列的衰减振荡，最终稳定在点 O′，点 O′ 即为新的运行工作点，对应的发电功率为 P_o'、频率为 f_o'。

由图 4-32 (d) 可知，$\overline{OA}=\overline{OB}+\overline{AB}$，$\overline{OA}$ 对应于 ΔP_{Lo}，ΔP_{Lo} 表示系统中负荷的增量。其中 $\overline{OB}$ 对应于 ΔP_G，ΔP_G 表示因调速器的调整作用而增大的发电功率；$\overline{AB}$ 对应于 ΔP_L，ΔP_L 表示因负荷本身的调节效应而减小的负荷功率。可见，系统中的负荷增量等于发电机组因调速器的作用而增加的发电功率与负荷因频率下降而减小的功率之和。显然，此时的系统频率 f_o' 不等于原始值 f_o，经过一次调整后，虽然使发电机组增发了功率，但也使系统频率有了误差 Δf。由图 4-32 (d) 可知，发电机组原动机或电源频率特性的斜率为

$$K_G=\frac{\Delta P_G}{\Delta f}=-\tan\alpha \tag{4-27}$$

称发电机的单位调节功率，以 MW/Hz 或 MW/(0.1Hz)为单位。它的标幺值则是

$$K_{G*}=\frac{\Delta P_G f_N}{P_{GN}\Delta f}=K_G\frac{f_N}{P_{GN}} \tag{4-28}$$

发电机的单位调节功率标志了，随频率的升降，发电机组发出功率减少或增加的多少。这个单位调节功率和机组的调差系数 σ 有固定的关系。所谓机组的调差系数是以百分数表示的机组空载运行时的频率 f_o 与额定条件下运行时的频率 f_N 的差值，即

$$\sigma\%=\frac{f_0-f_N}{f_N}\times100$$

则发电机单位调节功率 K_G 与 $\sigma\%$ 的关系为

$$K_G=\frac{P_{GN}}{f_0-f_N}=\frac{P_{GN}}{f_N\sigma\%}\times100$$

从而

$$K_{G*}=\frac{1}{\sigma\%}\times100 \tag{4-29}$$

调差系数 $\sigma\%$ 或与之对应的发电机的单位调节功率是可以整定的，一般整定为如下数值：

汽轮发电机组　$\sigma\%=3\%\sim5\%$ 或 $K_{G*}=33.3\sim20$；

水轮发电机组 $\sigma\% = 2\% \sim 4\%$ 或 $K_{G*} = 50 \sim 25$。

而电力系统频率的一次调整问题主要与这个调差系数或与之对应的发电机的单位调节功率有关。

负荷的静态频率特性也有一个斜率

$$K_L = \frac{\Delta P_L}{\Delta f} = \tan\beta \tag{4-30}$$

称负荷的单位调节功率,单位为 MW/Hz 或 MW/(0.1Hz),它的标幺值则是

$$K_{L*} = \frac{\Delta P_L}{P_{LN}} \frac{f_N}{\Delta f} = K_L \frac{f_N}{P_{LN}} \tag{4-31}$$

负荷的单位调节功率标志了,随频率的升降,负荷消耗功率增加或减少的多少。它的标幺值在数值上就等于额定条件下负荷的频率调节效应。所谓负荷的频率调节效应系指一定频率下负荷随频率变化的变化率

$$\frac{dP_{L*}}{df_*} = \Delta P_{L*} / \Delta f_* = K_{L*}$$

显然,负荷的单位调节功率或频率调节效应不能整定。电力系统综合负荷的单位调节功率 K_{L*} 大致为 1.5。

设系统的单位调节功率为 K_S,它应等于发电机的单位调节功率 K_G 与负荷的单位调节功率 K_L 之和。于是有

$$K_S = K_G + K_L = \frac{\Delta P_G + \Delta P_L}{\Delta f} = \frac{\Delta P_{Lo}}{\Delta f} \tag{4-32}$$

系统的单位调节功率也可以用标幺值表示。以标幺值表示时的基准功率通常就取系统原始运行状况下的总负荷。系统的单位调节功率标志了,系统负荷增加或减少时,在原动机调速器和负荷本身的调节效应共同作用下系统频率下降或上升的多少。因此,由这个系统的单位调节功率 K_S 可以求取在允许的频率偏移范围内系统能承受多大的负荷增减。

为保证电能质量,缩小频率误差,希望系统的单位调节功率 K_S 大些,而负荷的单位调节功率不能整定,只有将发电机的单位调节功率 K_G 整定得大些。K_G 越大,曲线越陡。但实际上,提高电源频率特性曲线的陡度也很困难,因为系统中的发电机不是都能参加调频的。假设 n 台机都能参加调频,则 n 台发电机的单位调节功率

$$K_{\Sigma Gn} = K_{G1} + K_{G2} + \cdots + K_{Gn} = \sum_{i=1}^{n} K_{Gi}$$

n 台机中,若有些机组因已满载而不能参加调整,能参加调频的机组小于 n 台,设仅有 m 台机组能参加调频,$m+1 \cdots n$ 台机组不能调频时

$$K_{\Sigma Gm} = K_{G1} + K_{G2} + \cdots + K_{Gm} = \sum_{i=1}^{m} K_{Gi}$$

显然

$$K_{\Sigma Gn} > K_{\Sigma Gm}$$

如将 $K_{\Sigma Gn}$ 和 $K_{\Sigma Gm}$ 换算为以 n 台发电机组的总容量为基准的标幺值,则这些标幺值的倒数就是全系统发电机组的等值调差系数,即

$$\frac{\sigma_n\%}{100} = \frac{1}{K_{Gn*}}, \quad \frac{\sigma_m\%}{100} = \frac{1}{K_{Gm*}}$$

显然

$$\sigma_m\% > \sigma_n\%$$

　　由于上述两方面原因，系统中总的发电机单位调节功率 K_G 不可能很大，从而系统的单位调节功率 K_S 也不可能很大。正因为这样，依靠调速器进行一次调整，只能限制周期较短、幅度较小的第一种负荷变动引起的频率偏移。当负荷变化的周期较长、幅度较大时，仅一次调整还不能保证频率偏移在允许的波动范围内，因而调频任务需要由调频器进行频率的二次调整来完成。

3. 频率的二次调整

　　如图 4-33 所示，一次调频的结果使工作点转移到 O′ 点，如果频率误差 $\Delta f' < \pm 0.2\text{Hz}$，系统可以继续运行；如果一次调整后 $\Delta f' > \pm 0.2\text{Hz}$，系统频率不满足电能质量的要求时，然而要操作调频器进行二次调频，使由于负荷变动引起的频率偏移不超出允许范围。

　　操作调频器使发电机组增发的功率为 ΔP_{Go}，如图 4-33 中所示，使电源的频率特性向上右移，则运行点又将从点 O′ 移动至点 O″（曲线 1 平行至曲线 2）。点 O″ 即为二次调整后的系统运

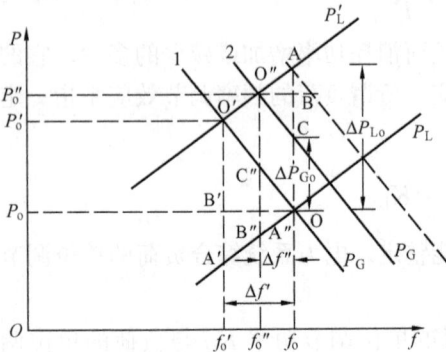

图 4-33　频率的二次调整

行工作点。点 O″ 对应的功率为 P_o''、频率为 f_o''。可见经过二次调整后，可以供给负荷的功率由 P_o' 增加到 P_o''（$P_o'' > P_o'$），且频率误差由 $\Delta f'$ 减小到 $\Delta f''$（$\Delta f'' < \Delta f'$），显然系统的运行质量提高了。

　　由图 4-33 可知：$\overline{OA} = \overline{OC} + \overline{CB} + \overline{AB}$，而 $\overline{OA}$ 对应于系统中负荷增量 ΔP_{Lo}。这个负荷增量 ΔP_{Lo} 可分解为三部分：一部分是由于进行二次调整发电机组增发的功率 ΔP_{Go}（图 4-33 中 $\overline{OC}$）；另一部分是由于调速器的调整作用而增大的发电机组功率（图中 $\overline{CB}$）；第三部分仍是由于负荷本身的调节效应而减小的负荷功率（图中 $\overline{AB}$）。这里分析频率误差，为不失一般性，将 $\Delta f''$ 仍以 Δf 表示，因此

$$\Delta P_{Lo} = \Delta P_{Go} + K_G \Delta f + K_L \Delta f$$

从而有

$$\Delta f = \frac{\Delta P_{Lo} - \Delta P_{Go}}{K_G + K_L}$$

$$K_S = K_G + K_L = \frac{\Delta P_{Lo} - \Delta P_{Go}}{\Delta f} \qquad (4-33)$$

　　由此可知，有二次调整时与仅有一次调整时的区别仅在于因操作调频器而增发了一个功率 ΔP_{Go}，而正是由于发电机组增发了这部分功率，才使得系统频率的下降有所减小，负荷获得的功率有所增大。

　　二次调整的作用较（一次调整）大，但在实际运行中，不是所有的机组都能进行二次调频，也只是选择很少的发电厂作为专门的调频厂，二次调频在调频厂进行。

　　如果调频厂不位于负荷的中心，则应避免调频厂与系统其他部分联系的联络线上的流通功率超出允许值，因而必须在调整系统频率的同时控制联络线上的流通功率。如图 4-34 所示 A、B 两系统相互联络，图中 K_A、K_B 分别为联合前 A、B 两系统的单位调节功率。设

A、B 两系统均有进行二次调整的发电厂，它们的功率变化量分别为 ΔP_{GA}、ΔP_{GB}；A、B 两系统的负荷变化量 ΔP_{LA}、ΔP_{LB}。于是，在联合前：

对于 A 系统有　$\Delta P_{LA}-\Delta P_{GA}=K_A\Delta f_A$　（4-34）

对于 B 系统有　$\Delta P_{LB}-\Delta P_{GB}=K_B\Delta f_B$　（4-35）

在联合后，全系统的频率变化量将一致，即有

图 4-34　两个系统联合

$\Delta f_A=\Delta f_B=\Delta f$。通过联络线由 A 向 B 输送的交换功率为 ΔP_{ab}，对于 A 系统，可把这个交换功率看作是一个负荷功率，对于 B 系统，可把这个交换功率看作是一个电源功率，从而有

$$\Delta P_{LA}+\Delta P_{ab}-\Delta P_{GA}=K_A\Delta f \qquad (4-36)$$

$$\Delta P_{LB}-\Delta P_{ab}-\Delta P_{GB}=K_B\Delta f \qquad (4-37)$$

将式（4-36）、式（4-37）相加，整理得

$$\Delta f=\frac{(\Delta P_{LA}-\Delta P_{GA})+(\Delta P_{LB}-\Delta P_{GB})}{K_A+K_B} \qquad (4-38)$$

令 $\Delta P_{LA}-\Delta P_{GA}=\Delta P_A$，$\Delta P_{LB}-\Delta P_{GB}=\Delta P_B$，$\Delta P_A$、$\Delta P_B$ 分别为 A、B 两系统的功率缺额，于是

$$\Delta f=\frac{\Delta P_A+\Delta P_B}{K_A+K_B} \qquad (4-39)$$

以此代入式（4-36）或式（4-37），可得

$$\Delta P_{ab}=\frac{K_A\Delta P_B-K_B\Delta P_A}{K_A+K_B} \qquad (4-40)$$

由以上可知，互联系统频率的变化取决于这个系统总的功率缺额和总的系统单位调节功率。联络线上的交换功率取决于两个系统的单位调节功率、二次调整的能力及负荷变化的情况。当交换功率超过线路允许的范围时，即使互联系统具有足够的二次调整能力，由于受联络线交换功率的限制，系统频率也不能保持不变。

4. 调频厂的选择

由于系统频率的调整主要是由调频厂负责调整，所以调频厂的选择是很重要的。所选择的调频厂必须满足以下要求：

（1）具有足够的调整容量；

（2）具有较快的调整速度；

（3）调整范围内的经济性能较好。

关于调频厂的调整容量：火电厂的可调容量受锅炉、汽轮机技术最小负荷的限制，其中汽轮机的技术最小负荷约为额定容量的 10%～15%；锅炉的技术最小负荷约为额定容量的 25%（中温中压）～70%（高温高压）。仅锅炉来讲，可调容量仅为额定容量的 75%（中温中压）～30%（高温高压）。水电厂的可调容量既受向下游释放水量的即制，又受水轮机技术最小负荷的限制，而这两个限制条件又因各水电厂具体条件的不同而不同。一般情况下，水电厂的可调容量大于火电厂的可调容量。

关于调频厂的调整速度：火电厂中，负荷急剧变动将使锅炉、汽轮机受损伤，或因燃烧不稳定而熄灭。负荷变动时，锅炉随之而变化得较快，汽轮机随之变化得较慢。所以火电厂中限制调整速度的主要是汽轮机的进汽量，负荷变动时，汽轮机速度较慢，而且频繁的开关

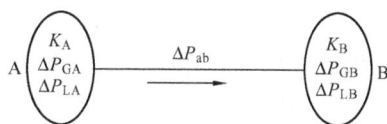

汽门将造成很大的浪费。而水电厂中限制调整速度的是水轮机的进水量，但水轮机随负荷变动的速度很快（比汽轮机快得多），而且损耗小。

因此，从可调容量和调整速度这两个基本要求出发，一般系统中有水电厂时，应选水电厂作为调频厂。若水电厂的调整容量不够或没有水电厂时，则可选中温中压机组的火电厂作为调频厂。

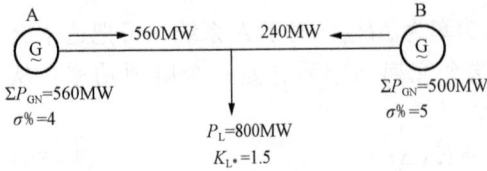

图 4-35　[例 4-5] 两机系统

【例 4-5】　在图 4-35 所示的 A、B 两机系统中，负荷为 800MW 时，频率为 50Hz。当负荷突然增加 50MW 后，在下列两种运行方式下，系统的频率、两机的功率各是多少？

(1) 两发电机组各承担一半负荷。

(2) 发电机组 A 承担 560MW，余下的 240MW 负荷由 B 机组承担。

解　(1) 两机单位调节功率为

$$K_{GA} = K_{GA*}\frac{P_{GN}}{f_N} = \frac{P_{GN} \times 100}{\sigma\% f_N} = \frac{560 \times 100}{4 \times 50} = 280 \,(MW/Hz)$$

$$K_{GB} = K_{GB*}\frac{P_{GN}}{f_N} = \frac{P_{GN} \times 100}{\sigma\% f_N} = \frac{500 \times 100}{5 \times 50} = 200 \,(MW/Hz)$$

负荷的单位调节功率为

$$K_L = K_{L*}\frac{P_{LN}}{f_N} = 1.5 \times \frac{800}{50} = 24 \,(MW/Hz)$$

系统的单位调节功率为

$$K_S = \sum_{i=1}^{2} K_{Gi} + K_L = K_{GA} + K_{GB} + K_L = 280 + 200 + 24 = 504 \,(MW/Hz)$$

频率变化量为

$$\Delta f = \frac{\Delta P_{Lo}}{K_S} = \frac{50}{504} = 0.0992 \,(Hz)$$

A 机功率为　$P_{GA} = 400 + 280 \times 0.0992 = 427.77 \,(MW)$

B 机功率为　$P_{GB} = 400 + 200 \times 0.0992 = 419.84 \,(MW)$

发电机组的功率为　$P_G = P_{GA} + P_{GB} = 427.77 + 419.84 = 847.61 \,(MW)$

此时负荷的有功功率为 $(800 + 50) - 24 \times 0.0992 = 847.61$ （MW）与发电机功率平衡。

(2) 发电机组 A 承担 560MW（已满负荷），负荷增加时调速器不再有一次调节作用，此时有 $K_{GA} = 0$，则系统的单位调节功率为

$$K_S = K_{GA} + K_{GB} + K_L = 0 + 200 + 24 = 224 \,(MW/Hz)$$

$$\Delta f = \frac{\Delta P_{Lo}}{K_S} = \frac{50}{224} = 0.2232 \,(Hz)$$

$$f = f_N - \Delta f = 50 - 0.2232 = 49.7768 \,(Hz)$$

$$P_{GA} = 560 \,(MW)$$

$$P_{GB} = 240 + 200 \times 0.2232 = 284.64 \,(MW)$$

发电机组的功率为　$P_G = P_{GA} + P_{GB} = 560 + 284.64 = 844.64 \,(MW)$

负荷的有功功率为　$(800 + 50) - 24 \times 0.2232 = 844.64$ （MW），与发电机功率平衡。

该系统允许频率偏移为 $\pm 0.2\,\mathrm{Hz}$，此种情况已超出允许的频率偏移范围，这说明 K_S 较小。系统的单位调节功率 K_S 较大，就能保证频率质量；K_S 较小，负荷增加时，就不能保证频率质量。

【例 4-6】　A、B 两系统并列运行，A 系统负荷增大 500MW 时，B 系统向 A 系统输送的交换功率为 300MW。如这时将联络线切除，切除后 A 系统的频率为 49Hz，B 系统的频率为 50Hz。试求：

(1) A、B 两系统的系统单位调节功率 K_A、K_B；

(2) A 系统负荷增大 750MW，联合系统的频率变化量。

解　(1) 设 f 为负荷增大后联络线切除前系统频率，f_A、f_B 分别为联络线切除后 A、B 系统频率，则有

$$-300 = K_A(f_A - f) \qquad ①$$
$$300 = K_B(f_B - f) \qquad ②$$

由式①和式②解得

$$\frac{300}{K_A} + \frac{300}{K_B} = f_B - f_A = 50 - 49 = 1 \qquad ③$$

又

$$-\Delta P_{ab} = \frac{-K_B \Delta P_A + K_A \Delta P_B}{K_A + K_B} = \frac{-500 K_B}{K_A + K_B} = -300 \qquad ④$$

联立式③和式④解出

$$K_A = 500\ \mathrm{MW/Hz}\ ,\ K_B = 750\ \mathrm{MW/Hz}$$

(2) 联合系统的频率变化量为

$$\Delta f = \frac{\Delta P_A + \Delta P_B}{K_A + K_B} = \frac{750}{500 + 750} = 0.6\ (\mathrm{Hz})$$

三、电力系统中有功功率负荷的最优分配

电力系统中有功功率负荷的最优分配，实际属于对第三种负荷的调整问题。电力系统中有功功率最优分配的目标是：在满足一定约束条件的前提下，尽可能使电能在产生的过程中消耗的能源最少。要想实现功率的经济分配，就必须首先考虑各类发电厂的运行特点及各发电设备的经济特性。

电力系统中的发电厂，目前主要有火力发电厂、水力发电厂及核能发电厂三类。它们的运行特点分别是：

(1) 火力发电厂。火力发电厂在运行中需要消耗燃料，并要占用国家的运输能力，它的运行不受自然条件的影响；火力发电设备的效率与蒸汽参数有关，高温高压设备的效率高，其次是中温中压设备，效率最低的是低温低压设备；火力发电厂的锅炉和汽轮机都有一个最小技术负荷，因此有功功率的调整范围比较小；负荷的增减速度慢，机组的投入和退出所需时间长，且消耗能量多。

(2) 水力发电厂。水力发电厂在运行中不需消耗燃料，因此，其发电成本比火电厂大为降低；水电厂的运行，因水库调节性能的不同，容易受自然条件的影响；水轮发电机的功率调整范围较宽，负荷增减速度相当快，机组的投入和退出灵活，操作简便安全；为综合利用水能，保证河流下游的灌溉、通航等，水电厂必须向下游释放一定水量，与这部分水量相对应的发电功率也是强迫功率，它不一定能同系统负荷的需要相一致，因此只有在火电厂的适

当配合下，才能充分发挥水电厂的经济效益。

（3）核能发电厂。核电厂与火电厂相比，一次投资大，运行费用小，运行中不宜带急剧变动的负荷；反应堆和汽轮机组的退出和投入运行都很费时，且要增加能量的消耗；核电厂的最小负荷主要取决于汽轮机，约为额定负荷的 10%～15%。

各类发电设备的经济特性是不一样的，例如，电热联合生产的供热式汽轮发电机每生产 1kWh 的电能所消耗的燃料（煤），比凝汽式汽轮发电机组要少得多。此外，即使对同一个发电机组而言，它的燃料消耗也随着它所带的负荷大小而变化。一般而言，在 70%～80% 额定负荷下运行最为经济，耗能最低，这是因为在设计制造时已考虑到发电机组在一年中大致以 70%～80% 的额定负荷运行的小时数最多。所谓发电设备的经济特性，是与发电设备的耗量特性有关的问题。

1. 发电机组的耗量特性和耗量微增率

发电设备单位时间内消耗的能源与发出有功功率的关系，即发电设备输入与输出的关系，称为耗量特性，如图 4-36 所示。图中纵坐标表示单位时间内消耗的燃料 F（标准煤），单位为 t/h，或表示单位时间内消耗的水量 W，单位为 m^3/s；横坐标为发电功率 P_G，单位为 "kW" 或 "MW"。

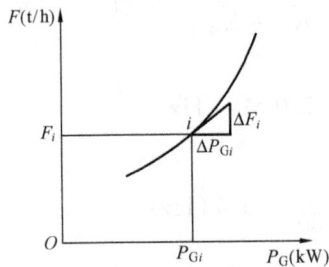

图 4-36 耗量特性曲线　　　图 4-37 耗量微增率曲线

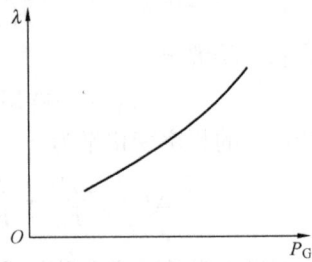

耗量特性曲线上某一点 i 纵坐标与横坐标的比值，即单位时间内输入能量与输出功率之比，称为比耗量，以 μ_i 表示，即

$$\mu_i=\frac{F_i}{P_{Gi}} \quad 或 \quad \mu_i=\frac{W_i}{P_{Gi}} \tag{4-41}$$

显然 μ_i 从几何意义上，是耗量特性曲线上某一点 i 与坐标原点连线的斜率。

评价各发电机组的经济特性，常常用到耗量特性曲线上某一点纵坐标与横坐标的增量比，称为耗量微增率，以 λ 表示。耗量微增率 λ 是单位时间内输入能量增量与输出功率增量的比值。图 4-36 中 i 点的耗量微增率为

$$\lambda_i=\frac{\Delta F_i}{\Delta P_{Gi}}=\frac{dF_i}{dP_{Gi}} \tag{4-42}$$

λ_i 值越小，经济特性越好。由图 4-36 可见，λ_i 从几何意义看，是耗量特性曲线上某一点 i 切线的斜率。而 λ 与 P_G 的关系可用耗量微增率曲线来表示。根据 λ 的定义，该曲线可由耗量特性曲线上的各点切线斜率绘出，如图 4-37 所示。

2. 等耗量微增率准则

电力系统中有功功率负荷最优分配的目的在于满足对一定负荷持续供电的前提下，尽可

能使电能在产生的过程中消耗的能源最少。所以在明确了有功功率负荷的大小和耗量特性、系统中有一定备用容量的前提下，就可以考虑这些负荷在已运行的发电设备或发电厂之间的优化分配问题。要想使负荷达到最优分配，应找出负荷最优分配的原则。为找出这样一个原则，需要首先建立目标函数，而且随着电厂的类型不同，建立的目标函数也不同。这里，为简便分析，仅考虑火电厂之间的功率最优分配。

火力发电厂的能量消耗主要是燃料消耗，而燃料的消耗主要与发电机组输出的有功功率 P_G 有关，与输出的无功功率 Q_G 及电压 U_G 等其他运行参数的关系较小，故第 i 个发电机组单位时间内消耗的燃料可表示为

$$F_i = F(P_{Gi}) \tag{4-43}$$

式中　F_i——第 i 台机组的耗量函数，t/h。

在 n 台机系统中，整个系统单位时间内所消耗的燃料可表示为

$$F = \sum_{i=1}^{n} F_i = F_1(P_{G1}) + F_2(P_{G2}) + \cdots + F_n(P_{Gn}) \tag{4-44}$$

式中　F——整个系统的耗量函数，t/h。

由式（4-44）可见，整个系统的耗量函数即是系统中各台机的耗量函数之和。若以这个耗量函数 F 作为目标函数，该目标函数还应满足一定的约束条件。根据电能不能大量储存的特点，系统功率平衡关系为

$$\sum_{i=1}^{n} P_{Gi} = \sum_{j=1}^{m} P_{Lj} + \Delta P_{\Sigma} \tag{4-45}$$

可将式（4-45）作为目标函数的等约束条件。式（4-45）中 ΔP_{Σ} 为网络损耗功率。若忽略 ΔP_{Σ}，则有

$$\sum_{i=1}^{n} P_{Gi} = \sum_{j=1}^{m} P_{Lj} \tag{4-46}$$

目标函数除了满足一定的等约束条件之外，还应满足一定的不等约束条件。不等约束条件为

$$\left.\begin{array}{l} P_{Gimin} \leqslant P_{Gi} \leqslant P_{Gimax} \\ Q_{Gimin} \leqslant Q_{Gi} \leqslant Q_{Gimax} \quad i=1,2,\cdots,n \\ U_{Gimin} \leqslant U_{Gi} \leqslant U_{Gimax} \end{array}\right\} \tag{4-47}$$

这里以两台机供给一个负荷为例，讨论在满足等约束条件和不等约束条件的前提下，使目标函数最优的问题。如图 4-38 所示供电系统，其目标函数为

$$F(P_{G1},P_{G2}) = F_1(P_{G1}) + F_2(P_{G2})$$

等约束条件为

$$\begin{aligned} f(P_{G1},P_{G2}) &= P_{G1} + P_{G2} - P_L \\ &= P_{G1} + P_{G2} - P_{L1} - P_{L2} = 0 \end{aligned}$$

为求满足等约束条件 $f(P_{G1},P_{G2}) = 0$ 时目标函数 $F(P_{G1},P_{G2})$ 的最小值，在数学上，可根据给定的目标函数和等约束条件建立一个新的不受约束的目标函数——拉格朗日函数，即

图 4-38　两机供电系统

$$\begin{aligned} C^* &= F(P_{G1},P_{G2}) - \lambda f(P_{G1},P_{G2}) \\ &= F_1(P_{G1}) + F_2(P_{G2}) - \lambda(P_{G1} + P_{G2} - P_{L1} - P_{L2}) \end{aligned} \tag{4-48}$$

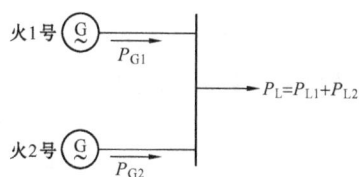

　　为求拉格朗日函数 C^* 的最小值，应先求出函数对各变量的偏导数，然后令偏导数等于零。由于拉格朗日函数中有三个变量 P_{G1}、P_{G2}、λ，求它的最小值时应有三个条件，即

$$\frac{\partial C^*}{\partial P_{G1}} = 0, \qquad \frac{\partial C^*}{\partial P_{G2}} = 0, \qquad \frac{\partial C^*}{\partial \lambda} = 0$$

而这三个条件就是

$$\frac{\partial C^*}{\partial P_{G1}} = \frac{\partial}{\partial P_{G1}} F(P_{G1}, P_{G2}) - \lambda \frac{\partial}{\partial P_{G1}} f(P_{G1}, P_{G2})$$

$$= \frac{dF_1(P_{G1})}{dP_{G1}} - \lambda = 0 \tag{4-49a}$$

$$\frac{\partial C^*}{\partial P_{G2}} = \frac{\partial}{\partial P_{G2}} F(P_{G1}, P_{G2}) - \lambda \frac{\partial}{\partial P_{G2}} f(P_{G1}, P_{G2})$$

$$= \frac{dF_2(P_{G2})}{dP_{G2}} - \lambda = 0 \tag{4-49b}$$

$$\frac{\partial C^*}{\partial \lambda} = -P_{G1} - P_{G2} + P_{L1} + P_{L2} = 0 \tag{4-49c}$$

从式（4-49a）得　　$\lambda = \dfrac{dF_1(P_{G1})}{dP_{G1}} = \lambda_{G1}$　　　　（1 号机的耗量微增率）

从式（4-49b）得　　$\lambda = \dfrac{dF_2(P_{G2})}{dP_{G2}} = \lambda_{G2}$　　　　（2 号机的耗量微增率）

从式（4-49c）得　　$P_{G1} + P_{G2} = P_{L1} + P_{L2}$　　　（等约束条件）

　　由以上看出，1、2 号发电机的耗量微增率是相等的，即

$$\lambda = \lambda_{G1} = \lambda_{G2}$$

这就是著名的等耗量微增率准则。对应这个准则所求得的 1、2 号发电机的功率 P_{G1}、P_{G2} 为最小值，消耗的能源也最小。此种情况下的功率分配最经济，且能满足等约束条件。如果也能满足不等约束条件，那么，这种分配方案一定为最优。如上的分析方法和结论可推广运用于更多发电厂之间的负荷分配。对于 n 台机系统：

目标函数　　$F(P_{G1}, P_{G2}, \cdots, P_{Gn}) = F_1(P_{G1}) + F_2(P_{G2}) + \cdots + F_n(P_{Gn})$

等约束条件　　　　　　　　$f(P_{G1}, P_{G2}, \cdots, P_{Gn}) = 0$

拉格朗日函数　　$C^* = F(P_{G1}, P_{G2}, \cdots, P_{Gn}) - \lambda f(P_{G1}, P_{G2}, \cdots, P_{Gn})$

等耗量微增率　　　　　$\lambda_{G1} = \lambda_{G2} = \cdots = \lambda_{Gn} = \lambda$ 　　　　　　(4-50)

　　若按等耗量微增率准则分配负荷，所得的 P_{G1}，P_{G2}，$\cdots$，P_{Gn} 为最小，这种分配方案最经济、最合理。

　　【例 4-7】　某发电厂有两台发电设备，其耗量特性分别为

$$F_1 = 3 + 0.3P_{G1} + 0.002P_{G1}^2 \,(\text{t/h})$$

$$F_2 = 5 + 0.3P_{G2} + 0.003P_{G2}^2 \,(\text{t/h})$$

两台发电设备的额定容量均为 100MW，而最小可发有功功率均为 30MW，若该厂承担负荷 150MW，试求负荷在两发电设备间的最优分配方案。

　　解　两台发电设备的耗量微增率分别为

$$\lambda_1 = \frac{dF_1}{dP_{G1}} = 0.3 + 0.004P_{G1}$$

$$\lambda_2 = \frac{\mathrm{d}F_2}{\mathrm{d}P_{G2}} = 0.3 + 0.006P_{G2}$$

按等耗量微增率准则 $\lambda_1 = \lambda_2$ 分配负荷，有

$$0.3 + 0.004P_{G1} = 0.3 + 0.006P_{G2} \qquad ①$$

而等约束条件为

$$P_{G1} + P_{G2} = 150 \qquad ②$$

联立式①、式②，求解 P_{G1}、P_{G2}：

将 $P_{G2} = 150 - P_{G1}$ 代入式①有

$$0.3 + 0.004P_{G1} = 0.3 + 0.006 \times (150 - P_{G1})$$

$$0.004P_{G1} = 0.9 - 0.006P_{G1}$$

$$0.01P_{G1} = 0.9$$

于是解得　$P_{G1} = 90\mathrm{MW}$，$P_{G2} = 60\mathrm{MW}$。

此分配方案符合等耗量微增率准则，即满足等约束条件，也满足不等约束条件（30＜90＜100、30＜60＜100），因此，可作为最优分配方案。

四、水、火电厂之间的有功功率负荷最优分配

以上讨论了不计网损，仅火电厂之间的最优分配原则，如果电力系统中有水电厂，还应考虑到水电厂的发电设备消耗的能源可能受到限制。例如，水电厂一昼夜间消耗的水量受水库调度约束。下面讨论电力系统中水、火电厂之间的有功功率负荷的最优分配问题。为方便起见，将负荷的分配局限于一个火力发电厂与一个水力发电厂之间，并略去网络损耗，如图 4 - 39 中，P_{G1} 为火电厂应发的有功功率，P_{G2} 为水电厂应发的有功功率，$P_L = P_{L1} + P_{L2}$ 为负荷功率。

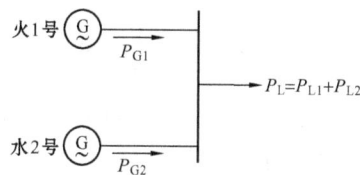

图 4 - 39　水火电厂之间的负荷分配

这种情况下的目标函数为

$$F_\Sigma = \int_0^\tau F_1(P_{G1})\mathrm{d}t \qquad (4 - 51)$$

式（4 - 51）表明 τ 时间段内火电厂所消耗的燃料。可见目标函数仅是火电厂的耗量函数。

而等约束条件有两个

$$P_{G1} + P_{G2} - P_{L1} - P_{L2} = 0 \qquad (4 - 52)$$

$$\int_0^\tau W_2(P_{G2})\mathrm{d}t = K_2 \qquad (4 - 53)$$

式（4 - 53）中，W_2 为单位时间内水力发电厂消耗的水量，它是发出功率 P_{G2} 的函数。K_2 表示水力发电厂在 $0 \sim \tau$ 时间段可消耗的水量。由式（4 - 53）可知，水电厂在 τ 时间段内消耗的水量不得超过水库的容水量。

至于不等约束条件，显然为

$$\left. \begin{array}{l} P_{G1\min} \leqslant P_{G1} \leqslant P_{G1\max}, \quad P_{G2\min} \leqslant P_{G2} \leqslant P_{G2\max} \\ Q_{G1\min} \leqslant Q_{G1} \leqslant Q_{G1\max}, \quad Q_{G2\min} \leqslant Q_{G2} \leqslant Q_{G2\max} \\ U_{G1\min} \leqslant U_{G1} \leqslant U_{G1\max}, \quad U_{G2\min} \leqslant U_{G2} \leqslant U_{G2\max} \end{array} \right\} \qquad (4 - 54)$$

当前要解决的问题是如何使在两个等约束条件下的目标函数为最优。而与上述火电厂之

间的有功功率最优分配尤为不同的是，其约束条件和目标函数都以对时间 t 的积分出现。为处理好这个问题，可将 $0\sim\tau$ 时间段分成若干个更小的时间小段，于是式（4-51）、式（4-53）中的积分可改为求和，即

$$F_\Sigma = \sum_{k=1}^{t} F_{1\cdot k}(P_{G1\cdot k})\Delta t_k \qquad (4-55)$$

$$\sum_{k=1}^{t} W_{2\cdot k}(P_{G2\cdot k})\Delta t_k = K_2 \qquad (4-56)$$

显然，只要时间段 Δt_k 分得足够小，这样做是完全允许的。

与这样处理相适应，式（4-52）也应改写为

$$(P_{G1\cdot k} + P_{G2\cdot k} - P_{L1\cdot k} - P_{L2\cdot k}) = 0 \qquad (k=1,2,\cdots,t) \qquad (4-57)$$

以表示在各个不同时间段的能量平衡关系。

类似于两个火电厂之间的有功功率最优分配的准则推导，仍然运用拉格朗日乘数法建立新的、不受约束的目标函数，即拉格朗日函数。考虑如上的目标函数和两个等约束条件所建立的新的、不受约束的目标函数为

$$C^* = \sum_{k=1}^{t} F_{1\cdot k}(P_{G1\cdot k})\Delta t_k - \sum_{k=1}^{t} \lambda_k(P_{G1\cdot k} + P_{G2\cdot k} - P_{L1\cdot k} - P_{L2\cdot k})\Delta t_k$$

$$+ \gamma_2 \left[\sum_{k=1}^{t} W_{2\cdot k}(P_{G2\cdot k})\Delta t_k - K_2 \right] \qquad (4-58)$$

式中的 λ_1，λ_2，$\cdots$，λ_t 和 γ_2 都是拉格朗日乘数，而其中的 γ_2 则是为引入水电厂的约束条件而新增加的。然后取

$$\frac{\partial C^*}{\partial P_{G1\cdot k}} = 0, \quad \frac{\partial C^*}{\partial P_{G2\cdot k}} = 0, \quad \frac{\partial C^*}{\partial \lambda_k} = 0, \quad \frac{\partial C^*}{\partial \gamma_2} = 0$$

以求取这目标函数为最小值时应有的条件，这些条件是

$$\left.\begin{array}{ll} \dfrac{\mathrm{d}F_{1\cdot k}(P_{G1\cdot k})}{\mathrm{d}P_{G1\cdot k}} - \lambda_k = 0 & (k=1,2,\cdots,t) \\[2mm] \gamma_2 \dfrac{\mathrm{d}W_{2\cdot k}(P_{G2\cdot k})}{\mathrm{d}P_{G2\cdot k}} - \lambda_k = 0 & (k=1,2,\cdots,t) \\[2mm] P_{G1\cdot k} + P_{G2\cdot k} - P_{L1\cdot k} - P_{L2\cdot k} = 0 & (k=1,2,\cdots,t) \\[2mm] \sum\limits_{k=1}^{t} W_{2\cdot k}(P_{G2\cdot k})\Delta t_k - K_2 = 0 & \end{array}\right\} \qquad (4-59)$$

式（4-59）中共有 $3t+1$ 个独立方程式，恰与 $3t+1$ 个变量 $P_{G1\cdot 1}$，$P_{G1\cdot 2}\cdots P_{G1\cdot t}$，$P_{G2\cdot 1}$，$P_{G2\cdot 2}\cdots P_{G2\cdot t}$；$\lambda_1$，$\lambda_2\cdots\lambda_t$；$\gamma_2$ 相适应，可以求解。

联立方程组，可得

$$\frac{\mathrm{d}F_{1\cdot k}(P_{G1\cdot k})}{\mathrm{d}P_{G1\cdot k}} = \gamma_2 \frac{\mathrm{d}W_{2k}(P_{G2\cdot k})}{\mathrm{d}P_{G2\cdot k}} = \lambda_k \qquad (k=1,2,\cdots,t) \qquad (4-60)$$

如果时间小段取得足够短，式（4-60）也可表示某一瞬间火电厂与水电厂之间最优分配负荷的条件，因而可将式中的下标"k"去掉，而将其改写为

$$\frac{\mathrm{d}F_1(P_{G1})}{\mathrm{d}P_{G1}} = \gamma_2 \frac{\mathrm{d}W_2(P_{G2})}{\mathrm{d}P_{G2}} = \lambda \qquad (4-61)$$

式中　$\dfrac{\mathrm{d}F_1(P_{G1})}{\mathrm{d}P_{G1}}$——火电厂的燃料耗量微增率，可以 λ_{G1} 表示；

$$\frac{dW_2(P_{G2})}{dP_{G2}}$$ ——水电厂的水耗量微增率，可以 λ_{G2} 表示。

于是有
$$\lambda_{G1} = \gamma_2 \lambda_{G2} = \lambda \qquad (4-62)$$

式（4-62）即为水、火电厂并联运行时负荷最优分配的等耗量微增率准则。由式（4-62）可见，只要将水电厂的耗量微增率乘以某一个待定的拉格日乘数 γ_2 就可与火电厂的耗量微增率相当。这个待定系数 γ_2 实际上可看做是一个煤、水换算系数，相当于把 $1m^3/h$ 的水量通过 γ_2 折算成 $1t/h$ 的煤量，则 γ_2 的单位为 t/m^3。

如果系统中有 n 个电厂，其中 m 个火电厂、$(n-m)$ 个水电厂，则有功功率最优分配准则为

$$\lambda_{G1} = \lambda_{G2} = \cdots = \lambda_{Gm} = \gamma_{m+1}\lambda_{Gm+1} = \gamma_{m+2}\lambda_{Gm+2} = \cdots = \gamma_n \lambda_n = \lambda \qquad (4-63)$$

显然，这时的约束条件更多了，待定的换算系数也更多，计算工作量将大为增加。

以上都是在忽略网损后的情况，若网络线路较长、负荷很重，则网损较大，此时仍忽略网损，ΔP_Σ 就会产生很大误差，所以应考虑 $\Delta P_\Sigma \neq 0$ 时的条件，这时等约束条件为 $\sum P_{Gi} - \sum P_{Lj} - \Delta P_\Sigma = 0$。在研究这个问题时可以把 ΔP_Σ 看成是负荷，再应用上面类似的方法求解即可。

【例4-8】 已知电力系统只有一个火电厂、一个水电厂。水、火电厂的耗量特性分别为：
$$F = 3 + 0.3P_{G1} + 0.0015P_{G1}^2 \ (t/h)$$
$$W = 5 + P_{G2} + 0.002P_{G2}^2 \ (m^3/s)$$

水电厂日用水量恒定为 $K = 1.5 \times 10^7 m^3$，系统的日负荷曲线如图 4-40 所示。火电厂容量为 900MW，水电厂容量为 400MW。求在给定的用水量下，水、火电厂间的有功功率经济分配方案。

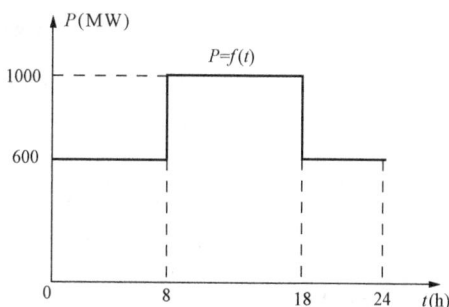

图 4-40　日负荷曲线

解　由负荷曲线可知，0~8h 及 18~24h 负荷为 600MW，8~18h 负荷为 1000MW。各厂的微增率为

$$\lambda_{G1} = \frac{dF}{dP_{G1}} = 0.3 + 0.003P_{G1}$$

$$\lambda_{G2} = \frac{dW}{dP_{G2}} = 1 + 0.004P_{G2}$$

根据微增率准则，有
$$0.3 + 0.003P_{G1} = \gamma_2(1 + 0.004P_{G2})$$

由于 γ_2 未知，首先设定 $\gamma_2 = 1$ 代入求解。

在 0~8h 及 18~24h，有
$$0.3 + 0.003P_{G1} = 1 + 0.004P_{G2}$$
$$P_{G1} + P_{G2} = 600$$

解得　　　　$P_{G2} = 157.1 \ (MW) \qquad P_{G1} = 442.9 \ (MW)$

在 8~18h，有
$$0.3 + 0.003P_{G1} = 1 + 0.004P_{G2}$$
$$P_{G1} + P_{G2} = 1000$$

解得　　　　$P_{G2} = 328.57MW, \quad P_{G1} = 671.43MW$

将上述计算结果代回到水电厂耗量特性验算用水量。

在 0～8h 及 18～24h，用水量为

$$W' = 5 + P_{G2} + 0.002P_{G2}^2 = 5 + 157.1 + 0.002 \times 157.1^2 = 211.46(\text{m}^3/\text{s})$$

$$K' = W't = 211.46 \times 14 \times 3600 = 10\ 657\ 584(\text{m}^3)$$

在 8～18h，用水量为

$$W'' = 5 + 328.57 + 0.002 \times 328.57^2 = 549.5(\text{m}^3/\text{s})$$

$$K'' = W''t = 549.5 \times 10 \times 3600 = 19\ 782\ 000(\text{m}^3)$$

全天总用水量

$$K = K' + K'' = 10\ 657\ 584 + 19\ 782\ 000 = 30\ 439\ 584\ (\text{m}^3)$$

因 $K > 1.5 \times 10^7\ \text{m}^3$，需增加 γ_2 的值重新计算，多次重复计算结果列于表 4 - 3 中。

表 4 - 3   负荷最优分配方案的计算结果

γ_2	0～8h 及 18～24h		8～18h		$K(\text{m}^3)$
	$P_{G1}(\text{MW})$	$P_{G2}(\text{MW})$	$P_{G1}(\text{MW})$	$P_{G2}(\text{MW})$	
1.4	518.6	81.39	739.1	220.9	16 667 259
1.45	526.1364	73.8636	789.77	210.9	15 454 980
1.47	529.054	70.946	793.92	206.08	14 990 904
1.4696	528.996 22	71.003 78	793.8368	206.1632	15 000 892
1.469 635	529.002	70.998	793.845	206.155	14 999 975

最后分配方案为

$\gamma_2 = 1.47$

0～8h 及 18～24h 时，$P_{G1} = 529.002\text{MW}$，$P_{G2} = 70.998\text{MW}$

8～18h 时，$P_{G1} = 793.845\text{MW}$，$P_{G2} = 206.155\text{MW}$

$K = 14\ 999\ 975\text{m}^3$ （$< K = 1.5 \times 10^7\text{m}^3$）

习 题 与 思 考 题

4 - 1   电力系统的无功电源有哪些？无功负荷有哪些？无功功率平衡方程式是什么？

4 - 2   对电力系统的电压管理，如何选择中枢点？

4 - 3   中枢点的调压方式有哪些？什么是逆调压、顺调压及常调压？

4 - 4   电力系统电压调整的措施有哪些？

4 - 5   改变变压器分接头，是否能彻底解决调压问题？有载调压变压器分接头的选择与普通变压器分接头的选择有什么不同？

4 - 6   将并联电容器和串联电容器两种无功补偿方法做经济技术比较，各有哪些优缺点？

4 - 7   电力系统的有功功率与频率关系密切，当系统负荷增加时，若不调频，系统的频率应如何变化？

4 - 8   电力系统有功功率负荷变化的原因是什么？

4 - 9   如何实现对电力系统频率的"一次调整"和"二次调整"？

4-10　电力系统的备用容量有哪些？如何确定发电厂的装机容量？

4-11　利用有功功率-频率静态特性曲线分析一次调频和二次调频时工作点的转移趋势。

4-12　发电机的单位调节功率与负荷的单位调节功率及系统的单位调节功率是什么关系？

4-13　发电机单位调节功率的标幺值 K_{G*} 与调差系数 $\sigma\%$ 有什么关系？

4-14　调频厂的选择原则是什么？

4-15　两个互联系统联络线上的流通功率 ΔP_{ab}（交换功率）与两个系统的单位调节功率、功率缺额是什么关系？

4-16　什么是发电设备的耗量特性？什么是比耗量和耗量微增率？

4-17　"等耗量微增率准则"是怎样得出的？按等耗量微增率准则分配有功功率负荷，可获得发电机发出有功功率的最小值吗？

4-18　有功功率负荷最优分配的目的是什么？

4-19　各类发电厂的特点是什么？排列各类发电厂承担负荷最优顺序的原则是什么？

4-20　水、火电厂之间的有功功率负荷最优分配原则是什么？什么是煤水换算系数？

4-21　有一台降压变压器如图4-41所示，其归算至高压侧的参数 $R_T=2.44\Omega$、$X_T=40\Omega$，在最大负荷及最小负荷时通过变压器的功率分别为 $\dot{S}_{max}=28+j14MVA$、$\dot{S}_{min}=10+j6MVA$。最大负荷时高压侧的电压为113kV，而此时低压允许电压不小于6kV，最小负荷时高压侧电压为115kV，而此时低压允许电压不大于6.6kV。试选择此变压器分接头。

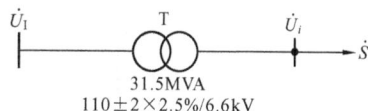

图4-41　习题4-21图

4-22　某变电站有两台并联工作的变压器，电压为 $110\pm3\times2.5\%/11kV$，每台变压器容量为31.5MVA，变压器能带负荷调分接头，试选择分接头，以保证变电站二次母线电压偏移不超过额定电压 $\pm5\%$ 的逆调压。已知变电站二次母线的最大负荷为42MVA，$\cos\varphi=0.8$，最小负荷为18MVA，$\cos\varphi=0.7$。变电站的高压母线电压最大负荷时为103kV，最小负荷时为108.5kV，变压器短路电压为10.5%，短路功率为200kW。

4-23　如图4-42所示，某水电厂通过 SFL1—40000 型变压器与系统连接，最大负荷与最小负荷时高压母线的电压分别为112.09kV及115.45kV，要求最大负荷时低压母线的电压不低于10kV，最小负荷时低压母线的电压不高于11kV，试选择变压器分接头。

4-24　某降压变电站如图4-43（a）所示，三绕组变压器的额定电压为110/38.5/6.6kV，各绕组最大负荷时流通功率如图4-43（b）所示，最小负荷为最大负荷的1/2。设与该变压器相连的高压母线电压最大、最小负荷时的电压分别为112、115kV，中、低压母线电压偏移最大、最小负荷时分别允许为0%、7.5%。试选择该变压器高、中压绕组的分接头。

4-25　如图4-44所示，一个地区变电站，由双回110kV输电线供电，变电站装两台容量均为31.5MVA、变比为 $110\pm4\times2.5\%/11kV$ 的变压器，已知双回线电抗 $X_L=14.6\Omega$，两台主变压器的电抗 $X'_T=20.2\Omega$（已折算至110kV侧），变电站低压母线上的电压折至高压侧，在最大负荷时 $U_{2max}=100.5kV$，最小负荷时 $U_{2min}=101.5kV$。试问：

（1）并联电容器时，容量和变比的选择怎样配合？并联调相机时，容量和变比的选择怎样配合？

（2）当要求变电站低压母线电压在最大负荷时 $U'_{2max}=10.5kV$，最小负荷时 $U'_{2min}=10kV$，求为保证调压要求所需的最小同步调相机容量 Q_C。

（3）为达到同样的调压目的，选静电电容器容量为多少？

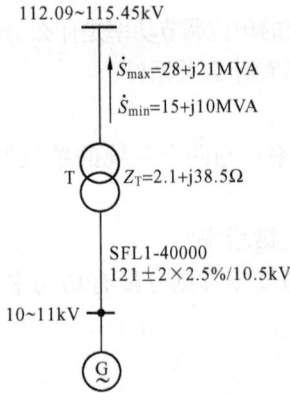

图 4-42 习题 4-23 图

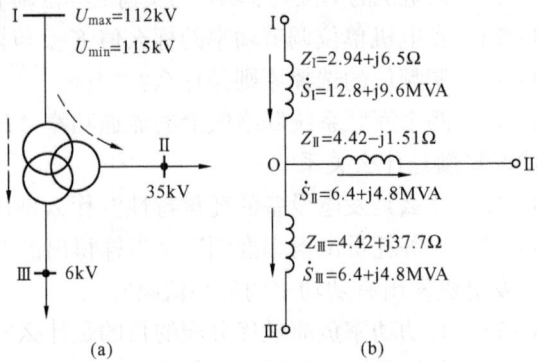

图 4-43 习题 4-24 图

（a）三绕组变压器；（b）等值电路

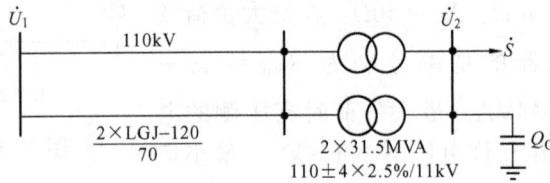

图 4-44 习题 4-25 图

4-26 图 4-45 所示三绕组变压器 T 高压侧从电源受电，低压侧接同步调相机，中压侧供负荷，变压器高压侧绕组漏抗为 0.06，中压侧绕组漏抗为 0，低压侧绕组漏抗为 0.03，电源电动势为 1，内电抗为 0.14，补偿机电抗为 0.2，中压负荷 $P+jQ=1+j1$，为维持中压侧母线电压 $U_2=0.9$，试问补偿机应如何运行（供无功功率为多少，题中数据均为标幺值）？

4-27 图 4-46 所示一区域变电站 a，通过一条 35kV 郊区供电线向末端变电站 b 供电，35kV 线路导线型号采用 LGJ-50，线间几何均距 $D_m=3m$，线路长度 $l=70km$。末端变电站负荷为 6.4+j4.8MVA，若区域变电站母线电压为 38.5kV，末端变电站母线电压要求维持在 31kV，当采用串联电容器进行调压时，试计算：

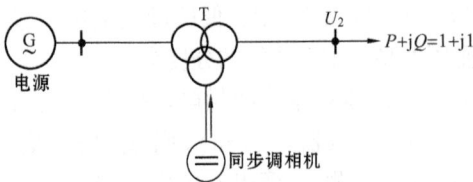

图 4-45 习题 4-26 图

图 4-46 习题 4-27 图

（1）在没装串联电容器时，末端变电站的电压是多少？

（2）若要求末端变电站电压不小于 31kV 时，要装多大容量的串联电容器？当每个电容器的额定电压 $U_{NC}=0.6kV$、额定无功功率 $Q_{NC}=50kvar$ 时，电容器应如何连接？

（3）能否采用并联电容器来达到同样的调压要求，并联电容器的容量应多大？

4-28 已知某系统中有两台发电机组，它们的燃料消耗特性为

$$F_1 = a_1 + b_1 P_{G1} + c_1 P_{G1}^2 \text{(t/h)}$$

$$F_2 = a_2 + b_2 P_{G2} + c_2 P_{G2}^2 \text{(t/h)}$$

式中 $b_1 = 2$ 元/MWh，$b_2 = 2.5$ 元/MWh，$c_1 = 0.01$ 元/MW²h，$c_2 = 0.005$ 元/MW²h。两台机组最小负荷均为 20MW，最大负荷均为 125MW。如果系统有功负荷 $P_L = 150$MW，求两台机组所分配的负荷 P_{G1}、P_{G2}。

4-29 某火电厂装有两套发电设备，其耗量特性分别为

$$F_1 = 2 + 0.2 P_{G1} + 0.001 P_{G1}^2 \text{(t/h)}$$

$$F_2 = 4 + 0.2 P_{G2} + 0.002 P_{G2}^2 \text{(t/h)}$$

两台发电设备的额定容量均为 200MW，而最小可发有功功率均为 50MW，若该厂承担负荷 300MW，试求负荷在两台发电设备间的最优分配方案。

4-30 试写出图 4-47 所示系统在不计网损，不考虑不等约束条件时，有功功率最优分配的目标函数、拉格朗日函数，并推导出有功功率最优分配准则（注：A、B 均为火电厂，P_L 为负荷）。

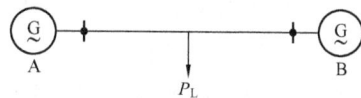

图 4-47 习题 4-30 图

4-31 如图 4-48 所示，有两台容量均为 100MW 的发电机，耗量特性分别为

$$F_1 = 1 + 0.2 P_{G1} + 0.0025 P_{G1}^2 \text{(t/h)}$$

$$F_2 = 3 + 0.1 P_{G2} + 0.002 P_{G2}^2 \text{(t/h)}$$

若两台机同时供给一个负荷 P_L，试求：

（1）当系统负荷为 65MW，按 1 号机发 20MW、2 号机发 45MW 分配负荷时，是不是最优分配方案？

（2）当系统负荷为 160MW 时，这两台发电机间的最优分配方案是多少？

4-32 电力系统中有水电厂、火电厂各一个，它们并联运行。其耗量特性为

$$F = 4 + 0.3 P_{G1} + 0.003 P_{G1}^2 \text{(t/h)}$$

$$W = 3 + P_{G2} + 0.002 P_{G2}^2 \text{(m}^3\text{/s)}$$

设水电厂给定的日用水量 $K = 10^7 \text{m}^3$，图 4-49 所示系统的日负荷曲线数据为火电厂容量 800MW、水电厂容量 500MW，求在给定的日用水量条件下，水、火电厂的功率经济分配。

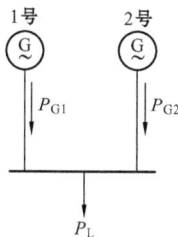

图 4-48 习题 4-31 图

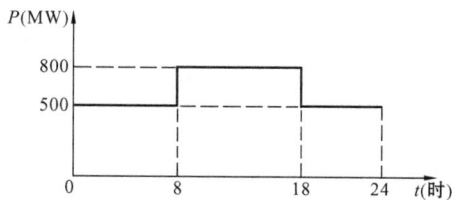

图 4-49 习题 4-32 图

4-33 图 4-50 所示的 A、B 两机系统中，负荷为 800MW 时，频率为 50Hz。若切除 50MW 负荷后，系统的频率和发电机组的功率为多少？

4-34 如图 4-51 所示的两机系统中，负荷为 700MW 时，频率为 50Hz，若切除 100MW 负荷后，系统的频率和发电机的功率各为多少？

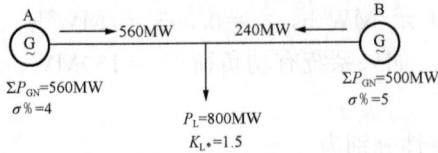

图 4-50 中：
A 机 G，→560MW，$\Sigma P_{GN}=560MW$，$\sigma\%=4$；
→240MW B 机 G，$\Sigma P_{GN}=500MW$，$\sigma\%=5$；
$P_L=800MW$，$K_{L*}=1.5$

图 4-51 中：
A 机 G，→500MW，$P_{GN}=500MW$，$\sigma\%=4$；
200MW← B 机 G，$P_{GN}=500MW$，$\sigma\%=5$；
$P_L=700MW$，$K_{L*}=1.5$

图 4-50 习题 4-33 图   图 4-51 习题 4-34 图

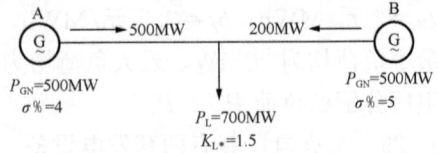

4-35 某系统的额定频率为 50Hz，总装机容量为 2000MW，调差系数 $\sigma\%=5$，总负荷 $P_L=1600\ MW$，$K_L=50\ MW/Hz$。在额定频率下运行时增加负荷 430MW，试计算下列两种情况下的频率变化：

(1) 所有发电机仅参加一次调频；

(2) 所有发电机均参加二次调频。

4-36 A、B 两系统并列运行，A 系统负荷增大 500MW 时，B 系统向 A 系统输送的交换功率为 300MW，如这时将联络线切除，切除后 A 系统的频率为 49Hz，B 系统的频率为 50Hz，试求：

(1) A、B 两系统的系统单位调节功率 K_A、K_B；

(2) A 系统负荷增大 750MW，联合系统的频率变化量。

第五章 电力系统故障分析与计算

第一节 故 障 概 述

电力系统稳态运行时，发电厂所发出的功率与用户所需要的功率及网络上损耗的功率相平衡，系统的电压和频率都是稳定的。但电力系统在运行过程中常常会发生故障。在发生故障时，系统的运行参数发生剧烈变化，系统的运行状态将迅速地从一种运行状态过渡到另一种运行状态，有可能导致电力系统的正常运行局部地甚至全部地遭到破坏，或者即使能够达到一种新的正常运行状态，但其运行参数也将大大偏离正常值，使得电能质量严重变坏，如不采取特别措施，系统就很难恢复正常运行。这将给工农业生产、国防建设、交通及人们的生活带来严重的恶果。

电力系统运行状态的改变，不是瞬时完成的，而要经历一个过渡状态，这种过渡状态称为暂态过程。电力系统的暂态过程通常可以分为电磁暂态和机电暂态。在暂态过程刚开始的一段时间内，系统中的发电机以及其他转动机械的转速由于惯性作用还来不及变化，暂态过程主要决定于各元件的电磁参数，暂态过程的这一阶段称为电磁暂态；随着暂态过程的发展，转速已有了变化，于是暂态过程的情况将不仅与电磁参数有关，而且还与转动机械的机械参数（转速、角位移）有关，这种牵涉角位移的暂态过程，称为机电暂态过程。

本章主要研究电力系统中由于故障所引起的电磁暂态过程，分析暂态过程发生的原因、发展过程及后果，学习电力系统故障计算的理论知识和基本方法。

电力系统可能发生的故障类型比较多，对电力系统危害较严重的有短路、断路以及各种复杂故障等。由于短路故障是电力系统中经常发生、危害较严重的故障，所以这里将重点讨论短路故障。

1. 短路的基本概念

所谓短路，是指电力系统正常运行情况以外的一切相与相之间或相与地之间的短接。在电力系统正常运行时，除中性点外，相与相或相与地之间都是绝缘的。如果由于某种原因使其绝缘破坏而构成了通路，就称电力系统发生了短路故障。表 5-1 示出了在三相线路上发生各种短路的情况，三相系统中短路的基本类型有三相短路 $[k^{(3)}]$、两相短路 $[k^{(2)}]$、单相接地短路 $[k^{(1)}]$ 和两相短路接地 $[k^{(1,1)}]$。其中三相短路时，三相电路依旧是对称的，故称为对称短路，其他几种短路均使三相电路不对称，故称为不对称短路。

2. 短路的原因

发生短路故障的原因主要是电气设备载流部分的绝缘损坏。引起绝缘损坏的原因有各种形式的过电压（例如遭到雷击）、绝缘材料的自然老化、脏污、直接的机械损伤等。绝缘的破坏在大多数情况下是由于没有及时发现和消除设备中的缺陷，以及设计、安装和运行维护不良所致。运行人员带负荷拉隔离开关，或者线路检修后未拆除地线就加上电压等误操作，也会引起短路故障。此外，鸟兽跨接在裸露的载流部分以及风、雪、雹等自然现象所造成的短路也是屡见不鲜的。

表 5-1   **各种短路的示意图及代表符号**

短 路 种 类	示 意 图	代 表 符 号	发生的几率（%）
三相短路	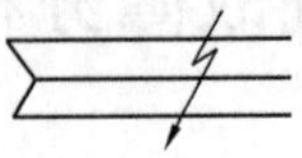	$k^{(3)}$	约 5
两相短路		$k^{(2)}$	约 10
单相短路接地	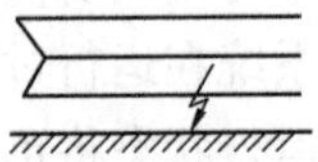	$k^{(1)}$	约 65
两相短路接地	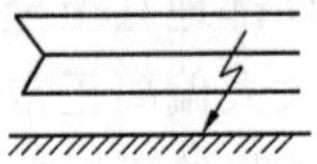	$k^{(1,1)}$	约 20

3. 短路的现象及后果

短路对电力系统的正常运行和电气设备有很大的危害。在发生短路时，由于电源供电回路的阻抗减小以及突然短路时的暂态过程，使短路回路中的短路电流值大大增加，可能超过该回路的额定电流许多倍。短路点距电源的电气距离越近，短路电流越大。例如，在发电机机端发生短路时，流过发电机定子回路的短路电流最大瞬时值可达发电机额定电流的 10～15 倍，在大容量的系统中短路电流可达几万安甚至几十万安。因而短路引起的后果是破坏性的。具体表现在以下几个方面：

（1）短路点的电弧有可能烧坏电气设备，同时很大的短路电流通过设备会使发热增加，当短路持续时间较长时，可能使设备过热而损坏；

（2）很大的短路电流通过导体时，要引起导体间很大的机械应力，有可能使设备变形或遭到不同程度的破坏；

（3）短路时，系统电压大幅度下降，对用户工作影响很大。系统中最主要的电力负荷是异步电动机，它的电磁转矩同它的端电压的平方成正比，电压下降时，电磁转矩将显著降低，使电动机停转，以致造成产品报废及设备损坏等严重后果；

（4）发生接地短路时，会产生不平衡电流及磁通，将在邻近的平行线路内（如通信线路，铁道信号系统等）感应出很大的电动势。这将造成对通信的干扰，并危及设备和人身的安全；

（5）短路发生后，有可能使并列运行的发电机组失去同步，破坏系统的稳定，甚至使电力系统瓦解，引起大片地区的停电。这是短路故障最严重的后果。

由上述可见，对短路过程的研究具有十分重要的意义。实际上，短路问题已成为电力技术方面的基本问题之一。在发电厂、变电站以及整个电力系统的设计和运行的许多工作中，如选择合理的电气接线图，选用有足够热稳定和动稳定的电气设备及载流导体，确定限制短路电流的措施，研制和在电力系统中合理地配置各种继电保护和自动装置，并正确地整定其参数等，都必须有短路计算的结果作依据。因此深入掌握短路问题的理论及其计算方法是很有必要的。

第二节　由无限大功率电源供电的三相短路分析

在电力系统运行中，发生突然三相短路时，系统运行状态要发生变化，这个变化过程（即暂态过程）不仅与网络参数有关，而且还与电源的情况有关，一般来说，电力系统的电源主要是同步发电机，而同步发电机的电动势，在短路后的暂态过程中是随着时间而变化的，而且分析这些电动势的变化规律是一件相当复杂的工作。不过，在某种情况下，电源的电动势在短路后暂态过程中可以近似认为是不变的，如由无限大功率电源供电的电路就属于这种情况。这里就从这种较简单的情况入手，来讨论三相对称短路。

一、无限大功率电源的概念

所谓无限大功率电源，是指当电力系统的电源距短路点的电气距离较远时，由短路而引起的电源送出功率（电压及电流）的变化量 $\Delta S(\Delta \dot{S}=\Delta P+j\Delta Q)$ 远小于电源所具有的功率 $S(\dot{S}=P+jQ)$，即 $S\gg\Delta S$，则称该电源为无限大功率电源，记作 $S=\infty$。

无限大功率电源的特点如下：

（1）由于 $P\gg\Delta P$，所以可以认为在短路过程中无限大功率电源的频率是恒定的，即 $f=C$；

（2）由于 $Q\gg\Delta Q$，所以可以认为在短路过程中无限大功率电源的端电压是恒定的，即 $U=C$；

（3）电压恒定的电源，内阻抗必然等于零。因此可以认为无限大功率电源的内电抗 $X_s=0$。

实际上，真正的无限大功率电源是没有的，一般在 $\Delta S<3\%S$，或 $X_s<10\%X_\Sigma$（供电电源的内电抗小于短路回路总电抗的 10%）的情况下，即可以认为电源为无限大功率电源。

【例 5 - 1】　图 5 - 1 示出了简单电力系统的各元件参数，试判断电源是否为无限大功率电源。

解　取 $S_B=62.5MVA$，$U_B=10.5kV$，则：
发电机电抗 $X_{G*}=X_d''=0.2$

变压器电抗 $X_{T*}=\dfrac{U_k\%}{100}\dfrac{S_B}{S_N}=\dfrac{6}{100}\times\dfrac{62.5}{1.8}=2.08$

图 5 - 1　［例 5 - 1］图

短路回路总电抗 $X_{\Sigma*}=X_{G*}+X_{T*}=0.2+2.08=2.28$

如果 $\dfrac{X_s}{X_\Sigma}\times100\%<10\%$，即可以认为是无限大功率电源。然而 $\dfrac{0.2}{2.28}\times100\%=8.77\%<10\%$，所以电源为无限大功率电源。

其实，任何带有一定内阻抗的恒定电动势源（电压恒定、频率恒定），如果把它的内阻抗归并到外电路中去，都可以认为是无限大功率电源。

总之，电源的端电压及频率在短路后暂态过程中保持不变，是由无限大功率电源供电的重要特征。这样，在分析此种电路的暂态过程时，就可以不考虑电源内部的暂态过程。因此，问题就简单多了。

二、无限大功率电源供电系统的三相短路暂态过程分析

如图 5 - 2（a）所示三相系统为由无限大功率电源供电的三相对称电路，短路发生前正常运行时，三相电压、电流对称，于是可作出单相（a 相）等值电路如图 5 - 2（b）所示。

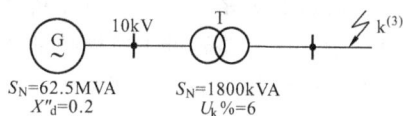

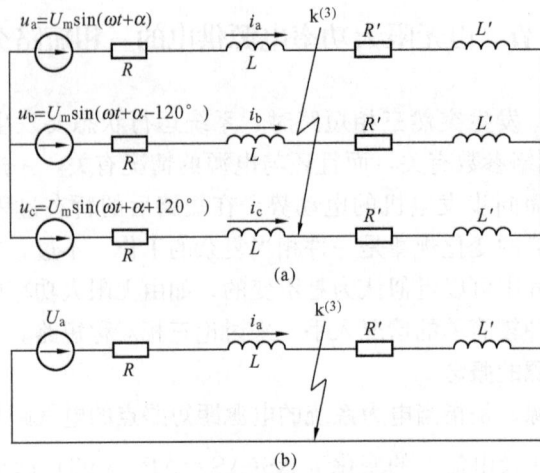

图 5-2　无限大功率电源供电等值电路

(a) 三相电路；(b) 单相电路

写出正常运行时 a 相电流的表达式为

$$i_a = I_m \sin(\omega t + \alpha - \varphi) \tag{5-1}$$

式中　I_m——正常回路电流的幅值，$I_m = U_m / \sqrt{(R+R')^2 + (\omega L + \omega L')^2}$；

　　　φ——正常回路的阻抗角，$\varphi = \arctan [\omega(L+L')/(R+R')]$；

　　　α——电源电压的初相角（合闸相角）。

　　当在电路中 k 点发生三相短路时，这个电路被分成了两个独立回路。左边的一个仍与电源连接，而右边的一个则变为没有电源的短接回路。

　　在右边的短路回路中，电流将从短路发生瞬间的初始值按指数规律衰减到零。在这一衰减过程中，该回路磁场中所储藏的能量将全部转化为热能。

　　在与电源相连的左边回路中，每相阻抗由 $(R+R') + j\omega(L+L')$ 减小到 $R+j\omega L$，电流将逐渐变成由阻抗 $R+j\omega L$ 所决定的新的稳态值。短路暂态过程的分析与计算主要是指这一回路。

　　假定短路是在 $t = 0$ s 时发生，左边的电路仍然是对称的三相电路，所以只研究其中一相，如 a 相。为研究短路后电流的变化规律，先写出描述这个系统的微分方程

$$L \frac{di_a}{dt} + R i_a = u_a = U_m \sin(\omega t + \alpha) \tag{5-2}$$

　　式 (5-2) 是一个一阶常系数线性非齐次微分方程，它的解就是短路时的全电流。解的形式为

$$i_{ak} = i_{pa} + i_{\alpha a} \tag{5-3}$$

其中特解为

$$i_{pa} = I_{km} \sin(\omega t + \alpha - \varphi_k) \tag{5-4}$$

$$I_{km} = U_m / \sqrt{R^2 + (\omega L)^2}$$

$$\varphi_k = \arctan(\omega L / R)$$

式中　i_{pa}——短路电流的稳态分量，它是在电源电动势的作用下而在电路中流通的，在暂态

过程结束后依然继续保持，因它是周期性变化的，所以又称它为短路电流的周期分量，或称为强制分量；

I_{km}——短路发生后，短路电流周期分量的幅值；

φ_k——短路回路的阻抗角。

而通解为

$$i_{aa}=Ce^{-\frac{t}{T_a}} \tag{5-5}$$

式中　i_{aa}——短路电流的暂态分量，由于它没有外加电压维持，它将随着时间的消逝非周期性衰减趋于零，故称它为非周期分量，或称为自由分量；

C——积分常数，是 i_{aa} 的初始值；

T_a——短路回路的时间常数，$T_a=L/R$。

因此短路的全电流为

$$i_{ak}=I_{km}\sin(\omega t+\alpha-\varphi_k)+Ce^{-\frac{t}{T_a}} \tag{5-6}$$

式（5-6）中的积分常数 C 可以由初始条件来决定。在含有电感的电路中，据楞次定律，通过电感中的电流是不能突变的，即短路前瞬间的电流值等于短路后瞬间的电流值。于是将 $t=0$ 代入短路前和短路后的电流式（5-1）和式（5-6），则有

短路前　　　　　　$i_{a0}=I_m\sin(\alpha-\varphi)$

短路后　　　　　　$i_{ak0}=I_{km}\sin(\alpha-\varphi_k)+C$

让　　　　　　　　$i_{a0}=i_{ak0}$，所以有

$$C=I_m\sin(\alpha-\varphi)-I_{km}\sin(\alpha-\varphi_k)=i_{aa0} \tag{5-7}$$

i_{aa0} 代表非周期分量电流 i_{aa} 的初始值，将所得的 C 代入式（5-6），便有

$$i_{ak}=I_{km}\sin(\omega t+\alpha-\varphi_k)+[I_m\sin(\alpha-\varphi)-I_{km}\sin(\alpha-\varphi_k)]e^{-\frac{t}{T_a}}$$
$$=I_{km}\sin(\omega t+\alpha-\varphi_k)+i_{aa0}e^{-\frac{t}{T_a}} \tag{5-8}$$

式（5-8）即是 a 相的短路全电流表达式。如果用（$\alpha-120°$）、（$\alpha+120°$）去代替式（5-8）中的 α，就可以分别得到 b 相和 c 相的短路全电流表达式。于是可绘出三相短路时三相电流的波形图（示意图）如图 5-3 所示。

从波形图上分析，短路发生后，a、b、c 三相电流均由周期分量和非周期分量叠加而成，三相的周期分量对称、大小相等、互差 120°，而三相的非周期分量并不对称，因此说，a、b、c 三相的短路全电流是不对称的。短路后三相的非周期电流初始值不可能同时达到最大或最小，所以，哪一相的非周期分量电流的初始值先达到最大，哪一相的短路全电流的瞬时值出现一个尖峰值，即最大值。图 5-3 中 a 相出现最大值。我们最关注的就是这个电流最大值，它能破坏电气设备，给电力系统带来极大干扰。

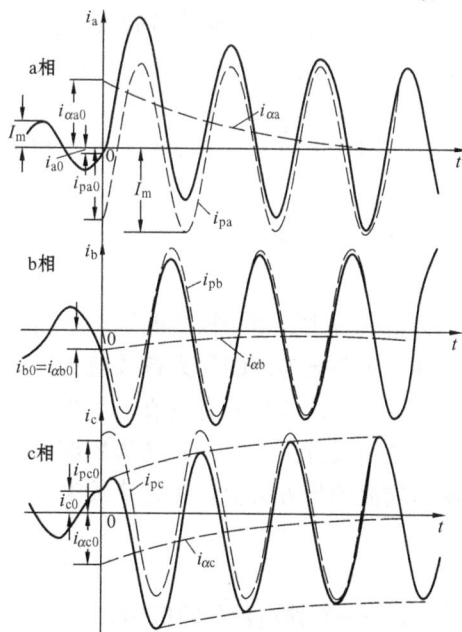

图 5-3　三相短路电流波形图

三、短路冲击电流

短路电流最大可能的瞬时值称为短路冲击电流，以 i_M 表示。

当短路回路的参数已知时，短路电流的周期分量的幅值恒定，短路电流的非周期分量按指数规律单调衰减。因此非周期分量电流的初始值越大，在暂态过程中短路电流最大可能的瞬时值也就越大。

从上面的分析可知，非周期分量电流的初始值为

$$i_{\alpha a0}=I_m\sin(\alpha-\varphi)-I_{km}\sin(\alpha-\varphi_k) \tag{5-9}$$

从式（5-9）分析，非周期分量电流初始值 $i_{\alpha a0}$ 的最大值为 I_{km}，而使 $i_{\alpha a0}$ 出现最大值的条件为

(1) 电路原来处于空载，即 $I_m=0$；

(2) 短路回路为纯电感电路，即可认为 $\varphi_k=90°$；

(3) 电压的初相角过零值，即 $\alpha=0°$ 或 $\alpha=180°$。

将 $I_m=0$、$\varphi_k=90°$、$\alpha=0°$ 代入式（5-8），便可得最恶劣条件下的短路全电流

$$i_{ak}=-I_{km}\cos\omega t+I_{km}e^{-\frac{t}{T_a}} \tag{5-10}$$

这时的电流波形示于图5-4。

从图中可见，短路电流的最大瞬时值，即冲击电流，将在短路发生经过半个周期时出现，当 $f=50\,\text{Hz}$ 时，此时间为 0.01s，由此可得冲击电流的算式为

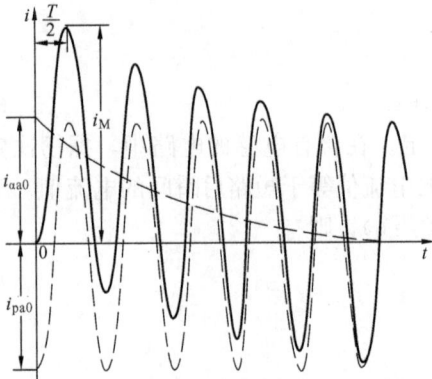

图5-4 非周期分量最大时短路电流波形

$$i_M=I_{km}+I_{km}e^{-\frac{0.01}{T_a}}=(1+e^{-\frac{0.01}{T_a}})I_{km}$$
$$=K_MI_{km}=\sqrt{2}K_MI_k \tag{5-11}$$

其中，I_k 是短路电流周期分量的有效值，$I_k=I_{km}/\sqrt{2}$；K_M 为冲击系数，$K_M=1+e^{-\frac{0.01}{T_a}}$，表示冲击电流对于周期分量电流幅值的倍数，当 T_a 由零变化到无限大时，冲击系数的范围为 $1\leqslant K_M\leqslant 2$。

在实用计算中，当短路发生在单机容量为 12MW 及以上的发电机母线上时，取 $K_M=1.9$，而一般情况下，取 $K_M=1.8$。

当 $K_M=1.8$ 时，有

$$i_M=\sqrt{2}\times1.8\times I_k=2.55I_k \tag{5-12}$$

冲击电流主要用于校验电气设备和载流导体的动稳定度。

四、短路全电流的最大有效值 I_M

短路全电流的最大有效值，也叫短路冲击电流有效值，用 I_M 表示。

在短路过程中，任一时刻的短路电流有效值 I_t，是指以时刻 t 为中心的一个周期（T）内瞬时电流的均方根值，其计算式为

$$I_t=\sqrt{\frac{1}{T}\int_0^T i_k^2\mathrm{d}t}=\sqrt{\frac{1}{T}\int_0^T (i_{pt}+i_{\alpha t})^2\mathrm{d}t} \tag{5-13}$$

式中　i_k——短路电流的瞬时值；

　　　i_{pt}——短路电流的周期分量；

$i_{\alpha t}$——短路电流的非周期分量。

如果短路发生在最恶劣的情况下〔即在 $I_{m(0)}=0$、$\alpha=0$、$\varphi=90°$条件下〕，短路电流在第一个周期中有最大值，而且在第一个周期中心点处（0.01s）的有效值最大。在实用计算中，最大有效值表示为

$$I_M = \sqrt{(I_{pt}^2 + I_{\alpha t}^2)}$$

式中 I_M——短路全电流的最大有效值；

I_{pt}——短路电流周期分量的有效值；

$I_{\alpha t}$——短路电流非周期分量的有效值。

其中

$$I_{pt} = I_k$$

$$I_{\alpha t} = I_{km}e^{-\frac{0.01}{T_a}} = I_{km}e^{-\frac{0.01}{T_a}} + I_{km} - I_{km} = i_M - I_{km} = K_M I_{km} - I_{km}$$

$$= (K_M - 1)I_{km} = \sqrt{2}(K_M-1)I_k$$

所以有

$$I_M = \sqrt{(I_{Pt}^2 + I_{\alpha t}^2)\mid_{0.01}} = \sqrt{I_k^2 + 2(K_M-1)^2 I_k^2} = I_k\sqrt{1+2(K_M-1)^2} \quad (5\text{-}14)$$

当 $K_M=1.8$ 时，$I_M=1.52I_k$；当 $K_M=1.9$ 时，$I_M=1.62I_k$。

I_M 值常用来校验电气设备的断流能力或稳定性。

五、短路功率

在选择断路器、开关等电气设备时，为了校验开关的断开容量（可断容量），要用到短路功率的概念。短路功率其实就是某支路的短路电流与额定电压构成的三相功率，其数值表示式为

$$S_k = \sqrt{3}U_N I_k \quad (5\text{-}15)$$

式中 U_N——短路处正常时的额定电压；

I_k——短路处的短路电流，周期分量有效值。

在标幺值计算中，取基准功率 S_B、电压 $U_B=U_N$，则有

$$S_{k*} = \frac{S_k}{S_B} = \frac{\sqrt{3}U_N I_k}{\sqrt{3}U_N I_B} = I_{k*} \quad (5\text{-}16)$$

也即，短路功率的标幺值和短路电流的标幺值相等。利用这一关系，短路功率就很容易地由短路电流求得

$$S_k = S_{k*} S_B = I_{k*} S_B \quad (5\text{-}17)$$

注意，在选择电气设备时，要使断开容量大于短路功率。

六、短路电流周期分量有效值的计算

对于无限大功率系统发生三相短路后，计算其冲击电流、短路功率以及短路全电流最大有效值的大小均与短路电流周期分量的有效值 I_k 有关，因此要弄清 I_k 的计算方法。

计算短路电流周期分量的有效值 I_k 时，可将小负荷略去不计，用网络的平均额定电压之比代替变压器的实际变比。在这些简化条件下，求出整个系统归算到短路点所在电压级的综合电抗 X_Σ。无限大功率电源的端电压是恒定的，通常取它所在那一段网络的平均额定电压，因而计算短路电流周期分量的算式就显得很简单。

在有名值计算时，如图 5-5（a）中，有

$$I_k = \frac{U_{av}}{\sqrt{3}X_\Sigma} \tag{5-18}$$

在标幺值计算时，取 $U_B = U_{av}$，如图 5-5（b）中，有

$$I_{k*} = \frac{U_*}{X_{\Sigma*}} = \frac{1}{X_{\Sigma*}} \tag{5-19}$$

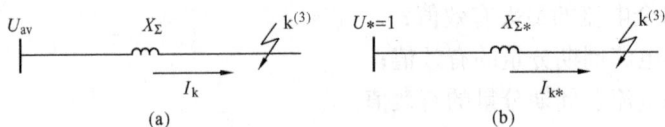

图 5-5 计算 I_k 的等值电路

（a）有名值时；（b）标幺值时

如果短路回路的电阻较大，当 $R_\Sigma > \frac{1}{3}X_\Sigma$ 而需要计及电阻的影响时，可改用下式来计算

$$I_{k*} = \frac{1}{Z_{\Sigma*}} \tag{5-20}$$

【例 5-2】 如图 5-6 所示的网络中，当降压变电站 10.5kV 母线上发生三相短路时，可将系统视为无限大功率电源，试求此时短路点的冲击电流和短路功率。

解 取 $S_B = 100MVA$，$U_B = U_{av}$，则

$$X_{1*} = 0.105 \times \frac{100}{20} = 0.525$$

$$X_{2*} = 0.4 \times 10 \times \frac{100}{37^2} = 0.292$$

$$X_{3*} = X_{4*} = 0.07 \times \frac{100}{3.2} = 2.19$$

$$E_* = 1$$

等值网络如图 5-6（b）所示。综合电抗为

$$X_{\Sigma*} = 0.525 + 0.292 + \frac{1}{2} \times 2.19 = 1.912$$

周期分量电流的有效值为

$$I_{k*} = \frac{1}{X_{\Sigma*}} = \frac{1}{1.912} = 0.523$$

有名值电流为

$$I_k = I_{k*} I_B = 0.523 \times \frac{100}{\sqrt{3} \times 10.5} = 2.88(kA)$$

若取 $K_M = 1.8$，则冲击电流为

$$i_M = \sqrt{2} \times 1.8 \times I_k = 2.55 I_k = 2.55 \times 2.88 = 7.34(kA)$$

短路功率为

$$S_k = S_{k*} S_B = 0.523 \times 100 = 52.3 \quad (MVA)$$

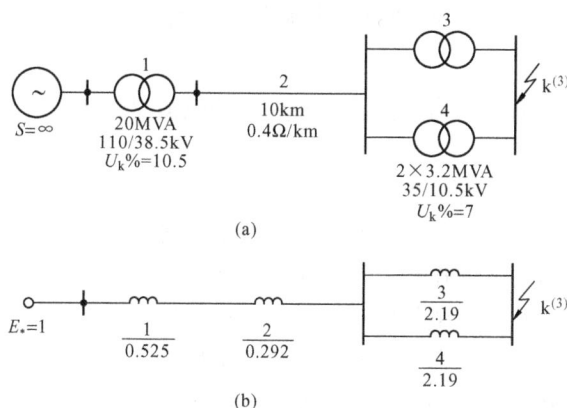

图 5-6　计算用图

(a) 接线图；(b) 等值图

第三节　电力系统三相短路的实用计算

第二节讨论了无限大功率电源供电的简单系统的三相短路分析与计算，本节主要研究电力系统中含有多台机、电源并非无限大功率电源情况下三相短路电流的实用计算。由于实际的电力系统中，不只是一台机，电源也不可能都视为无限大功率电源，网络的接线也不可能是简单的辐射形网，各电源电动势的相位角在短路后的一段时间内不可能没有变化，因而想准确地计算出短路电流那是非常困难的。凡此种种，都迫使工程技术人员在解决工程实际问题时，不得不采取一些较为粗略的手法——实用计算法。实际上，对于包含有许多台发电机的电力系统，工程上在进行短路电流实用计算时，不必过多复杂的分析，在大多数情况下，只要求计算短路电流周期分量的起始值，进而可进行其他量的计算。所以周期分量起始值是短路电流计算中的一个较重要的量，其计算方法较多，本节将介绍等值法、叠加原理法、运算曲线法。

一、短路电流周期分量起始值的计算

短路电流周期分量的起始值是指短路瞬间短路电流的周期分量（基频分量）的初始有效值，一般称起始次暂态电流，用 I'' 表示。因为计算短路电流的周期分量起始值时，与正常运行情况不同，各电源要以它们的次暂态电动势和次暂态电抗表示，系统中所有元件的参数均用次暂态参数表示，回路中的电流为次暂态电流。因而这种情况下短路电流周期分量的起始值，称为起始次暂态电流。

其实，系统中的一切静止元件的次暂态参数和稳态参数是相等的，只是一些旋转元件（各种电机）的次暂态参数和稳态参数不同，而次暂态电抗是电机厂应提供的数据，又知在短路瞬间的次暂态电动势和短路前瞬间的次暂态电动势相等，因此，旋转元件的次暂态参数也不难知道。当回路中所有元件的参数均以次暂态参数表示时，则起始次暂态电流的计算方法便同稳态电流的计算方法相同。

为了方便实用计算，这里首先做些假设：

(1) 各台发电机均用次暂态电抗 X''_d（$X''_d = X''_q$）作为等值电抗，发电机的等值电动势 $\dot{E}'' = \dot{U} + \mathrm{j}\dot{I}X''_d$，显然 $\dot{E}''$ 并不具有 $\dot{E}''_q$、$\dot{E}''_d$ 那种在突然短路前后不突变的特征，但从计算角

度近似认为 $\dot{E}''$ 不突变。因而计算周期分量电流起始值时，各发电机电动势为短路前的次暂态电动势 $\dot{E}''_{[0]}$。

（2）假设各发电机的电动势同相位，这样算出的电流是偏大的，则次暂态电动势的标幺值取为 1。

（3）暂态过程中，同步发电机仍以同步转速旋转，即 $\omega=1$、$s=0$。

（4）电机的磁路不饱和，因而计算时可利用叠加原理。

（5）不计发电机的强行励磁作用，认为励磁电压等于常数，即 $U_f=0$。

（6）略去小负荷，计及大容量的电动机。在一般情况下，假定正常的负荷电流比短路电流小得多，故可忽略不计，因此在计算时用的等值电路中不计小负荷。但当短路点附近有大容量的电动机时，则需要计及它们对短路电流的影响。

（7）在网络方面，忽略线路对地电容和变压器的励磁支路。在计算高压网络时，还可以忽略线路的电阻，标幺值运算采用近似方法，即认为变压器变比为平均额定电压之比。

下面介绍计算起始次暂态电流的两种方法。

1. 等值法

用等值法计算起始次暂态电流时分以下两步进行。

（1）计算故障前正常运行时的潮流分布。求得各发电机（包括短路点附近的大型电动机）的端电压和定子电流及短路点的正常工作电压和正常工作电流，然后计算它们的次暂态电动势。

对于发电机有
$$\dot{E}''=\dot{U}+j\dot{I}X'' \tag{5-21}$$

对于异步电机有
$$\dot{E}''=\dot{U}-j\dot{I}X'' \tag{5-22}$$

（2）以短路点为中心，将网络化简为用等值电动势 $\dot{E}''_\Sigma$ 和等值电抗 X''_Σ 表示的等值电路，如图 5-7 所示，求出起始次暂态电流 $\dot{I}''$。于是有

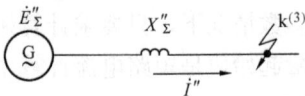

图 5-7　次暂态简化等值电路

$$\dot{I}''=\frac{\dot{E}''}{jX''_\Sigma} \tag{5-23}$$

【例 5-3】　如图 5-8 所示，等值发电机经线路向等值电动机供电，等值发电机和电动机的额定功率均为 30MVA，额定电压均为 10.5kV，二者的次暂态电抗均为 0.2。线路电抗以电机的额定值为基准的标幺值为 0.1，设正常运行情况下电动机消耗的功率为 20MW，功率因数为 0.8 滞后，$\varphi_{[0]}=36.9°$，端电压为 10.2kV。如在电动机端点 k 处发生三相短路，试求故障点的电流及发电机和电动机支路中的电流。

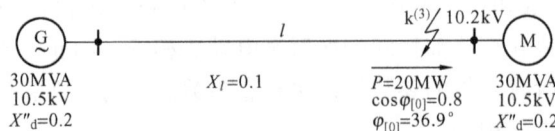

图 5-8　[例 5-3] 简单网络

解　分析思路，由正常运行状态求出次暂态电动势，然后从短路点起左右看成两个网

络，分别求出各电动势对短路点的各支路电流，再相加便得到短路点的总电流。

取 $S_B = 30\text{MVA}$，$U_B = 10.5\text{kV}$，则 $I_B = \dfrac{30}{\sqrt{3} \times 10.5} = 1.65$（kA）$= 1650\text{A}$。

（1）按正常运行情况绘制短路前的等值电路，如图 5-9（a）所示，求次暂态电动势。
（以下解题过程标幺值均省略 $*$）

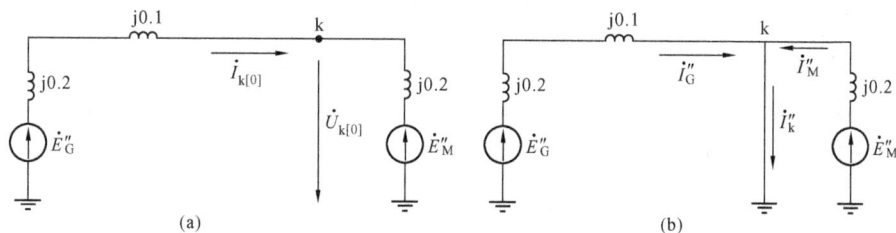

图 5-9　［例 5-3］短路前后的等值电路
(a) 短路前；(b) 短路后

正常时 k 点电压标幺值　$\dot{U}_{k[0]} = \dfrac{10.2}{10.5} \angle 0° = 0.97 \angle 0°$

正常时电路的工作电流　$\dot{I}_{[0]} = \dfrac{20 \times 10^3}{0.8 \times \sqrt{3} \times 10.2} \angle -36.9° = 1415 \angle -36.9°$

电流标幺值　$\dot{I}_{[0]} = \dfrac{1415}{1650} \angle -36.9° = 0.86 \angle -36.9° = 0.69 - j0.52$

发电机的次暂态电动势标幺值

$$\dot{E}''_G = \dot{U}_{k[0]} + j\dot{I}_{[0]} X''_{d\Sigma} = 0.97 - j(0.69 - j0.52) \times 0.3 = 1.126 + j0.207$$

电动机的次暂态电动势标幺值

$$\dot{E}''_M = \dot{U}_{k[0]} - j\dot{I}_{[0]} X''_d = 0.97 - j(0.69 - 0.52) \times 0.2 = 0.866 - j0.138$$

（2）作短路后的等值电路，如图 5-9（b）所示，求短路电流。

发电机支路中的电流标幺值

$$\dot{I}''_G = \dfrac{\dot{E}''_G}{jX''_{d\Sigma}} = \dfrac{1.126 + j0.207}{j0.3} = 0.69 - j3.75$$

电流有名值　$\dot{I}''_G = (0.69 - j3.75) \times 1650 = 1139 - j6188\text{(A)}$

电动机支路中的电流标幺值

$$\dot{I}''_M = \dfrac{\dot{E}''_M}{jX''_d} = \dfrac{0.866 - j0.138}{j0.2} = -(0.69 + j4.33)$$

电流有名值　$\dot{I}''_M = -(0.69 + j4.33) \times 1650 = -1139 - j7145\text{(A)}$

（3）故障点的电流为

$$\dot{I}''_k = \dot{I}''_G + \dot{I}''_M = [(0.69 - j3.75) + (-0.69 - j4.33)] \times 1650 = -j8.08 \times 1650$$
$$= j13\,330\text{(A)}$$

以上用等值法求得短路处短路电流周期分量的起始值，还可有其他方法去解。

对于少电源的简单网络用等值法求解短路电流周期分量的起始值较方便，但对于多电源的复杂网络，则用叠加原理法较方便。

2. 叠加原理法

对多电源的网络用叠加原理法。图 5-10（a）所示简单系统 k 点发生三相短路时，短路点电压为零。若在 k 点串联两个大小相等、相位相反的电压分量 $+\dot{U}_k$、$-\dot{U}_k$，数值上等于故障前 k 点的电压 $\dot{U}_{k[0]}$，等值电路如图 5-10（b）所示。然后将网络分解为两个网络，等值电路如图 5-10（c）、（d）所示，其中，图 5-10（c）中包含所有电动势，而 k 点电压则为故障前正常时的电压 $\dot{U}_{k[0]}$，图 5-10（c）即是正常运行情况下的等值电路；另一个图 5-10（d）包含 k 点的另一个电压分量 $-\dot{U}_{k[0]}$，而所有电动势都被短接，这个电路反映出由于故障而引起的电压、电流的变化，它是确定故障分量的等值电路。

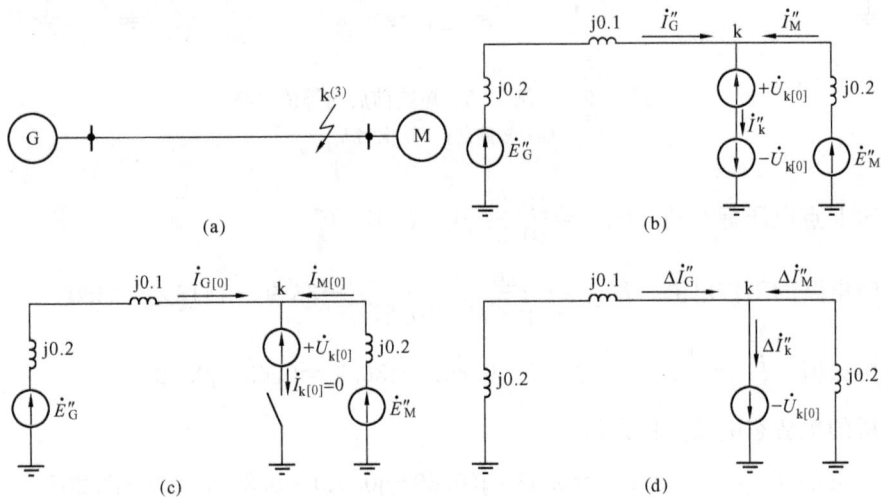

图 5-10 叠加原理的运用

（a）简单系统；（b）等值电路；（c）正常等值电路；（d）故障分量等值电路

利用叠加原理：

（1）由正常运行情况下等值电路图 5-10（c），求出网络中各节点正常时的电压和各支路的正常电流，如 $\dot{U}_{k[0]}$、$\dot{I}_{G[0]}$、$\dot{I}_{M[0]}$ 等；

（2）由确定故障分量的等值电路图 5-10（d），求出由于故障而引起的各节点电压的变化量和各支路电流的变化量，如 $\Delta\dot{U}_k = -\dot{U}_{k[0]}$、$\Delta\dot{I}''_G$、$\Delta\dot{I}''_M$ 等；

（3）将正常和故障两种情况叠加，可得故障后各节点的电压和各支路的电流。如图 5-10（b）中的电压和电流为

$$\left.\begin{array}{l} \dot{U}_{k[0]} + \Delta\dot{U}_k = 0 \\ \dot{I}''_G = \dot{I}_{G[0]} + \Delta\dot{I}''_G \\ \dot{I}''_M = \dot{I}_{M[0]} + \Delta\dot{I}''_M \\ \dot{I}''_k = \dot{I}_{k[0]} + \Delta\dot{I}''_k \end{array}\right\} \tag{5-24}$$

【例 5-4】 试运用叠加原理计算［例 5-3］中图 5-8 所示网络 k 点三相短路时故障点

电流以及发电机和电动机支路中的电流。

　　解　按叠加原理有：

　　（1）正常情况下的电流和电压（在［例 5 - 3］中已求得）：

　　　发电机支路中的正常电流

$$\dot{I}_{G[0]}=0.69-j0.52$$

　　　电动机支路中的正常电流

$$\dot{I}_{M[0]}=-0.69+j0.52$$

　　　故障支路中的正常电流

$$\dot{I}_{k[0]}=0$$

　　　故障点的正常电压

$$\dot{U}_{k[0]}=0.97\angle0°$$

　　（2）故障情况下的电流和电压。将图 5 - 10（d）所示网络对 k 点化简，求得整个网络对 k 点的等值电抗为

$$X_{\Sigma}=\frac{0.3\times0.2}{0.3+0.2}=0.12$$

　　故障点电压的故障分量为

$$\Delta\dot{U}_{k}=-\dot{U}_{k[0]}=-0.97\angle0°$$

　　由此得故障支路中的故障分量电流为

$$\Delta\dot{I}_{k}''=\frac{-\Delta\dot{U}_{k}}{jX_{\Sigma}}=\frac{\dot{U}_{k[0]}}{jX_{\Sigma}}=\frac{0.97\angle0°}{j0.12}=-j8.08$$

　　将此故障分量电流按阻抗反比分配到各并联支路中去，便有

$$\Delta\dot{I}_{G}''=-j8.08\times\frac{j0.2}{j0.5}=-j3.23$$

$$\Delta\dot{I}_{M}''=-j8.08\times\frac{j0.3}{j0.5}=-j4.85$$

　　（3）将正常和故障情况叠加。发电机支路中的电流

$$\dot{I}_{G}''=\dot{I}_{G[0]}+\Delta\dot{I}_{G}''=(0.69-j0.52)+j(-j3.23)=0.69-j3.75$$

电动机支路中的电流

$$\dot{I}_{M}''=\dot{I}_{M[0]}+\Delta\dot{I}_{M}''=(-0.69+j0.52)+(-j4.85)=-0.69-j4.33$$

故障支路中的电流

$$\dot{I}_{k}''=\dot{I}_{k[0]}+\Delta\dot{I}_{k}''=-j8.08$$

故障点的电压

$$\dot{U}_{k}=\dot{U}_{k[0]}+\Delta\dot{U}_{k}=0.97\angle0°+(-0.97\angle0°)=0$$

　　由上可见，采用叠加原理与直接用等值法进行计算所得结果完全相同。由本例计算还可知，大容量同步电动机在故障点附近时，它对故障电流的影响较大。

　　在实用计算中，当系统中的电源电动势采用 $\dot{E}_{[0]}''=1$ 时，电源至短路点的电流 $I_{k}''=1/X_{\Sigma}$。如果短路处是经过阻抗 Z_{k} 短路，则短路点的电流为

$$\dot{I}_k'' = \frac{1}{jX_\Sigma + Z_k} \tag{5-25}$$

对于复杂系统必须经过网络化简，求得 X_Σ。在求得短路点的短路电流后，还要按网络结构计算电流分布，才能得到各支路的电流。

另外，有时也用短路容量来反映某个母线上发生三相短路时的短路电流。所谓短路容量等于某母线上发生三相短路时次暂态电流乘以该母线上额定电压的 $\sqrt{3}$ 倍，即 $S_k = \sqrt{3} U_N I_k''$。如果用标幺值表示，则短路容量的标幺值等于次暂态电流的标幺值。于是短路容量的倒数也就等于由该母线向系统看进去的等值电抗。

【例 5-5】 图 5-11 所示网络中，A、B、C 为三个等值电源。其中 $S_A = 75\text{MVA}$，$X_A = 0.380$；$S_B = 535\text{MVA}$，$X_B = 0.304$（以它们的额定容量和 U_{av} 为基准的标幺值）；C 的容量和电抗不详。只知装设在母线 4 上的断路器 QF 的断开容量为 3500MVA。线路的长度 l_1、l_2、l_3 分别为 10、5、24km，电抗均为 $0.4\Omega/\text{km}$。试计算在母线 I 三相直接短路时的起始次暂态电流和冲击电流。

解 取 $S_B = 1000\text{MVA}$，作系统的等值网络如图 5-12 所示。

首先确定电源 C 的等值电抗 X_C。如果短路不是发生在母线 I，而是发生在母线 IV 的断路器 QF 之后，则电源 A、B、C 供给的短路电流都要通过 QF，其中电源 A、B 供给的短路电流决定于如下的电抗

$$X = [(5.07 + 0.151) /\!/ 0.568] + 0.242 = 0.754$$

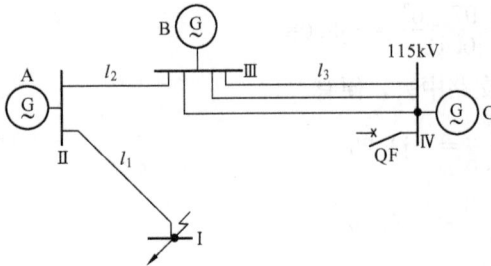

图 5-11 ［例 5-5］网络接线图

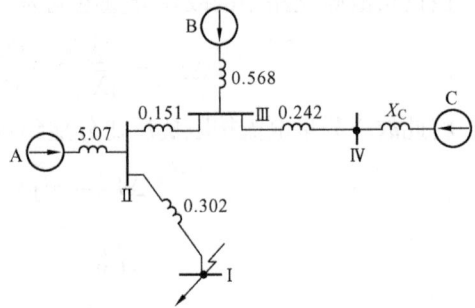

图 5-12 ［例 5-5］等值网络

短路瞬间，这两个电源供给的短路功率为

$$S'' = \frac{1}{0.754} \times 1000 = 1328 \, (\text{MVA})$$

断路器 QF 允许电源 C 供给的短路功率为

$$3500 - 1328 = 2172 \, (\text{MVA})$$

由此可得电源 C 的等值电抗 X_C 至少为

$$X_C = \frac{1000}{2172} = 0.46$$

然后做母线 I 的短路计算。这时整个网络对短路点的等值电抗为

$$X_\Sigma = \{[(0.46 + 0.242) /\!/ 0.568] + 0.151\} /\!/ 0.507 + 0.302 = 0.728$$

由此得到的起始次暂态电流为

第五章　电力系统故障分析与计算 179

$$I''=\frac{1}{0.728}=1.373$$

以有名值表示则为

$$I''=1.373\times\frac{1000}{\sqrt{3}\times115}=1.373\times5.02=6.9(\text{kA})$$

冲击电流的标幺值为

$$i_{\text{M}}=2.55\times1.373=3.5$$

冲击电流的有名值则为

$$i_{\text{M}}=3.5\times5.02=15.57(\text{kA})$$

二、应用运算曲线求任意时刻的短路电流周期分量

在电力系统中，发生突然三相短路故障后，暂态过程中的短路电流是随着时间急剧变化的，欲想求出短路后某时刻短路电流的瞬时值是相当困难的。20 世纪 50 年代以来，我国电力部门采用从苏联引进的一种运算曲线来计算任意时刻的短路电流周期分量。近年来电力专家总是不断修改运算曲线，按照我国实际机组参数绘制出运算曲线。下面将介绍这种运算曲线的制定和使用方法。

1. 运算曲线的制定

图 5-13 示出了制作运行曲线用的网络图。图中 X_{T} 和 X_l 均为以发电机额定参数为基准值的标幺值电抗，改变 X_l 值的大小，即可表示短路点的远近。

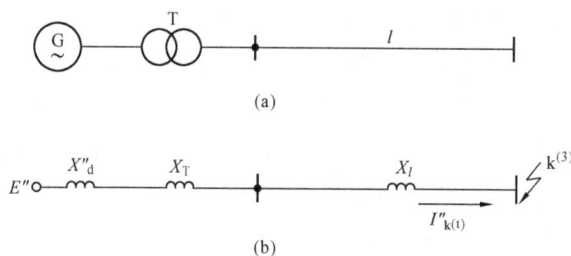

图 5-13　制作运算曲线的网络图

(a) 正常运行时网络；(b) 短路时的等值网络

根据图 5-13（b）所示的网络，可求出发电机外部网络对发电机的等值电抗（$jX_{\text{T}}+jX_l$），将此外部等值电抗加到发电机的相应参数上，便得发电机至短路点的总电抗 $X''_{d\Sigma}=X''_d+X_{\text{T}}+X_l$，将此电抗代入发电机短路电流周期分量随时间变化的表达式，可计算任意时刻发电机送出的周期分量电流，于是可绘制短路电流运算曲线见附录 B。纵坐标 I 表示短路电流周期分量（标幺值），横坐标 X_c 为计算电抗（标幺值），其计算电抗 X_c 是以发电机额定值为基准的标幺值。图 5-13 所示网络的计算电抗为

$$X_c=X''_d+X_{\text{T}}+X_l \tag{5-26}$$

其中 X''_d、X_{T} 一定，X_l 可变，改变 X_l 值可得到不同的 I 值。对于不同的时刻 t，可查得不同的 I 值。

对于不同的发电机，由于其参数不相同，则运算曲线是不相同的。实际的运算曲线是按我国电力系统统计得到的汽轮发电机（或水轮发电机）的参数，逐台计算在不同的 X_l 条件下，某时刻 t 的周期分量，然后取所有这些周期分量的平均值，作为运算曲线在某时刻 t 和

电抗 X_c 情况下的周期分量值，最后，分别提出两种类型的运算曲线，即一套汽轮发电机的运算曲线和一套水轮发电机的运算曲线。

2. 应用运算曲线计算短路电流的方法

在制作运算曲线时，所用网络中只含有一台发电机，但实际网络中不仅是一台发电机，对于多台机的复杂网络，应用运算曲线计算电力系统短路电流时，将各台发电机用其 X''_d 作为等值电抗，不计网络中的小负荷，作出等值网络，并进行网络化简，消去除了短路点和各发电机电动势节点以外的所有节点，即可得到只含发电机电动势节点和短路点的简化网形网络。化简后，各电源点和短路点之间连接的电抗，称为转移电抗。图 5 - 14 中 $X_{s1} \sim X_{s4}$ 为转移电抗。各电源送到短路点的电流就由这些转移电抗所决定。

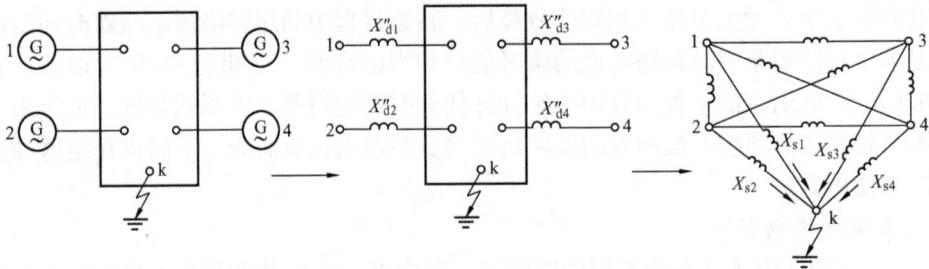

图 5 - 14　应用运算曲线时网络化简

需指出，图 5 - 14 中转移电抗 $X_{s1} \sim X_{s4}$ 不完全可能是计算电抗，因为为运算曲线上的计算电抗必须是以某个电源发电机的额定参数为基准的标幺值电抗。而通常计算中采用的电抗标幺值一般是将整个网络参数归算到同一基本级上的标幺值。如果 $X_{s1} \sim X_{s4}$ 是统一基准 S_B、U_B 下的标幺值电抗，还必须把它们归算到各发电机额定参数下的标幺值，即便是粗略的计算，也要有功率换算问题。于是与之对应的计算电抗应为

$$X_{c1}=X_{s1}\frac{S_{N1}}{S_B}, \quad X_{c2}=X_{s2}\frac{S_{N2}}{S_B} \atop X_{c3}=X_{s3}\frac{S_{N3}}{S_B}, \quad X_{c4}=X_{s4}\frac{S_{N4}}{S_B}} \tag{5-27}$$

式中　$S_{N1} \sim S_{N4}$ ——1、2、3、4 电源发电机的额定容量。

然后再查各运算曲线，求得各电源流到短路点某时刻的周期分量电流标幺值，由标幺值再换算得有名值电流。短路点的总电流，就是这些标幺值换算得到的各周期分量电流的有名值之和。

将上述的计算步骤归纳为如下几点：

(1) 网络化简，得到各电源对短路点的转移电抗；

(2) 求各电源的计算电抗 X_c；

(3) 查运算曲线，得到以发电机额定容量为基准的周期分量电流标幺值；

(4) 求得各周期分量电流有名值之和，即为短路点的总电流；

(5) 若要求提高计算准确度，可进行有关的修正计算。

三、转移电抗及其求法

前面已提到转移电抗，它即是电源点和短路点之间的电抗。对于一个较复杂的网络，如

果经过网络变换，消去电源点与短路点以外的所有中间节点，最后得到的电源电动势节点和短路点之间联系的电抗，即为转移电抗。其中电源点至短路点的转移电抗对于计算短路电流有重要意义。

在实际进行短路计算时，一般电源电动势为已知，需要求出各个相应的转移电抗，然后就很容易求出短路电流。求转移电抗的方法很多，下面介绍几种求法。

1. 网络的化简

对网络的无源部分化简，可采用串、并联法，星—三角变换法及网络拆开法等。

对网络的有源部分化简，用等效发电机原理化简，将几个有源支路合并成一个有源支路，需求出网络变换后的等值电动势和等值阻抗。这种方法已在第三章里讨论过。通常最常见的是两个电源合并，其等值电动势和等值阻抗为

$$\dot{E}_\Sigma = \dot{E}_1 /\!/ \dot{E}_2 = \frac{\dot{E}_1 Z_2 + \dot{E}_2 Z_1}{Z_1 + Z_2}, \ Z = Z_1 /\!/ Z_2 = \frac{Z_1 Z_2}{Z_1 + Z_2}$$

合并时注意：把网络中对短路点影响差不多的发电机合并起来，即把短路电流变化规律大体相同的发电机合并成等值机。而影响短路电流变化规律的主要因素有两个：一个是发电机的特性（指类型、容量、参数）；另一个是发电机对短路点的电气距离，如有两台机，其类型、参数差不多，均为汽轮机（或水轮机），容量相当，且离短路点的距离也差不多远近，就可以合并。但无限大功率电源不能和有限大容量电源合并，短路点不能和电源点合并。

2. 分裂电动势和分裂短路点

（1）分裂电动势：就是把具有公共电源的几个支路从公共点拆开，拆开后的各支路端点仍具有与原来电动势相等的电源。这样就把一个闭环网变成一个辐射网，如图 5 - 15 所示。

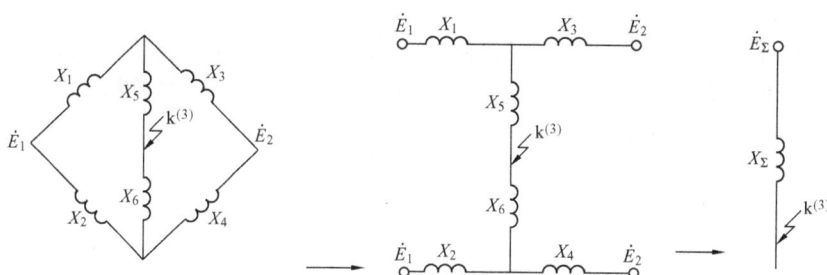

图 5 - 15 分裂电动势化简

（2）分裂短路点：在短路点把电路拆开（即将连接在短路点的几个支路从短路点拆开），各支路拆开后的端点仍具有原来短路点的电位（三相短路时，短路点的电压为零），如图 5 - 16所示。

图 5 - 16 中，如求 X_6 支路中的电流，可将 X_5 和 X_7 支路看做是 $\dot{E} = 0$ 的支路，分别与 $\dot{E}_1$、$\dot{E}_2$ 合并，然后分别与 X_3、X_4 相加，再合并为一等值电抗，与 X_6 相加，即得到 $\dot{E}_\Sigma$ 和 X_Σ。用同样的方法可求得 X_5 和 X_7 支路中的短路电流。三个支路短路电流之和即为总的短路电流。

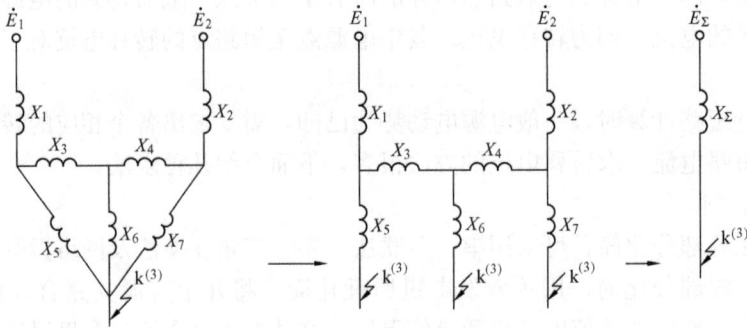

图 5 - 16　分裂短路点化简

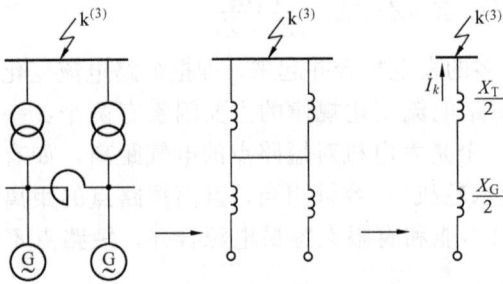

图 5 - 17　利用网络的对称性化简网络

3. 利用网络的对称性简化网络

在电力系统中，常常会遇到接于某两点之间的网络，对于短路点具有对称性的情况，图 5 - 17 所示网络就是如此。所谓对称性，是指网络的结构相同、电源一样、阻抗参数相等以及短路电流的流向一致等，在对称网络的对应点上，其电位也必然相同。因此，网络中不直接连接的同电位点，依据简化的需要可以认为是直接连接的，则同电位的点可以合并。经过这样处理后，往往可使网络的变换比较简便。

4. 单位电流法

在某些情况下，往往不需把所有电源都合并成一个等值电动势来计算短路电流，而是需要保留若干个等值电源，这时等值电路是含有较少的（几个）电源的形式。如图 5 - 18 所示，其中 X_{1k}、X_{2k}、X_{3k} 为转移电抗，用单位电流法可求得。

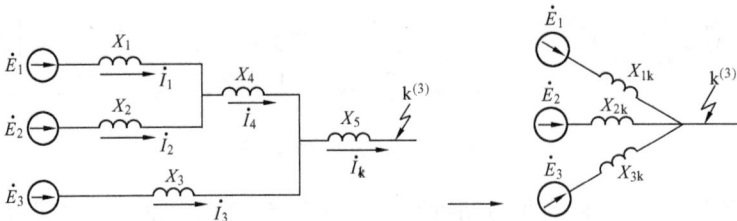

图 5 - 18　转移电抗求解示意图

对于一个有任意多电源的线性网络，在 k 点发生三相短路后，短路点电流（周期分量）总可以表示为

$$\dot{I}_k = \frac{\dot{E}_1}{Z_{1k}} + \frac{\dot{E}_2}{Z_{2k}} + \cdots + \frac{\dot{E}_i}{Z_{ik}} + \cdots \tag{5 - 28}$$

式中　$\dot{E}_i$——某电源 i 的电动势；

Z_{ik}——某电源 i 与短路点 k 间的转移阻抗。

式（5-28）实际是叠加原理在线性网络中的运用。由此，还可得出转移阻抗的定义：如果除了电动势 $\dot{E}_i$ 以外，其他电动势均为零（短路接地），则 $\dot{E}_i$ 与此时 k 点电流之比值，即为电源 i 与短路点 k 间的转移阻抗。

在没有闭合回路的网络中，应用单位电流法求转移电抗较为简捷。以图 5-18 为例，令电动势 $\dot{E}_1=\dot{E}_2=\dot{E}_3=0$，并在支路 X_1 中通以单位电流，即相当于取 $I_1=1$，如图 5-19 所示。从图中可以得出

$$U_b = I_1 X_1 = X_1$$

$$I_2 = \frac{U_b}{X_2} = \frac{X_1}{X_2}$$

$$I_4 = I_1 + I_2$$

$$U_a = U_b + I_4 X_4$$

$$I_3 = \frac{U_a}{X_3}$$

$$I_k = I_4 + I_3$$

$$E_k = U_a + I_k X_5$$

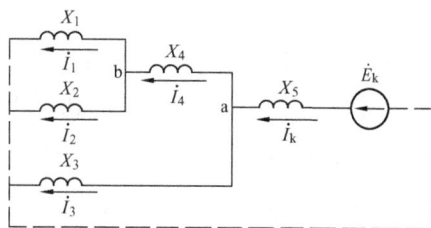

图 5-19　用单位电流法求转移电抗

于是根据转移阻抗定义，各电源支路对短路点之间的转移电抗就可以很方便地按下列各式求出

$$X_{1k} = \frac{E_k}{I_1}, \quad X_{2k} \doteq \frac{E_k}{I_2}, \quad X_{3k} = \frac{E_k}{I_3} \tag{5-29}$$

通常，网络变换法和单位电流法可同时并用，可先将有闭合回路的网络变换为辐射形网络，然后再用单位电流法求转移电抗。

第四节　简单不对称故障的分析与计算

前面讨论了电力系统三相突然短路的情况，但在实际中，短路故障不只是三相对称，还有不对称短路故障发生。为了保证电力系统中各种电气设备的安全运行，必须进行各种不对称故障分析和计算，以便正确地选择电气设备、确定网络接线方案、确定运行方式、选择自动化装置、选择继电保护装置及为整定其参数提供依据。

一、对称分量法

分析三相短路时，由于三相电路是对称的，短路电流的周期分量也是对称的，因此只需分析其中的一相即可。但是系统发生不对称短路时，电路的对称性受到破坏，网络中出现了三相不对称的电压和电流，对称电路变成了不对称电路，直接去解这种不对称电路是相当复杂的。这里引用 120 对称分量法，把不对称的三相电路转换成对称的电路来解决电力系统中各种不对称故障的分析和计算问题。

所谓对称分量法，就是将一组不对称的三相量分解成三组对称的三序分量之和。这三组对称的序分量分别称为正序分量、负序分量、零序分量。因为在线性电路中可以应用叠加原理，然而这三组对称的序分量可分别按对称的三相电路去解，然后将其结果叠加起来，就是不对称三相电路的解答。

设 $\dot{F}_a$、$\dot{F}_b$、$\dot{F}_c$ 为系统中任意一组不对称的相量，分解成三组对称的三序分量

$$
\left.
\begin{aligned}
\dot{F}_a &= \dot{F}_{a1} + \dot{F}_{a2} + \dot{F}_{a0} \\
\dot{F}_b &= \dot{F}_{b1} + \dot{F}_{b2} + \dot{F}_{b0} \\
\dot{F}_c &= \dot{F}_{c1} + \dot{F}_{c2} + \dot{F}_{c0}
\end{aligned}
\right\}
\tag{5-30}
$$

正序分量如图 5-20（a）所示。$\dot{F}_{a1}$、$\dot{F}_{b1}$、$\dot{F}_{c1}$ 三相的正序分量大小相等，彼此相位互差 $120°$，与系统正常对称运行方式下的相序相同，达到最大值的顺序 a→b→c，在电机内部产生正转磁场，这就是正序分量。此正序分量为一平衡的三相系统，因此有 $\dot{F}_{a1} + \dot{F}_{b1} + \dot{F}_{c1} = 0$。

负序分量如图 5-20（b）所示。$\dot{F}_{a2}$、$\dot{F}_{b2}$、$\dot{F}_{c2}$ 三相的负序分量大小相等，彼此相位互差 $120°$，与系统正常对称运行方式的相序相反，达到最大值的顺序 a→c→b，在电机内部产生反转磁场，这就是负序分量。此负序分量为一平衡的三相系统，因此有 $\dot{F}_{a2} + \dot{F}_{b2} + \dot{F}_{c2} = 0$。

零序分量如图 5-20（c）所示。$\dot{F}_{a0}$、$\dot{F}_{b0}$、$\dot{F}_{c0}$ 三相的零序分量大小相等，相位相同，三相的零序分量同时达到最大值，在电机内部产生漏磁，其合成磁场为零，这就是零序分量。

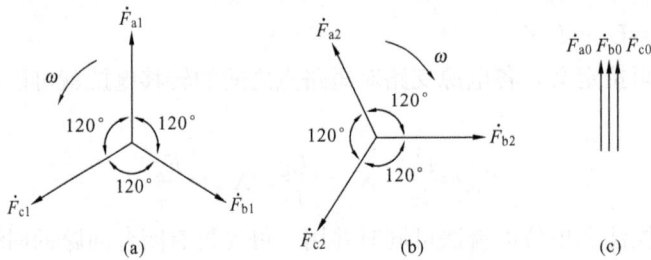

图 5-20 三相不对称相量所对应的三组对称分量
(a) 正序；(b) 负序；(c) 零序

如果以 a 相为基准相，各序恒有如下关系

$$
\left.
\begin{aligned}
\text{正序} \quad & \dot{F}_{a1}, \quad \dot{F}_{b1} = a^2\dot{F}_{a1}, \quad \dot{F}_{c1} = a\dot{F}_{a1} \\
\text{负序} \quad & \dot{F}_{a2}, \quad \dot{F}_{b2} = a\dot{F}_{a2}, \quad \dot{F}_{c2} = a^2\dot{F}_{a2} \\
\text{零序} \quad & \dot{F}_{a0}, \quad \dot{F}_{b0} = \dot{F}_{a0}, \quad \dot{F}_{c0} = \dot{F}_{a0}
\end{aligned}
\right\}
\tag{5-31}
$$

式中，$a = e^{j120°} = -\dfrac{1}{2} + j\dfrac{\sqrt{3}}{2}$，$a^2 = e^{j240°} = -\dfrac{1}{2} - j\dfrac{\sqrt{3}}{2}$，且有 $1 + a + a^2 = 0$。

于是，式（5-30）可以写成

$$
\left.
\begin{aligned}
\dot{F}_a &= \dot{F}_{a1} + \dot{F}_{a2} + \dot{F}_{a0} \\
\dot{F}_b &= a^2\dot{F}_{a1} + a\dot{F}_{a2} + \dot{F}_{a0} \\
\dot{F}_c &= a\dot{F}_{a1} + a^2\dot{F}_{a2} + \dot{F}_{a0}
\end{aligned}
\right\}
\tag{5-32a}
$$

由此可知，在式（5-30）中的九个序分量不是完全独立的，它们每三个成为一组，如 $\dot{F}_{a1}$、$\dot{F}_{b1}$、$\dot{F}_{c1}$ 为一组正序，$\dot{F}_{a2}$、$\dot{F}_{b2}$、$\dot{F}_{c2}$ 为一组负序，$\dot{F}_{a0}$、$\dot{F}_{b0}$、$\dot{F}_{c0}$ 为一组零序。每一组中只要求出一个，另外两个可由式（5-31）确定，所以九个序分量中，只有三个是相互独立的。

将式（5-32a）写成矩阵形式

$$
\begin{bmatrix} \dot{F}_a \\ \dot{F}_b \\ \dot{F}_c \end{bmatrix} = \begin{bmatrix} 1 & 1 & 1 \\ a^2 & a & 1 \\ a & a^2 & 1 \end{bmatrix} \begin{bmatrix} \dot{F}_{a1} \\ \dot{F}_{a2} \\ \dot{F}_{a0} \end{bmatrix}
\tag{5-32b}
$$

缩写为

$$
\boldsymbol{F}_{abc} = \boldsymbol{T}\boldsymbol{F}_{120}
\tag{5-32c}
$$

$$
\boldsymbol{T} = \begin{bmatrix} 1 & 1 & 1 \\ a^2 & a & 1 \\ a & a^2 & 1 \end{bmatrix}
\tag{5-33}
$$

显然，$\boldsymbol{T}$ 为对称分量法的变换矩阵。式（5-32）说明，三组对称的序分量合成得一组不对称的相分量。

对 $\boldsymbol{T}$ 求逆，有

$$
\boldsymbol{T}^{-1} = \frac{1}{3} \begin{bmatrix} 1 & a & a^2 \\ 1 & a^2 & a \\ 1 & 1 & 1 \end{bmatrix}
\tag{5-34}
$$

$\boldsymbol{T}^{-1}$ 为对称分量法的逆变换矩阵。于是有

$$
\boldsymbol{F}_{120} = \boldsymbol{T}^{-1} \boldsymbol{F}_{abc}
\tag{5-35a}
$$

展开式

$$
\begin{bmatrix} \dot{F}_{a1} \\ \dot{F}_{a2} \\ \dot{F}_{a0} \end{bmatrix} = \frac{1}{3} \begin{bmatrix} 1 & a & a^2 \\ 1 & a^2 & a \\ 1 & 1 & 1 \end{bmatrix} \begin{bmatrix} \dot{F}_a \\ \dot{F}_b \\ \dot{F}_c \end{bmatrix}
\tag{5-35b}
$$

式（5-35b）说明，由一组不对称的相分量可以分解成三组对称的序分量。

通过上述式（5-32）和式（5-35）就可以把三个不对称的相分量 $\dot{F}_a$、$\dot{F}_b$、$\dot{F}_c$ 和三个序分量 $\dot{F}_{a1}$、$\dot{F}_{a2}$、$\dot{F}_{a0}$ 用正变换或逆变换的手段互化。

当网络中发生不对称故障时，就会有不对称的电压和电流。由对称分量法可列出以下关系

$$
\begin{bmatrix} \dot{I}_a \\ \dot{I}_b \\ \dot{I}_c \end{bmatrix} = \begin{bmatrix} 1 & 1 & 1 \\ a^2 & a & 1 \\ a & a^2 & 1 \end{bmatrix} \begin{bmatrix} \dot{I}_{a1} \\ \dot{I}_{a2} \\ \dot{I}_{a0} \end{bmatrix}, \quad \boldsymbol{I}_{abc} = \boldsymbol{T}\boldsymbol{I}_{120}
$$

$$
\begin{bmatrix} \dot{I}_{a1} \\ \dot{I}_{a2} \\ \dot{I}_{a0} \end{bmatrix} = \frac{1}{3} \begin{bmatrix} 1 & a & a^2 \\ 1 & a^2 & a \\ 1 & 1 & 1 \end{bmatrix} \begin{bmatrix} \dot{I}_a \\ \dot{I}_b \\ \dot{I}_c \end{bmatrix}, \quad \boldsymbol{I}_{120} = \boldsymbol{T}^{-1} \boldsymbol{I}_{abc}
$$

$$
\begin{bmatrix} \dot{U}_a \\ \dot{U}_b \\ \dot{U}_c \end{bmatrix} = \begin{bmatrix} 1 & 1 & 1 \\ a^2 & a & 1 \\ a & a^2 & 1 \end{bmatrix} \begin{bmatrix} \dot{U}_{a1} \\ \dot{U}_{a2} \\ \dot{U}_{a0} \end{bmatrix}, \quad \boldsymbol{U}_{abc} = \boldsymbol{T}\boldsymbol{U}_{120}
$$

$$\begin{bmatrix} \dot{U}_{a1} \\ \dot{U}_{a2} \\ \dot{U}_{a0} \end{bmatrix} = \frac{1}{3} \begin{bmatrix} 1 & a & a^2 \\ 1 & a^2 & a \\ 1 & 1 & 1 \end{bmatrix} \begin{bmatrix} \dot{U}_a \\ \dot{U}_b \\ \dot{U}_c \end{bmatrix}, \quad \boldsymbol{U}_{120} = \boldsymbol{T}^{-1} \boldsymbol{U}_{abc}$$

在上列等式中注意到，在三相系统中，若三相量的和为零，则该不对称的相量组中，不包含零序分量。如在采用三角形接法或没有中线的星形接法中，线电流中不存在零序分量。因为在三角形接法中，相电流中的零序分量在闭合的三角形中自成环流；在没有中性线的星形接法中，根据节点电流定律，在中性点必然有 $\dot{I}_a + \dot{I}_b + \dot{I}_c = 0$，因而零序电流为零。

可见，零序电流必须以中性线作为通路，才可能有 $\dot{I}_a + \dot{I}_b + \dot{I}_c \neq 0$，当有中性线时，通过中性线的电流等于一相零序电流的 3 倍，即 $\dot{I}_N = \dot{I}_a + \dot{I}_b + \dot{I}_c = 3\dot{I}_0$。

二、对称分量法的应用

电力系统的正常运行一般是对称的，它的三相电路参数相同，各相电压、电流对称，当电力系统中的某一点发生不对称故障时，三相电路的对称性受到破坏，三相对称电路变成了不对称电路。但是，除了故障点出现不对称以外，电力系统其余部分仍是对称的。

如图 5-21（a）所示网络，当在线路上 k 点发生了单相（a 相）接地短路，相当 a 相与地短接，bc 相对地开路，如图 5-21（b）所示，a 相对地阻抗等于零，a 相对地电压 $\dot{U}_a = 0$，而 b、c 相对地阻抗不为零，故 $\dot{U}_b \neq 0$、$\dot{U}_c \neq 0$，如图 5-21（c）所示。

除了故障点以外，电力系统其余部分的原参数仍旧是对称的。可见，故障点的不对称是使三相对称电路变为不对称的关键，因此在计算不对称故障时，必须抓住这个关键，设法在一定条件下，把故障点的不对称转化为对称，使由故障破坏了对称性的三相电路转化成三相对称电路，从而就可以用单相电路进行计算。

下面讨论如何把故障点的不对称转化为对称，使不对称的三相电路转化成对称，这就用到对称分量法。由图 5-21（c）可以看出，当不对称故障发生后，在故障点出现一组不对称的相电压（$\dot{U}_a = 0$、$\dot{U}_b \neq 0$、$\dot{U}_c \neq 0$），这就是计算 a 相短路的边界条件。对于这种状况，可以认为在短路点人为地接入一组不对称电动势源，这组电动势源与上述不对称的各相电压大小相等、方向相反，如图 5-21（d）所示。经过这样的处理后，利用对称分量法将这一组不对称的电动势源分解成正序、负序、零序三组对称的电动势源，如图 5-21（e）所示。因为电路的其余部分是对称的，电路的参数又假设为恒定，所以各序具有独立性。这时再把短路点的正、负、零序三组对称的电动势源与网络的其余部分同相序相连，这样就可以绘出三个序网络，即正序网、负序网和零序网。由于各序网中 a、b、c 三相对称，所以可用单相电路表示，如图 5-21（f）所示（以 a 相为基准）。然而，还可以作出最简化的三序网图，如图 5-21（g）所示。

显然，图 5-21（g）中正、负、零序综合阻抗为

$$\left. \begin{aligned} Z_{1\Sigma} &= Z_{G1} + Z_{T1} + Z_{l1} \\ Z_{2\Sigma} &= Z_{G2} + Z_{T2} + Z_{l2} \\ Z_{0\Sigma} &= Z_{T0} + Z_{l0} \end{aligned} \right\} \tag{5-36}$$

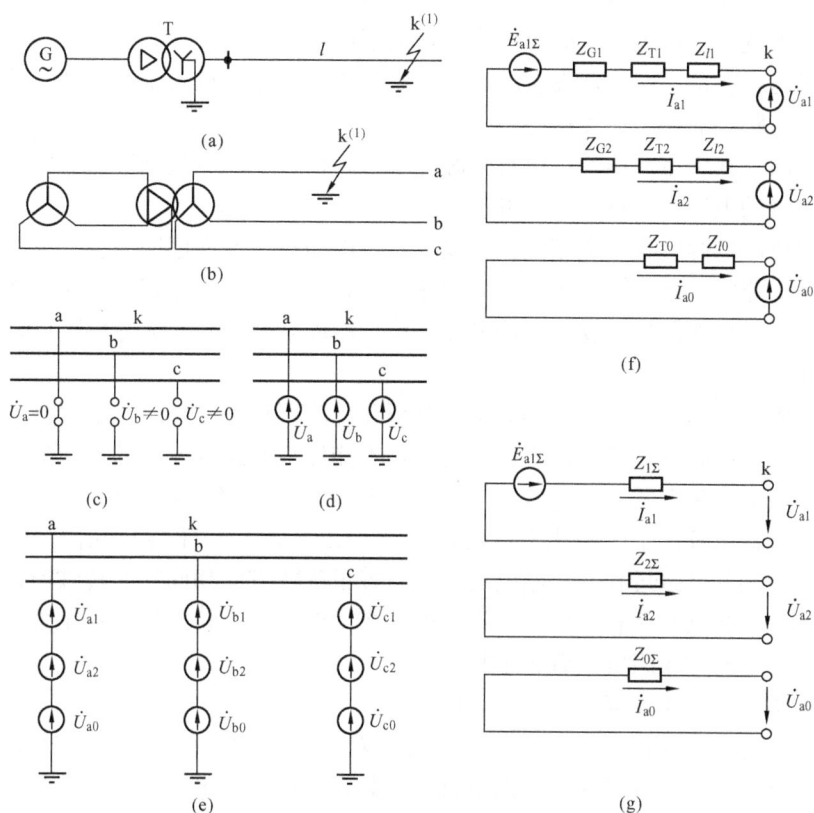

图 5-21 利用对称分量法分析不对称短路
(a) 简单系统单相接地；(b) 三相系统图；(c) 短路点 a 相接地；(d) 短路点加三相电压；
(e) 短路点加三相序电压；(f) 三序网络图；(g) 简化的三序网图

由于变压器 T 的一次为三角形接法，所以零序电流流不进发电机，因此 $Z_{0\Sigma}$ 中不含发电机的零序阻抗。对于图 5-21（g）所示的三序网图可分别列出各序的电压方程式

$$正序 \qquad\qquad \left.\begin{aligned} \dot{E}_{a1\Sigma} - \dot{I}_{a1} Z_{1\Sigma} &= \dot{U}_{a1} \\ -\dot{I}_{a2} Z_{2\Sigma} &= \dot{U}_{a2} \\ -\dot{I}_{a0} Z_{0\Sigma} &= \dot{U}_{a0} \end{aligned}\right\} \qquad (5-37)$$

式中　$\dot{U}_{a1}$、$\dot{U}_{a2}$、$\dot{U}_{a0}$——短路点的正序电压、负序电压和零序电压；

$\dot{E}_{a1\Sigma}$——综合的电源电动势。

式（5-37）对于各种不对称短路故障都适用。它说明了各种不对称故障时出现的各序电流和电压之间的相互关系，表示了不对称故障的共性，我们称它为短路计算的三个基本电压方程。

由以上分析可知，当电力系统中发生不对称短路，进行不对称电压和电流计算时，就要应用对称分量法，将不对称的网络分解成三个对称的序网络，因序网中，同一序的 a、b、c 三相量是对称的，所以可用单相图表示三个序网络。为了更准确地形成这三个序网络，这里对三序网作出如下定义。

（1）正序网：在正序网中，正序电动势就是电源电动势，流过正序电流的全部元件，其阻抗均用正序阻抗表示，短路点的电压为该点的正序电压。

（2）负序网：在负序网中，没有电源电动势，流过负序电流的全部元件，其阻抗均用负序阻抗表示，短路点的电压为该点的负序电压。

（3）零序网：在零序网中，也没有电源电动势，仅有零序电流能够流通的那些元件的零序阻抗，短路点的电压为该点的零序电压。

正序网与负序网的形式基本相同，仅差发电机电动势。而零序网与正、负序网有很大差异，由于零序电流的流通路径与正、负序截然不同，零序电流三相相位相同，必须通过大地和接地避雷线、电缆的保护包皮等才能形成回路，所以某个元件有无零序阻抗，要看零序电流是否流过它。

由以上分析还可知，在应用对称分量法分析和计算不对称故障时，必须首先确定各元件的正序、负序和零序阻抗。这里由于篇幅所限，不能详细介绍各元件的正、负、零序阻抗的确定方法。一般对于架空线、电缆线、变压器的正序阻抗与负序阻抗相等，即 $Z_1 = Z_2$；对于电抗器、电容器以及三个单相式变压器，有 $Z_1 = Z_2 = Z_0$；对于旋转元件，由于各序电流通过时将引起不同的电磁过程，正序电流产生与转子旋转方向相同的旋转磁场，负序电流产生与转子旋转方向相反的旋转磁场，而零序电流产生的磁场与转子的位置无关，因此，旋转元件的正序、负序和零序阻抗三者各不相等。

三、各种不对称短路计算

在电力系统的设计和运行中，都需要进行不对称故障的分析和计算，这是选择电气设备、确定运行方式、整定继电保护、选用自动化装置以及进行事故分析的重要依据。下面讨论单相接地短路、两相短路和两相短路接地等几种情况的具体计算方法。短路包括金属性短路和非金属性短路。金属性短路是指短路点弧光电阻及接地电阻均为零。非金属性短路是指短路点经过渡电阻短路。

当网络中某一点发生不对称短路时，短路点的电压、电流出现不对称，应用对称分量法将不对称的电压、电流分解为三组对称的序分量，由于每一序系统中三相对称，则在选好一相为基准相后，每一序只需计算一相即可。如单相接地短路时，选 a 相为基准相，于是可制定正、负、零序网如图 5-21（g）所示，对应的三个基本电压方程见式（5-37）。无论哪一种短路故障，均可找到这样一个三序网和三个基本电压方程的标准形式。这些电压方程是以序分量表示的，一般已知其中的电源电动势 $\dot{E}_{a1\Sigma}$ 及各序阻抗 $Z_{1\Sigma}$、$Z_{2\Sigma}$、$Z_{0\Sigma}$，而未知短路点电压和电流的序分量 $\dot{U}_{a1}$、$\dot{U}_{a2}$、$\dot{U}_{a0}$、$\dot{I}_{a1}$、$\dot{I}_{a2}$、$\dot{I}_{a0}$。求解故障处的六个未知数，仅有式（5-37）三个方程是不够的，还必须根据具体的不对称故障的边界条件列出三个补充方程式，这样六个未知数，六个方程才能有确切的解答。

简单不对称故障的计算方法有两种：一种是解析法，即是联立三个基本电压方程和三个边界条件方程，解出六个未知数；另一种是复合网法，即是根据不同的故障类型，确定出以相分量表示的边界条件，进而列出以序分量表示的新边界条件，按新的边界条件将三个序网联合成复合网，由复合网可求出故障处的各序电流和电压。由于复合网法比较简便，又容易记忆，因此应用较广。

1. 单相接地短路

单相接地短路时的系统接线如图 5-22 所示。假定 a 相接地短路，用复合网法求解短路点的电流和电压。

首先，根据短路类型和相别找出短路点的边界条件为

$$\dot{U}_{a}=0,\ \dot{I}_{b}=\dot{I}_{c}=0$$

这些边界条件是以相分量表示的，称为原始边界条件。

将上述边界条件用对称分量法得出以 a 相为基准相的序分量表示的新边界条件

$$\dot{U}_{a}=\dot{U}_{a1}+\dot{U}_{a2}+\dot{U}_{a0}=0 \tag{5-38}$$

$$\begin{bmatrix} \dot{I}_{a1} \\ \dot{I}_{a2} \\ \dot{I}_{a0} \end{bmatrix} = \frac{1}{3}\begin{bmatrix} 1 & a & a^{2} \\ 1 & a^{2} & a \\ 1 & 1 & 1 \end{bmatrix}\begin{bmatrix} \dot{I}_{a} \\ 0 \\ 0 \end{bmatrix} = \frac{1}{3}\begin{bmatrix} 1 \\ 1 \\ 1 \end{bmatrix}\dot{I}_{a}$$

即有

$$\dot{I}_{a1}=\dot{I}_{a2}=\dot{I}_{a0}=\frac{1}{3}\dot{I}_{a} \tag{5-39}$$

根据单相接地短路时的新边界条件［式（5-38）、式（5-39）］连成复合网，如图 5-23 所示。

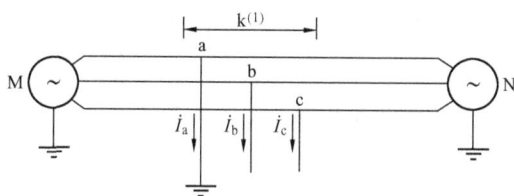

图 5-22　单相接地短路时的等值接线图

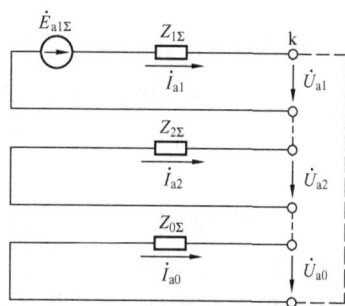

图 5-23　单相接地短路时的复合序网

然后，由复合网求电流、电压的各序分量

$$\dot{I}_{a1}=\dot{I}_{a2}=\dot{I}_{a0}=\frac{\dot{E}_{a1\Sigma}}{Z_{1\Sigma}+Z_{2\Sigma}+Z_{0\Sigma}}$$

$$\dot{U}_{a1}=\dot{E}_{a1\Sigma}-\dot{I}_{a1}Z_{1\Sigma}$$

$$\dot{U}_{a2}=-\dot{I}_{a2}Z_{2\Sigma}$$

$$\dot{U}_{a0}=-\dot{I}_{a0}Z_{0\Sigma}$$

于是又可以用对称分量法得到短路点的各相电流、电压

$$\dot{I}_{a}=\dot{I}_{a1}+\dot{I}_{a2}+\dot{I}_{a0}=3\dot{I}_{a1}$$

$$\dot{I}_{b}=\dot{I}_{c}=0$$

$$\dot{U}_{a}=\dot{U}_{a1}+\dot{U}_{a2}+\dot{U}_{a0}=0$$

$$\dot{U}_{b}=a^{2}\dot{U}_{a1}+a\dot{U}_{a2}+\dot{U}_{a0}=\dot{I}_{a1}\left[(a^{2}-a)Z_{2\Sigma}+(a^{2}-1)Z_{0\Sigma}\right]$$

$$\dot{U}_{c}=a\dot{U}_{a1}+a^{2}\dot{U}_{a2}+\dot{U}_{a0}=\dot{I}_{a1}\left[(a-a^{2})Z_{2\Sigma}+(a-1)Z_{0\Sigma}\right]$$

还可绘制短路点电流、电压的相量图，如图 5-24 所示。它是按纯电感性电路画的，电流 $\dot{I}_{a1}$ 滞后电压 $\dot{U}_{a1}$ 90°，若不为纯电感电路，则电流 $\dot{I}_{a1}$ 滞后电压 $\dot{U}_{a1}$ 的角度由 $Z_{2\Sigma}+Z_{0\Sigma}$ 的阻

抗角确定，一般小于 90°。在相量图中，将每相的序分量相加，得各相电流、电压的大小和相位。

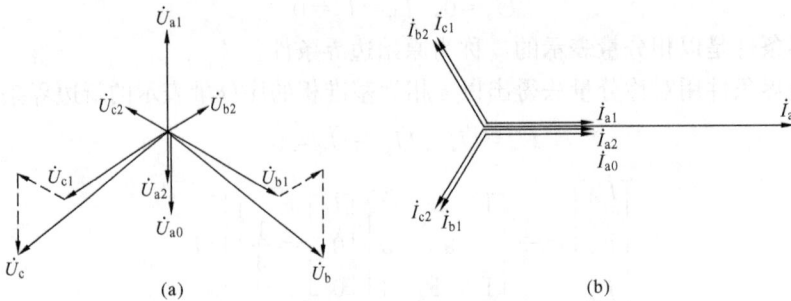

图 5-24 单相接地时短路处的电流、电压相量图

(a) 电压相量图；(b) 电流相量图

由以上对单相接地短路的分析计算，可得出以下几点结论：

（1）短路点故障相电流中正序、负序和零序分量大小相等、方向相同，非故障相中的电流等于零。

（2）短路点故障相的电压等于零，两个非故障相电压幅值相等。

（3）单相接地短路时，故障处正序分量电流的大小，与在短路点每相中加入一个附加阻抗 $Z_{\Delta}^{(1)} = Z_{2\Sigma} + Z_{0\Sigma}$ 而发生三相短路时的电流相等，即 $\dot{I}_{a1}^{(1)} = \dot{E}_{a1\Sigma} / [Z_{1\Sigma} + Z_{\Delta}^{(1)}]$。

2. 两相短路

图 5-25 所示的等值系统接线图中，在 k 点发生 bc 两相短路。

用复合网法可求出短路点的电流和电压。

（1）列出短路点的原始边界条件

$$\dot{I}_a = 0, \quad \dot{I}_b = -\dot{I}_c, \quad \dot{U}_{bc} = 0, \quad \dot{U}_b = \dot{U}_c$$

（2）用对称分量法得出以 a 相为基准的新边界条件

$$\begin{bmatrix} \dot{I}_{a1} \\ \dot{I}_{a2} \\ \dot{I}_{a0} \end{bmatrix} = \frac{1}{3} \begin{bmatrix} 1 & a & a^2 \\ 1 & a^2 & a \\ 1 & 1 & 1 \end{bmatrix} \begin{bmatrix} 0 \\ \dot{I}_b \\ -\dot{I}_b \end{bmatrix} = \frac{1}{3} \begin{bmatrix} a - a^2 \\ a^2 - a \\ 0 \end{bmatrix} \dot{I}_b$$

于是有
$$\dot{I}_{a1} = -\dot{I}_{a2}, \quad \dot{I}_{a0} = 0$$

又因
$$\dot{U}_{a1} = \frac{1}{3}(\dot{U}_a + a\dot{U}_b + a^2\dot{U}_c) = \frac{1}{3}[\dot{U}_a + (a + a^2)\dot{U}_b] = \frac{1}{3}(\dot{U}_a - \dot{U}_b)$$

$$\dot{U}_{a2} = \frac{1}{3}(\dot{U}_a + a^2\dot{U}_b + a\dot{U}_c) = \frac{1}{3}[\dot{U}_a + (a^2 + a)\dot{U}_b] = \frac{1}{3}(\dot{U}_a - \dot{U}_b)$$

于是有
$$\dot{U}_{a1} = \dot{U}_{a2}$$

所以新的边界条件为
$$\dot{I}_{a1} = -\dot{I}_{a2}, \quad \dot{I}_{a0} = 0, \quad \dot{U}_{a1} = \dot{U}_{a2}$$

（3）根据新的边界条件将正序网、负序网连成复合网，如图 5-26 所示。

（4）由复合网求电流、电压的各序分量

$$\dot{I}_{a1} = -\dot{I}_{a2} = \frac{\dot{E}_{a1\Sigma}}{Z_{1\Sigma} + Z_{2\Sigma}}$$

$$\dot{U}_{a1} = \dot{U}_{a2} = \dot{E}_{a1\Sigma} - \dot{I}_{a1} Z_{1\Sigma} = \dot{I}_{a1} Z_{2\Sigma}$$

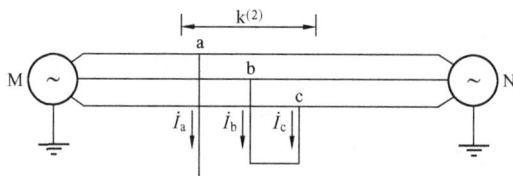

图 5-25　两相短路时等值接线图　　　　　图 5-26　两相短路时的复合序网

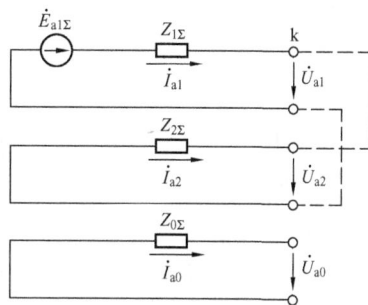

（5）由对称分量法合成电流各相分量为

$$\dot{I}_a = \dot{I}_{a1} + \dot{I}_{a2} = 0$$

$$\dot{I}_b = a^2 \dot{I}_{a1} + a \dot{I}_{a2} = (a^2 - a)\dot{I}_{a1} = -j\sqrt{3}\dot{I}_{a1}$$

$$\dot{I}_c = a\dot{I}_{a1} + a^2 \dot{I}_{a2} = (a - a^2)\dot{I}_{a2} = j\sqrt{3}\dot{I}_{a1}$$

当在远离电源处两相短路时，可以为 $Z_{1\Sigma} = Z_{2\Sigma} = Z_{0\Sigma}$，这时有

$$\dot{I}_b = -\dot{I}_c = -j\sqrt{3}\dot{I}_{a1} = -j\sqrt{3}\frac{\dot{E}_{a1\Sigma}}{Z_{1\Sigma} + Z_{0\Sigma}}$$

$$= -j\frac{\sqrt{3}}{2}\frac{\dot{E}_{a1\Sigma}}{Z_{1\Sigma}} = -j\frac{\sqrt{3}}{2}\dot{I}_a^{(3)} \tag{5-40}$$

式中　　$\dot{I}_a^{(3)}$——在同一点发生三相短路时的短路电流。

式（5-40）表明，当在远离电源处同一点发生三相和两相短路时，两相短路电流为三相短路电流的 $\frac{\sqrt{3}}{2}$ 倍。

由对称分量法合成电压的各相分量为

$$\dot{U}_a = \dot{U}_{a1} + \dot{U}_{a2} = 2\dot{U}_{a2} = 2\dot{I}_{a1} Z_{2\Sigma}$$

$$\dot{U}_b = a^2 \dot{U}_{a1} + a\dot{U}_{a2} = -\dot{U}_{a1} = -\frac{1}{2}\dot{U}_a$$

$$\dot{U}_c = a\dot{U}_{a1} + a^2 \dot{U}_{a2} = -\dot{U}_{a1} = -\frac{1}{2}\dot{U}_a$$

（6）绘出短路点电压、电流的相量图，如图 5-27 所示。这是按电流 $\dot{I}_{a1}$ 滞后电压 $\dot{U}_{a1}$ 90°的纯电感电路画出的，若电路不为纯电感性，则 $\dot{I}_{a1}$ 滞后 $\dot{U}_{a1}$ 的角度由 $Z_{2\Sigma}$ 的阻抗角所决定，一般小于 90°。由相量图也可求出各相电流和电压。同时，从图 5-27 还可看出三相电流的大小及相位关系。

从以上的分析和计算，可得出如下几点结论：

（1）两相短路时，短路电流及电压中不存在零序分量；

（2）两故障相的短路电流总是大小相等、方向相反，数值上为正序电流的 $\sqrt{3}$ 倍；

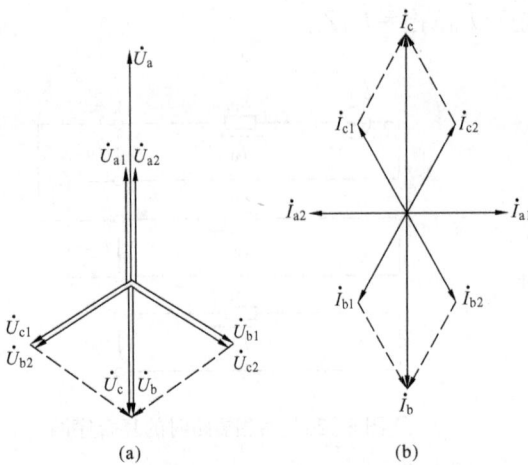

图 5-27 两相短路时短路点的电压电流相量图

（a）电压相量图；（b）电流相量图

（3）短路处两故障相电压总是大小相等、相位相同，数值上为非故障相电压的一半；

（4）两相短路的正序分量电流与在短路点加上一个附加阻抗 $Z_\Delta^{(2)}=Z_{2\Sigma}$ 时的三相短路电流一样，即 $\dot{I}_{a1}^{(2)}=\dot{E}_{a1\Sigma}/[Z_{1\Sigma}+Z_\Delta^{(2)}]$；

（5）当在远离电源处的同一点发生两相和三相短路时，两相短路电流为三相短路电流的 $\sqrt{3}/2$ 倍。

3. 两相短路接地

两相短路接地时系统接线图如图 5-28 所示。假定 bc 两相短路接地，用复合网法求解短路点的电流和电压。

（1）首先列出短路点的边界条件

$$\dot{I}_a=0,\ \dot{U}_b=\dot{U}_c=0$$

（2）将上述边界条件用对称分量法求出以 a 相为基准的序分量表示的新边界条件

$$\begin{bmatrix}\dot{U}_{a1}\\\dot{U}_{a2}\\\dot{U}_{a0}\end{bmatrix}=\frac{1}{3}\begin{bmatrix}1&a&a^2\\1&a^2&a\\1&1&1\end{bmatrix}\begin{bmatrix}\dot{U}_a\\0\\0\end{bmatrix}=\frac{1}{3}\begin{bmatrix}1\\1\\1\end{bmatrix}\dot{U}_a$$

所以有
$$\dot{U}_{a1}=\dot{U}_{a2}=\dot{U}_{a0}=\frac{1}{3}\dot{U}_a \tag{5-41}$$

$$\dot{I}_a=\dot{I}_{a1}+\dot{I}_{a2}+\dot{I}_{a0}=0 \tag{5-42}$$

（3）由新边界条件式（5-41）、式（5-42）将正序网、负序网和零序网连成复合网，如图 5-29 所示。

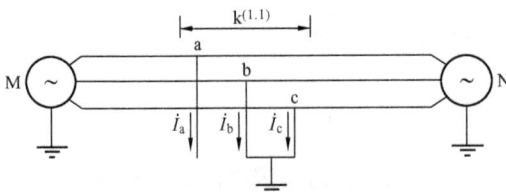

图 5-28 两相短路接地时的等值接线图

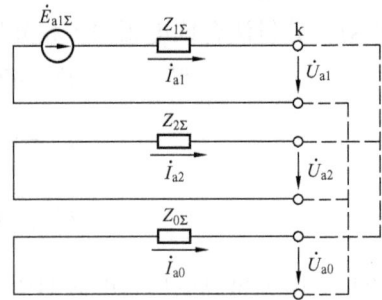

图 5-29 两相短路接地时的复合序网

（4）按复合序网可求出电流、电压的各序分量

$$\dot{I}_{a1}=\frac{\dot{E}_{a1\Sigma}}{Z_{1\Sigma}+Z_{2\Sigma}/\!/Z_{0\Sigma}}$$

$$\dot{I}_{a2}=-\dot{I}_{a1}\frac{Z_{0\Sigma}}{Z_{2\Sigma}+Z_{0\Sigma}}$$

$$\dot I_{a0}=-\dot I_{a1}\frac{Z_{2\Sigma}}{Z_{2\Sigma}+Z_{0\Sigma}}$$

$$\dot U_{a1}=\dot U_{a2}=\dot U_{a0}=\dot I_{a1}\frac{Z_{2\Sigma}Z_{0\Sigma}}{Z_{2\Sigma}+Z_{0\Sigma}}=\dot E_{a1\Sigma}-\dot I_{a1}Z_{1\Sigma}$$

（5）用对称分量法合成各相电流

$$\dot I_{a}=\dot I_{a1}+\dot I_{a2}+\dot I_{a0}=0$$

$$\dot I_{b}=a^2\dot I_{a1}+a\dot I_{a2}+\dot I_{a0}=\dot I_{a1}\left(a^2-\frac{Z_{2\Sigma}+aZ_{0\Sigma}}{Z_{2\Sigma}+Z_{0\Sigma}}\right)$$

$$\dot I_{c}=a\dot I_{a1}+a^2\dot I_{a2}+\dot I_{a0}=\dot I_{a1}\left(a-\frac{Z_{2\Sigma}+a^2Z_{0\Sigma}}{Z_{2\Sigma}+Z_{0\Sigma}}\right)$$

短路点流入地中的电流

$$\dot I_{g}=\dot I_{b}+\dot I_{c}=3\dot I_{a0}=-3\dot I_{a1}\frac{Z_{2\Sigma}}{Z_{2\Sigma}+Z_{0\Sigma}}$$

用对称分量法合成各相电压

$$\dot U_{a}=\dot U_{a1}+\dot U_{a2}+\dot U_{a0}=3\dot U_{a1}$$

$$\dot U_{b}=a^2\dot U_{a1}+a\dot U_{a2}+\dot U_{a0}=0$$

$$\dot U_{c}=a\dot U_{a1}+a^2\dot U_{a2}+\dot U_{a0}=0$$

（6）绘出短路点电流、电压的相量图，如图 5-30 所示。此图是按电路为纯电感性而画的，电流 $\dot I_{a1}$ 滞后电压 $\dot U_{a1}90°$。若不为纯电感性电路，则电流滞后电压的角度将由 $Z_{2\Sigma}$ 与 $Z_{0\Sigma}$ 并联后的阻抗角决定。绘图时先画好各序分量电流、电压，然后叠加合成的相电流、相电压。

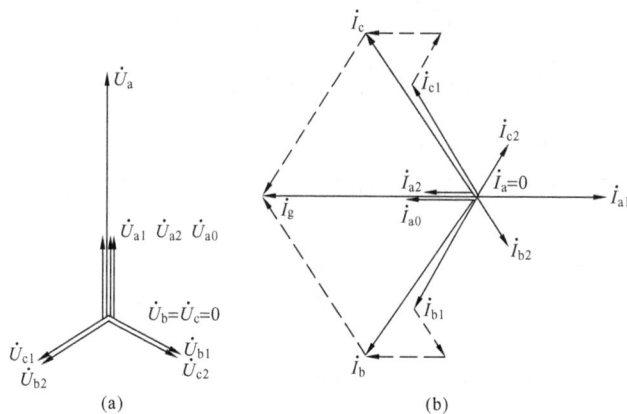

图 5-30　两相短路接地时短路处的电压、电流相量图
（a）电压相量图；（b）电流相量图

通过以上分析和计算，可得出以下结论：

（1）两相短路接地时，两故障相电流的幅值相等；

（2）流入地中的短路电流为零序电流的 3 倍；

（3）短路处的正序分量电流与在故障点每一相加入一个附加阻抗 $Z_{\Delta}^{(1\cdot1)}=Z_{2\Sigma}/\!/Z_{0\Sigma}$ 而发生三相短路时的电流相等，即 $\dot I_{a1}^{(1\cdot1)}=\dot E_{a1\Sigma}/[Z_{1\Sigma}+Z_{\Delta}^{(1\cdot1)}]$。

【例 5 - 6】　已知某电力系统如图 5 - 31 所示，各元件电抗均已知，当 k 点发生 b、c 两相短路接地时，求短路点各序电流、电压及各相电流、电压，并绘制短路点的电流、电压相量图。

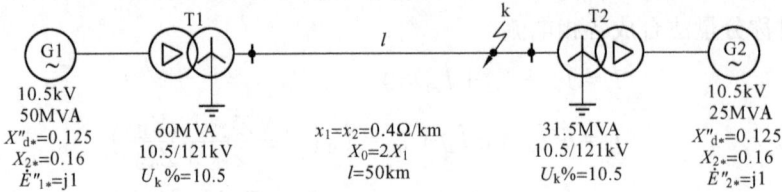

图 5 - 31　［例 5 - 6］电力系统图

解　（1）计算各元件电抗（取 $S_B=100MVA$，$U_B=U_{av}$）：

发电机 G1

$$X_1=\frac{X''_d\%}{100}\frac{S_B}{S_N}=0.125\times\frac{100}{50}=0.25$$

$$X_2=\frac{X_2\%}{100}\frac{S_B}{S_N}=0.16\times\frac{100}{50}=0.32$$

发电机 G2　$X_1=\frac{X''_d\%}{100}\frac{S_B}{S_N}=0.125\times\frac{100}{25}=0.50$

$$X_2=\frac{X_2\%}{100}\frac{S_B}{S_N}=0.16\times\frac{100}{25}=0.64$$

变压器 T1　$X_1=X_2=X_0=\frac{U_k\%}{100}\frac{S_B}{S_N}=\frac{10.5}{100}\times\frac{100}{60}=0.175$

变压器 T2　$X_1=X_2=X_0=\frac{U_k\%}{100}\frac{S_B}{S_N}=\frac{10.5}{100}\times\frac{100}{31.5}=0.333$

线路　$X_1=X_2=x_1 l\frac{S_B}{U_B^2}=0.4\times50\times\frac{100}{115^2}=0.15$

$$X_0=2X_1=2\times0.15=0.30$$

（2）以 a 相为基准相作各序网络图，如图 5 - 32 所示。由图可求出等值电抗

$$\dot{E}_{a\Sigma}=\frac{j1\times j(0.333+0.5)+j1\times j(0.25+0.175+0.15)}{j(0.25+0.175+0.15+0.333+0.5)}=j1$$

$$X_{1\Sigma}=(0.25+0.175+0.15)//(0.333+0.5)=0.289$$

$$X_{2\Sigma}=(0.32+0.175+0.15)//(0.333+0.64)=0.388$$

$$X_{0\Sigma}=(0.175+0.30)//0.333=0.196$$

（3）以 a 相为基准相的边界条件。

原始边界条件　　　　　　　　$\dot{I}_a=0$，$\dot{U}_b=\dot{U}_c=0$

由对称分量法得出新边界条件

$$\dot{I}_a=\dot{I}_{a1}+\dot{I}_{a2}+\dot{I}_{a0}=0,\ \dot{U}_{a1}=\dot{U}_{a2}=\dot{U}_{a0}=\frac{1}{3}\dot{U}_a$$

（4）由边界条件绘制复合网，如图 5 - 33 所示。

（5）由复合网求各序电流、电压

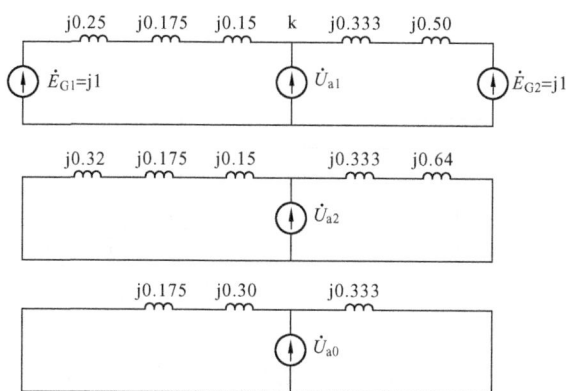

图 5 - 32　　［例 5 - 6］各序网络图

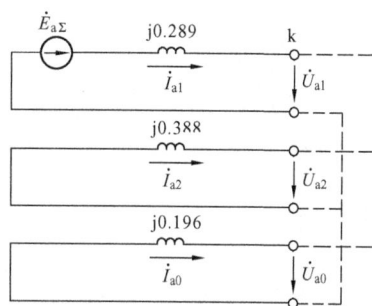

图 5 - 33　　［例 5 - 6］复合网

$$\dot{I}_{a1}=\frac{\dot{E}_{a\Sigma}}{jX_{1\Sigma}+\dfrac{jX_{2\Sigma}jX_{0\Sigma}}{jX_{2\Sigma}+jX_{0\Sigma}}}=\frac{j1}{j0.289+\dfrac{j0.388\times j0.196}{j0.388+j0.196}}=2.385$$

$$\dot{I}_{a2}=-\dot{I}_{a1}\frac{jX_{0\Sigma}}{jX_{2\Sigma}+jX_{0\Sigma}}=-2.385\times\frac{j0.196}{j0.388+j0.196}=-0.800$$

$$\dot{I}_{a0}=-\dot{I}_{a1}\frac{jX_{2\Sigma}}{jX_{2\Sigma}+jX_{0\Sigma}}=-2.385\times\frac{j0.388}{j0.388+j0.196}=-1.585$$

$$\dot{U}_{a1}=\dot{U}_{a2}=\dot{U}_{a0}=\dot{I}_{a1}\frac{jX_{2\Sigma}jX_{0\Sigma}}{jX_{2\Sigma}+jX_{0\Sigma}}=2.385\times\frac{j0.388\times j0.196}{j0.388+j0.196}=j0.311$$

（6）求各相电流和电压

$$\dot{I}_{a}=\dot{I}_{a1}+\dot{I}_{a2}+\dot{I}_{a0}=2.385-0.800-1.585=0$$

$$\dot{I}_{b}=a^{2}\dot{I}_{a1}+a\dot{I}_{a2}+\dot{I}_{a0}=2.385\angle240°+(-0.800)\angle120°+(-1.585)$$
$$=-2.378-j2.758=3.642\angle-130.77°$$

$$\dot{I}_{c}=a\dot{I}_{a1}+a^{2}\dot{I}_{a2}+\dot{I}_{a0}=2.385\angle120°+(-0.800)\angle240°+(-1.585)$$
$$=-2.378+j2.758=3.642\angle130.77°$$

$$\dot{U}_{a}=\dot{U}_{a1}+\dot{U}_{a2}+\dot{U}_{a0}=3\dot{U}_{a1}=3\times j0.311=j0.933$$

$$\dot{U}_{b}=a^{2}\dot{U}_{a1}+a\dot{U}_{a2}+\dot{U}_{a0}=0.311\angle(90°+240°)+0.311\angle(90°+120°)+0.311\angle90°=0$$

$$\dot{U}_{c}=a\dot{U}_{a1}+a^{2}\dot{U}_{a2}+\dot{U}_{a0}=0.311\angle(90°+120°)+0.311\angle(90°+240°)+0.311\angle90°=0$$

（7）短路点电流、电压相量图，如图 5 - 34 所示。

上面所讨论的不对称短路均指金属性短路，即短路点的各相之间或相与地之间没经任何过渡阻抗而是直接短路的。在实际的电力系统故障中，故障点往往是经过一定的过渡阻抗而短路，例如，两相短路可能是经电弧而短路的，一相或两相接地短路可能是经过铁塔或电弧而与大地短接的。因此还需研究故障点经过渡阻抗短路时的分析、计算方法。

4. 经过渡阻抗 Z_{f} 的单相接地短路

如图 5 - 35（a）中，a 相经过渡阻抗 Z_{f} 接地，为了简化分析，可将图 5 - 35（a）等效成图 5 - 35（b），将短路点视为由 k 点转移到 k′点，这样再讨论其边界条件。

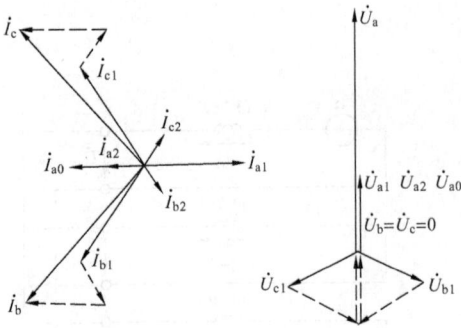

图 5-34　[例 5-6] 电流、电压相量图

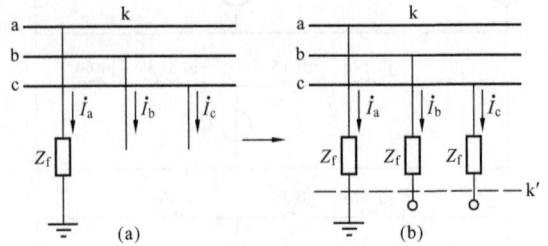

图 5-35　经过渡阻抗 Z_f 的单相接地短路

（a）a 相经 Z_f 接地；（b）等效电路

故障点的边界条件

$$\dot{I}_b=0,\ \dot{I}_c=0$$

因而有

$$\dot{I}_{a1}=\dot{I}_{a2}=\frac{1}{3}\dot{I}_a \qquad (5-43)$$

故障点的故障相电压：

对 k 点

$$\dot{U}_{ka}=\dot{I}_a Z_f \qquad (5-44)$$

对 k′ 点

$$\dot{U}_{k'a}=0$$

将式（5-44）中的电流、电压均以 a 相的对称分量表示时，则有

$$\dot{U}_{ka1}+\dot{U}_{ka2}+\dot{U}_{ka0}=(\dot{I}_{a1}+\dot{I}_{a2}+\dot{I}_{a0})Z_f$$

移项得

$$\dot{U}_{ka1}-\dot{I}_{a1}Z_f+\dot{U}_{ka2}-\dot{I}_{a2}Z_f+\dot{U}_{ka0}-\dot{I}_{a0}Z_f=0 \qquad (5-45)$$

将

$$\dot{U}_{ka1}=\dot{E}_{a1\Sigma}-\dot{I}_{a1}Z_{1\Sigma}$$

$$\dot{U}_{ka2}=-\dot{I}_{a2}Z_{2\Sigma}$$

$$\dot{U}_{ka0}=-\dot{I}_{a0}Z_{0\Sigma}$$

代入式（5-45），则有

$$[\dot{E}_{a1\Sigma}-\dot{I}_{a1}(Z_{1\Sigma}+Z_f)]+[-\dot{I}_{a2}(Z_{2\Sigma}+Z_f)]+[-\dot{I}_{a0}(Z_{0\Sigma}+Z_f)]=0$$

即相当在 k′ 点有

$$\dot{U}_{k'a}=\dot{U}_{k'a1}+\dot{U}_{k'a2}+\dot{U}_{k'a0}=0 \qquad (5-46)$$

按式（5-43）和式（5-46）表示的边界条件，将正序网、负序网及零序网连成复合网，如图 5-36 所示。

由复合网可求出各序分量电流和电压

$$\dot{I}_{a1}=\dot{I}_{a2}=\dot{I}_{a0}=\frac{\dot{E}_{a1\Sigma}}{Z_{1\Sigma}+Z_{2\Sigma}+Z_{0\Sigma}+3Z_f}$$

对 k′ 点有

$$\dot{U}_{k'a1}=\dot{E}_{a1\Sigma}-\dot{I}_{a1}(Z_{1\Sigma}+Z_f)$$

$$\dot{U}_{k'a2}=-\dot{I}_{a2}(Z_{2\Sigma}+Z_f)$$

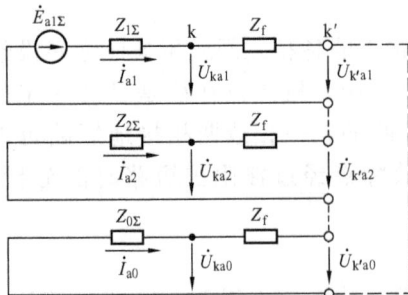

图 5-36　经过渡阻抗单相接地短路的复合网

$$\dot{U}_{k'a0} = -\dot{I}_{a0}(Z_{0\Sigma} + Z_f)$$

对 k 点有
$$\dot{U}_{ka1} = \dot{E}_{a1\Sigma} - \dot{I}_{a1}Z_{1\Sigma}$$

$$\dot{U}_{ka2} = -\dot{I}_{a2}Z_{2\Sigma}$$

$$\dot{U}_{ka0} = -\dot{I}_{a0}Z_{0\Sigma}$$

k 点的各相电流、电压为

$$\dot{I}_a = 3\dot{I}_{a1} = \frac{3\dot{E}_{a1\Sigma}}{Z_{1\Sigma} + Z_{2\Sigma} + Z_{0\Sigma} + 3Z_f}$$

$$\dot{I}_b = 0$$

$$\dot{I}_c = 0$$

$$\dot{U}_{ka} = \dot{U}_{ka1} + \dot{U}_{ka2} + \dot{U}_{ka0} = 3\dot{I}_{a1}Z_f = \dot{I}_a Z_f$$

$$\dot{U}_{kb} = a^2\dot{U}_{ka1} + a\dot{U}_{ka2} + \dot{U}_{ka0} = \dot{I}_{a1}[(a^2-a)Z_{2\Sigma} + (a^2-1)Z_{0\Sigma} + a^2 3Z_f]$$

$$\dot{U}_{kc} = a\dot{U}_{ka1} + a^2\dot{U}_{ka2} + \dot{U}_{ka0} = \dot{I}_{a1}[(a-a^2)Z_{2\Sigma} + (a-1)Z_{0\Sigma} + a3Z_f]$$

5. 两相经过渡阻抗 Z_f 短路

在图 5-37（a）中，假定 b、c 相经 Z_f 短路，将图 5-37（a）等效成图 5-37（b），短路点由 k 点转移到 k' 点。

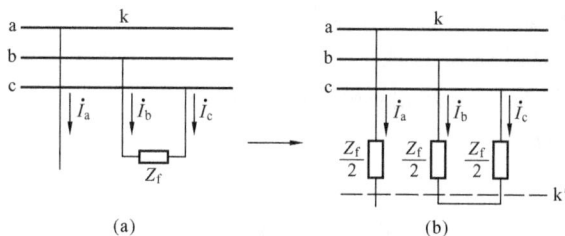

图 5-37　两相经过渡阻抗 Z_f 短路

(a) b、c 相经 Z_f 短路；(b) 等效电路

故障点的边界条件　　　　　　　$\dot{I}_a = 0$，$\dot{I}_b = -\dot{I}_c$

于是有　　　　　　　　　$\dot{I}_{a1} = -\dot{I}_{a2}$，$\dot{I}_{a0} = 0$　　　　　　　　　(5-47)

可见，电流的边界条件与金属性 b、c 两相短路时完全相同。而两故障相电压差对 k 点和 k' 点是不相同的。

对 k 点　　　　　　　　　　$\dot{U}_{kb} - \dot{U}_{kc} = \dot{I}_b Z_f$　　　　　　　　　(5-48)

对 k' 点　　　　　　　　　　$\dot{U}_{k'b} - \dot{U}_{k'c} = 0$　　　　　　　　　(5-49)

将式（5-48）中的电流、电压都以 a 相为基准的序分量表示时，则有

$$a^2\dot{U}_{ka1} + a\dot{U}_{ka2} - (a\dot{U}_{ka2} + a^2\dot{U}_{ka2}) = (a^2\dot{I}_{a1} + a\dot{I}_{a2})Z_f$$

移项整理　　　　$(a^2-a)\dot{U}_{ka1} - (a^2-a)\dot{U}_{ka2} = (a^2-a)\dot{I}_{a1}Z_f$

可得　　　　　　　　　　$\dot{U}_{ka1} - \dot{U}_{ka2} = \dot{I}_{a1}Z_f$

上式可变成　　　$\dot{U}_{ka1} - \dot{I}_{a1}\dfrac{Z_f}{2} = \dot{U}_{ka2} - \dot{I}_{a2}\dfrac{Z_f}{2}$

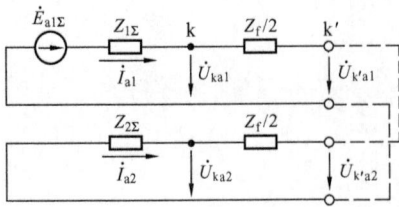

图 5 - 38　两相经过渡阻抗 Z_f 短路的复合网

即相当于
$$\dot{U}_{k'a1}=\dot{U}_{k'a2} \tag{5-50}$$

由式（5 - 47）和式（5 - 50）所表示的边界条件，将正序网、负序网连成复合网，如图 5 - 38 所示。

按复合网求各序分量电流和电压

$$\dot{I}_{a1}=\frac{\dot{E}_{a1\Sigma}}{Z_{1\Sigma}+Z_{2\Sigma}+Z_f}=-\dot{I}_{a2}$$

$$\dot{U}_{ka1}=\dot{E}_{a1\Sigma}-\dot{I}_{a1}Z_{1\Sigma}=\dot{I}_{a1}(Z_{2\Sigma}+Z_f)$$

$$\dot{U}_{ka2}=-\dot{I}_{a2}Z_{2\Sigma}=\dot{I}_{a1}Z_{2\Sigma}$$

k 点的各相电流和电压为

$$\dot{I}_a=0$$

$$\dot{I}_b=a^2\dot{I}_{a1}+a\dot{I}_{a2}=(a^2-a)\dot{U}_{a1}=-\mathrm{j}\sqrt{3}\dot{I}_{a1}$$

$$\dot{I}_c=a\dot{I}_{a1}+a^2\dot{I}_{a2}=(a-a^2)\dot{I}_{a1}=\mathrm{j}\sqrt{3}\dot{I}_{a1}$$

$$\dot{U}_{ka}=\dot{U}_{ka1}+\dot{U}_{ka2}=\dot{I}_{a1}(2Z_{2\Sigma}+Z_f)$$

$$\dot{U}_{kb}=a^2\dot{U}_{ka1}+a\dot{U}_{ka2}=a^2\dot{I}_{a1}(Z_{2\Sigma}+Z_f)+a\dot{I}_{a1}Z_{2\Sigma}=\dot{I}_{a1}(a^2Z_f-Z_{2\Sigma})$$

$$\dot{U}_{kc}=a\dot{U}_{ka1}+a^2\dot{U}_{ka2}=\dot{I}_{a1}(aZ_f-Z_{2\Sigma})$$

6. 两相短路又经过渡阻抗 Z_f 接地

如图 5 - 39 所示故障处 b、c 两相短路又经 Z_f 接地。

故障点的边界条件为

$$\dot{I}_a=0 \tag{5-51}$$

$$\dot{U}_b=\dot{U}_c=(\dot{I}_b+\dot{I}_c)Z_f=\dot{I}_kZ_f \tag{5-52}$$

以序分量表示的边界条件为

$$\dot{I}_a=\dot{I}_{a1}+\dot{I}_{a2}+\dot{I}_{a0}=0 \tag{5-53}$$

由 $\dot{U}_b-\dot{U}_c=(a^2\dot{U}_{a1}+a\dot{U}_{a2}+\dot{U}_{a0})-(a\dot{U}_{a1}+a^2\dot{U}_{a2}+\dot{U}_{a0})=0$,得

$$\dot{U}_{a1}=\dot{U}_{a2} \tag{5-54}$$

由式（5 - 52）、式（5 - 54）可导出如下关系

$$\dot{U}_b=a^2\dot{U}_{a1}+a\dot{U}_{a2}+a\dot{U}_{a0}=(a^2+a)\dot{U}_{a1}+\dot{U}_{a0}=-\dot{U}_{a1}+\dot{U}_{a0}$$

$$\dot{U}_b=(\dot{I}_b+\dot{I}_c)Z_f=\dot{I}_kZ_f=3\dot{I}_0Z_f$$

利用上两式相等的关系，可得

$$-\dot{U}_{a1}+\dot{U}_{a0}=3\dot{I}_0Z_f$$

故
$$\dot{U}_{a1}=\dot{U}_{a0}-3\dot{I}_0Z_f$$

于是
$$\dot{U}_{a1}=\dot{U}_{a2}=\dot{U}_{a0}-3\dot{I}_0Z_f \tag{5-55}$$

由式（5 - 53）、式（5 - 55）表示的边界条件，将正序网、负序网及零序网连成复合网，如图 5 - 40 所示。

按复合网求电流、电压的各序分量

$$\dot{I}_{a1} = \frac{\dot{E}_{a1\Sigma}}{Z_{1\Sigma} + \dfrac{Z_{2\Sigma}(Z_{0\Sigma} + 3Z_f)}{Z_{2\Sigma} + Z_{0\Sigma} + 3Z_f}}$$

$$\dot{I}_{a2} = -\dot{I}_{a1} \frac{Z_{0\Sigma} + 3Z_f}{Z_{2\Sigma} + Z_{0\Sigma} + 3Z_f}$$

$$\dot{I}_{a0} = -\dot{I}_{a1} \frac{Z_{2\Sigma}}{Z_{2\Sigma} + Z_{0\Sigma} + 3Z_f}$$

$$\dot{U}_{a1} = \dot{U}_{a2} = \dot{I}_{a1} \frac{Z_{2\Sigma}(Z_{0\Sigma} + 3Z_f)}{Z_{2\Sigma} + Z_{0\Sigma} + 3Z_f}$$

$$\dot{U}_{a0} = -\dot{I}_{a0} Z_{0\Sigma} = \dot{I}_{a1} \frac{Z_{2\Sigma} Z_{0\Sigma}}{Z_{2\Sigma} + Z_{0\Sigma} + 3Z_f}$$

可由对称分量法进而求出短路点的各相电流和电压。

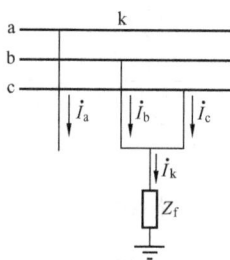

图 5 - 39 两相短路又经 Z_f 接地

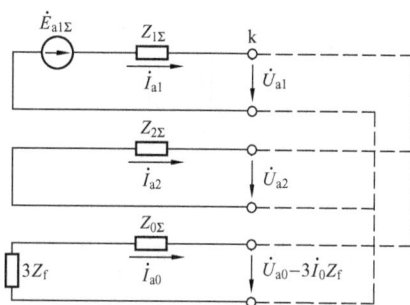

图 5 - 40 两相短路又经 Z_f 接地的复合网

【例 5 - 7】 如图 5 - 41 所示的某三相系统中 k 点发生单相接地故障，已知 $\dot{E}_{a1\Sigma} = j1$，$Z_{1\Sigma} = j0.4$，$Z_{2\Sigma} = j0.5$，$Z_{0\Sigma} = j0.25$，$Z_f = 0.35$。求 a 相经过渡阻抗 Z_f 接地短路时短路点的各相电流、电压，并绘制相量图（注：题中各参数均为标幺值）。

解 单相接地时复合网为串联型，于是可知

$$\dot{I}_{a1} = \dot{I}_{a2} = \dot{I}_{a0} = \frac{\dot{E}_{a1\Sigma}}{Z_{1\Sigma} + Z_{2\Sigma} + Z_{0\Sigma} + 3Z_f}$$

$$= \frac{j1}{j0.4 + j0.5 + j0.25 + 3 \times 0.35}$$

$$= \frac{j1}{1.05 + j1.15} = 0.64 \angle 42.5°$$

$$\dot{I}_a = 3\dot{I}_{a1} = 3 \times 0.64 \angle 42.5° = 1.92 \angle 42.5°$$

$$\dot{I}_b = 0$$

$$\dot{I}_c = 0$$

$$\dot{U}_{a1} = \dot{I}_{a1}(Z_{2\Sigma} + Z_{0\Sigma} + 3Z_f) = 0.64 \angle 42.5°(j0.5 + j0.25 + 3 \times 0.35)$$

$$= 0.64 \angle 42.5° \times 1.29 \angle 35.5° = 0.83 \angle 78°$$

$$\dot{U}_{a2} = -\dot{I}_{a2} Z_{2\Sigma} = -0.64 \angle 42.5° \times 0.5 \angle 90° = 0.32 \angle -47.5°$$

$$\dot{U}_{a0} = -\dot{I}_{a0} Z_{0\Sigma} = -0.64 \angle 42.5° \times 0.25 \angle 90° = 0.16 \angle -47.5°$$

$$\dot{U}_{a} = \dot{I}_{a} Z_{f} = 1.92\angle 42.5° \times 0.35 = 0.67\angle 42.5°$$

$$\dot{U}_{b} = a^{2}\dot{U}_{a1} + a\dot{U}_{a2} + \dot{U}_{a0}$$
$$= 0.83\angle(78° + 240°) + 0.32\angle(-47.5° + 120°) + 0.16\angle -47.5°$$
$$= 0.82 - j0.37 = 0.9\angle -24.5°$$

$$\dot{U}_{c} = a\dot{U}_{a1} + a^{2}\dot{U}_{a2} + \dot{U}_{a0}$$
$$= 0.83\angle(78° + 120°) + 0.32\angle(-47.5° + 240°) + 0.16\angle -47.5°$$
$$= -0.993 - j0.44 = 1.1\angle -156°$$

根据计算出来的各相电流、电压值，按一定比例画出短路点的电流、电压相量图，如图 5-42 所示。

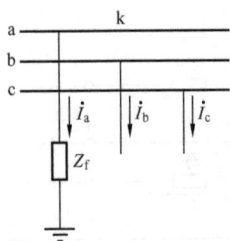

图 5-41　［例 5-7］短路点经 Z_{f} 接地　　图 5-42　［例 5-7］短路点的电流、电压相量图

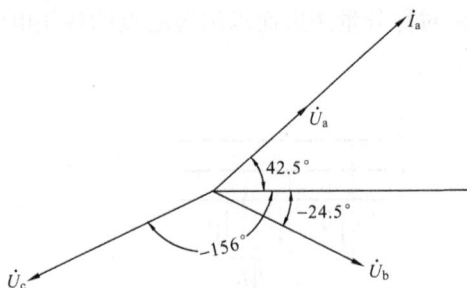

在上述三种不对称短路的分析和计算中，还有一个共同的问题，即基准相的选择。以上均是以 a 相为基准相进行分析和计算的，如果同一类型的故障不发生在上述的那些假定相别上，那就不一定选 a 相为基准相。一般在简单不对称故障计算中，大都选故障时三相当中的特殊相作为基准相。所谓特殊相，是指故障处与另两相情况不同的那一相。如果故障只涉及一相，则故障相就是特殊相；如果故障涉及两相，非故障相才是特殊相。

选好基准相后，如果所选择的基准相不是 a 相，当采用对称分量法进行相、序分量变换时，需注意，若序分量的次序仍为 1→2→0，则可照样使用矩阵 $\boldsymbol{T}$ 和 $\boldsymbol{T}^{-1}$，但相分量的次序应是基准相排在第一位。如 b 相为基准相时，相分量的次序是 b→c→a（如 $\dot{I}_{b}\dot{I}_{c}\dot{I}_{a} \rightleftharpoons \dot{I}_{b1}\dot{I}_{b2}\dot{I}_{b0}$）；如 c 相为基准相时，相分量的次序是 c→a→b（如 $\dot{I}_{c}\dot{I}_{a}\dot{I}_{b} \rightleftharpoons \dot{I}_{c1}\dot{I}_{c2}\dot{I}_{c0}$）。

注意：在求解各种不对称故障的正序分量电流时，可用一普遍的关系式来表示。

$$\dot{I}_{a1}^{(n)} = \frac{\dot{E}_{a1\Sigma}}{Z_{1\Sigma} + Z_{\Delta}^{(n)}} \tag{5-56}$$

式中　n ——表示短路类型（$n = 1$，2 或 1，1）。

式（5-56）表明：在简单不对称短路时，短路点的正序分量电流 $\dot{I}_{a1}$ 与在短路点每相中加上一个附加阻抗 $Z_{\Delta}^{(n)}$ 而发生三相短路时的电流相等。这一法则称为正序等效法则。

求解不对称短路问题，除了求取短路点的电流和电压外，有时还需要计算出短路点以外的某些支路中流过的电流或某些节点的电压。然而，求取支路电流的方法是：先求出短路点的各序分量电流，再将短路点的各序分量电流按各序网络的结构和参数分配到各支路中去，最后再将同一支路中的各序电流按对称分量法合成，得该支路的各相电流。确定了各序网络中的各支路电流，就可求取短路点以外其他节点的电压。求取其他节点电压的方法是：先求出短路点的各序电压，再以短路点各序电压为基础，逐段加上相应支路各序电压降，得到各节点的各序电压，然后再将同一节点的各序电压按对称分量法合成，得到各该节点的各相电压。

在求取某支路的各序电流或求取某个节点的各序电压时，若该支路或该节点与短路点之间有变压器相隔，变压器两侧电流、电压的大小变化由变比决定，而相位变化则与变压器的连接组别有关。对于接线组别为 Yy0（旧符号 Y/Y-12）和 Dd0（旧符号 △/△-12）的变压器，两侧的电流、电压只在数值大小上有变化，而相位上无变化。对于接线组别为 YNd11（旧符号 Y0/△-11）和 Yd11（旧符号 Y/△-11）的变压器，两侧的电流、电压不仅大小上有变化，而且相位上也有变化。

例如，对 YNd11 接线组别的变压器，若需将 Y 侧的电流或电压变换至 d 侧时，从相位上应作如下变化：

（1）正序分量逆时针移 30°；

（2）负序分量顺时针移 30°；

（3）d 侧无零序分量。

若需将 d 侧的电流、电压变换至 Y 侧时，相位变化与上相反，应是：

（1）正序分量顺时针移 30°；

（2）负序分量逆时针移 30°；

（3）d 侧无零序分量，Y 侧也无零序分量。

习 题 与 思 考 题

5-1　电力系统故障的类型有哪些？各种故障发生的几率如何？

5-2　分析发生各种短路的原因、现象及后果。

5-3　无限大功率电源的含义是什么？无限大功率电源的特点是什么？

5-4　实际上有无限大功率电源吗？在什么情况下可以认为某电源是无限大功率电源？

5-5　短路全电流的表达式中包含哪些电流成分？a、b、c 三相的非周期分量电流对称吗？

5-6　什么是短路冲击电流？最恶劣的短路条件是什么？

5-7　短路功率的标幺值与短路电流的标幺值有什么关系？

5-8　短路电流周期分量的有效值如何计算？当电源电压标幺值为 1 时，电流与电抗的标幺值是什么关系？

5-9　什么是起始次暂态电流？其计算方法有哪些？

5-10　应用运算曲线求任意时刻的短路电流，运算曲线是如何制定的？什么是计算电抗？

5-11　什么是转移电抗？如何求取转移电抗？

5-12　什么是对称分量法？正序分量、负序分量、零序分量各自的特点是什么？

5-13　120 与 abc 两种坐标系互化时，对称分量法的变换矩阵和逆变换矩阵是什么？

5-14　什么是正序网、负序网和零序网？对应的三个基本电压方程是什么？

5-15　简单不对称故障的计算方法有解析法和复合网法，什么是解析法？什么是复合网法？

5-16　系统发生单相接地短路、两相接地短路时，复合序网分别是串联型还是并联型？

两相短路时，为什么复合序网中不包含零序网？

5-17　什么是正序等效法则？

5-18　电力系统中同一点的两相短路电流是三相短路电流的几倍？

5-19　在不对称故障分析和计算时，如何选择基准相？

5-20　电力系统不对称故障电压、电流经变压器后，其对称分量将发生怎样的变化？如何计算经变压器后非故障处的电压和电流？

5-21　已知网络的接线如图 5-43 所示，各元件参数均在图中标出，试求：

（1）以 $S_B=100\text{MVA}$，$U_B=U_{av}$ 为基准的标幺值电抗；

（2）各元件归算到短路点所在的电压等级为基本级的电抗有名值。

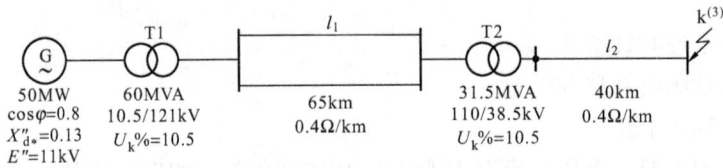

图 5-43　习题 5-21 图

5-22　图 5-44 所示系统的电源为恒压电源。当取 $S_B=100\text{MVA}$，$U_B=U_{av}$，冲击系数 $K_M=1.8$ 时，试求：

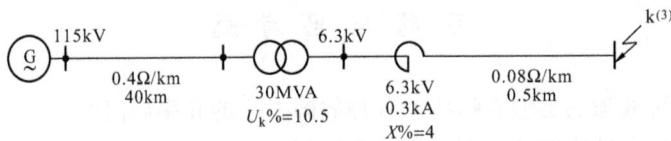

图 5-44　习题 5-22 图

（1）在 k 点发生三相短路时的冲击电流是多少？短路功率是多少？

（2）短路冲击电流的危害是什么？何种情况下短路冲击电流最大？

5-23　图 5-45 所示的系统中，有 n 根电缆并联，欲使 k 点三相短路之冲击电流不超过 20kA，求 n 之最大可能值（标幺值计算取 $S_B=100\text{MVA}$，$U_B=U_{av}$）。

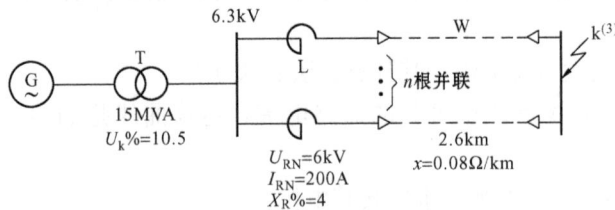

图 5-45　习题 5-23 图

5-24　电力系统接线如图 5-46 所示，元件参数标于图中，发电机均装有自动电压调节器，当 k 点发生三相短路时，试计算：

（1）次暂态电流初始有效值 I''；

（2）冲击电流值 i_M。

5-25 网络接线的等值电路如图 5-47 所示。各元件在同一基准条件下的电抗标幺值均已知，假定电源电动势的标幺值 $E_1 = E_2 = 1$，当 k 点发生三相短路时，试求短路点中间支路中的短路电流值。

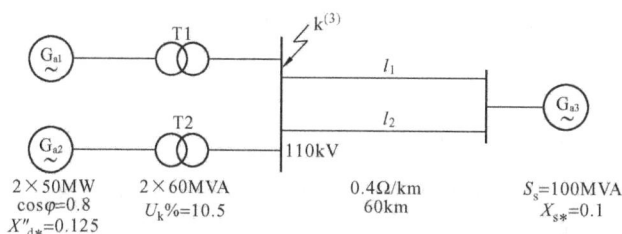

图 5-46 习题 5-24 图

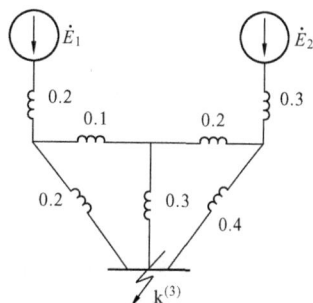

图 5-47 习题 5-25 图

5-26 图 5-48 所示系统，在 k 点发生三相短路，试求 $t = 0$s，$t = 0.6$s 时的短路电流周期分量。

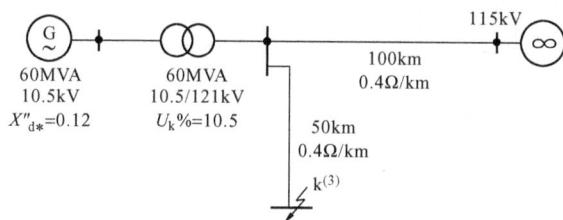

图 5-48 习题 5-26 图

5-27 试将 $\dot{I}_a = 1$，$\dot{I}_b = 0$，$\dot{I}_c = 0$ 的电流系统分解为对称分量。

5-28 已知 a 相电流的序分量 $\dot{I}_{a1} = 5$，$\dot{I}_{a2} = -j5$，$\dot{I}_{a0} = -1$。试求 a、b、c 三相电流。

5-29 已知系统接线如图 5-49 所示，当在母线 k 点发生 a 相接地故障时，求故障处的各相电流和电压。

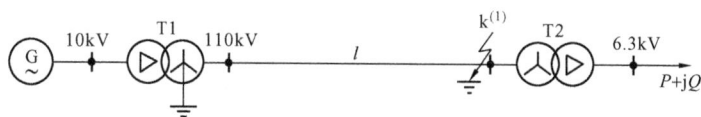

图 5-49 习题 5-29 图

假定各元件参数均已知：

发电机 G：30MVA，$X_1 = X_2 = X''_d = 0.125$，$E'' = 1$，$U_N = 10.5$kV。

变压器 T1：30MVA，$U_k\% = 10.5$，10.5/121kV；

T2：20MVA，$U_k\% = 10$，110/6.3kV。

线路：$l = 50$km，$z_1 = 0.1 + j0.4\Omega/$km。

负荷 L：$P = 10$MW，$Q = 5$Mvar。

5-30 已知某系统接线如图 5-50 所示，各元件电抗均已知，当 k 点发生 b、c 两相短路时，求短路点各序电流、电压及各相电流、电压，并绘出相量图。

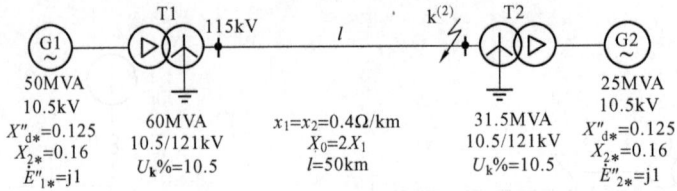

图 5-50 习题 5-30 图

5-31 系统接线及参数和习题 5-30 一样，当 k 点发生 a 相短路接地时，求短路点的各序电流、电压及各相电流、电压，并绘制相量图。

5-32 简单系统接线如图 5-51 所示，图中参数均为标幺值。设 A、B 发电机暂态电动势 $E'_* = 1.0$，当 k 点发生两相短路接地故障，试计算故障处的 a、b、c 三相电流。

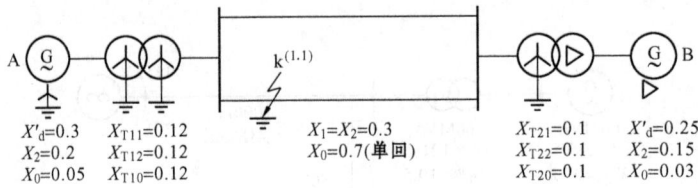

图 5-51 习题 5-32 图

第六章　电力系统继电保护

第一节　继电保护的基本知识

一、继电保护的作用

为了提高电力系统运行的可靠性和保证良好的电能质量，在电力系统的设计与运行中，必须考虑防止系统中发生故障和不正常工作情况，因为发生这些情况时，会引起电流增大、电压和频率降低或升高，致使电气设备和电力用户的正常工作遭到破坏。

在三相交流电力系统中，最常见且最危险的故障是发生各种类型的短路，其中包括三相短路、两相短路、两相短路接地、单相接地短路以及电机和变压器一绕组上的匝间短路等。除此以外，输电线路上还可能发生一相断线、两相断线以及上述几种故障同时发生的复杂故障。这严重地危及设备的安全和系统的安全可靠运行。

电力系统中发生短路时，可能产生以下后果：

（1）通过故障点很大的短路电流和燃起电弧，使故障元件遭到破坏；

（2）短路电流通过非故障元件，由于发热和电动力的作用引起它们的损坏或缩短它们的使用寿命；

（3）电力系统中部分地区的电压大大降低，破坏用户工作的稳定性或影响产品质量；

（4）破坏电力系统并列运行的稳定性，引起系统振荡，甚至使整个系统瓦解。

电力系统中电气元件的正常工作遭到破坏，但没有发生故障，这种情况属于不正常运行状态。最常见的不正常运行情况是过负荷，因负荷超过电气设备的额定值而引起的电流升高。由于过负荷，使电气元件载流部分和绝缘材料的温度不断升高，加速绝缘的老化和设备遭受损坏，就可能发展成故障。此外，由于电力系统有功功率缺额而引起的频率降低，水轮发电机突然甩负荷所引起的过电压等也都是不正常工作状态。

故障和不正常运行都可能在电力系统中引起事故。事故就是指系统或其中一部分的正常工作遭到破坏，并造成对用户少送电或电能质量变坏到不能容许的地步，甚至造成人身伤亡和电气设备的损坏。

在电力系统中，除了采取各项积极措施，尽可能消除或减小发生故障的可能性以外，一旦发生故障，如果能够做到迅速地、有选择性地切除故障设备，就可以防止事故的扩大，迅速恢复非故障部分的正常运行，使故障设备免于继续遭受破坏。然而，要在极短的时间（有时要求快到百分之几秒）内发现故障和切除故障设备，只有借助于装设的继电保护装置才能实现。

所谓继电保护装置，就是指能反映电力系统中电气设备发生故障或不正常运行状态，并动作于断路器跳闸或发出信号的一种自动装置。它的基本任务是：

（1）自动地、迅速地、有选择性地将故障元件从电力系统中切除，以保证系统无故障部分能迅速恢复正常运行，并使故障设备免于继续遭到破坏；

（2）反映电气设备的不正常工作状态，并根据运行维护的条件（例如有无经常值班人员）而动作于信号、减负荷或跳闸。此时一般不要求保护迅速动作，而可以带有一定的延时，以保证动作的选择性。

二、继电保护的基本原理

当电力系统发生故障时，总是伴随有电流的增大、电压的降低以及电流和电压之间相位角的变化等物理现象。因此，便可利用这些物理量的变化，构成各种不同原理的继电保护。例如，利用短路时电流增大的特征可构成过电流保护，过电流保护反应于电流的增大而动作；利用电压降低的特征，可构成低电压保护，低电压保护反应于电压的降低而动作；利用电压和电流比值的变化，可构成低阻抗保护（或叫做距离保护），这种保护反应于测量阻抗的减小（或短路点到保护安装地点之间的距离）而动作；利用电压和电流之间相位关系的变化，可构成方向保护；利用比较被保护设备各端的电流大小和相位的差别可构成差动保护等。此外，也可根据电气设备的特点实现反应非电量变化的保护。如反应变压器油箱内故障的瓦斯保护，反应电机绕组温度升高的过负荷保护等。

上述各类保护装置都是由一个或若干个继电器按照其性能和要求连接在一起而组成的。

继电保护装置一般可分为测量部分、逻辑部分和执行部分，其原理结构如图 6-1 所示，现分述如下。

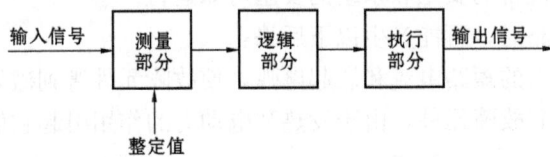

图 6-1　继电保护装置的原理结构图

（1）测量部分。测量部分是测量被保护对象输入的有关信号，并与已给定的整定值进行比较，从而判断保护是否应该启动。

（2）逻辑部分。逻辑部分是根据测量部分各输出量的大小、性质、出现的顺序或它们的组合，使保护装置按一定的逻辑程序工作，最后传动到执行部分。继电保护中常用的逻辑回路有"或"、"与"、"否"、"延时启动"、"延时返回"以及"记忆"等回路。

（3）执行部分。执行部分是根据逻辑部分传送来的信号，最后完成保护装置所担负的任务。如故障时，动作于跳闸；不正常运行时，发出信号；正常运行时，不动作等。

三、对继电保护装置的基本要求

为完成继电保护的基本任务，必须满足选择性、速动性、灵敏性和可靠性四个基本要求。一般情况下，作用于断路器跳闸的继电保护装置，应同时满足这四个要求，而作用于信号的继电保护装置，其中一部分要求可降低（如速动性）。这些基本要求是分析研究继电保护性能的基础。

1. 选择性

选择性是指系统发生故障时，继电保护装置仅将故障元件从系统中切除，尽量缩小停电范围，保护其他非故障元件仍继续运行。

例如，在图 6-2 所示的网络接线中，当 k1 点短路时，应由离短路点最近的保护 1 和 2 动作，跳开断路器 QF1 和 QF2，切除故障线路 l_1，变电站 B 由线路 l_2 继续供电；当线路 l_3 的 k2 点短路时，则由保护 5 动作使 QF5 跳闸，切除线路 l_3，此时变电站 C 停电，但由变电站 B 供电的其他用户仍能继续运行。

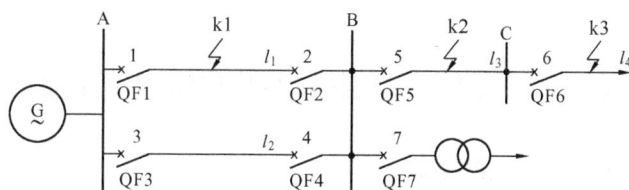

图 6-2　单端电源网络有选择性切除故障

在要求继电保护动作有选择性的同时，还必须考虑继电保护和断路器有拒绝动作的可能性，如图 6-2 中，当线路 l_4 的 k3 点短路时，距短路点最近的保护 6 本应动作切除故障，但由于某种原因，保护 6 或断路器 QF6 拒绝动作，此时若其前面一条线路（靠近电源侧）上的保护 5 能动作，故障也可以消除。能起保护 5 这种作用的保护称为相邻元件的后备保护。同理，保护 1 和 3 又应作为保护 5 和 7 的后备保护。当后备保护动作时，停电范围虽有所扩大，但这种动作仍然是有选择性的。若不装设后备保护，当主保护或断路器拒绝动作时，故障无法消除，后果将极其严重。

保护装置的选择性，是依靠选择适当的继电保护装置和正确地选择整定值使各级保护相互配合而实现的。

2. 速动性

为了保证电力系统运行的稳定性和减小用户在电压降低的情况下工作的时间，以及缩小故障元件的损坏程度，在发生故障时，应力求保护装置能迅速动作切除故障。

由于既能迅速动作又能满足选择性要求的保护装置，其结构较复杂，价格也较昂贵，而电力系统在很多情况下允许保护装置带有一定的延时，因此，对继电保护速动性的具体要求，应根据电力系统的接线以及被保护元件的具体情况来确定。

切除故障的时间，是指从发生故障起，至断路器跳闸、电弧熄灭为止所需要的时间，它等于保护装置动作时间与断路器跳闸时间之和。目前最快可做到短路后 0.06s 切除故障线路，其中 0.02s 为保护装置动作时间，0.04s 为断路器动作时间。

3. 灵敏性

继电保护装置的灵敏性，是指对其保护范围内发生故障或不正常工作状态的反应能力。满足灵敏性要求的保护装置应该是：在事先规定的保护范围内故障时，不论短路点的位置、短路的类型、最大运行方式或最小运行方式，都能正确地灵敏地反映。保护装置的灵敏性，通常用灵敏系数来衡量。对于各种类型的继电保护装置，其灵敏系数的要求应符合 GB/T 50062—2008《继电保护和自动装置设计技术规程》中的具体规定。

4. 可靠性

继电保护装置的可靠性，是指当保护范围内发生故障或出现不正常工作状态时，保护装置能够可靠地动作而不致拒绝动作；而在保护范围外发生故障或者系统内没有故障时，保护装置不发生误动作。保护装置拒绝动作和误动作，都将使保护装置成为扩大事故或直接产生事故的根源。因此，提高保护装置的可靠性是非常重要的。保护装置的可靠性，主要取决于接线的合理性、制造的工艺质量、安装维护水平、保护的整定计算和调整试验等。

随着电力系统的不断发展，机组和系统容量的增大，以及电网结构的日益复杂，都对上述四个方面提出了越来越高的要求，继电保护技术也正是在满足这些要求的过程中发展和完善起来的。

第二节　单侧电源网络相间短路的电流保护

一、电磁型和晶体管型电流继电器

电流继电器是实现电流保护的基本元件，是反应故障电流增大而自动动作的电器，也是反应一个电气量而动作的继电器的典型代表。因此，将通过对它的分析来说明一般继电器的工作原理和主要特性。

1. 电磁型电流继电器

图 6-3 所示为 DL-10 系列电流继电器的结构图，它由固定触点 1、可动触点 2、线圈 3、铁芯 4、弹簧 5、转动舌片 6、止挡 7 组成。当线圈中通过电流 I_K 时，铁芯中产生磁通 Φ，它将通过由铁芯、空气隙和转动舌片组成的磁路。舌片磁化后，产生电磁力 F_e，它是一对力偶，它所形成的电磁转矩，使转动舌片按磁阻减小的方向（即顺时针方向）转动，而使继电器触点闭合。

电磁力 F_e 与空气隙中磁通 Φ 的平方成正比，即有

$$F_e = K_1 \Phi^2 \qquad (6-1)$$

其中

$$\Phi = \frac{I_K W_K}{R_c}$$

所以

$$F_e = K_1 \frac{I_K^2 W_K^2}{R_c^2} \qquad (6-2)$$

式中　K_1——比例常数；

　　　W_K——继电器线圈匝数；

　　　R_c——磁通 Φ 所经过的磁路的磁阻。

电磁转矩 M_e 等于电磁力 F_e 与转动舌片力臂 L_K 的乘积，即

$$M_e = F_e L_K = K_1 L_K \frac{W_K^2}{R_c^2} I_K^2 \qquad (6-3)$$

从式（6-3）可知，作用于转动舌片上的电磁转矩与继电器线圈中的电流 I_K 的平方成正比，因此 M_e 不随电流的方向而变化，所以电磁型结构可以制造成交流或直流继电器。

为了使继电器触点闭合（指可动触点 2 与固定触点 1 相接触），电磁转矩 M_e 必须大于弹簧的反抗力矩 M_{re} 和摩擦力矩 M 之和。继电器的动作条件是

$$M_e = K_1 L_K \frac{W_K^2}{R_c^2} I_K^2 \geqslant M_{re} + M \qquad (6-4)$$

当 I_K 达到一定数值后，式（6-4）成立，继电器动作（I_K 再增大继电器将更能可靠地动作）。使继电器动作的最小电流，称为继电器的启动电流，用 $I_{st \cdot K}$ 表示。式（6-4）中 I_K 以 $I_{st \cdot K}$ 代替后，解得

$$I_{st \cdot K} = \frac{R_c}{W_K} \sqrt{\frac{M_{re} + M}{K_1 L_K}} \qquad (6-5)$$

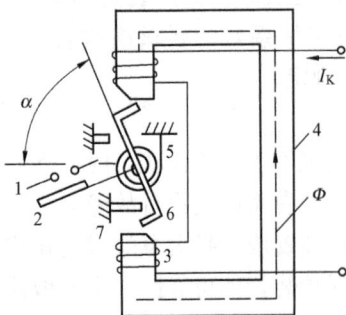

图 6-3　DL-10 系列电流继电器

1—固定触点；2—可动触点；3—线圈；
4—铁芯；5—弹簧；6—转动舌片；7—止挡

从式（6-5）可知，继电器的启动电流 $I_{st \cdot K}$ 可用下

列方法调整：

(1) 改变继电器线圈的匝数 W_K；

(2) 改变弹簧的反抗力矩 M_{re}；

(3) 改变能引起磁阻 R_c 变化的空气隙。

继电器启动电流的调整现多采用前两种方法，改变 W_K 时，继电器启动电流阶段地改变；改变弹簧的反抗力矩 M_{re}，可连续改变启动电流。

当 I_K 减小时，已经动作的继电器在弹簧 5 的作用下将返回到起始位置，为了使继电器返回，弹簧的作用力矩必须大于电磁力矩 M'_e 及摩擦力矩 M。所以继电器的返回条件是

$$M_{re} \geqslant M'_e + M = K_1 L_K \frac{W_K^2}{R_c^2} I_K^2 + M \tag{6-6}$$

当 I_K 减小到一定数值时，式 (6-6) 成立，继电器返回（I_K 再减小，继电器将更能可靠地返回）。使继电器返回的最大电流，称为继电器返回电流，并用 $I_{r \cdot K}$ 表示。用 $I_{r \cdot K}$ 替代式 (6-6) 中的 I_K，于是有

$$I_{r \cdot K} = \frac{R_c}{W_K} \sqrt{\frac{M_{re} - M}{K_1 L_K}} \tag{6-7}$$

返回电流 $I_{r \cdot K}$ 与启动电流 $I_{st \cdot K}$ 的比值称为返回系数，可表示为

$$K_r = \frac{I_{r \cdot K}}{I_{st \cdot K}} \tag{6-8}$$

式中　K_r——电流继电器的返回系数。

对于反应电流增大而动作的继电器，由于在行程末端存在剩余力矩以及摩擦力矩的影响，启动电流 $I_{st \cdot K}$ 大于返回电流 $I_{r \cdot K}$，则返回系数恒小于 1，一般取 $K_r = 0.85$。

2. 晶体管型电流继电器

晶体管型继电器是无触点的，它具有不怕振动、工作可靠、动作速度快、装置紧凑等优点，因而晶体管继电器的应用越来越广泛。晶体管型继电器通常由测量回路、比较回路、执行回路等所组成。根据继电器的种类和特点的不同，使用了各种晶体管电路与触发器。

图 6-4 为晶体管型过电流继电器的原理接线图，现对其各组成部分分析说明如下。

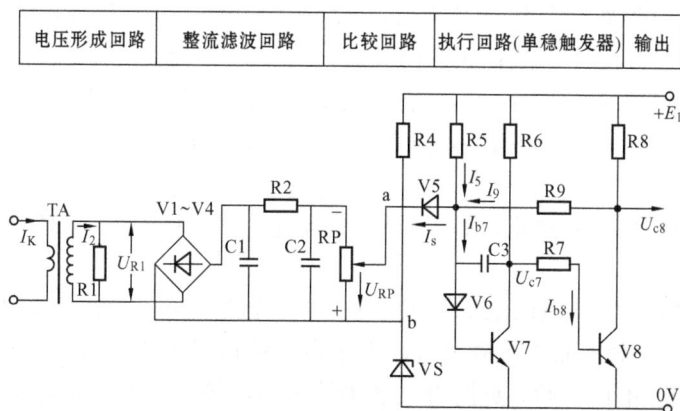

图 6-4　晶体管型过电流继电器的原理接线图

(1) 电压形成回路的作用是用中间变流器 TA 将加入继电器的电流转换成一个在电阻

R1 上的电压降 U_{R1}，以便与电流互感器的二次回路相隔离，并取得晶体管回路所需要的信号电压。当整流滤波回路以后的负载电阻远大于 R1 时，$U_{R1} \approx I_2 R_1$。

（2）整流滤波回路是由二极管 V1～V4 和 π 型滤波器（C1、C2、R2）组成，它将交流输出电压 U_{R1} 变成一个平滑的直流电压加于 RP 上，从 RP 活动头取出的电压以 U_{RP} 表示，它与加入继电器的电流 I_K 成正比，并且可以调节。

（3）比较回路是由 R4 和稳压管 VS 组成，在 VS 两端给出了一个稳定的电压 U_b（一般为 3V 左右），我们称之为比较电压或门槛电压。继电器是否动作，主要取决于上述 U_{RP} 和 U_b 的比较结果。当 $U_{RP} \geqslant U_b$ 时，由以下分析将可以看到，是继电器能够动作的条件。因此，调节 U_{RP} 就可以调整继电器的启动电流。

（4）执行回路是一个由三极管 V7 和 V8 组成的两级直流放大式单稳态触发器，V8 集电极输出电压 U_{c8} 的变化，即表示继电器的不同工作状态（启动与返回）。采用单稳态触发器的目的是为了使晶体管型继电器能具有和有触点继电器相类似的"继电特性"。

下面结合电流继电器的特点来分析这种触发器的工作原理。

（1）正常工作情况时 $I_K < I_{st \cdot K}$，调节电位器 RP 使 $U_{RP} < U_b$，因此，触发器输入端的 a 点为一正电位，V5 承受反电压，$I_s = 0$，输入信号回路对触发器的工作不产生影响。在这种情况下，V7 的基极电流 I_{b7} 由两部分组成，即

$$I_{b7} = I_5 + I_9 \qquad\qquad (6 \text{-} 9)$$

式中　I_5——经偏流电阻 R5 供给的电流，约等于 E_1/R_5；

　　　I_9——经反馈电阻 R9 供给的电流，约等于 $E_1/(R_8 + R_9)$。

在 I_{b7} 的作用下，V7 处于饱和导通状态，其集电极电压 $U_{c7} = 0.1 \sim 0.2\text{V}$，此电压不足以使 V8 导通，因此 V8 处于截止状态。由 V8 集电极输出的电压 $U_{c8} \approx E_1$，对应于继电器不动作的状态。

（2）当 I_K 增大到 $I_{st \cdot K}$ 时，U_{RP} 开始大于门槛电压 U_b，a 点电位即由正变为负，V5 导通，因此，V7 的 I_{b7} 被输入信号回路所分流而开始减小，随着 I_{b7} 的减小，V7 开始由饱和导通状态经放大区而向截止状态过渡，由于反馈电阻 R9 的存在，使这一过程进行得十分迅速，因而具有触发器的特性。对应此时加入继电器的电流值，就是继电器的启动电流。

触发器的翻转过程如下：当 I_{b7} 减小后，V7 进入放大区，U_{c7} 开始升高，这就使 V8 基极电流 I_{b8} 开始增大，V8 随即由截止状态向放大区过渡，U_{c8} 随之下降。U_{c8} 降低之后，经 R9 供给的反馈电流 I_9 就要随之减小，这又将引起 I_{b7} 的进一步减小，其关系示意如下：

$$[I_K \geqslant I_{st \cdot K}] \rightarrow I_{b7} \downarrow \rightarrow U_{c7} \uparrow \rightarrow I_{b8} \uparrow \rightarrow U_{c8} \downarrow \rightarrow I_9 \downarrow \rightharpoonup$$

如此往复循环，最后使 V7 截止，V8 导通，输出电压 $U_{c8} \approx 0\text{V}$，这对应于继电器的动作状态。

（3）在动作之后再减小电流 I_K，则 U_{RP} 随之成正比地减小，a 点电位回升，I_s 减小，I_{b7} 增大，V7 开始由截止状态而进入放大区，由于在这种情况下 V8 仍然是导通的，反馈电流 $I_9 \approx 0$，因此 I_{b7} 只能由 I_5 供给，此时继电器仍处于动作状态。必须继续减小 I_K，以使 I_s 不断减小，U_{c7} 逐渐下降。当 U_{c7} 降低到一定数值后，I_{b8} 开始减小，V8 开始由导通状态而进入放大区，U_{c8} 上升，I_9 也随之增大。于是 I_{b7} 增大，V7 更趋于导通。如此往复循环，最后使 V7 和 V8 恢复原状，继电器返回，对应此时加入继电器的电流，就是继电器的返回电流。

（4）继电器的触发特性曲线如图 6-5 所示，图中 1-2 对应于正常工作情况，2-3 对应于触发器的翻转过程，3-4 对应于启动后电流继续增大的过程，3-5 对应于启动后电流继续减小的过程，5-6 对应于触发器返回的过程。

（5）继电器的返回系数与电磁型继电器相同，也小于 1，这是因为在正常情况下，I_{b7} 由 I_5 和 I_9 组成，其值较大，V7 工作在深度饱和区，此时必须输入较大的负信号使 I_s 分流很多，继电器才能动作，因此，$I_{st \cdot K}$ 较大。在继电器动作之后，$I_9 = 0$，则在返回时 I_{b7} 只能由 I_5 供给，由于 I_{b7} 的来源少了，故只在 I_s 的分流减得更小后，继电器才能返回，这就使 $I_{r \cdot K} < I_{st \cdot K}$，$K_r < 1$。由以上分析可见，反馈电流 I_9 的大小和 V7 饱和深度是影响返回系数的主要因素。

图 6-5 晶体管型电流继电器的触发特性曲线

（6）回路中其他元件的作用：二极管 V5 为当 a 点呈现正电位时，使二极管 V5 承受反电压，其阻抗值约为无穷大，这就消除了执行回路对整流滤波回路负载的影响；V6 为当 a 点出现很大的负电位时，保护 V7，以免 b-e 极间在很大的反向电压作用下被击穿，同时 V6 还兼起温度补偿的作用；C3 为抗干扰电容，用以防止来自输入端的负干扰脉冲引起继电器的误动作。

二、定时限过电流保护

过电流保护通常是指其启动电流按照躲开最大负荷电流来进行整定的一种保护装置。它在正常运行时不应该启动，而在电网发生故障时，则能反应于电流的增大而动作。在一般情况下，它不仅能够保护本线路的全长，而且也能保护相邻线路的全长，以起到后备保护的作用。

1. 动作原理和组成元件

过电流保护的动作原理是建立在电力系统发生短路时电流增大这一特点的基础上的。为保证在正常运行情况下过电流保护绝不动作，所以保护装置的启动电流必须整定得大于该线路上可能出现的最大负荷电流。实际上确定保护装置的启动电流时，还必须考虑在外部故障切除后，保护装置是否能够返回的问题。例如在图 6-6 中，当 k-1 点发生短路时，短路电流将由电源经过线路 l_1、l_2、l_3 流到短路点 k-1。当短路电流值大于保护装置 1、2、3 的动作电流值时，则三套保护装置将同时启动，但根据保护装置选择性的要求，应该只由距离故障点最近的保护装置 3 动作切除故障，而保护装置 1、2 在故障切除后应可靠返回。这个要求只有依靠使各保护装置带有不同的延时来满足，其单相原理接线图如图 6-7 所示。在这里我们只要使保护装置 3 的动作时间 t_3 小于保护装置 2 的动作时间 t_2，保护装置 2 的动作时间 t_2 小于保护装置 1 的动作时间 t_1，即 $t_3 < t_2 < t_1$，就可以保证 k-1 点发生短路时只由保护装置 3 动作使 QF3 跳闸，切除故障线路 l_3，使非故障线路 l_1、l_2 及变电站 B、C 上的其他用户可以继续用电。

由此可见，为了保证单侧电源电网中过电流保护装置动作的选择性，各保护装置的动作时限必须满足以下条件

$$\left. \begin{array}{l} t_1 > t_2 > t_3 \\ t_1 = t_2 + \Delta t \\ t_2 = t_3 + \Delta t \end{array} \right\} \qquad (6\text{-}10)$$

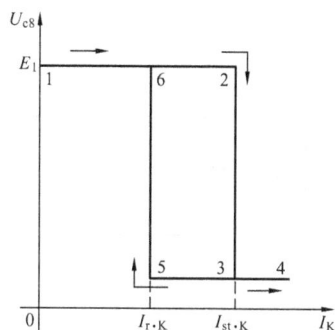

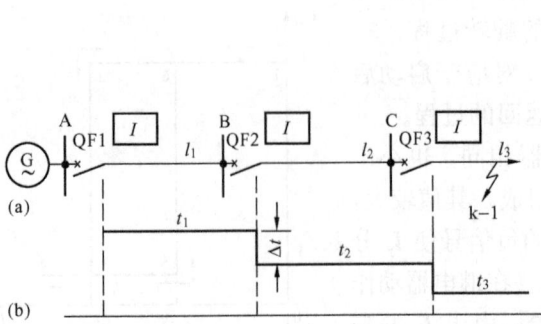

图 6 - 6　单侧电源辐射形电网中定时限过电流保护配置图　　图 6 - 7　定时限过电流保护原理接线图
(a) 保护装置配置图；(b) 延时特性

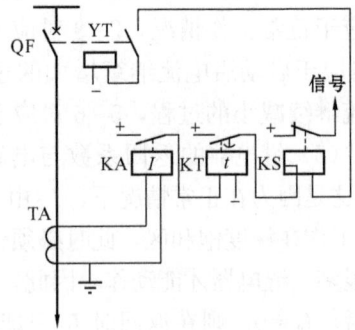

即保护的动作时限由用户起逐级增加，越接近电源时限越长。这种选择保护动作时间的方法，称为阶梯原则。相邻两保护间的动作时间差 Δt，称为时限阶段。这种时限特性有一个特点，就是只要通过继电器的电流大于其动作电流时，保护就能按预定的时间动作，其动作时间是一定的，与短路电流大小无关。具有这种时限特性的过电流保护被称为定时限过电流保护。

从以上分析可知，定时限过电流保护包括两个主要元件，一个是启动元件（即电流继电器 KA），用来判断保护范围内是否发生了故障；另一个是时间元件（即时间继电器 KT），构成适当的延时，以获得选择性。除了主要元件外，在跳闸回路中还串联着一个信号继电器 KS，称为辅助元件，它用来发出保护装置动作的掉牌信号。

2. 电流保护的接线方式

作为相间短路的电流保护，其电流继电器与电流互感器二次绕组之间的连接方式主要有下列三种：

（1）三相三继电器的完全星形接线，如图 6 - 8 (a) 所示，简称完全星形接线；

（2）两相两继电器的不完全星形接线，如图 6 - 8 (b) 所示，简称不完全星形接线；

（3）两相一继电器的两相电流差接线，如图 6 - 8 (c) 所示，简称两相电流差接线。

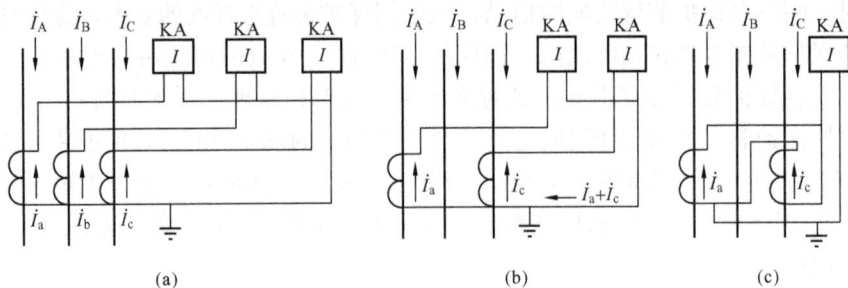

图 6 - 8　电流保护的三种接线方式
(a) 完全星形接线；(b) 不完全星形接线；(c) 两相电流差接线

完全星形接线与不完全星形接线的区别，仅在于后者 B 相没有装设电流互感器和继电器。而两相电流差接线是将 A、C 两相所装电流互感器差接起来后，只接一个电流继电器。

以上三种接线中，完全星形接线可以完全反应一次线路中各相的电流，它可以同时实现相间短路与接地短路的保护，从保护性能上看是最理想的，但它所用的设备较多，这种方式主要应用于 110kV 及以上的大接地电流系统；不完全星形接线可以保护各种相间短路，但不能完全反应单相短路，当 Yd 接线变压器的 d 侧 A、B 两相短路时，Y 侧 B 相中电流最大。由于 B 相无电流互感器及电流继电器，流过 A、C 相继电器的电流仅为 B 相的一半，则保护装置的灵敏度将降低一半。其优点是所装的互感器与继电器的数目可减少 1/3，目前这种方式广泛用于 10～35kV 的小接地电流系统；两相电流差接线所装继电器最少，接线也最简单，但当 Yd 接线变压器的二次短路时，流过继电器的电流可能为零，这样保护装置将拒绝动作，故其可靠性较低，这种方式主要用于大中型电动机及不太重要的 6～10kV 线路的保护。

3. 过电流保护的整定计算和灵敏度校验

所谓整定计算，就是正确地选择保护装置的动作参数。过电流保护的动作参数主要是动作电流和动作时限。

（1）过电流保护的一次动作电流 I_{st}。选择过电流保护动作电流的基本出发点是：当被保护元件流过最大负荷电流时，保护装置不应动作于跳闸，而且在外部短路切除后能可靠地返回，因此它必须满足以下两个条件。

1）动作电流应大于被保护元件的最大负荷电流 $I_{L.max}$，即

$$I_{st} > I_{L.max} \qquad (6\text{-}11)$$

2）保护装置应在外部故障切除后可靠地返回。如图 6-9 所示，保护 1 的动作电流，应考虑外部（如 k 点）故障时，保护 1、2 都启动，但当保护 2 动作切除故障后，线路中的电流将变为负荷电流，因此保护 1 的返回电流 I_r 应大于线路上最大负荷电流 $I_{L.max}$，即

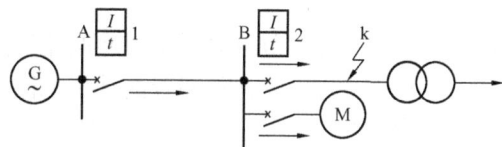

图 6-9　确定过电流保护动作电流的说明图

$$I_r > I_{L.max} \qquad (6\text{-}12)$$

式中　I_r——保护装置的返回电流。

由于电流继电器的返回电流总是小于动作电流，所以保护能满足式（6-12）的条件就必然能满足式（6-11）。

在确定返回电流时，要考虑最大负荷电流 $I_{L.max}$，就必须考虑实际可能的最严重情况，同时还应考虑到外部故障切除后，电压恢复时，电动机有一个自启动过程。自启动电流大于电动机正常工作时的电流，因此引入一个自启动系数 K_{ast}，它等于自启动时最大电流 $I_{ast.max}$ 与正常最大负荷电流 $I_{L.max}$ 之比，即

$$K_{ast} = \frac{I_{ast.max}}{I_{L.max}} \qquad (6\text{-}13)$$

于是

$$I_{ast.max} = K_{ast} I_{L.max} \qquad (6\text{-}14)$$

为使保护装置的返回电流 I_r 大于自启动时最大电流 $I_{ast.max}$，引入可靠系数 K_{rel}，于是，返回电流为

$$I_r = K_{rel} I_{ast.max} = K_{rel} K_{ast} I_{L.max} \qquad (6\text{-}15)$$

由于保护装置的动作与返回是通过电流继电器来实现的，因此，继电器返回电流与启动电流之间的关系也就代表着保护装置返回电流与动作电流之间的关系，考虑返回系数 K_r

后，得保护装置的一次动作电流为

$$I_{st}=\frac{I_r}{K_r}=\frac{K_{rel}K_{ast}}{K_r}I_{L\cdot max} \tag{6-16}$$

式中　K_{rel}——可靠系数，一般采用 1.15～1.25；

　　　　K_{ast}——自启动系数，数值大于1，应由网络具体的接线和负荷性质确定；

　　　　K_r——电流继电器的返回系数，一般采用 0.85。

（2）过电流保护的动作时限。为了保证选择性，如前所述，过电流保护的动作时限必须按阶梯原则选择，两个相邻保护的动作时限应相差一个时限阶段 Δt。时限阶段 Δt 值的确定，既要保证保护的选择性，也要尽可能小，以便加速切除故障。时限阶段 Δt 的大小与断路器跳闸时间、时间继电器的误差有关，在考虑一定裕度后，一般选为 0.5～0.6s。

（3）过电流保护装置灵敏度的校验。为了能保护线路的全长，过电流保护必须在系统最小运行方式下，当线路末端发生两相短路时，具有足够的反应能力。同时还应作为相邻元件的后备保护，在相邻元件末端两相短路时，也应有足够的反应能力。在继电保护中通常用灵敏系数 K_{sen} 来衡量。对反应于数值上升而动作的保护装置，灵敏系数的定义是

$$灵敏系数=\frac{保护范围末端发生金属性短路时故障参数的最小计算值}{保护装置的动作参数}$$

根据上述定义，过电流保护的灵敏度应按下式进行校验

$$K_{sen}=\frac{I_{k\cdot min}}{I_{st}} \tag{6-17}$$

式中　$I_{k\cdot min}$——保护范围末端金属性两相短路时流过保护装置的最小短路电流；

　　　　I_{st}——过电流保护装置的动作电流。

过电流保护作为本线路的后备保护时，$I_{k\cdot min}$ 应采用在最小运行方式下本线路末端两相短路时的电流进行校验，要求 $K_{sen}\geq1.5$；当作为相邻元件的后备保护时，则应采用最小运行方式下相邻元件末端两相短路时的电流进行校验，要求 $K_{sen}\geq1.2$。

三、电流速断保护

1. 无时限电流速断保护

根据对继电保护速动性的要求，保护装置动作切除故障的时间，除了必须满足系统稳定和保证重要用户供电可靠性等要求以外，在简单、可靠和保证选择性的前提下，原则上总是越快越好。因此，在各种电气元件上，应力求装设快速动作的继电保护。这种快速（瞬时）动作的电流保护，称为电流速断保护。

如前所述，过电流保护必须采用按阶梯原则的时限特性来获得选择性，这是由于它的启动元件的动作电流是按躲开最大负荷电流整定的，所以保护范围总是伸长到相邻元件上。如果将启动元件的动作电流增大，限制其保护范围，使它不能反映相邻元件上的短路，就可不用时限配合来保证选择性。无时限电流速断保护（简称电流速断）就是以动作电流大于保护范围外短路时的最大短路电流，而获得选择性的一种电流保护。

如图 6-10 所示，设在线路 l_1 和 l_2 上装有电流速断保护 1 和 2，当 l_2 始端 k-2 点短路时，由保护 2 动作跳闸，切除故障线路 l_2，保护 1 不动作。为此，必须选择保护 1 的动作电流 I_{st} 大于（或称躲过）外部短路时的最大短路电流 $I_{k\cdot max}$，实际上它也就是本线路末端短路的最大短路电流（因为从电气上来看 k-1 点和 k-2 点短路，流过保护 1 的短路电流是一样的），因此保护装置的动作电流为

$$I_{st} = K_{rel} I_{k \cdot max} \tag{6-18}$$

式中　K_{rel}——可靠系数，考虑继电器整定误差、短路电流计算误差以及短路电流中非周期
　　　　　　　分量等，一般取 $1.2 \sim 1.3$；

　　　$I_{k \cdot max}$——被保护线路末端短路时的最大短路电流。

　　图 6-10 中曲线 1 表示最大运行方式下流过保护装置的三相短路电流与保护安装处至短路点距离 l 的关系；曲线 2 表示最小运行方式下流过保护装置的两相短路电流与 l 的关系；直线 3 表示保护装置的动作电流。由图 6-10 可知，当短路电流值在直线 3 以下，保护就不动作。由短路电流曲线与直线的交点可定出保护的动作范围。电流速断保护只能保护线路全长的一部分，而不能保护线路的全长，随着运行方式的变更和短路类型的不同，其保护范围也将发生变化，最大运行方式下三相短路时保护范围最长为 l_{max}，最小运行方式下两相短路时保护范围最短为 l_{min}。电流速断的灵敏度用保护范围来表示，规程规定保护范围不应小于线路全长的 $15\% \sim 20\%$。

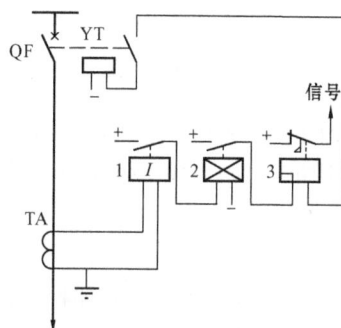

　　图 6-11 是电流速断的单相原理接线图。接线图中使用了一个延时 3～4 个周期的中间继电器 2，其作用有两个：一个是扩大触点容量，因为电流继电器触点容量很小，不能用其接通断路器的跳闸线圈回路；再一个是利用它增加保护的固有动作时间，如当线路上装有管形避雷器时，应避免管形避雷器放电而引起电流速断误动作。

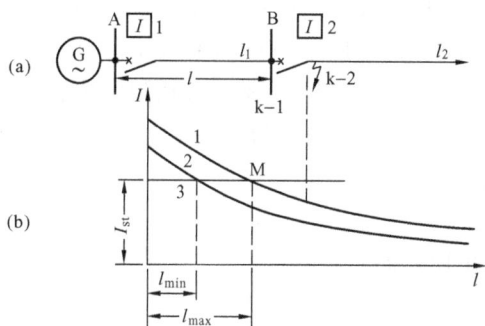

图 6-10　电流速断的整定计算

（a）接线图；（b）短路电流曲线

1—最大运行方式下的三相短路电流 $I_k^{(3)}$；

2—最小运行方式下的两相短路电流 $I_k^{(2)}$；

3—电流速断的动作电流

图 6-11　电流速断原理接线图

1—电流继电器；2—中间继电器；

3—信号继电器；YT—断路器跳闸线圈

　　电流速断的主要优点是接线简单、动作迅速，在结构复杂的多电源电网中能有选择性地动作。主要缺点是保护范围较小，且受运行方式变化的影响。

　　2. 限时电流速断保护

　　由于有选择性的电流速断不能保护线路的全长，因此就考虑增设一套新的保护，用来保护电流速断保护范围以外的一部分线路长度，同时也能作为电流速断的后备保护。对这个新装设的保护，一般要求在任何情况下都能保护线路的全长，并且有足够的灵敏度，且在满足上述要求的前提下，力求具有最小的动作时限。由于它能够以比过电流保护较小的时限切除全线路范围的故障，而且其动作电流是按与相邻线路电流速断的动作电流相配合而选择的，因此称为限时电流速断保护。

由于要求限时电流速断保护必须保护线路的全长，因此它的保护范围就必然要延伸到下一条线路中去。这样当下一条线路出口处发生短路时，它就要启动，在这种情况下，为了保证动作的选择性，就必须使保护的动作带有一定的时限，此时限的大小与其延伸的范围有关。为了使这个时限尽量缩短，照例都是首先考虑使它的保护范围不超出下一条线路电流速断保护的范围，而动作时限则比下一条线路的电流速断保护高出一个时间阶段，此时间阶段以 Δt 表示。

现以图 6-12 为例来说明限时电流速断保护的整定方法。

图中 I 为电流速断保护，II 为限时电流速断保护，I 的动作电流分别为 $I_{st \cdot A}^{I}$、$I_{st \cdot B}^{I}$，保护范围为 $l_{min \cdot A}^{I}$、$l_{min \cdot B}^{I}$。例如装设于变电站 A 的限时电流速断保护 II，由于要求它保护线路 l_1 的全长，所以它的保护范围必然延伸至相邻线路 l_2。为了保证选择性而又尽量缩短动作时限，其动作电流应大于相邻线路的电流速断保护的动作电流，以便使其保护范围不超出相邻线路的电流速断的保护范围。因此限时电流速断保护 II 的动作电流和时限应为

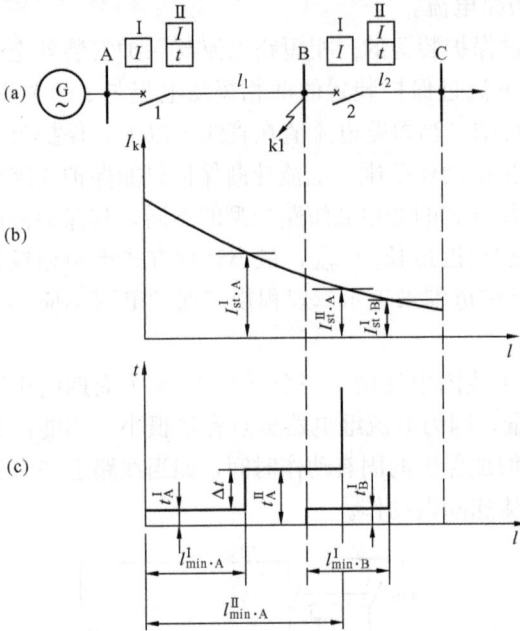

图 6-12　限时电流速断的整定计算
(a) 网络图；(b) 短路电流曲线；(c) 时限特性

$$I_{st \cdot A}^{II} = K_{rel} I_{st \cdot B}^{I} \tag{6-19}$$

$$t_{A}^{II} = t_{B}^{I} + \Delta t \tag{6-20}$$

式中　$I_{st \cdot A}^{II}$——变电站 A 的限时电流速断保护的动作电流；

　　　$I_{st \cdot B}^{I}$——变电站 B 的电流速断保护的动作电流；

　　　t_{A}^{II}——变电站 A 限时电流速断保护的动作时间；

　　　t_{B}^{I}——变电站 B 电流速断保护的固有动作时间；

　　　Δt——两个相邻保护间的时限阶段。

从尽快切除故障的观点看，Δt 应越小越好，但为了保证两个保护之间动作的选择性，其值又不能选择得太小。Δt 的数值位于 $0.35 \sim 0.6 s$ 之间，通常多取为 $0.5 s$。

按照上述原则整定的时限特性如图 6-12 (c) 所示。由图可见，当在保护 2 电流速断范围以内故障时，将以 t_{B}^{I} 的时间被切除，此时保护 1 的限时速断虽然可能启动，但由于 t_{A}^{II} 较 t_{B}^{I} 大一个 Δt，因而从时间上保证了选择性。又如当故障发生在保护 1 电流速断的范围以内时，则将以 t_{A}^{I} 的时间被切除，而当故障发生在速断的范围以外，同时又在 A～B 的范围以内时，就将以 t_{A}^{II} 的时间被切除。

由此可见，当线路上装设了电流速断和限时电流速断保护以后，它们的联合工作就可以保证全线路范围内的故障都能够在极短的时间内予以切除，一般情况下，满足速动性的要求。

为了能够保护线路的全长，限时电流速断保护必须在系统最小运行方式下，当线路末端发生两相短路时，其灵敏系数 K_{sen} 应不小于 1.25，即

$$K_{sen} = \frac{I_{k \cdot min}}{I_{st \cdot A}^{II}} \geqslant 1.25$$

当灵敏系数不能满足要求时，可以降低其动作电流，在灵敏度上与相邻线路的限时电流速断保护相配合，则其动作时限应比相邻元件的限时电流速断大一个 Δt。

四、三段式电流保护

电流速断、限时电流速断和过电流保护都是反映于电流升高而动作的保护装置。它们之间的区别主要在于按照不同的原则来选择启动电流。电流速断和限时电流速断保护是按照躲开某一点的最大短路电流整定的，而过电流保护则是按照躲开最大负荷电流来整定的。由于电流速断保护不能保护线路全长，限时电流速断保护又不能作为相邻元件的后备保护，因此，为保证迅速而有选择性地切除故障，而常常将电流速断、限时电流速断和过电流保护组合在一起，构成一套完整的三段式电流保护。

图6-13为三段式电流保护的配合和动作时间示意图，各点短路时，切除故障的时间相应地表示在图6-13中的阴影部分，如果不发生保护或断路器拒绝动作的情况，则线路上任何点的故障均可以在 0.5~0.6s 的时间内切除。

具有电流速断、限时电流速断保护和过电流保护的单相式原理接线如图6-14所示。电流速断保护部分由继电器1~3组成，限时电流速断保护部分由继电器4~6组成，过电流保护部分则由继电器7~9组成。由于三段的启动电流和动作时间整定得均不相同，因此必须分别使用三个电流继电器和两个时间继电器，而信号继电器3、6、9则分别用以发Ⅰ、Ⅱ、Ⅲ段动作的信号。

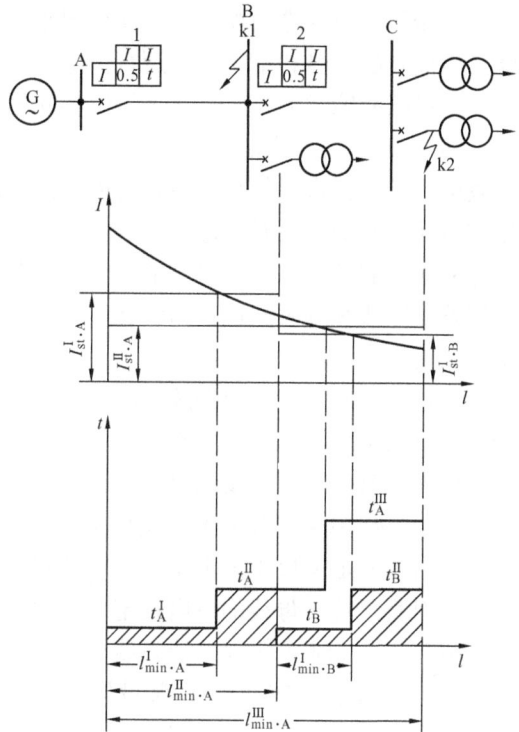

图6-13　三段式电流保护的配合和动作时间示意图

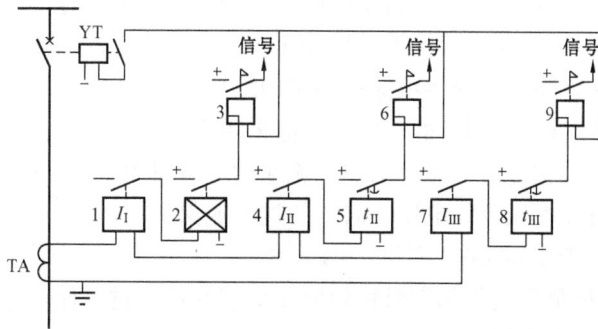

图6-14　具有电流速断、限时电流速断保护和过电流保护的单相原理接线图

三段式电流保护广泛用于 35kV 及以下电网中作为相间短路的保护。在更高电压等级的电网中，当能满足系统对继电保护的基本要求时，也可以用它代替其他比较复杂的保护。

第三节 发电机的继电保护

一、发电机的故障类型、不正常运行状态及其保护方式

电力系统中，发电机也是十分重要且贵重的电气设备，它的安全运行对电力系统的正常工作、用户的不间断供电、保证电能的质量等方面都起着极其重要的作用。由于发电机是长期连续运转的设备，它既要承受机身的振动，又要承受电流、电压的冲击，因而常常导致定子绕组和转子绕组绝缘的损坏。因此，同步发电机在运行中，定子绕组和转子励磁回路都有可能产生危险的故障和不正常的运行情况。

发电机的故障类型主要有定子绕组相间短路，定子绕组一相的匝间短路，定子绕组单相接地，转子绕组一点接地或两点接地，转子励磁回路励磁电流消失。

发电机的不正常运行状态主要有由外部短路引起的定子绕组过电流，由负荷超过发电机额定容量而引起的三相对称过负荷，由外部不对称短路或不对称负荷（如单相负荷、非全相运行等）而引起的发电机负序过电流和过负荷，由突然甩负荷而引起的定子绕组过电压，由励磁回路故障或强励时间过长而引起的转子绕组过负荷，由汽轮机主汽门突然关闭而引起的发电机逆功率。

为了使发电机组能够根据故障的情况有选择地、迅速地发出信号或将故障发电机从系统中切除，以保证发电机免受更为严重的损坏，减少对系统运行所产生的不良后果，使系统其余部分继续正常运行，在发电机上装设能反映各种故障的继电保护是十分必要的。

针对上述故障类型及不正常运行状态，发电机应装设以下继电保护装置。

（1）对 1000kW 以上发电机的定子绕组及其引出线的相间短路，应装设纵联差动保护。

（2）对直接连于母线的发电机定子绕组单相接地故障，当发电机电压网络的接地电容电流大于或等于 5A 时（不考虑消弧线圈的补偿作用），应装设动作于跳闸的零序电流保护；当接地电容电流小于 5A 时，则装设作用于信号的接地保护。

对于发电机变压器组，一般在发电机电压侧装设作用于信号的接地保护，当发电机电压侧接地电容电流大于 5A 时，应装设消弧线圈。

（3）对于发电机定子绕组的匝间短路，当绕组接成星形且每相中有引出的并联支路时，应装设单继电器式的横联差动保护。当发电机同一相定子绕组只有一个支路时，一般不考虑装设匝间短路的保护（因匝间短路保护的接线比较复杂且可靠性不高，而且有时匝间短路会伴随着单相接地故障），而直接由接地保护动作切除故障。

（4）对于发电机外部短路引起的过电流，应采用下列保护方式：

1）负序过电流及单相式低电压启动过电流保护，一般用于 50 000kW 及以上的发电机；

2）复合电压（负序电压及线电压）启动的过电流保护；

3）过电流保护用于 1000kW 以下的小发电机。

（5）对于由不对称负荷或外部不对称短路而引起的负序过电流，一般在 50 000kW 及以上的发电机上装设负序电流保护。

（6）对于由对称负荷引起的发电机定子绕组过电流，应装设接于一相电流的过负荷

保护。

（7）对于水轮发电机定子绕组过电压，应装设带延时的过电压保护。

（8）对于发电机励磁回路的接地故障，应采用下列保护方法：

1）水轮发电机一般装设一点接地保护，小容量机组可采用定期检测装置；

2）对汽轮发电机励磁回路的一点接地，一般采用定期检测装置，对大容量机组则可以装设一点接地保护。对两点接地故障应装设两点接地保护，在励磁回路发生一点接地后投入。

（9）对于发电机励磁消失的故障，在发电机不允许失磁运行时，应在自动灭磁开关断开时连锁断开发电机的断路器；对采用半导体励磁的发电机和 100 000kW 及以上采用电机励磁的发电机，应增设直接反映发电机失磁时电气参数变化的专用失磁保护。

（10）对于转子回路的过负荷，在 100 000kW 及以上并采用半导体励磁系统的发电机上，可装设转子过负荷保护。

（11）对于汽轮发电机主汽门突然关闭，为防止汽轮机遭到损坏，对大容量的发电机组可考虑装设逆功率保护。

为了快速消除发电机内部的故障，在保护动作于发电机断路器跳闸的同时，还必须动作于自动灭磁开关，断开发电机励磁回路，以使转子回路电流不会在定子绕组中再感应电动势，继续供给短路电流。

二、发电机的纵差动保护

1. 纵差动保护的基本原理

纵差动保护是利用比较被保护元件各端电流的幅值和相位的原理构成的。它在发电机、变压器、母线及大容量电动机上获得了广泛的应用。对于短距离送电线路（长度不超过 5～7km），当必须快速切除全线故障时，也可以采用它作为线路的主保护。

为实现发电机的纵差动保护，如图 6-15 所示，应在发电机引出线侧和中性点侧装设特性和变比完全相同的电流互感器，两侧电流互感器一次回路的正极性置于母线侧和中性点侧，二次回路的同极性端子相连接（标"*"号的为正极性），差动继电器则并联连接在电流互感器的二次端子上。

如图 6-15（a）所示，如果发电机与系统并列运行，当保护范围内部（两个电流互感器之间）k1 点短路时，两侧均有电流流向短路点。从母线侧有电流 $\dot{I}_1'$，从中性点侧有电流 $\dot{I}_1''$，此时短路点的总电流 $\dot{I}_k=\dot{I}_1'+\dot{I}_1''$。因此，在电流互感器采用上述连接方式时，流入继电器的电流即为各互感器二次电流的总和，也为短路点总电流归算到二次侧的值，即

$$\dot{I}_K=\dot{I}_2'+\dot{I}_2''=\frac{1}{n_1}(\dot{I}_1'+\dot{I}_1'')=\frac{1}{n_1}\dot{I}_k \tag{6-21}$$

式中 n_1——电流互感器的变比。

当流入继电器的电流 I_K 大于或等于继电器的启动电流 $I_{st.K}$（即 $I_K\geqslant I_{st.K}$）时，继电器动作于跳闸。由此可见，在保护范围内部故障时，纵差动保护反应于故障点的总电流而动作。

当正常运行及保护范围外部短路时，如图 6-15（b）所示，k2 点短路时，电流从中性点流入，从引出线侧流出，此时电流互感器的一次侧电流 $\dot{I}_1'=-\dot{I}_1''$。如果不计电流互感器励磁电流的影响，则电流互感器的二次侧电流 $\dot{I}_2'=-\dot{I}_2''$，然而流入继电器的电流 $\dot{I}_K=\dot{I}_2''-\dot{I}_2'=0$，继电器不动作。

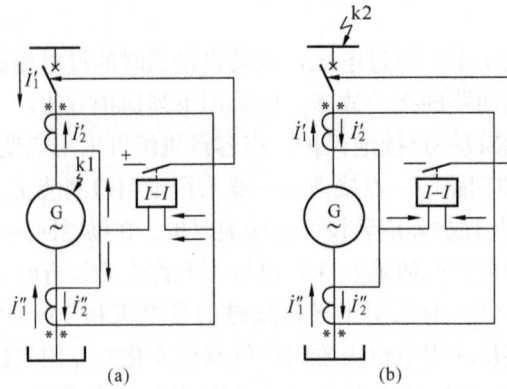

图 6-15　发电机纵差动保护单相原理接线图
（a）内部故障情况；（b）正常运行及外部故障情况

2. 发电机纵差动保护的整定计算

纵差动保护是发电机内部相间短路的主保护，因此，它应能快速而灵敏地切除内部所发生的故障。同时，在正常运行及外部故障时，又应保证动作的选择性和工作的可靠性。满足这些要求是确定纵差动保护整定值的原则。

发电机纵差动保护的启动电流，有两个不同的选取原则，与其相对应的接线也有一些差别。现分别说明如下。

（1）在正常运行情况下，电流互感器二次回路断线时保护不应误动。如图 6-16 所示，假定电流互感器 TA2 的二次引出线发生了断线，则电流 I_2' 被迫变为零，此时在差动继电器中将流过电流 I_2''。当发电机在额定容量运行时，此电流即为发电机额定电流 I_{GN} 变换到二次侧的数值，以 I_{GN}/n_1 表示。在这种情况下，为防止差动保护误动作，应整定保护装置的启动电流大于发电机的额定电流，引入可靠系数 K_{rel}（一般取 $K_{rel}=1.3$），则保护装置的动作电流和继电器的启动电流分别为

$$\left.\begin{array}{l}I_{st} = K_{rel}I_{GN}\\I_{st \cdot K} = K_{rel}I_{GN}/n_1\end{array}\right\} \qquad (6-22)$$

这样整定后，在正常运行情况下任一相电流互感器二次侧断线时，保护将不会误动作。但如果在断线后又发生了外部短路，则继电器回路中要流过短路电流，保护仍要误动。为防止这种情况的发生，在差动保护中一般装设断线监视装置，当断线后，它动作发出信号，运行人员接此信号后即应将差动保护退出工作。

具有断线监视装置的发电机纵差动保护的原理接线如图 6-17 所示。保护装置采用三相式接线，需要 3 个（1～3）差动继电器和 4 根辅助导线。当保护范围内故障时，继电器 1、2、3 动作，信号继电器 6 发出信号，又经中间继电器 7，动合触点闭合，动作于跳闸。在差动回路的中性线上接有断线监视的电流继电器 4，当任何一相电流互感器回路断线时，它都能动作，经时间继电器 5 延时发出信号。

根据经验，断线监视继电器的启动电流值应按下式整定

$$I_{st \cdot K} = 0.2I_{GN}/n_1 \qquad (6-23)$$

为使差动保护的范围能包括发电机引出线在内，因此，其所使用的电流互感器应装在靠近断路器的地方。

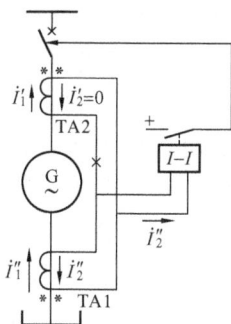

图 6-16 电流互感器二次
回路断线时的电流分布

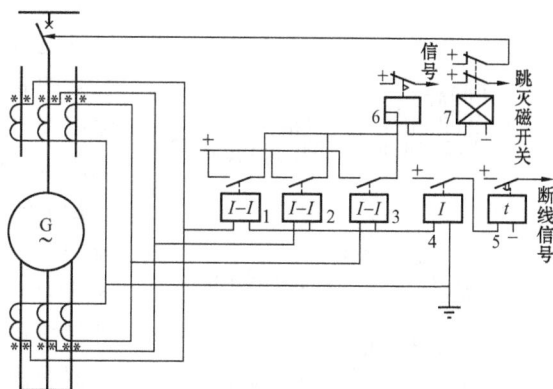

图 6-17 具有电流互感器二次回路断线监视
装置的发电机纵差动保护的原理接线图

（2）保护装置的启动电流按躲开外部故障时的最大不平衡电流整定。由于发电机纵差动保护采用的两组电流互感器均具有励磁电流，如果电流互感器具有理想的特性，则在正常运行和外部故障时，差动继电器是没有电流的。但在实际情况下，两组电流互感器的励磁特性不完全相同，因此二次侧电流为

$$\left.\begin{array}{l} \dot{I}'_2 = \dfrac{1}{n_1}(\dot{I}'_1 - \dot{I}'_L) \\[2mm] \dot{I}''_2 = \dfrac{1}{n_1}(\dot{I}''_1 - \dot{I}''_L) \end{array}\right\} \tag{6-24}$$

式中 $\dot{I}'_L$ 和 $\dot{I}''_L$——分别为两个电流互感器的励磁电流。

可见，即便是正常运行以及外部故障时 $\dot{I}'_1 = \dot{I}''_1$，流入继电器的电流也为

$$\dot{I}''_2 - \dot{I}'_2 = \frac{1}{n_1}(\dot{I}'_L - \dot{I}'_L) = \dot{I}_{unb} \tag{6-25}$$

式中 $\dot{I}_{unb}$——纵差动保护的不平衡电流，它实际是两个电流互感器的励磁电流之差。两个电流互感器励磁特性的差别是 I_{unb} 增大的主要原因。

用于纵差动保护中的电流互感器，由于外部故障时才会出现不平衡电流，因此，在考虑一次电流时，应该采用外部故障时流过电流互感器的最大短路电流 $I_{k \cdot max}$，并保证在这种情况下二次电流的误差不超过 10%。这样，在纵差动保护中不平衡电流的稳态值就可以按下式计算

$$I_{unb} = 0.1 K_{at} I_{k \cdot max} / n_1 \tag{6-26}$$

式中 K_{at}——电流互感器的同型系数。

当差动保护两侧采用的电流互感器具有相同的型号和特性时，在同样的一次电流作用下，它们的相对误差必然小于 10%，因此，引入同型系数 K_{at}，一般采用 $K_{at}=0.5$，也就是考虑两个互感器之间具有 5% 的相对误差。

再者，由于差动保护是瞬时动作的，因此还需要进一步考虑在外部短路的暂态过程中，差动回路中出现的不平衡电流。在暂态过程中，一次侧短路电流中包含有非周期分量，由于它对时间的变化率（di/dt）远小于周期分量的变化率，因此，很难变换到二次侧，而大部

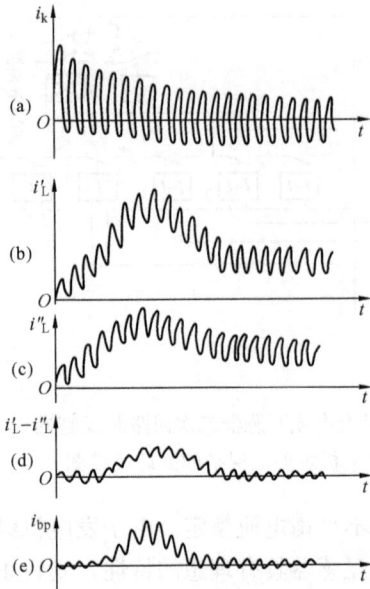

图 6-18　外部短路暂态过程中电流
互感器的励磁电流及不平衡电流波形图
（a）外部短路电流；（b）、（c）两侧电流互感器
的励磁电流；（d）两个励磁电流之差（i_{bp}）；
（e）实验录取的不平衡电流
注：图中 i_k、i'_L、i''_L 均为
折合到电流互感器二次侧的电流

分成为电流互感器的励磁电流。所以暂态过程中励磁电流将大大超过其稳态值，并含有大量缓慢衰减的非周期分量。同时由于电流互感器励磁回路以及二次回路电感中的磁通不能突变，所以，励磁电流的增加会在二次回路中引起自由非周期分量电流。这样由于励磁电流的增大，使二次电流的误差更加增大，因而，差动保护的不平衡电流将大为增加，如图 6-18 所示。图 6-18（a）为外部短路电流，图 6-18（b）、（c）为两侧电流互感器的励磁电流，图 6-18（d）为两个励磁电流之差，图 6-18（e）为实验录取的不平衡电流。

当考虑非周期分量的影响时，可以在式（6-26）中再引入一个非周期分量影响系数 K_{np}，如果不采取措施消除其影响，$K_{np}=1.5\sim2$，此时，最大不平衡电流为

$$I_{unb\cdot max} = 0.1K_{np}K_{at}I_{k\cdot max}/n_l \qquad (6-27)$$

为了保证纵差动保护的选择性，保护装置的启动电流必须按躲开外部故障时的最大不平衡电流整定，此时，继电器的启动电流应为

$$I_{st\cdot K} = K_{rel}I_{unb\cdot max} = 0.1K_{rel}K_{np}K_{at}I_{k\cdot max}/n_l$$
$$(6-28)$$

对于汽轮发电机的出口处发生三相短路时的最大短路电流 $I_{k\cdot max}\approx8I_{GN}$，代入式（6-28），则差动继电器的启动电流为

$$I_{st\cdot K} = (0.5\sim0.6)I_{GN}/n_l$$

对于水轮发电机，由于电抗 X_d'' 的数值比汽轮发电机大，其出口处发生三相短路的最大短路电流 $I_{k\cdot max}\approx5I_{GN}$，则差动继电器的启动电流为

$$I_{st\cdot K} = (0.3\sim0.4)I_{GN}/n_l$$

对于水内冷的大容量发电机组，其电抗数值也较上述汽轮发电机大，因此差动继电器的启动电流也较汽轮发电机的小。

综上可见，按躲开不平衡电流条件整定的差动保护，其启动值都比按躲开电流互感器二次回路断线时的继电器的启动电流要小很多。因此，保护的灵敏性就高。总之，发电机的纵差动保护可以无延时地切除保护范围内的各种故障，并不反映发电机的过负荷和系统振荡，且灵敏系数一般较高。因此，纵差动保护毫无例外地用作容量在 1000kW 以上的发电机的主保护。

第四节　电力变压器的继电保护

一、变压器的故障类型、不正常运行状态及其保护方式

电力变压器是电力系统中十分重要的电气设备，它的故障将对供电可靠性和系统的正常运行带来严重的影响，同时大容量的变压器又是非常贵重的设备。因此，必须根据变压器的

容量和重要程度装设性能良好、工作可靠的继电保护装置。

变压器的故障可分为油箱内及油箱外故障两种。油箱内的故障包括线圈的相间短路、接地短路、匝间短路、层间短路以及铁芯的烧损等。油箱内故障时产生的电弧将引起绝缘物质的剧烈气化，从而可能引起爆炸，所以油箱内的故障必须迅速切除。油箱外的故障，主要是套管和引出线上发生的短路。

变压器的不正常工作情况有外部短路和过负荷引起的过电流、油面极度降低和电压升高等。

根据上述的故障情况，变压器一般应装设下列保护。

1. 气体保护

对于油浸式变压器内部故障时，短路电流所产生的电弧将使绝缘物质和变压器油分解，从而产生大量气体，利用这种气体的保护装置称为气体保护装置。

2. 纵差动保护或电流速断保护

对变压器绕组、套管及引出线上的故障，应根据容量的不同，装设纵差动保护或电流速断保护。上述保护动作后，均应跳开变压器各电源侧的断路器。

3. 过电流保护

为防御外部相间短路时引起的变压器过电流，应采用下列保护：

（1）过电流保护一般用于降压变压器；

（2）复合电压启动的过电流保护，一般用于升压变压器及过电流保护灵敏度不满足要求的降压变压器上；

（3）负序电流及单相式低电压启动的过电流保护，一般用于大容量的升压变压器和系统联络变压器。

4. 零序保护

为防御大接地短路电流电网中由于外部接地短路而引起的过电流，如变压器中性点接地运行，应装设零序电流保护。

5. 零序过电压保护

在大接地短路电流电网中，为防御发生接地时系统中部分中性点接地的变压器跳开后，低压侧有电源而中性点不接地的变压器仍带接地故障运行，应根据具体情况，装设专用的零序过电压保护。

6. 过负荷保护

为防御对称过负荷应装设过负荷保护，过负荷保护一般接在一相电流上，并延时作用于信号。对无经常值班人员的变电站，必要时过负荷保护可动作于自动减负荷或跳闸。

二、变压器的纵差动保护

1. 构成纵差动保护的基本原则

对双绕组和三绕组变压器实现纵差动保护的原理接线如图 6-19 所示，变压器两侧电流互感器的极性、电流均标于图中。如图 6-19（a）所示，当保护范围内 k 点短路时，则从两侧流向短路点的电流为 $\dot{i}_1'$、$\dot{i}_1''$，然而，电流互感器的二次回路电流为 $\dot{i}_2'$、$\dot{i}_2''$，流入继电器的电流 $\dot{i}_K = \dot{i}_2' + \dot{i}_2''$。当 I_K 大于继电器启动电流 $I_{st \cdot K}$ 时，继电器将动作，将变压器两侧的断路器断开。由此可见，纵差动保护实质上是一个和电流保护，当保护范围内发生故障时，它将反映故障点的全部电流。

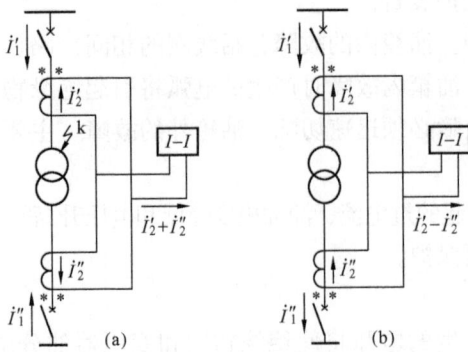

图 6-19　变压器纵差动保护的原理接线

(a) 内部故障情况；(b) 正常运行或外部故障情况

当变压器正常运行或外部故障时，如图 6-19（b）所示。此时，流入继电器的电流为两个电流互感器二次回路电流 $\dot{I}_2'$ 和 $\dot{I}_2''$ 的差值，即 $\dot{I}_K = \dot{I}_2' - \dot{I}_2''$，因 I_K 小于 $I_{st \cdot K}$，则继电器不应动作。

由于变压器各侧额定电流不一定相等，而且相位也可能不同，为了保证纵差动保护的正确工作，就必须适当选择两侧电流互感器的变比及接线方式，以使得在正常运行和外部故障时两个二次电流相等，流入差动继电器的电流为零。如图 6-19（b）所示，即

$$I_2' = I_2'' = \frac{I_1'}{n_{l1}} = \frac{I_1''}{n_{l2}} \quad \text{或} \quad \frac{n_{l2}}{n_{l1}} = \frac{I_1''}{I_1'} = K \qquad (6-29)$$

式中　n_{l1}——高压侧电流互感器的变比；

　　　n_{l2}——低压侧电流互感器的变比；

　　　K——变压器的变比。

由此可知，要实现变压器的纵差动保护，就应适当地选择两侧电流互感器的变比，使其比值等于变压器的变比，这是与发电机的差动保护不同的。这个不同是由于发电机的纵差动保护比较的是两侧电流的幅值和相位，而变压器纵差动保护比较的则是两侧磁动势的幅值和相位。

由于变压器常采用 Yd11 接线方式，其两侧电流的相位相差 30°，如果两侧的电流互感器都采用通常的星形接线方式，则由于相位的不同，就会有一个差电流流入继电器。为了消除这种不平衡电流的影响，通常都是将变压器星形侧的三个电流互感器接成三角形，而将变压器三角形侧的电流互感器接成星形，并使它们的连接组别与主变压器相对应，以便把二次电流的相位校正过来。

图 6-20 所示为 Yd11 接线变压器纵差动保护原理接线图。图中 $\dot{I}_{A1}^Y$、$\dot{I}_{B1}^Y$、$\dot{I}_{C1}^Y$ 为 Y 侧的一次电流，$\dot{I}_{A1}^\triangle$、$\dot{I}_{B1}^\triangle$、$\dot{I}_{C1}^\triangle$ 为△侧的一次电流，后者超前前者 30°，如图 6-20（b）所示。如果将 Y 侧电流互感器的二次线圈接成相应的三角形，则流向差动保护的电流为 $\dot{I}_{A2}^Y - \dot{I}_{B2}^Y$、$\dot{I}_{B2}^Y - \dot{I}_{C2}^Y$ 和 $\dot{I}_{C2}^Y - \dot{I}_{A2}^Y$，刚好与 $\dot{I}_{A2}^\triangle$、$\dot{I}_{B2}^\triangle$ 和 $\dot{I}_{C2}^\triangle$ 同相位，如图 6-20（c）所示，这样差动保护两臂中的电流就同相位了。

但当电流互感器采用上述连接方式以后，在电流互感器接成 d 侧的差动保护臂中，电流扩大了 $\sqrt{3}$ 倍。为保证在正常及外部故障情况下差动回路中的电流为零，应使该侧电流互感器的变比加大 $\sqrt{3}$ 倍，以减小二次回流，使之与另一侧的电流相等。

如　$|\dot{I}_{A2}^Y - \dot{I}_{B2}^Y| = \sqrt{3} I_{A2}^Y = I_{A2}^\triangle$　　即 $\sqrt{3}\dfrac{I_{A1}^Y}{n_{l1}} = \dfrac{I_{A1}^\triangle}{n_{l2}}$

故此时选择变比的条件是

$$\frac{n_{l2}}{n_{l1}/\sqrt{3}} = K \qquad (6-30)$$

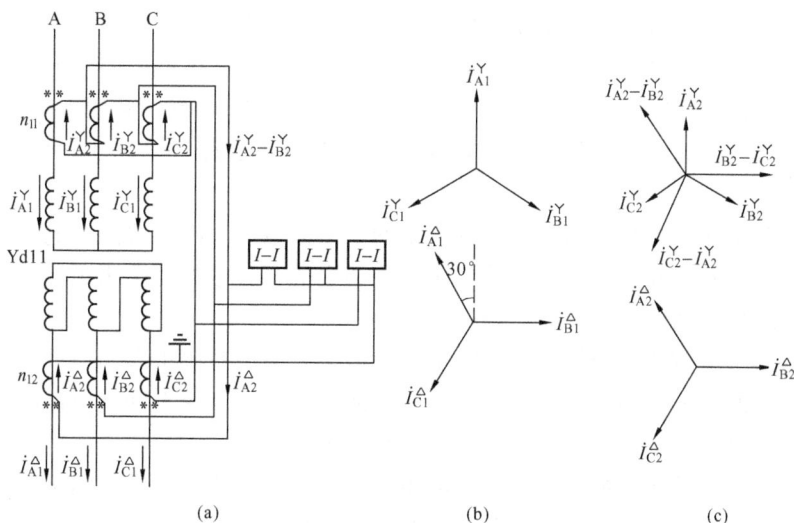

图 6-20　Yd11 接线变压器的纵差动保护接线和相量图（图中电流方向对应于正常工作情况）
(a) 变压器及其纵差动保护的接线 ；(b) 电流互感器一次电流相量图；
(c) 纵差动回路两侧的电流相量图

$$K = \frac{I_{A1}^{\triangle}}{I_{A1}^{Y}}$$

式中　　n_{11}、n_{12}——变压器 Y 侧和 d 侧的电流互感器的变比；

　　　　　K——变压器的变比。

　2. 变压器纵差动保护的特点

　　变压器的纵差动保护同样需要躲开流过差动回路中的不平衡电流。实际上变压器差动保护的不平衡电流远比发电机差动保护的大，使变压器纵差动保护处于更不利的工作条件下。不平衡电流的来源主要有以下几个方面。

　　(1) 变压器励磁电流所引起的不平衡电流。变压器的励磁电流仅流经变压器接入电源的一侧，因此，通过电流互感器反映到差动回路中不能被平衡，在正常运行情况下，变压器的励磁电流很小，一般不超过变压器额定电流的 5%，故它使差动回路中的不平衡电流增加很少。在外部故障时，由于电压降低，励磁电流减小，它的影响就更小。但当变压器空载投入或外部故障切除后电压恢复时，则可能出现很大的励磁电流，此电流又称变压器的励磁涌流，其波形如图 6-21 所示。

　　励磁涌流的大小和衰减时间，与外加电压的相位、变压器铁芯中剩磁的大小和方向、电源容量的大小、回路的阻抗以及变压器容量的大小和铁芯性质等都有关系。根据其波形可以看出励磁涌流有以下特点：

　　1) 励磁涌流波形中含有很大的非周期分量，往往使涌流偏于时间轴的一侧；

　　2) 涌流波形中，含有大量的高次谐波分量，其中以二次谐波为主；

　　3) 涌流的波形经削去负波之后出现间断。

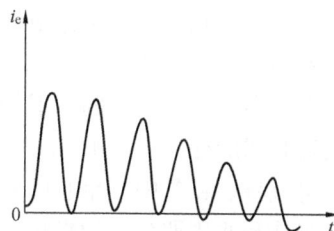

图 6-21　变压器励磁涌流
的产生及变化曲线

励磁涌流的存在，常常导致差动保护误动作，给变压器差动保护的实现带来困难。

（2）电流互感器型号不同产生的不平衡电流。由于两侧互感器的型号不同，它们的饱和特性、励磁电流也就不同，因此在差动回路中产生的不平衡电流也就较大，当按照10％误差曲线来选择两侧电流互感器的负载后，此不平衡电流不会超过外部短路电流的10％，一般取同型系数 $K_{at}=1$。

（3）互感器实际变比与计算变比不等产生的不平衡电流。因为两侧的电流互感器都是根据产品目录来选取标准变比，而变压器变比也是一定的，故很难完全满足式（6-30），此时差动回路中将出现差动电流。

（4）变压器带负荷调整分接头产生的不平衡电流。电力系统中采用带负荷调压的变压器来调整电压时，改变分接头就相当于改变变压器的变比 K。如果差动继电器已按某一固定变比调整好，则分接头改变时，就会产生一个不平衡电流。

（5）变压器两侧的电流相位不同产生的不平衡电流。由于变压器常常采用 Yd11 的接线方式，因此，其两侧电流的相位差 30°。此时，如果两侧的电流互感器仍采用通常的接线方式，则二次电流由于相位不同，也含有一个差电流流入继电器。

上述各项中，（1）、（2）、（4）项产生的不平衡电流，实际上不可能消除，因此变压器的纵差保护必须躲开这些不平衡电流的影响。由于在满足选择性的同时，还要保证内部故障时有足够的灵敏度，这就是构成变压器纵差动保护的主要矛盾。

根据上述分析，为整定变压器纵差动保护躲开流过差动回路中的不平衡电流，其不平衡电流应按如下考虑：

1）稳态情况下，当保护范围外部故障时，两侧电流互感器流过同一短路电流，例如，当线路中流过最大短路电流 $I_{k.max}$ 时，若一侧互感器没有误差，另一侧误差达到最大（即10％），则不平衡电流为

$$I_{unb} = 0.1I_{k.max}/n_1 \qquad (6-31)$$

式中　$I_{k.max}/n_1$——保护范围外部最大短路电流归算到二次侧的数值。

但是，上述情况只有当差动保护两侧的电流互感器型号不相同时才可能出现，对变压器的差动保护而言，正是属于这样的情况。而在其他设备的差动保护中，都采用型号相同的互感器，因此在同样的一次电流作用下，铁芯饱和程度相差不会很大，此时出现的不平衡电流将小于按式（6-31）求出的数值。为了考虑这一影响，可以在式（6-31）中引入一个小于1的同型系数 K_{at}，即

$$I_{unb} = K_{at} \cdot 0.1I_{k.max}/n_1 \qquad (6-32)$$

当电流互感器型号相同且工作于同一条件下时，可取 $K_{at}=0.5$；当电流互感器型号不同，或虽型号相同，但工作条件不同时，可取 $K_{at}=1$。

2）暂态过程中，由于差动保护是瞬时动作的，因此还需要考虑在外部故障的暂态过程中，差动回路中所出现的不平衡电流。众所周知，一次侧短路电流中包含有非周期分量，由于它对时间的变化率（di/dt）远小于周期分量的变化率，因此非周期分量很难传到二次侧，但该电流将在铁芯中产生非周期分量磁通，从而使铁芯严重饱和。

当计及非周期分量的影响时，在式（6-32）中需引入一个非周期分量影响系数 K_{np}，这时最大不平衡电流为

$$I_{unb.max} = K_{np} \cdot K_{at} \cdot 0.1I_{k.max}/n_1 \qquad (6-33)$$

式中　K_{np}——非周期分量影响系数，通常取 1.5～2。

3. 变压器纵差动保护的整定计算原则

（1）在正常运行情况下，为防止电流互感器二次回路断线时引起差动保护误动作，保护装置的动作电流应大于变压器的最大负荷电流 $I_{L \cdot max}$。当负荷电流不能确定时，可采用变压器的额定电流 I_N，并引入可靠系数 K_{rel}（一般取 1.3），则保护装置的动作电流为

$$I_{st} = K_{rel} I_{L \cdot max} \qquad (6-34)$$

（2）躲开保护范围外部短路时的最大不平衡电流，此时继电器的启动电流应为

$$I_{st \cdot K} = K_{rel} I_{unb \cdot max} \qquad (6-35)$$

式中　K_{rel}——可靠系数，采用 1.3；

　　　$I_{unb \cdot max}$——保护范围外部短路时的最大不平衡电流，可用式（6-33）计算。

（3）无论按上述哪一个原则考虑变压器纵差动保护的启动电流，都必须能够躲开变压器励磁涌流的影响。当变压器纵差动保护采用波形鉴别或二次谐波制动的原理构成时，它本身就具有躲开励磁涌流的性能，一般无需再另作考虑。而当采用具有速饱和铁芯的差动继电器时，它虽具有防止非周期分量影响的作用，但躲避励磁涌流的性能仍较差。根据运行经验，差动继电器的启动电流需整定为 $I_{st \cdot K} \geqslant 1.3 I_N / n_1$ 时，才能躲开励磁涌流的影响。对于各种原理的差动保护，其躲开励磁涌流影响的性能，最后还应经过现场的空载合闸试验加以检验。

4. 变压器纵差动保护灵敏系数的校验

变压器纵差动保护的灵敏系数可按下式校验

$$K_{sen} = \frac{I_{k \cdot min \cdot K}}{I_{st \cdot K}} \qquad (6-36)$$

式中 $I_{k \cdot min \cdot K}$ 应采用保护范围内部故障时，流过继电器的最小短路电流，即采用在单侧电源供电时，系统在最小运行方式下，变压器发生短路时的最小短路电流，按照要求，灵敏系数一般不应低于 2。当不能满足要求时，则需要采用具有制动特性的差动继电器。

5. 采用具有速饱和变流器的差动保护

从前面的分析已经看出，差动保护的不平衡电流是相当大的，为实现差动保护，就要采取各种措施躲开不平衡电流的影响，并在满足选择性的前提下，保证内部故障时有足够的灵敏度和速动性。

为了减小差动保护的不平衡电流和变压器励磁涌流的影响，常常在差动回路中接入带加强型速饱和的中间变流器，图 6-22 所示为采用 BCH-2 型差动继电器的变压器差动保护单相原理接线图。这种差动保护的核心部分是带短路线圈的速饱和中间变流器和差动电流继电器。如图 6-22 中，在速饱和中间变流器铁芯的中间柱上，除了绕有差动线圈 W_d 和两个平衡线圈 W_{bal1} 和 W_{bal2}（即变流器的一次绕组）外，为了加强躲开带非周分量的不平衡电流的能力，还绕有短路线圈 W_k'，在左边铁芯柱上绕有短路线圈 W_k''。短路线圈 W_k' 和 W_k'' 的作用是加强非周期分量对变流器传变

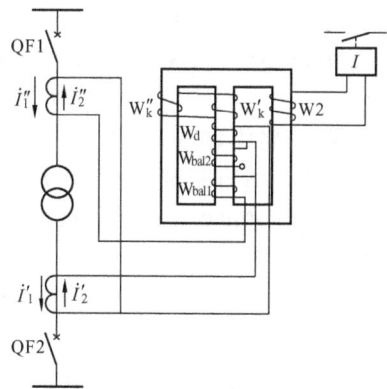

图 6-22　采用 BCH-2 型的变压器
差动保护原理接线图

作用的影响。在右边铁芯上，绕有二次线圈 W2，它与电流继电器相连接。

在内部短路时，短路线圈中流过短路电流 I_k，当 I_k 中的非周期分量衰减后，其周期分量在差动线圈中产生的磁动势在短路线圈中将感应一个电动势，此电动势在短路线圈中产生一感应电流，它在 W_k' 中建立的磁动势在中间铁芯柱上起去磁作用，而在 W_k'' 中建立的磁动势所产生的磁通经右侧铁芯成闭合回路，它与中间铁芯所产生的总磁通的几何和在二次线圈中产生感应电流 I_K。I_K 在铁芯未饱和前与短路电流 I_k 成正比，当 I_K 大于继电器的启动电流 $I_{st \cdot k}$ 时，继电器即动作。

上述工作情况相当于短路电流 I_k 的周期分量电流的一部分在中间铁芯上产生交变磁通，而另一部分经过 W_k' 和 W_k'' 转变；由于二次传变关系，短路线圈实际削弱了差动线圈的磁动势，即相当于减小了继电器的动作安匝。

当外部短路或空载投入时，差动线圈中流过的不平衡电流或励磁涌流中含有大量的非周期分量，非周期分量电流几乎不传变到短路线圈和二次线圈，而流经三个铁芯柱并使铁芯饱和。铁芯饱和以后，周期分量的传变条件大为恶化，并使 W_k'' 所呈现的交流阻抗大大减小，使 W_k'' 接近于短路状态。因此，当差动线圈 W_d 中流过同样的周期分量电流时，由中间铁芯进入二次线圈的交变磁通大为减小，又由于右侧铁芯在非周期分量作用下已饱和，因而差动线圈中的周期分量传变到二次线圈中的部分较没有短路线圈的情况小得多，故具有短路线圈的速饱和变流器能较好地躲过不平衡电流。

差动线圈有抽头可供调整，继电器的动作安匝是一个常数，通常为 60 安匝。改变差动线圈 W_d 的匝数，可以调整所需的动作电流。

值得注意的是，在变压器内部发生短路的起始瞬间，短路电流中也含有非周期分量，继电器只有等非周期分量衰减到一定程度以后才能动作。在一般情况下，使保护延时动作的时间不会超过 $30 \sim 40$ms，但是对巨型变压器，由于其时间常数较大，继电器动作延时的时间相当长，这是不希望的。

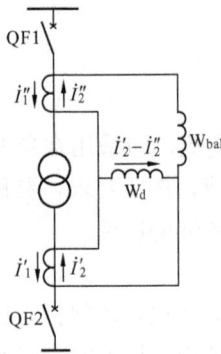

图 6-23　利用 BCH-2 型差动
继电器的平衡线圈来
消除差电流的接线圈

中间铁芯上绕有平衡线圈 W_{bal1}、W_{bal2}，它的作用是用来平衡由于电流互感器的计算变比和实际变比不同而产生的不平衡电流。如图 6-23 所示，通常都是将平衡线圈接入二次电流较小的一侧，假设 $I_2' > I_2''$，则应接入 I_2'' 的回路中。差动线圈 W_d 中将流过电流 $(I_2' - I_2'')$，由它所产生的磁动势为 $W_d(I_2' - I_2'')$，则在二次线圈中将感应电动势，适当选择 W_{bal} 的匝数，使 $W_{bal}I_2'' = W_d(I_2' - I_2'')$，由于两者产生的磁动势方向是相反的，这样就可以抵消由于两侧电流不等所产生的不平衡电流的影响。

习 题 与 思 考 题

6-1　电力系统继电保护装置的作用和基本任务是什么？

6-2　对继电保护装置的基本要求是什么？

6-3　过电流保护装置的一次动作电流如何整定？保护范围如何？动作时限按什么原则

整定?

6-4 定时限过电流保护装置主要由哪些继电器构成?

6-5 电流保护的接线方式有哪些?

6-6 无时限电流速断保护的动作电流和时限如何整定?保护范围如何?

6-7 限时电流速断保护的动作电流和时限如何整定?保护范围如何?

6-8 三段式电流保护由哪三种保护组成?

6-9 发电机的故障类型和不正常运行状态有哪些?发电机应装设哪些继电保护装置?

6-10 发电机纵差动保护继电器的启动电流如何整定?考虑哪些因素?

6-11 发电机、变压器纵差动保护的基本原理是什么?

6-12 变压器的故障类型和不正常运行状态有哪些?变压器应装设哪些继电保护装置?

6-13 变压器纵差动保护继电器的启动电流如何整定?

6-14 判断图6-24几种纵差动保护的接线是否正确?如不正确应如何改正?

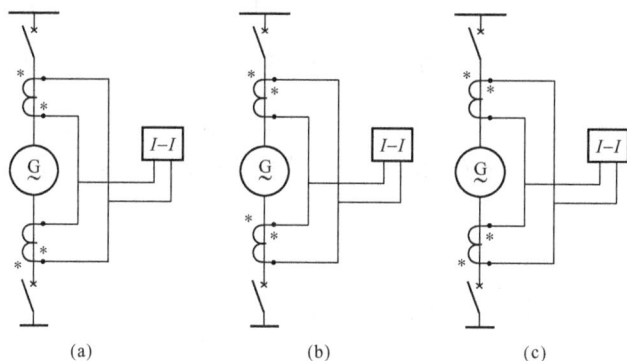

图 6-24 习题 6-14 图

6-15 如图6-25所示为35kV单侧电源供电的辐射形网络,其线路AB拟装有三段式电流保护,采用不完全星形接线,已知线路AB流过的正常最大负荷电流 $I_{L \cdot max}=174A$,电流互感器的变比为300/5,在最大运行方式和最小运行方式k1、k2、k3点三相短路电流见表6-1。线路BC过电流保护的动作时限 $t_B^{III}=2.5s$,试计算线路AB的各段保护的动作电流及动作时限。

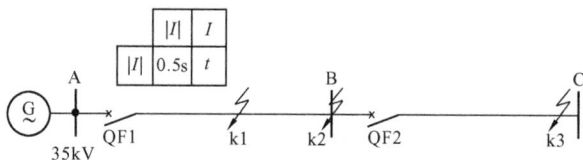

图 6-25 习题 6-15 图

表 6-1   最大和最小运行方式下的 k1~k3 点短路电流

短 路 点	k1	k2	k3
最大运行方式下三相短路电流（A）	3400	1310	520
最小运行方式下三相短路电流（A）	2280	1100	490

6-16 在如图 6-26 所示的网络中，线路 AB、BC、BD 上均装设了三段式定时限电流保护，变压器采用了保护整个变压器的无时限差动保护，并已知：

(1) 保护采用完全星形接线方式；

(2) $I'' = I_\infty$；

(3) 线路 AB 的最大负荷电流为 200A，负荷自启动系数 $K_{ast} = 1.5$；

(4) 其他参数如图 6-26 所示，图上设备电抗值均为归算到 115kV 的欧姆数；

(5) 可靠系数 $K_{rel}^{I} = 1.25$、$K_{rel}^{II} = K_{rel}^{III} = 1.15$。

试计算线路 AB 各段保护的 I_{st}、t_{st} 和 K_{sen}。

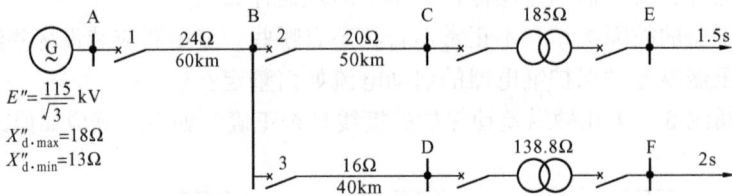

图 6-26 习题 6-16 图

6-17 图 6-27 为线路—变压器组网络，网络参数如图 6-27 所示，线路单位长度的电抗 $x_1 = 0.4\Omega/\text{km}$。在线路 AB 装有两相三继电器式无时限电流速断保护，试计算能否保护线路 AB 的全长（取 $K_{rel}^{I} = 1.25$）。

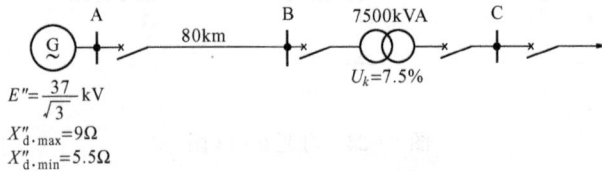

图 6-27 习题 6-17 图

6-18 试述 BCH-2 型差动继电器工作原理及继电器中各线圈的作用。

6-19 在一台汽轮发电机上，采用了 BCH-2 型纵差动保护，已知容量 $P_N = 1200\text{kW}$，$\cos\varphi = 0.8$，$U_N = 10.5\text{kV}$，$X_{d*}'' = 0.125$，试确定：

(1) 保护装置的一次动作电流；

(2) 校验灵敏度 [按机端发生 $k^{(2)}$ 计算]。

第七章 电力系统运行的稳定性分析

第一节 电力系统稳定性的基本概念

电力系统的稳定性是在远距离输送大功率负荷情况下突出的问题。在初期的电力系统中，输电线路距离较短，负荷较小，显然稳定问题不是很重要的问题。而目前，我国的电网越来越庞大，输送距离越来越长，输送容量越来越大，电压等级越来越高。在这样庞大的电力系统中，主要靠广大工程技术人员对负荷（用户）提供可靠而不间断的电力，保证电力系统运行的安全、可靠、优质，稳定性问题显得十分重要。电力系统稳定性的破坏，是危害很严重的事故，会造成大面积停电，给国民经济带来不可估量的损失，这种后果促使人们关注电力系统的稳定问题。可以说现代电力系统的许多方面都是与稳定性问题密切相关的。

所谓电力系统的稳定性，是指当系统在某种正常运行状态下突然受到某种干扰时，能否经过一定的时间后又恢复到原来的稳定运行状态或者过渡到一个新的稳定运行状态的能力。如果能够，则认为系统在该正常运行方式下是稳定的。反之，若系统不能回到原来的运行状态，也不能建立一个新的稳定运行状态，则说明系统的状态变量（电流、电压、功率）没有一个稳定值，而是随着时间不断增大或振荡，系统是不稳定的。直到电网甩去相当大的一部分负荷，甚至使系统瓦解成几个部分为止，这种稳定性的丧失带来的后果极为严重。

我们知道，在电力系统的运行中，大量的同步发电机都是并列运行的，因此，使并列运行的所有发电机保持同步速运转，乃是电力系统维持正常运行的基本条件之一。由《电机学》可知，同步发电机的转速取决于作用在转轴上的转矩，因而当转矩变化时，转速也将相应地发生变化。正常运行时，原动机输入的机械功率与发电机输出的电磁功率是平衡的，从而保证了发电机以恒定的同步速运行。而这里所说的原动机的机械功率与发电机的电磁功率平衡，只能是相对的、暂时的。由于发电机输出的功率等于系统的负荷功率加上网损，当系统中负荷变化、网络结构变化时，系统的发电负荷要随之而变，实际上，系统中的发电负荷随时都在变，其变化原因：可能是负荷本身大小在变，也可能是因系统中偶然发生事故、故障，或可能是某机组、变压器、线路的切除与投入等正常操作引起的。因此将不断打破这种平衡状态，使电力系统的稳定性遭到瞬时的破坏。电力系统的电能生产正是在这种功率平衡不断遭到破坏，同时又不断恢复的过程中进行的。

电力系统的稳定性，按系统遭受到大小不同的干扰情况，可分为静态稳定性和暂态稳定性。

(1) 电力系统的静态稳定性，是指系统在某种正常运行状态下，突然受到某种小干扰后，能够自动恢复到原来的运行状态的能力。实际上电力系统中任意小的干扰是随时都存在的，例如，某个用户需要增减一点负荷，风雨造成的摇摆，系统末端的小操作，调速器、励磁调节器工作点变化等。在小干扰作用下，系统中各状态变量变化很小。

(2) 电力系统的暂态稳定性，是指电力系统在某种正常运行状态下，突然受到某种较大的干扰后，能够自动过渡到一个新的稳定运行状态的能力。可见，电力系统的暂态稳定性即是大干扰下的稳定性。系统运行中的大干扰包括正常操作和故障情况引起的。正常操作如大负荷的投入或切除，大容量发电机、变压器及高压输电线路的投入或切除，都可能对系统产生一个较大的扰动。故障情况如系统中发生各种形式的短路、断路，这对系统的扰动更为严重。电力系统受到较大扰动时，系统中的运行参数（电压、电流和功率）都将发生急剧的、不同程度的变化。由于电源侧原动机调速系统具有相当大的惯性，致使原动机的机械功率与发电机的电磁功率失去了平衡，于是在机组大轴上相应将产生不平衡转矩，在这个不平衡转矩的作用下，转子的转速将发生变化。而系统中各发电机组转速的变化程度是不同的，因此，各发电机组转子之间的相对位置将发生变化。发电机转子相对位置的变化，反过来又将影响系统中电流、电压和功率的变化，且各状态变量的变化较大。

综上所述，不论是静态稳定性还是暂态稳定性问题，都是研究电力系统受到某种干扰后的运行过程。由于两种稳定性问题中受到的干扰不同，因而分析的方法也不同，除此之外，还有一种动态稳定。

所谓动态稳定性，是指电力系统受到较大干扰后，在自动装置参与调节和控制装置的作用下，系统进入新的稳定状态并重新保持稳定运行的能力。

当系统遭受到某种扰动，而打破系统功率平衡时，各发电机组将因功率的不平衡而发生转速的变化。由于各发电机的转动惯量不等，因此它们的转速变化也各不相同，有的变化较大，有的变化较小，从而在各发电机组的转子之间产生相对运动。电力系统的稳定问题，主要是研究电力系统中发电机之间的相对运动问题。由于牵涉到机械运动，所以分析电力系统的稳定性也称电力系统的机电暂态过程分析。

电力系统的稳定问题，还可以分为电源的稳定性和负荷的稳定性两类。电源的稳定性就是要分析同步发电机是否失步；负荷的稳定性就是要分析异步电动机是否失速、停顿。但往往是电源和负荷同时失去稳定。

第二节　旋转电机的机电特性

分析电力系统的稳定性，首先应对各类旋转电机的机电特性有一个基本了解。为此，本节将讨论三个主要问题，即是同步发电机组的转子运动方程、同步发电机的功—角特性及异步电动机组的转子运动方程。

一、同步发电机组的转子运动方程

发电机是一种旋转机械，它的旋转运动服从于一般旋转体的运动规律。由力学知识可知，旋转体的转速变化取决于作用在轴上的转矩平衡情况，根据旋转物体的力学定律，其运动方程可表示为

$$J\alpha = M_T - M_E = \Delta M \tag{7-1}$$

式中　J——转子的转动惯量；

　　　α——转子的机械角加速度；

　　　M_T——原动机的机械转矩；

　　　M_E——发电机的电磁转矩；

　　　ΔM——作用在轴上的净加速转矩。

如果转子所发生的机械角位移为 θ，机械角速度为 Ω，则有

$$\Omega = \frac{\mathrm{d}\theta}{\mathrm{d}t} \qquad 且 \qquad \alpha = \frac{\mathrm{d}\Omega}{\mathrm{d}t} = \frac{\mathrm{d}^2\theta}{\mathrm{d}t^2}$$

于是作用在发电机转子上的净加速转矩可表示为

$$\Delta M = J\alpha = J\frac{\mathrm{d}^2\theta}{\mathrm{d}t^2} \qquad (7-2)$$

在动态稳定分析中，主要研究的对象是各发电机电动势之间的夹角，这些角是电气角度，而上述方程中，表征发电机转子相对位置的角度为机械角度（也称机械角位移）。电气角度与机械角度之间存在着严格的比例关系，若比例系数为 p（极对数），电气角度用 δ 表示，于是，电

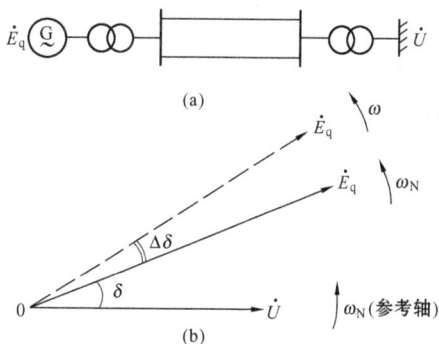

图 7-1　简单系统及其相量图
(a) 系统图；(b) 相量图

气角度与机械角度的关系 $\delta = p\theta$（rad/s）。如图 7-1 所示为一台发电机经变压器、线路和无限大系统相连的简单系统，设无限大母线电压相量 $\dot{U}$ 为参考，以同步速 ω_N 旋转，发电机的空载电动势 $\dot{E}_q$ 以同步速 ω_N 旋转时，它们之间的夹角为 δ；当 $\dot{E}_q$ 以某频率 ω 旋转时，若 δ 角的变化量为

$$\Delta\delta = \mathrm{d}\delta = (\omega - \omega_N)t$$

则电角速度变为

$$\omega = \omega_N + \Delta\omega = \omega_N + \frac{\mathrm{d}\delta}{\mathrm{d}t}$$

于是电角加速度为

$$\alpha = \frac{\mathrm{d}\omega}{\mathrm{d}t} = \frac{\mathrm{d}^2\delta}{\mathrm{d}t^2}$$

然而式（7-2）所示的净加速转矩可表示为

$$\Delta M = \frac{J}{p}\frac{\mathrm{d}^2\delta}{\mathrm{d}t^2} \qquad (7-3)$$

又因 $\omega_N = p\Omega_N$，所以有

$$\Delta M = \frac{J\Omega_N}{\omega_N}\frac{\mathrm{d}^2\delta}{\mathrm{d}t^2}$$

采用标幺制，转矩与功率的关系 $M = P/\Omega$，取基准值 $M_B = S_B/\Omega_N$，所以有

$$\Delta M_* = \frac{\Delta M}{M_B} = \left(\frac{J\Omega_N}{\omega_N}\frac{\mathrm{d}^2\delta}{\mathrm{d}t^2}\right) \Big/ \frac{S_B}{\Omega_N} = \frac{J\Omega_N^2}{S_B}\frac{1}{\omega_N}\frac{\mathrm{d}^2\delta}{\mathrm{d}t^2} \qquad (7-4)$$

令 $\dfrac{J\Omega_N^2}{S_B} = T_J$，$T_J$ 称为发电机组的惯性时间常数，单位为 s。于是式（7-4）可表示为

$$\Delta M_* = \frac{T_J}{\omega_N}\frac{\mathrm{d}^2\delta}{\mathrm{d}t^2} \qquad (7-5)$$

式（7-5）就是发电机组转子运动的基本方程。式中惯性时间常数 T_J 的物理意义就是：当机组输出的电磁转矩 $M_E = 0$、输入的机械转矩 $M_T = 1$ 时，机组从静止升速到额定转速所需的时间（s）。

如当机组转速接近于同步速，即 $\omega = \omega_N$ 时，则 $\omega_* = 1$，然而转矩的标幺值近似等于功

率的标幺值 $\Delta M_* = \Delta P_*$。这时，发电机组转子运动方程又可表示为

$$\Delta P_* = \frac{T_J}{\omega_N} \frac{\mathrm{d}^2\delta}{\mathrm{d}t^2} = P_{T*} - P_{E*} \tag{7-6}$$

去掉标幺符号"$*$"，式（7-6）变为

$$\Delta P = \frac{T_J}{\omega_N} \frac{\mathrm{d}^2\delta}{\mathrm{d}t^2} = P_T - P_E \tag{7-7}$$

式中　ΔP——净加速功率；

　　　P_T——原动机的机械功率；

　　　P_E——发电机的电磁功率。

二、同步发电机的功—角特性

同步发电机的功—角特性是指发电机的电磁功率与相位角 δ 的关系。如前所述，发电机电动势之间的相位角 δ，是判断电力系统稳定性的主要标志，而决定这个相位角变化的则是机组转子轴上的不平衡转矩，或与之对应的不平衡功率，也即原动机机械功率与发电机电磁功率的差值。因此，在分析电力系统稳定性之前，有必要研究发电机电磁功率与相位角 δ 的关系。

下面以最简单的单机对无限大系统为例，讨论发电机功—角特性方程。

简单电力系统如图 7-2（a）所示，汽轮发电机经变压器和输电线路将功率送往受端无限大容量系统的母线上。为分析简便起见，首先提出以下假定：

（1）略去发电机定子电阻，对变压器、线路只计及电抗；

（2）设机组的转速接近于同步转速，即 $\omega=1$；

（3）不计定子绕组中的电磁暂态过程；

（4）设发电机的某个电动势（E_q、E_q'、E_q''）恒定；

（5）研究发电机对无限大系统的功—角特性。

发电机的功—角特性方程表示方法很多，可用空载电动势和同步电抗表示，还可用暂态电动势和暂态电抗表示，又可用次暂态电动势和次暂态电抗表示。随发电机本身的结构不同和运行状态不同，其功—角特性表示形式也不同。

1. 以空载电动势和同步电抗表示发电机

电力系统正常运行时，发电机可以空载电动势 E_q 和同步电抗 X_d 来表示。图 7-2（a）所示的简单电力系统，等值电路见图 7-2（b），简化等值电路见图 7-2（c）。若汽轮发电机为隐极机，其直轴与交轴的同步电抗相等（$X_d=X_q$），然而单机对无限大系统的总电抗为

$$X_{d\Sigma} = X_d + X_{T1} + \frac{X_l}{2} + X_{T2}$$

这时单机对无限大系统的电压、电动势相量图如图 7-3 所示。图中，$\dot{U}$ 为无限大母线的电压，$\dot{I}$ 为发电机负荷电流，φ 为无限大母线电压 $\dot{U}$ 与负荷电流 $\dot{I}$ 的相位角，$\dot{E}_q$ 为发电机的空载电动势，δ 为发电机空载电动势 $\dot{E}_q$ 与无限大母线电压 $\dot{U}$ 的相位角，又称功率角。

根据相量图，可得下列关系式

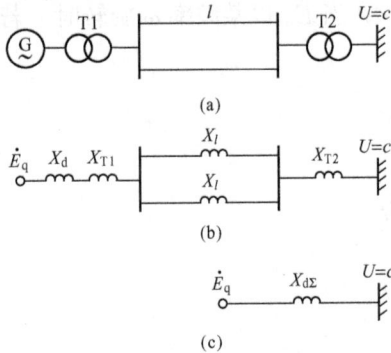

图 7-2　简单电力系统图

（a）接线图；（b）等值电路；

（c）简化等值电路

$$IX_{d\Sigma}\cos\varphi = E_q\sin\delta$$

等式两边同乘以 $U/X_{d\Sigma}$，即得发电机输出的电磁功率

$$P_E = \frac{E_q U}{X_{d\Sigma}}\sin\delta \tag{7-8}$$

式（7-8）即为以空载电动势和同步电抗表示发电机时的发电机功—角特性方程。式中 P_E 为发电机向受端系统输送的有功功率。

由式（7-8）可知，当 E_q、U 恒定不变时，发电机输出功率 P_E 是功率角 δ 的正弦函数，取不同的 δ，作出功—角特性曲线如图 7-4 所示。

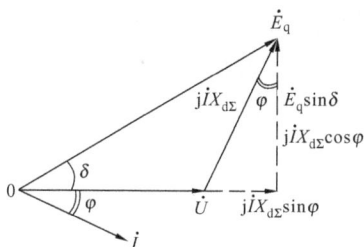

图 7-3　简单电力系统
正常运行时的相量图

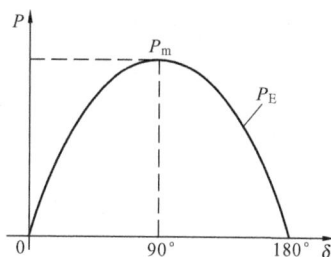

图 7-4　隐机发电机功—角特性

当 $\delta < 90°$ 时，输出功率 P_E 将随 δ 的增大而增大；当 $\delta > 90°$ 时，P_E 将随 δ 的增大而减小；当 $\delta = 90°$ 时，P_E 达到最大值，即为功—角特性的幅值，以 P_m 表示。

$$P_m = \frac{E_q U}{X_{d\Sigma}} \tag{7-9}$$

式中 P_m 称为功率极限。它的大小与 E_q 及 U 成正比，而与 $X_{d\Sigma}$ 成反比。

对于受端无限大系统，其母线电压 U 可以认为是恒定不变的，而发电机的空载电动势 E_q，在不计磁路饱和时，它与转子电流成正比。因此，对于不调节励磁的发电机来说，当运行情况作任意缓慢变化时，E_q 保持恒定不变。然而，式（7-8）所示的功—角特性方程，只适用于正常运行或系统遭受小干扰后的运行状态。

2. 以暂态电动势和暂态电抗表示发电机

当电力系统中受到大扰动时，发电机定子电流将产生增量，相应的电枢反应磁链将发生变化，原来稳定状态下电机内部的电磁平衡将遭到破坏。但在突变的瞬间，电机各绕组中磁链守恒，各自保持各自的合成磁链不变，同时都将出现若干个新的磁链和电流分量，这些磁链和电流的产生、变化，形成从一种运行状态过渡到另一种运行状态。在暂态过程中，发电机空载电动势 E_q 是变化的。对于无阻尼绕组的发电机，其暂态电动势在受干扰后极短的时间内保持不变，对这种情形，用暂态电动势 E' 和暂态电抗 X'_d 表示发电机较为准确。

如前所述单机对无限大系统的总电抗为 $X'_{d\Sigma}$，这时电压、电动势相量图如图 7-5 所示。图中 $\dot{E}'$ 为发电机的暂态电动势，δ' 为发电机暂态电动势 $\dot{E}'$ 与无限大母线电压 $\dot{U}$ 的夹角，$\dot{E}'_q$ 为发电机的交轴暂态电动势。

根据相量图可得下列关系式

$$IX'_{d\Sigma}\cos\varphi = E'\sin\delta$$

两边同乘以 $U/X'_{d\Sigma}$，即得发电机输出的电磁功率

$$P_{E'} = \frac{E'U}{X'_{d\Sigma}}\sin\delta' \qquad\qquad (7-10)$$

在近似计算中，E' 与 E'_q 在数值上相差较小，$E'\approx E'_q$，$\delta'\approx\delta$，这样，大扰动时发电机功—角特性方程也可表示为

$$P_{E'q} = \frac{E'_q U}{X'_{d\Sigma}}\sin\delta \qquad\qquad (7-11)$$

下面简要讨论发电机电动势的求法。

对于单机对无限大系统，一般无限大母线电压 U 为已知的，发电机向受端输送的功率或电流是已知的，于是发电机电动势可按图 7-3、图 7-5 所示的相量图来求，即有

$$E_q = \sqrt{(U + IX_{d\Sigma}\sin\varphi)^2 + (IX_{d\Sigma}\cos\varphi)^2}$$

$$E' = \sqrt{(U + IX'_{d\Sigma}\sin\varphi)^2 + (IX'_{d\Sigma}\cos\varphi)^2}$$

又因 $P = UI\cos\varphi$、$Q = UI\sin\varphi$，代入可得

$$E_q = \sqrt{\left(U + \frac{QX_{d\Sigma}}{U}\right)^2 + \left(\frac{PX_{d\Sigma}}{U}\right)^2}$$

$$E' = \sqrt{\left(U + \frac{QX'_{d\Sigma}}{U}\right)^2 + \left(\frac{PX'_{d\Sigma}}{U}\right)^2}$$

对于凸极发电机，一般虚构电动势 E_Q 很容易求得，如图 7-6 中，虚构电动势为

$$E_Q = \sqrt{\left(U + \frac{QX_{q\Sigma}}{U}\right)^2 + \left(\frac{PX_{q\Sigma}}{U}\right)^2}$$

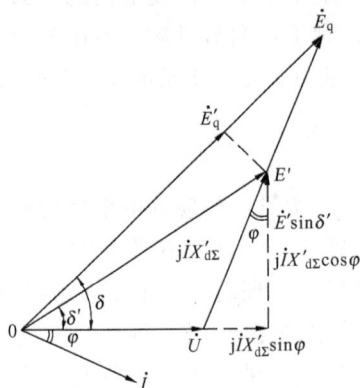

图 7-5　简单系统遭受大
扰动时的相量图

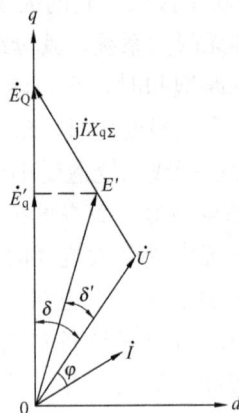

图 7-6　凸极发电机相量图

而虚构电动势与空载电动势、暂态电动势的关系可用下式表示

$$E_q = E_Q\frac{X_{d\Sigma}}{X_{q\Sigma}} + \left(1 - \frac{X_{d\Sigma}}{X_{q\Sigma}}\right)U\cos\delta$$

$$E'_q = E_Q \frac{X'_{d\Sigma}}{X_{q\Sigma}} + \left(1 - \frac{X'_{d\Sigma}}{X_{q\Sigma}}\right)U\cos\delta$$

三、异步电动机组的转子运动方程

异步电动机是旋转元件，它的运行对系统的稳定性有很大影响，因此在分析系统的稳定性之前，首先分析异步电动机的机电特性。

异步电动机与同步发电机的不同之处在于异步电动机无励磁、向系统吸收功率。设异步电动机的惯性时间常数为 T_J，则描述异步电动机组的转子运动方程为

$$\frac{T_J}{\omega_N}\frac{d\omega}{dt} = M_E - M_T = \Delta M \tag{7-12}$$

式中　M_T——异步电动机拖动的机械负载转矩；

M_E——异步电动机的电磁转矩；

ΔM——异步电动机转轴上的净加速转矩。

当异步电动机达到额定转速时，转子运动方程可表示为

$$T_J\frac{d\omega}{dt} = M_E - M_T \tag{7-13}$$

式（7-13）中，ω、M_E、M_T 均为标幺值。

又因系统受到扰动时，异步电动机的转差率为

$$s = \frac{\omega_N - \omega}{\omega_N}$$

所以又有

$$T_J\frac{d(1-s)}{dt} = -T_J\frac{ds}{dt} = M_E - M_T$$

即有

$$T_J\frac{ds}{dt} = M_T - M_E \tag{7-14}$$

式（7-14）为异步电动机组的转子运动方程，反映转矩与转差的关系，这是分析负荷稳定性的基本关系式。

【例7-1】 简单电力系统的接线如图 7-7（a）所示，简化后的等值电路如图 7-7（b）所示。设发电机电抗 $X_d = 1.8$，试作输送到无限大容量母线处的功—角特性曲线。

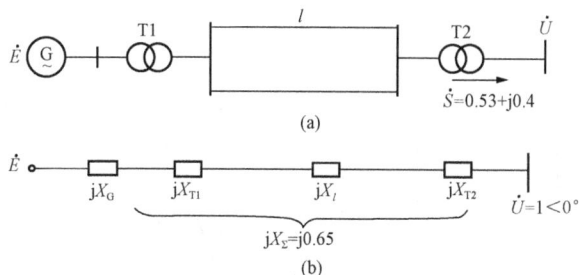

图 7-7　[例 7-1] 电力系统接线图和等值电路

(a) 电力系统接线图；(b) 等值电路

解　发电机至无限大容量母线处的电抗为

$$X_{d\Sigma} = X_d + X_\Sigma = 1.8 + 0.65 = 2.45$$

从而求得 $E_q\angle\delta$ 为

$$E_q = \sqrt{\left(U + \frac{QX_{d\Sigma}}{U}\right)^2 + \left(\frac{PX_{d\Sigma}}{U}\right)^2} = \sqrt{\left(1.0 + \frac{0.4 \times 2.45}{1.0}\right)^2 + \left(\frac{0.53 \times 2.45}{1.0}\right)^2}$$

$$= \sqrt{1.98^2 + 1.3^2} = 2.37$$

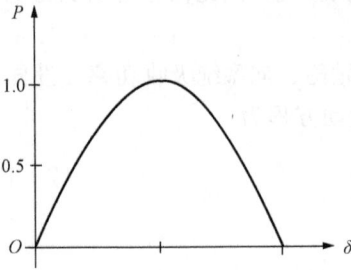

图 7-8　［例 7-1］发电机
功—角特性

$$\delta = \tan^{-1}\left(\frac{\frac{PX_{d\Sigma}}{U}}{U + \frac{QX_{d\Sigma}}{U}}\right) = \tan^{-1}\frac{1.3}{1.98} = 33.3°$$

则 $P_{Eq} = \dfrac{E_q U}{X_{d\Sigma}}\sin\delta = \dfrac{2.37 \times 1.0}{2.45}\sin\delta = 0.97\sin\delta$

以 $\delta = 33.3°$ 代入上式得

$$P_{Eq} = 0.97\sin 33.3° = 0.53$$

然后取不同的 δ 值，可作功—角特性曲线如图 7-8 所示。

第三节　电力系统运行的静态稳定性

电力系统的静态稳定性即是指系统受到小扰动后，不发生自发振荡或非周期性失步，能自动恢复到原来运行状态的能力。实际上，电力系统几乎时时刻刻都受到小的干扰，如个别电动机的接入和切除或其他负荷的变动，又如架空输电线路因风吹摆动引起的线间距离微小变化而导致的线路电抗的变化。另外，发电机转子的旋转速度也不是绝对均匀的，即运行中功率角 δ 也是有微小变化的。不论哪一种扰动，如果它的后果使电力系统静态稳定遭到破坏，都可能导致发电机失步。因此电力系统的静态稳定问题，实际上就是确定系统的某个运行方式能否保持的问题。

一、简单电力系统的静态稳定性

简单电力系统接线如图 7-9（a）所示，假设发电机为隐极机，则在小扰动情况下，发电机的功—角特性方程为

$$P = \frac{E_q U}{X_{d\Sigma}}\sin\delta \tag{7-15}$$

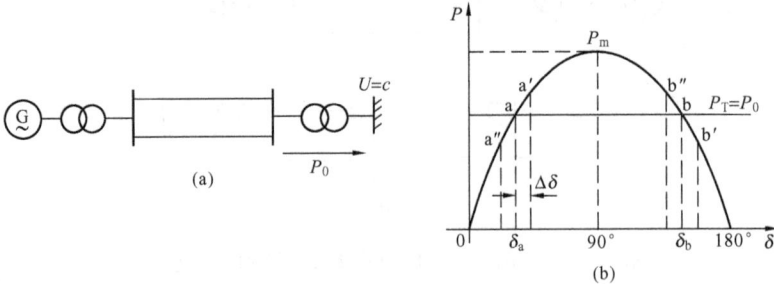

图 7-9　简单系统的功率特性
(a) 接线图；(b) 功率特性

如果不计自动调节励磁装置的作用，即认为发电机空载电动势为恒定（$E_q = c$），这时的功—角特性曲线如图 7-9（b）所示。

在静态稳定分析中，可不计原动机调速系统作用，即原动机的机械功率 P_T 不变。假定在某一正常运行情况下，发电机向无限大系统输送的功率为 P_0，由于忽略了电阻损耗以及机组的摩擦、风阻等损耗，P_0 与原动机输入的机械功率 P_T 相平衡，即 $P_T=P_0$。因此，由图 7-9（b）可见，当发电机输送功率为 P_0 时，有 a 和 b 两个功率平衡点，它们对应的功率角为 δ_a 及 δ_b，然后，可分析在这两点运行时受到微小扰动后的情况。

（1）在 a 点运行时：

如果系统中出现某种瞬时的微小扰动，使功率角 δ_a 增加一个微小增量 $\Delta\delta$，则发电机输出的电磁功率将相应地从 a 点增加到 a′点。由于原动机的机械功率 P_T 保持不变，仍为 P_0，因此发电机输出的电磁功率将大于原动机的机械功率，也即发电机的制动转矩将超过原动机的驱动转矩。因而，由发电机转子运动方程可知，发电机转子将减速，功率角 δ 将减小。由于在运动过程中存在阻尼作用，这样经过一系列微小振荡后，运行点又回到 a 点。图 7-10（a）实线给出了功率角 δ 变化的情形。

同样，当这个微小扰动使功率角 δ_a 减小一个微小增量 $\Delta\delta$ 时，情况正相反，发电机输出的电磁功率将减小到与 a″相对应的值，此时电磁功率将小于机械功率，发电机的制动转矩小于原动机的驱动转矩，机组转子将加速，功率角 δ 将增大，且经过一系列微小振荡，运行点又将回到 a 点。图 7-10（a）虚线给出了功率角 δ 变化的情形。

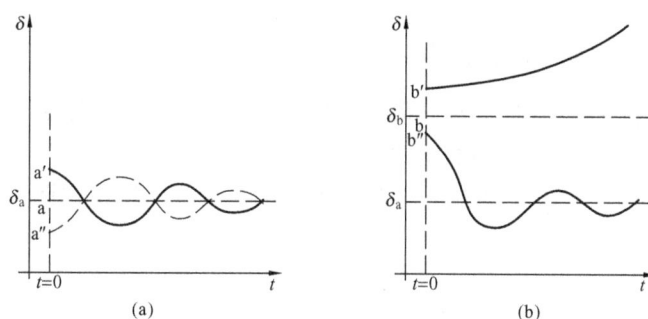

图 7-10　受小扰动后 δ-t 曲线
(a) 运行点 a；(b) 运行点 b

由上述可知，运行点 a 在受到小扰动后，能自行恢复到原来的平衡状态，因此 a 点是静态稳定的。

（2）在 b 点运行时：

如果小扰动使 δ_b 增加一个微小增量 $\Delta\delta$，则发电机输出的电磁功率将相应地从 b 点减小到 b′点对应的值。在机械功率不可调的假设下，发电机的电磁功率将小于原动机的机械功率，也即原动机的驱动转矩大于发电机的制动转矩。此时，机组转子将加速，功率角 δ 将增大，而功率角增大时，与之相对应的电磁功率将进一步减小，功率角不断增大，运行点不能再回到 b 点，图 7-10（b）给出了功率角变化的情形。δ 的不断增大，标志着发电机与无限大系统非周期性地失去同步。系统中电流、电压和功率大幅度波动，系统无法正常运行，若不采取任何调节、控制措施，最终将导致系统瓦解。

如果这个微小扰动使功率角 δ_b 减小一个微小增量 $\Delta\delta$ 时，情况又不同了，发电机的电磁功率将增加到与 b″点相对应的值，电磁功率将大于机械功率，此时，机组将减速，功率角 δ

将继续减小，一直减小到小于 δ_a，转子又获得加速，然后又经过一系列振荡，在 a 点抵达新的平衡点，运行点也不再回到 b 点，图 7-10（b）给出了功率角 δ 变化的情形。

因此，对于 b 点而言，在受到小扰动后，不是转移到 a 点运行，就是与系统失去同步，因此 b 点是不静态稳定的。

通过对图 7-9 中 a、b 两个运行点的分析，已知 a 点是静态稳定的工作点，而 b 点不是静态稳定的工作点，下面进一步观察 a、b 两个运行点的不同，以便找出判断系统静态稳定与否的实用判据。

由上面分析知，a 点对应的功率角 δ_a 小于 90°，并在该点运行时，电磁功率随功率角 δ 增大而增大，随功率角 δ 减小而减小。而 b 点对应的功率角 δ_b 大于 90°，在 b 点运行时，随功率角 δ 的增大电磁功率反而减小，随功率角 δ 的减小电磁功率却要增加。换言之，a 点正处于功—角特性曲线的上升线段，它的斜率 $\dfrac{\mathrm{d}P}{\mathrm{d}\delta}>0$；b 点正处于功—角特性曲线的下降线段，它的斜率 $\dfrac{\mathrm{d}P}{\mathrm{d}\delta}<0$，这是它们的不同点。因此可得结论：

$\delta<90°$ 时，$\dfrac{\mathrm{d}P}{\mathrm{d}\delta}>0$，系统是静态稳定的；

$\delta>90°$ 时，$\dfrac{\mathrm{d}P}{\mathrm{d}\delta}<0$，系统是不静态稳定的；

$\delta=90°$ 时，$\dfrac{\mathrm{d}P}{\mathrm{d}\delta}=0$，系统处于临界状态。

对于临界点，当干扰使 δ 减小时，系统是静态稳定的；当干扰使 δ 增大时，系统是不静态稳定的。所以，实际上是属于不稳定的。

综上所述，在简单系统中，发电机并列运行的静态稳定的实用判据为

$$\frac{\mathrm{d}P}{\mathrm{d}\delta}>0 \tag{7-16}$$

这是系统静态稳定的充分且必要条件。

通常把 $\mathrm{d}P/\mathrm{d}\delta$ 称为整步功率，对式（7-15）将功率对角度微分后可得

$$\frac{\mathrm{d}P}{\mathrm{d}\delta}=\frac{E_q U}{X_{d\Sigma}}\cos\delta \tag{7-17}$$

整步功率特性如图 7-11 所示，当 $\delta<90°$ 时，整步功率为正值，在这个范围内发电机运行是稳定的，但当 δ 越接近 90° 时，整步功率就越小，稳定的程度就越低。当 $\delta=90°$ 时，$\mathrm{d}P/\mathrm{d}\delta=0$，这是稳定与不稳定的分界点（线）。正好在这一点，达到功率极限值，功率极限以 P_m 表示，这是系统在静态稳定的前提下允许传输的最大功率，P_m 值也称为静态稳定极限。由此可见，整步功率的大小可以代表发电机同步运行的能力。

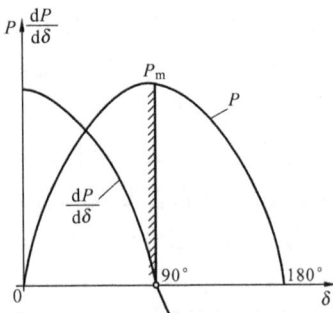

图 7-11 整步功率特性

在实际运行时，为了整个系统的安全运行，应该使运行点离稳定极限有一定距离，也即保持有一定的稳定储备，以使系统有能力应付经常出现的一些扰动而不致丧失静态稳定。稳定储备的大小通常用静态稳定储备系数来表示，即

$$K_P\% = \frac{P_m - P_0}{P_0} \times 100 \tag{7-18}$$

式中　P_m——最大功率；

　　　P_0——某一运行情况下的输送功率。

通常可以认为，K_P 值的大小表示了电力系统由功角特性所确定的静态稳定度。K_P 越大，稳定程度越高，但输送功率却受到更大的限制。反之，K_P 值过小，则稳定程度太低，降低了系统运行的可靠性。目前，对于 K_P 值的选择，一般要求在正常运行时不低于 $15\% \sim 20\%$，当系统发生故障后，由于部分设备（包括发电机、变压器、线路等）退出运行，为了尽量增加对用户的供电，容许 K_P 值短时降低到 $5\% \sim 10\%$，但应尽快地采取措施以恢复系统正常运行。

【例 7-2】有一简单电力系统如图 7-12 所示，已知 $\dot{U}_C = 1.0 \angle 0°$，$X_\Sigma = 1$、$X_d = X_q = 1$，系统无任何调压设备，正常运行条件为 $P + jQ = 1 + j0.14$ 时。求：

图 7-12　[例 7-2] 简单电力系统等值

（1）E_q；

（2）此系统的功率极限及静态稳定储备系数。

解　（1）求 E_q

$X_{d\Sigma} = X_d + X_\Sigma = 1 + 1 = 2$

$$E_q = \sqrt{\left(U + \frac{QX_{d\Sigma}}{U}\right)^2 + \left(\frac{PX_{d\Sigma}}{U}\right)^2} = \sqrt{\left(1.0 + \frac{0.14 \times 2}{1.0}\right)^2 + \left(\frac{1 \times 2}{1.0}\right)^2} = 2.3745$$

（2）求 P_m 和 K_P

$$P_m = \frac{E_q U}{X_{d\Sigma}} = \frac{2.3745 \times 1.0}{2} = 1.187$$

$$K_P\% = \frac{P_m - P_0}{P_0} \times 100 = \frac{1.187 - 1.0}{1.0} \times 100 = 18.7$$

【例 7-3】如图 7-13 所示的电力系统，参数标幺值如下：

网络参数：$X_d = 1.12$，$X_{T1} = 0.169$，$X_{T2} = 0.14$，$X_l/2 = 0.373$；

运行参数：$U_C = 1.0$，发电机向受端输送功率 $P_0 = 0.8$，$\cos\varphi_0 = 0.98$。

试计算当 E_q 为常数时此系统的静态稳定功率极限及静态稳定储备系数 K_P。

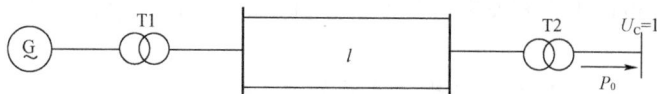

图 7-13　[例 7-3] 电子系统接线图

解　因为 $\cos\varphi_0 = 0.98$　　$P_0 = 0.8$　　所以 $Q_0 = 0.8\tan\varphi = 0.16$

$$X_{d\Sigma} = X_{q\Sigma} = X_d + X_{T1} + \frac{X_l}{2} + X_{T2} = 1.12 + 0.169 + 0.373 + 0.14 = 1.802$$

$$E_q = \sqrt{\left(U + \frac{Q_0 X_{d\Sigma}}{U}\right)^2 + \left(\frac{P_0 X_{d\Sigma}}{U}\right)^2} = \sqrt{\left(1.0 + \frac{0.16 \times 1.802}{1.0}\right)^2 + \left(\frac{0.8 \times 1.802}{1.0}\right)^2} = 1.936$$

$$P_{Eq} = \frac{E_q U}{X_{d\Sigma}} \sin\delta = \frac{1.936 \times 1.0}{1.802} \sin\delta = 1.074 \sin\delta$$

$$P_m = \frac{E_q U}{X_{d\Sigma}} = 1.074$$

$$K_P\% = \frac{P_m - P_0}{P_0} \times 100 = \frac{1.074 - 0.8}{0.8} \times 100 = 34.25$$

二、电力系统负荷的静态稳定性

电力系统的稳定性可分为电源的稳定性和负荷的稳定性。前面已结合单机对无限大系统讨论了电源的稳定性，现在从另一个侧面分析电力系统的稳定问题，即负荷的稳定问题。在电力系统的运行实践中发现，无功电源不足的系统有时会出现电压大幅度下降，大批异步电动机停转，由电压崩溃导致系统瓦解事故，这就属于负荷的静态稳定性问题。实际上，负荷的静态稳定性与电源的静态稳定性是密切相关的。

电力系统中大部分负荷是异步电动机，这里以一台发电机向负荷——异步电动机供电的情况，来说明负荷的静态稳定。

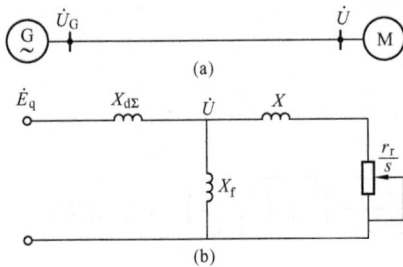

图 7-14　发电机向异步电动机供电系统
（a）简化系统图；（b）等值电路

图 7-14（a）所示为发电机向异步电动机供电系统，等值电路见图 7-14（b），$\dot{U}$ 为异步电动机端电压，X_f 代表励磁电抗，X 代表转子绕组漏抗，r_r/s 代表等值电阻，r_r/s 消耗的有功功率代表电动机通过转子向被拖动机械传送的功率，s 代表转差率。如果 E_q 幅值保持恒定，电动机的电磁转矩近似地为

$$M_E \approx \frac{2M_{Emax}}{\frac{s_{cr}}{s} + \frac{s}{s_{cr}}} \qquad (7-19)$$

其中
$$M_{Emax} = \frac{E_q^2}{2(X_{d\Sigma} + X)} \qquad s_{cr} = \frac{r_r}{X_{d\Sigma} + X}$$

式中　M_{Emax}——最大转矩；
　　　　s_{cr}——临界转差率。

图 7-15 画出了电动机的电磁转矩特性 M_E-s，同时还画出了电动机的机械转矩特性 M_T-s，这里假设机械转矩不随转速变化，即 M_T 为常数。如图 7-15 所示，电动机可能有两个运行点，a 点和 b 点。可以采用和发电机类似的分析方法得知，a 点是静态稳定的，而 b 点不是稳定的。

先分析 a 点的情况，如果有某种扰动使转差率 s 有一个很小的增量 Δs，则电动机电磁转矩对应于曲线上的 a' 点，这时电磁转矩大于机械转矩，电动机轴上出现正的过剩转矩，转子将加速，s 将减小。由电动机转子运动方程式（7-14）可以看出，等式右边为负值，故 s 减小，所以运行点仍回到 a 点。同样，当扰动使转差率有一个很小的负增量时，电动机运行点也能回到 a 点。所以 a 点是稳定的运行点。而 b 点，在受到干扰后，或

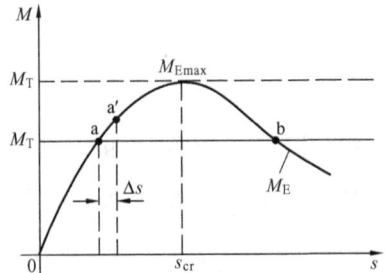

图 7-15　异步电动机的转矩特性

者运行点转移到 a 点，或者转差率不断增大，最后致使电动机停顿，所以 b 点是不稳定的运行点。由此可知，电动机稳定运行的判据为

$$\frac{\mathrm{d}M_{\mathrm{E}}}{\mathrm{d}s} > 0 \qquad (7 - 20)$$

式（7-20）作为负荷的稳定判据。

上述的负荷稳定问题还可以用另一种判据判断。如图 7-16（a）所示发电机向综合负荷供电系统，按无功功率平衡的条件分析负荷的静态稳定，必须知道无功电源和综合负荷的无功功率—电压静态特性。图 7-16（b）中示出了负荷从电网吸取的无功功率 Q_{L} 与端电压 U 的关系曲线。无功电源主要是发电机，因此可以用发电机的无功静态电压特性代表无功电源的静态电压特性。发电机的无功静态电压特性可由发电机送至负荷端的无功功率表示式确定

$$Q_{\mathrm{G}} = \frac{E_{\mathrm{q}}U}{X_{\mathrm{d\Sigma}}}\cos\delta - \frac{U^2}{X_{\mathrm{d\Sigma}}} \qquad (7 - 21)$$

在某一 U 值下，认为发电机发出的电磁功率就等于负荷功率，因而由式（7-15）求出功率角 δ，代入式（7-21）得到与 U 值相应的 Q_{G} 值。发电机送到负荷端的无功功率 Q_{G} 和电压的关系曲线如图 7-16（b）所示。

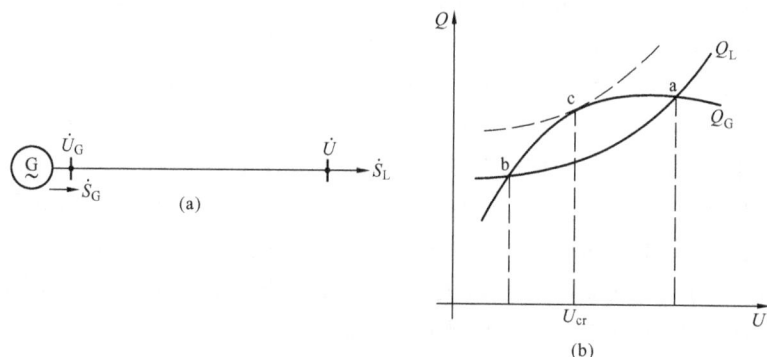

图 7-16 电源和负荷的无功静态电压特性
（a）系统图；（b）无功静态电压特性

由图 7-16 可见，只有 a、b 两点是满足无功功率平衡条件的。可以从 Q-U 特性曲线上分析 a 点为静态稳定的，b 点是不稳定的。如果负荷运行在 a 点时，受到某种扰动使 U 下降 ΔU，则 $Q_{\mathrm{G}} > Q_{\mathrm{L}}$，此时 $\Delta Q = Q_{\mathrm{G}} - Q_{\mathrm{L}}$ 为正，即发电机电动势对于目前的无功负荷来说是偏高了，因此电压回升，运行点将回到 a 点；若扰动使 U 上升 ΔU，则 $Q_{\mathrm{L}} > Q_{\mathrm{G}}$，即发电机的电动势偏低了，不足以供给增大了的无功负荷，然而系统只能在较低的电压下运行，运行点又回到 a 点。可见，a 点为静态稳定的运行工作点，而 b 点的运行情况与上述相反，故 b 点是不稳定的。

根据以上分析，可以推论出稳定判据

$$\frac{\mathrm{d}(Q_{\mathrm{G}} - Q_{\mathrm{L}})}{\mathrm{d}U} = \frac{\mathrm{d}\Delta Q}{\mathrm{d}U} < 0 \qquad (7 - 22)$$

式（7-22）作为负荷稳定的另一判据。

在图 7-16（b）中，Q-U 曲线上 c 点处，为（$Q_{\mathrm{G}} - Q_{\mathrm{L}}$）的最大值，作为负荷稳定的极

限值，与之对应的电压称为临界电压。由运行电压和临界电压可以求出负荷的稳态储备系数

$$K_U\% = \frac{U - U_{cr}}{U} \times 100 \tag{7-23}$$

式中　U_{cr}——临界电压；

　　　U——实际运行电压。

三、提高电力系统静态稳定性的措施

电力系统运行的稳定性，是电力系统安全可靠运行的重要因素。随着电力系统的发展和扩大，输电距离和输送容量也大为增加，致使系统的稳定问题更为突出。可以说，在超高压系统中，稳定性问题是限制交流系统输送距离和输送能力的决定性因素，所以必须采取各种措施来提高电力系统运行的稳定性。

从静态稳定分析及静态稳定的储备系数公式（7-18）可知，发电机可能输送的功率极限 P_m 越高，静态稳定度就越大；从式（7-15）看出，要提高功率极限值，可以从提高系统的电压和保证发电机端电压及电动势，减小系统各元件的电抗几个方面着手。

1. 采用自动调节励磁装置

为了改善发电机的运行特性，在现代电力系统中，大多数发电机都装有自动调节励磁装置，如当发电机负荷电流增大或端电压下降时，由调节装置的测量元件测出电流、电压的变化量，并将此信号进行放大，然后通过调节装置的执行元件，自动地增加发电机的励磁电流，以提高空载电动势，使发电机端电压维持不变。

这样，当发电机负荷逐渐增加时，在自动调节励磁装置的作用下，发电机的运行点将不断从一个 E_q 等于常数的功—角特性曲线上转移到另一个有较高幅值的 E_q 等于常数的曲线上去，如图 7-17 所示。若将所有转移的工作点连起来，可得出发电机端电压 U_G 等于常数的特性曲线。从图上看出，这一功率特性曲线在 $\delta > 90°$ 的一定范围内仍然具有上升的性质，这是由于随着输出功率的增加，E_q 的增大超过了 $\sin\delta$ 的减小，在理想的情况下，凡是发电机在功—角特性曲线的上升部分运行都是静态稳定的。

由此可见，自动调节励磁装置不仅提高了功率极限，而且扩大了稳定运行范围。

当前，电力系统内采用的自动调节励磁装置有两种类型：一种是按电压、电流或功率角对各自某一个定值的偏移，即按 ΔU、ΔI、$\Delta\delta$ 的大小调节励磁电流，称为比例式调节励磁装置；另一种是不仅按这些运行参数的偏移，而且按它们对时间的一次、二次微分 $\left(\dfrac{\partial\Delta U}{\partial t}、\dfrac{\partial\Delta I}{\partial t}、\dfrac{\partial\Delta\delta}{\partial t}\right)$ 调节励磁电流，称为微分式调节励磁装置。

比例式调节励磁装置，只能维持发电机暂态电动势 E'_q 恒定。对应 E'_q 的发电机电抗为 X'_d，它比同步电抗 X_d 小得多，所以，比例式调节励磁装置在缩短"电气距离"方面效果也是很显著的。而微分式调节励磁装置由于能维持发电机端电压 U_G 恒定，从而可以完全不计发电机电抗的影响，使其效果更为显著。

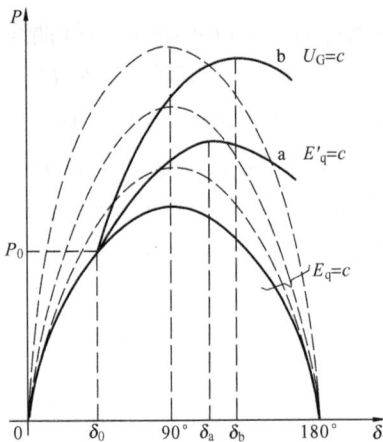

图 7-17　有自动调节励磁装置时的发电机功—角特性

2. 减小系统各元件的电抗

电力系统各元件的电抗主要指发电机、变压器、输

电线路的电抗。减小电抗的方法不一，就发电机而言，要依靠改变它的结构尺寸来减小电抗，在技术上是不够合理的。因为要减小同步电抗 X_d，就要增大短路比，这将使发电机的尺寸增大，造价提高。实际上，从保持静态稳定的角度看，由于自动调节励磁装置的出现与日益完善，已使得从发电机结构方面去减小电抗的办法失去意义。而对变压器而言，其短路阻抗值也影响到制造成本和运行性能，同样也不能轻而易举加以改变。相对而言，设法减小输电线路的电抗，则是一个可循的途径。

减小输电线路的电抗具体做法有下列几种。

（1）采用分裂导线。在高压输电网中采用分裂导线的主要目的是避免电晕，同时可以减小线路电抗，可使电抗减低 25%～35%。例如，对于 500kV 的线路，采用单根导线时电抗约为 0.42Ω/km，采用两根分裂导线时约为 0.32Ω/km，采用三根分裂导线时电抗约为 0.30Ω/km，采用四根时约为 0.29Ω/km。

（2）采用串联电容器。在线路上串联电容器，以电容器的容抗抵偿线路的感抗，这是一种常用的方法。关于串联电容补偿在调压方面的作用在第四章已介绍过。当用来提高稳定性时，其补偿度需通过稳定计算来确定。补偿度越大，提高稳定的效果越明显，但过大的补偿将使发电机在轻负荷时发生自励磁，给线路的继电保护带来困难，还给串联电容器本身带来过电压。目前，补偿度一般取在 25%～60% 左右。

（3）提高线路的额定电压等级。提高线路的额定电压，可以提高稳定极限。在输送功率一定时，电压越高，电流越小，则在线路上的电压降越小。从另一方面来看，提高线路额定电压等级可以等值地看做是减小线路电抗。如将计算线路电抗的标幺值公式表示为 $X_{l*} = x_1 l S_B / U_N^2$，可以看出，线路电抗与电压平方成反比。电压越高，电抗标幺值越小。我国许多电力系统都有升压的经验，有的电力系统将 154kV 线路升为 220kV，有的电力系统将 110kV 线路升压到 220kV，通过升压，提高了系统的稳定性并增加了输送功率。

3. 提高系统的运行电压

电力系统的运行电压不仅能反映电能质量，而且对系统稳定运行有很大影响，从简单电力系统的功—角特性可知，功率极限与受端系统电压成正比。此外，对某些无功功率不足的系统，电压过分下降要导致电压崩溃，使系统瓦解而形成严重的事故。因此，使系统电压保持在较高的运行水平是非常重要的。

要提高系统运行的电压水平，最主要的是系统中应装备足够的无功电源。这无论对提高功率极限和维持负荷的稳定都是很重要的。为此，在远距离输电线的中途或在负荷中心变电站装设同期调相机、静止补偿器，在网络的中间或末端变电站并联电容器等，从而保证电压水平。

4. 改善系统的结构

从加强系统的联系，缩小"电气距离"来考虑，改善系统结构的方法很多。例如，增加输电线路的回路数；在线路的中间加设开闭所；当输电线路通过的地区原来有电力系统时，将这些中间电力系统与输电线路连接起来，这样，可以使远距离输电线路的中间点电压得到维持，相当于将输电线路分段，缩小了"电气距离"和中间小系统可以交换功率，互为备用作用。

如图 7-18 所示，在沿线路连接的变电站内设置调相机。若调相机的容量足够大，它们的调节励磁，可维持电压 U_1、U_2 恒定。从保持电压恒定的角度看，相当于在 U_1、U_2 处出现了两个无限大容量电源，也就是将输电系统等值地分成三段。可见，中间调相机的接入提高了系统运行的稳定性。

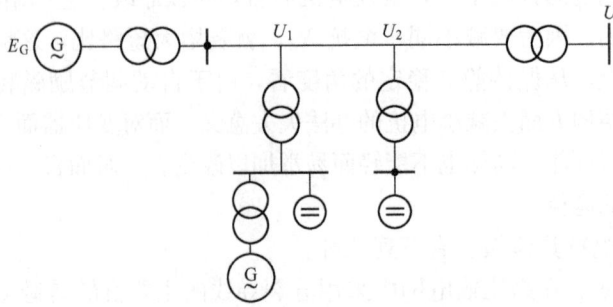

图 7-18　中间调相机和中间电力系统的接入

第四节　电力系统运行的暂态稳定性

电力系统的暂态稳定性是指系统受到较大的干扰后，能否经过短时的波动过程，又达到新的稳定运行状态的能力。如果系统受到某种大扰动后，还能维持运行，则系统在这种运行情况下是暂态稳定的。反之，如果系统受到较大扰动后，不能再建立稳定运行状态，而是各机组转子之间一直有相对运动，使相对功率角不断变化，因而系统中的功率、电流和电压都不断振荡，以致整个系统不能继续运行下去，系统的这种状况称为失稳，显然，系统为暂态不稳定的。

一、基本假设

电力系统受到大扰动后经过一段时间，逐步趋向稳态运行或趋向失稳，这段时间的长短与系统本身的状况以及扰动的性质有关，有的持续 1s，有的则是几秒钟，甚至到几分钟。由于在扰动后的不同时间内系统各部分的反应不同，因此在分析暂态稳定时往往按下面三种不同的时间阶段分类。

（1）初始阶段。一般指故障后约 1s 内的时间段。在这期间，系统中自动装置和保护装置有一系列的动作。例如，切除有故障的线路和恢复该被切除的线路（重合闸）等。但是在这个时间段发电机的调节系统还来不及起到明显作用。

（2）中间阶段。在起始阶段后，大约持续 5s 时间，在此期间，发电机的调节系统将发挥作用。

（3）后期阶段。在故障后几分钟的时间，这时热力设备（如锅炉等）中的过程将影响到电力系统的暂态过程。另外，系统中还将发生永久性地切除故障线路，以及由于频率的下降自动装置切除部分负荷等操作。

本节只讨论故障后几秒钟内系统的稳定性。显然一个系统的暂态稳定情况与系统原来的运行方式以及扰动的方式有关。对于同样一个系统，在某个运行方式、某种扰动下是暂态稳定的，但在另一个运行方式或另一种扰动方式下可能是不稳定的。因此，在分析一个系统的暂态稳定性时，需结合系统的实际定出系统初始运行方式和所受的扰动性质。在这里，为了突出问题的本质和简化分析，同时又能满足工程精确度的要求，特提出以下基本假设。

（1）由于发电机组惯性较大，在所研究的短暂时间里各机组的电角速度相对于同步角速度 ω_N 的偏差不大，所以，在分析系统的暂态稳定时往往假定在故障后的暂态过程中，网络中的频率不变,仍为 $50Hz$。

(2)主要讨论短路干扰。一般并不要求以最严重的干扰来检验系统的暂态稳定性(因为是很不经济的),我国现行《电力系统安全稳定导则》对 $220kV$ 以上的电压等级的系统,规定了系统必须能承受的扰动方式。例如,任何线路上发生单相瞬时接地故障,故障后断路器跳开并重合闸成功,就是系统必须能承受的一组扰动。所以,这里以不对称短路——单相接地短路来检验系统的暂态稳定。

(3)当系统发生不对称短路时,发电机定子回路中的负序分量电流、零序分量电流对转子运动的影响可以忽略不计,下面分别予以说明。

负序分量电流产生的磁场在空间以同步速逆转子旋转方向旋转,它与转子的相对速度为两倍的同步速。因此,它与转子绕组中直流电流相互作用所产生的转矩,也是以两倍同步频率作周期性变化,其平均转矩接近于零。另外,又因转子的机械惯性较大,转子的速度变化跟不上这个周期变化的转矩,所以负序分量电流对转子运动的影响可以忽略不计。

零序分量电流所以能不予考虑,有两方面的原因:一方面,如果短路发生在高压网络中,由于升压变压器一般都采用 YNd11 接线,而发电机都接在 d 侧,因此零序分量电流并不通过发电机,也即对发电机的转子运动不会有任何影响;另一方面,即使零序分量电流有可能通过发电机,由于发电机三相定子绕组在空间互差 $120°$,所以三相零序分量电流产生的合成磁场为零,对发电机转子运动也不会有任何影响,因此,零序分量电流可以忽略不计。

根据以上说明,在电力系统暂态稳定性分析中不计负序和零序分量电流的影响,但在不对称短路时,网络中的正序分量电流,应根据正序网上短路处接入一个与短路类型有关的附加电抗 X_Δ 所组成的复合网来计算。各种短路类型与附加电抗的简化等值电路如图 7-19 所示。

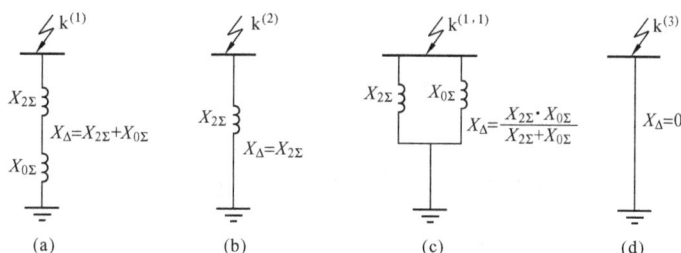

图 7-19 各类短路类型与附加电抗 X_Δ 的等值电路

(a)单相接地短路;(b)两相短路;(c)两相短路接地;(d)三相短路

由此可知,不对称短路的正序电流、电压除与网络的正序参数有关外,也与网络的负序和零序参数有关。

(4)不考虑原动机自动调速系统的作用。由于原动机的自动调速系统一般要在发电机转速发生变化之后才能起作用,再加上转子本身的惯性非常大,所以在暂态稳定的分析与计算中可以假定原动机的输入机械功率为恒定不变。

(5)暂态稳定分析中的发电机参数。在暂态稳定的分析过程中,应考虑到发电机的空载电动势 $\dot{E}_q$ 是变化的,若计算中采用 $\dot{E}_q$ 和 X_d 作为发电机的等值参数,将会带来较大误差。由于磁链守恒关系,对无阻尼绕组的发电机,交轴暂态电动势 $\dot{E}_q'$ 在扰动前后一瞬间是保持不变的。当时间一长 $\dot{E}_q'$ 是要呈现衰减的,但它衰减的时间常数在大型电机中可达到好几秒之久，因此，近代继电器和断路器容易控制在十分之几秒的短路时间来说，可以认为是不变的，即 $E'_q = c$，所以将交轴暂态电动势 E'_q 和直轴暂态电抗 X'_d 作为发电机的等值参数。

在简化计算中，暂态电动势 E' 又常用以代替交轴暂态电动势 E'_q，因为 E' 易于从等值电路中计算。

二、简单电力系统的暂态稳定分析

简单电力系统的接线及等值电路如图 7-20 所示。

1. 正常运行时

如图 7-20（a）所示，发电机经过变压器和双回线路向无限大系统送电。如果发电机用电动势 $\dot{E}'$ 和电抗 X'_d 表示，则在发电机电动势 $\dot{E}'$ 和无限大系统母线电压 $\dot{U}$ 之间的电抗为

$$X_I = X'_d + X_{T1} + \frac{X_l}{2} + X_{T2} \tag{7-24}$$

这时发电机的功—角特性可表达为

$$P_I = \frac{E'U}{X_I}\sin\delta \tag{7-25}$$

2. 故障时

如图 7-20（b）所示，假设在一回输电线路始端发生单相接地故障，分析暂态过程中，非周期分量电流及负序、零序分量电流假定为零，所以只研究正序，则短路后的等值电路只在短路点加上附加电抗 X_Δ，这时，发电机电动势 $\dot{E}'$ 与无限大系统母线电压 $\dot{U}$ 之间的电抗可经星—三角变换而得

$$X_{II} = (X'_d + X_{T1}) + \left(\frac{X_l}{2} + X_{T2}\right) + \frac{(X'_d + X_{T1})\left(\frac{X_l}{2} + X_{T2}\right)}{X_\Delta} \tag{7-26}$$

故障情况下发电机输出的功率为

$$P_{II} = \frac{E'U}{X_{II}}\sin\delta \tag{7-27}$$

3. 故障切除后

如图 7-20（c）所示，短路故障发生后，线路的继电保护装置将迅速地断开故障线路两

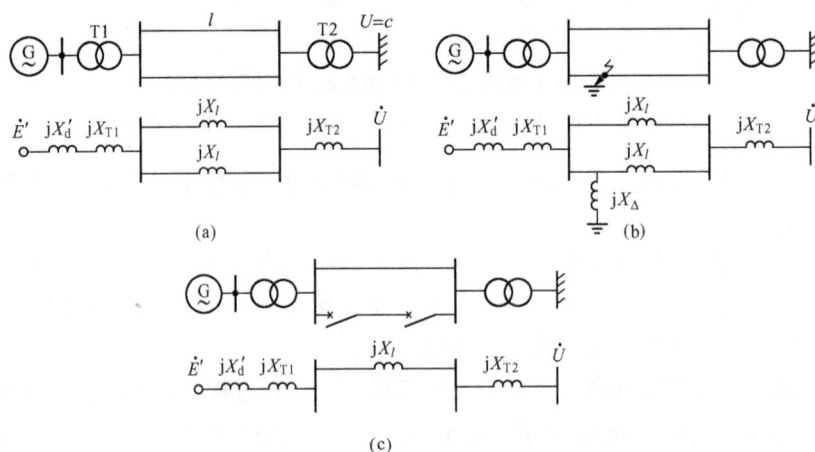

图 7-20　简单电力系统及其等值电路
（a）正常时；（b）故障时；（c）故障切除后

端的断路器，切除一回故障线路，这时发电机与无限大系统之间的电抗为

$$X_{\text{III}} = X'_{\text{d}} + X_{\text{T1}} + X_l + X_{\text{T2}} \qquad (7 \text{-} 28)$$

发电机输出的功率为

$$P_{\text{III}} = \frac{E'U}{X_{\text{III}}}\sin\delta \qquad (7 \text{-} 29)$$

下面分析系统受到这一系列大扰动后发电机转子的运动情况。

在图 7-21 中画出了发电机在正常运行（Ⅰ）、故障（Ⅱ）和故障切除后（Ⅲ）三种状态下的功率特性曲线。比较三种状况的电抗，$X_{\text{I}} < X_{\text{III}} < X_{\text{II}}$，因而 $P_{\text{I}} > P_{\text{III}} > P_{\text{II}}$。如果正常运行时发电机向无限大系统输送的有功功率为 P_0，则原动机输出的机械功率 P_{T} 等于 P_0，假定不计故障后几秒钟之内调速器的作用，即认为机械功率始终保持 P_0。图 7-21 中 a 点表示正常运行时发电机的运行点，与之对应的功率角为 δ_0，δ_0 为正常运行时的功率角。发生短路瞬间，由于不考虑定子回路的非周期分量，功率特性曲线突降为 P_{II}。但这时发电机组转子由于机械运动的惯性作用，不可能突然加速或减

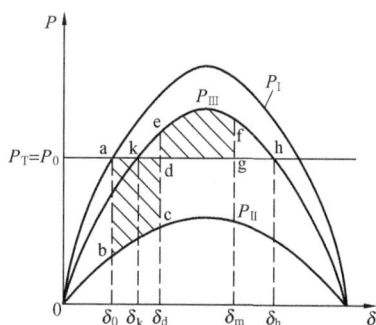

图 7-21　简单系统正常运行、故障和故障切除后的功率特性曲线

速，功角仍为 δ_0，运行点从 a 点突然变至 b 点。到达 b 点后，显然因机械功率大于电磁功率，机械转矩大于电磁转矩，因此，转子开始加速，功率角将开始增大，运行点沿短路时的功—角特性曲线 P_{II} 转移。设经过一段时间运行点从 b 点移向 c 点，功率角增大至 δ_c 时，切除故障线路，功率角 δ_c 为切除角。在切除故障线路的瞬间，同样由于这时的功率角 δ_c 不能突变，因此运行点从 P_{II} 曲线上的 c 点跃升到短路故障切除后的功—角特性曲线 P_{III} 上的 e 点。到达 e 点后，机械功率小于电磁功率，机械转矩小于电磁转矩，因此，转子开始减速。但由于运行点从 b 点向 c 点转移的过程中，机械功率始终大于电磁功率，转子一直在加速，运行点到达 e 点时，转子的转速仍大于同步速 ω_N，这时，只有逐渐减慢，所以功率角 δ 仍要继续慢速增大，运行点将沿功—角特性曲线 P_{III} 由 e 点向 f 点转移。在转移的过程中，机械功率始终小于电磁功率，转子始终在减速，直至抵达 f 点，转子的转速减小为同步速（$\omega = \omega_N$），功率角 δ 才不再继续增大，这时的功率角为最大功率角 δ_m。在 f 点，机械功率仍小于电磁功率，转子将继续减速，功率角 δ 将开始减小，运行点将沿 P_{III} 曲线从 f 点向 e、k 点转移。在到达 k 点以前，转子一直在减速，其速度低于同步速。到达 k 点时，电磁功率与机械功率平衡，但由于转速低于同步速，δ 继续减小，越过 k 点后，机械功率又大于电磁功率，转子再次获得加速，而功率角 δ 一直减小到转速恢复到同步速以后又开始增大。此后运行点将沿着 P_{III} 曲线开始第二次振荡。如果振荡过程中没有任何阻尼作用，这种振荡就一直继续下去。但事实上，振荡过程中总有一定的阻尼作用，振荡逐步衰减，最后终于停留在一个新的运行点 k，k 点即是故障切除后功—角特性 P_{III} 与 P_{T} 的交点，系统继续运行。在这样一个全过程中，运行点的转移情况，转子角速度 ω 和相对角度 δ 随时间变化的情形如图 7-22所示。

如果故障线路切除得比较晚，如图 7-23 所示，这时在故障线路切除前转子的加速已比较严重。因此，当故障线路切除后，在到达 f 点时，转子的转速仍大于同步速，甚至到达 h

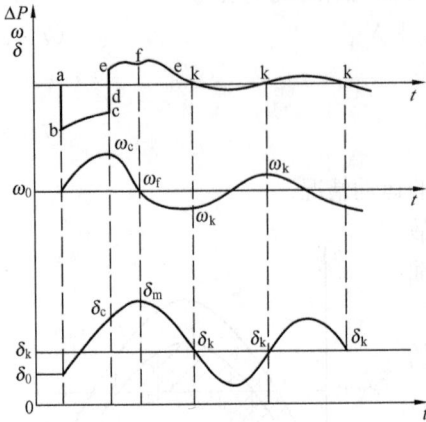

图 7-22　振荡过程

点时，转速还未降至同步转速，因此 δ 就将越过 h 点对应的角度 δ_h。而当运行点越过 h 点后，转子又立即承受加速转矩，转速又开始升高，δ 将不断增大，发电机和无限大系统之间最终失去同步。这种情况示于图 7-24。

以上定性地分析了简单电力系统发生短路故障后的两种暂态过程的结局。显然，前者是暂态稳定的，而后者则是不稳定的。由此可知，快速切除故障是保证系统暂态稳定的有效措施。为了确切地判断系统在某个运行方式下受到某种扰动后能否保持暂态稳定运行，还需通过定量的计算与分析。

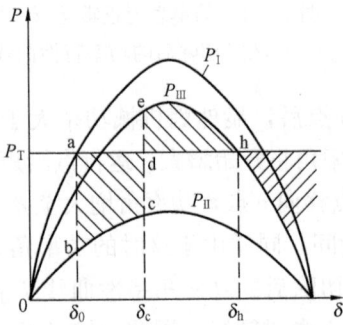

图 7-23　故障切除时间过晚的情形

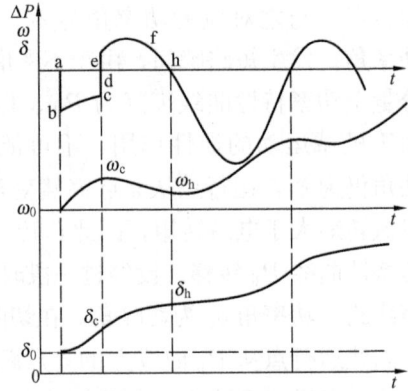

图 7-24　失步过程

三、等面积定则

发电机转子相对运动的性质，一般可借助从能量守恒概念出发的"等面积定则"来阐明。要说明这个定则的意义，这里仍从简单的实例谈起，如图 7-21 所示的三种运行状态的功—角特性曲线，为图 7-20 所示的简单电力系统采用双回线切除一回线的情况。

在双回线正常运行情况下，机械功率和电磁功率特性曲线 P_I 相交于 a 点，当突然短路发生，电磁功率由 a 点变至 P_{II} 曲线上的 b 点，于是在机组转轴上出现了过剩转矩，发电机组将会加速运行，运行点沿 P_{II} 曲线转移，直至继电保护动作，切除一回线后，功—角特性变为 P_{III} 曲线，运行点由 c 点变至 e 点后沿 P_{III} 曲线运行，出现了负的过剩转矩，发电机组将会减速运行。

在过剩转矩的作用下，转子有了相对运动，现在讨论这个相对运动的功和能的问题。考虑到当转速与同步转速相差无几，功率和转矩的标幺值相等，即 $\Delta M = \Delta P$。当转子移动无限小的角度 $d\delta$ 时，过剩转矩作了 $\Delta M \cdot d\delta$ 的功。如果没有损失，这个功的全部将变为相对运动中的转子动能的变量。

当过剩转矩为正时，机组转子被加速，在由 δ_0 移动到 δ_c 的过程期间转矩所做的功表示为

$$A_+ = \int_{\delta_0}^{\delta_c} \Delta M \cdot \mathrm{d}\delta = \int_{\delta_0}^{\delta_c} \Delta P \cdot \mathrm{d}\delta = \int_{\delta_0}^{\delta_c} (P_\mathrm{T} - P_\mathrm{II}) \cdot \mathrm{d}\delta \qquad (7\text{-}30)$$

其中，A_+ 代表转子所做的功，也代表在加速期间转子所储存的动能，对应图 7-21 中的面积 S_abcd，这块面积称为加速面积。

当切除故障后，运行点由 c 至 e，此后，过剩转矩变了符号，而开始使转子减速运行，转矩所做的功表示为

$$A_- = \int_{\delta_c}^{\delta_m} \Delta M \cdot \mathrm{d}\delta = \int_{\delta_c}^{\delta_m} \Delta P \cdot \mathrm{d}\delta = \int_{\delta_c}^{\delta_m} (P_\mathrm{III} - P_\mathrm{T}) \cdot \mathrm{d}\delta \qquad (7\text{-}31)$$

其中，A_- 代表转子所做的负功，也代表在减速期间转子所消耗的动能，对应图 7-21 中的面积 S_defg，这块面积为减速面积。

当转子耗尽了它在加速过程中储存的全部动能时，也即转子在减速过程中动能的减小量正好等于加速过程中动能的增加量时，转子的相对速度等于零。此时，加速面积与减速面积相等，于是有

$$A_+ = A_- \quad \text{及} \quad S_\mathrm{abcd} = S_\mathrm{defg} \qquad (7\text{-}32)$$

即有

$$\int_{\delta_0}^{\delta_c} (P_\mathrm{T} - P_\mathrm{II}) \cdot \mathrm{d}\delta = \int_{\delta_c}^{\delta_m} (P_\mathrm{III} - P_\mathrm{T}) \cdot \mathrm{d}\delta \qquad (7\text{-}33)$$

这就是所谓的"等面积定则"。它是判断系统暂态稳定的重要条件。

从能量的角度讲，只有在 $A_- > A_+$ 时，即加速过程中储存的能量在减速过程中全部释放完，系统达到同步速，才能实现暂态稳定。若 $A_- < A_+$，则系统在 h 点仍不能将加速时储存的能量释放完，转子的转速仍没抵达同步速，而此时，由于惯性，使 $\delta > \delta_m$ 后，系统将失去稳定。由此可知，能不能使减速面积大于等于加速面积（$S_\mathrm{defg} \geq S_\mathrm{abcd}$），使系统在切除故障后能维持暂态稳定，这与切除时刻切除角 δ_c 的大小有关。

根据等面积定则，可以寻找上述的临界条件，也就是保证系统暂态稳定的极限情况，在图 7-25 中，最大可能的减速面积显然是 S_deh，如果这块面积小于加速面积 S_abcd，那么系统就要失去稳定。在以上的分析中，功率角 δ 增大到 δ_h 时，如转速仍然超过同步速，系统就不能保持暂态稳定。因而，决定这个临界条件的条件是 $\delta_m = \delta_h$，也就是当功率角最大增加到 δ_h 时，转子的转速正好达同步速，这时加速面积等于减速面积，即 $S_\mathrm{abcd} = S_\mathrm{deh}$。于是，可按等面积定则反过来求取在保证暂态稳定的前提下，允许最大的切除角，即极限切除角 δ_cm。

由等面积定则有

$$\int_{\delta_0}^{\delta_\mathrm{cm}} (P_\mathrm{T} - P_\mathrm{II}) \cdot \mathrm{d}\delta = \int_{\delta_\mathrm{cm}}^{\delta_h} (P_\mathrm{III} - P_\mathrm{T}) \cdot \mathrm{d}\delta$$

即 $\int_{\delta_0}^{\delta_\mathrm{cm}} (P_\mathrm{T} - P_\mathrm{IIm}\sin\delta) \cdot \mathrm{d}\delta = \int_{\delta_\mathrm{cm}}^{\delta_h} (P_\mathrm{IIIm}\sin\delta - P_\mathrm{T}) \cdot \mathrm{d}\delta$ 等式两边积分后可得极限切除角

$$\cos\delta_\mathrm{cm} = \frac{P_\mathrm{T}(\delta_h - \delta_0) + P_\mathrm{IIIm}\cos\delta_h - P_\mathrm{IIm}\cos\delta_0}{P_\mathrm{IIIm} - P_\mathrm{IIm}}$$

$$(7\text{-}34)$$

其中正常稳态运行时的功率角 δ_0 及最大功率角 δ_h 可根据图 7-25 分别求得

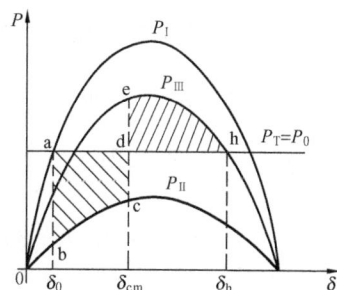

图 7-25 加速面积与减速面积相等

$$\left.\begin{array}{l}\delta_0 = \sin^{-1}\left(\dfrac{P_T}{P_{Im}}\right) \\[3mm] \delta_h = \pi - \sin^{-1}\left(\dfrac{P_T}{P_{IIIm}}\right)\end{array}\right\} \qquad (7\text{-}35)$$

它们都是用弧度为单位。显然，式（7-34）、式（7-35）中的 P_{Im} 是正常运行时电磁功率的幅值，P_{IIm} 是故障时电磁功率的幅值，P_{IIIm} 是故障切除后电磁功率的幅值。

由式（7-34）求出的极限切除角 δ_{cm} 可作为临界切除角，当实际切除角 δ_c 小于 δ_{cm} 时切除故障，系统将能保持暂态稳定；当实际切除角 δ_c 大于 δ_{cm} 时切除故障，系统则不能保证暂态稳定。

【例 7-4】 有一简单电力系统如图 7-26 所示，已知，发电机参数 $X'_d = 0.2$、$E' = 1.2$，原动机机械功率 $P_T = 1.5$，线路参数如图所示，无限大电源电压 $\dot{U}_C = 1.0\angle 0°$。

如果在线路始端突然发生三相短路，当短路后转子角度再增加 $30°$ 时才切除故障线路，问此系统是否暂态稳定？

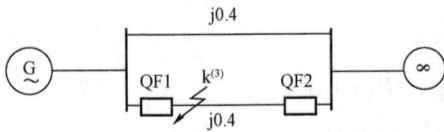

图 7-26　［例 7-4］电力系统等值图

解　（1）正常时，等值电路如图 7-27（a）所示。

$$X_{d\Sigma} = 0.2 + \frac{0.4}{2} = 0.4$$

$$P_I = \frac{E'U}{X_{d\Sigma}}\sin\delta = \frac{1.2 \times 1.0}{0.4}\sin\delta = 3\sin\delta$$

（2）故障时，等值电路如图 7-27（b）所示。

三相短路时 $X_\Delta = 0$

$$X_{12} = 0.2 + \frac{0.4}{2} + \frac{0.2 \times \dfrac{0.4}{2}}{0} = \infty$$

所以

$$P_{II} = \frac{E'U}{X_{12}}\sin\delta = 0$$

（3）故障切除后，等值电路如图 7-27（c）所示。

$$X_{12} = 0.2 + 0.4 = 0.6, \qquad P_{III} = \frac{E'U}{X_{12}}\sin\delta = \frac{1.2 \times 1.0}{0.6}\sin\delta = 2\sin\delta$$

（4）求正常时的功率角 δ_0。

正常时

$$P_I = P_T = 3\sin\delta = 1.5$$

所以

$$\delta_0 = \sin^{-1}\frac{1.5}{3} = 30°$$

（5）求极限切除角 δ_{cm}。

三种运行状态的功—角特性如图 7-28 所示。

$$\delta_k = \sin^{-1}\frac{P_T}{P_{IIIm}} = \sin^{-1}\frac{1.5}{2} = 48.59°, \quad \delta_h = \pi - \delta_k = 180° - 48.59° = 131.41°$$

$$\cos\delta_{cm} = \frac{P_T(\delta_h - \delta_0) + P_{IIIm}\cos\delta_h - P_{IIm}\cos\delta_0}{P_{IIIm} - P_{IIm}}$$

$$= \frac{1.5 \times (131.41 - 30)\dfrac{\pi}{180} + 2\cos131.41° - 0 \times \cos30°}{2 - 0} = \frac{2.655 - 1.323}{2} = 0.666$$

$$\delta_{cm} = \cos^{-1}0.666 = 48.24°$$

又因为 $\delta_0 + 30° = 30° + 30° = 60° > 48.24°$，所以此系统为不稳定的。

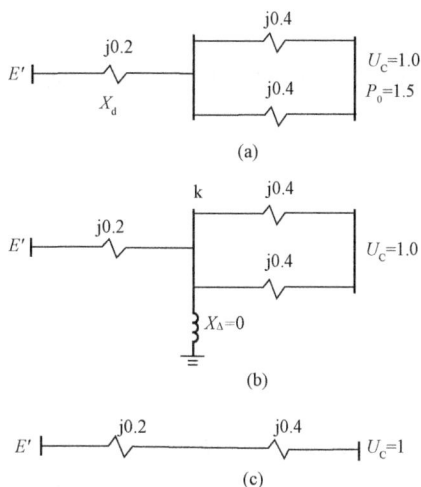

图 7 - 27 　 ［例 7 - 4］等值电路图
(a) 正常时；(b) 故障时；(c) 故障切除后

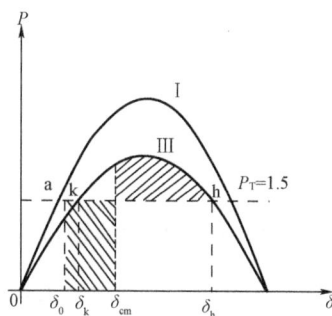

图 7 - 28 　 ［例 7 - 4］三种运行状态的功—角特性

四、用分段计算法作 δ-t 曲线

实际上，求得极限切除角 δ_{cm} 是不够的，因为继电保护和断路器的动作都是按时间来确定的。因此，还必须知道与极限切除角 δ_{cm} 对应的时间——极限切除时间 t_{cm}。若求解发电机的转子运动方程，则可得出 δ-t 关系曲线，从曲线上可以找到与极限切除角对应的极限切除时间。

在分析电力系统稳定问题时，假设原动机输入的机械功率不变，即 $P_T = P_0$，发电机输出的电磁功率 $P_E = P_m \sin\delta$，于是同步发电机的转子运动方程为

$$\frac{T_J}{\omega_N}\frac{\mathrm{d}^2\delta}{\mathrm{d}t^2} = \Delta P = P_0 - P_m \sin\delta \tag{7 - 36}$$

这是一个非线性微分方程，它的解答 $\delta = f(t)$ 提供了角度对时间变化的全貌，且可确定发电机是否能够维持稳定运行。但是，这种方程的解不能用普通的函数来表示，求解比较困难，只能用数值计算法求近似解。常用的数值计算法一般有分段计算法、欧拉法及改进欧拉法。下面介绍一种分段计算法。

分段计算法就是把时间 t 分成一个个时间小段 Δt，在每一个时间小段内，作用于转子的过剩转矩认为是恒定的，也即在该时间小段内看成是等加速运动。按等加速运动算出时间小段 Δt 的角度增量 $\Delta \delta$，与上一个时间段末的角度相加，就可求出经过本时间段后的角度 δ。如此反复进行，即可得出角度 δ 随时间 t 变化的曲线。

式（7 - 36）中功率角 δ 的二阶导数是发电机转子的角加速度 α，于是转子运动方程可改写成

$$\frac{T_J}{\omega_N}\alpha = \Delta P \tag{7 - 37}$$

因而有

$$\alpha = \frac{\omega_N}{T_J}\Delta P \tag{7 - 38}$$

通过前面对单机—无限大系统的讨论可知，当系统发生短路故障时，发电机的输出功率

突然下降，因此有过剩功率 $\Delta P = P_0 - P_{II} = P_0 - P_{IIm}\sin\delta$。以短路发生的瞬间开始计时，将运行点沿 P_{II} 曲线转移的过程分成一个个时间小段，在每个时间小段 Δt 内，认为 ΔP 为常数，下面分段讨论功率角 δ 的变化情况。

短路发生瞬间 $t=0$ 时，$\delta=\delta_0$，描述转子运动状态的各物理量可根据图 7-21、图 7-22及式（7-38）得到。它们有

功率角
$$\delta_0 = \sin^{-1}\frac{P_0}{P_{Im}}$$

过剩功率
$$\Delta P_{(0)} = P_0 - P_{IIm}\sin\delta_0$$

角加速度
$$\alpha_{(0)} = \frac{\omega_N}{T_J}\Delta P_{(0)}$$

相对转速
$$\omega_{(0)} = 0$$

第一个时间段 Δt 内角度的增量为
$$\Delta\delta_{(1)} = \omega_{(0)}\Delta t + \frac{1}{2}\alpha_{(0)}\Delta t^2 = \Delta\delta_{(0)} + \frac{1}{2}\frac{\omega_N}{T_J}\Delta P_{(0)}\Delta t^2 = 0 + \frac{\omega_N}{T_J}\Delta t^2\frac{\Delta P_{(0)}}{2} = K\frac{\Delta P_{(0)}}{2}$$

其中令
$$K = \frac{\omega_N}{T_J}\Delta t^2$$

第一个时间段结束时（第二个时间段开始时），有
$$\delta_{(1)} = \delta_0 + \Delta\delta_{(1)}$$
$$\Delta P_{(1)} = P_0 - P_{IIm}\sin\delta_{(1)}$$
$$\alpha_{(1)} = \frac{\omega_N}{T_J}\Delta P_{(1)}$$
$$\omega_{(1)} = \omega_{(0)} + \alpha_{(1)av}\Delta t$$

其中 $\alpha_{(1)av}$ 为平均角加速度，$\alpha_{(1)av} = [\alpha_{(0)} + \alpha_{(1)}]/2$。

第二个时间段 Δt 内角度的增量为
$$\Delta\delta_{(2)} = \omega_{(1)}\Delta t + \alpha_{(1)av}\Delta t^2 = \Delta\delta_{(1)} + K\Delta P_{(1)}$$

第二个时间段结束时（第三个时间段开始时），有
$$\delta_{(2)} = \delta_{(1)} + \Delta\delta_{(2)}$$
$$\Delta P_{(2)} = P_0 - P_{IIm}\sin\delta_{(2)}$$
$$\alpha_{(2)} = \frac{\omega_N}{T_J}\Delta P_{(2)}$$
$$\omega_{(2)} = \omega_{(1)} + \alpha_{(2)av}\Delta t$$

其中
$$\alpha_{(2)av} = [\alpha_{(1)} + \alpha_{(2)}]/2$$

第三个时间段 Δt 内角度的增量为
$$\Delta\delta_{(3)} = \omega_{(2)}\Delta t + \alpha_{(2)av}\Delta t^2 = \Delta\delta_{(2)} + K\Delta P_{(2)}$$

第三个时间段结束时（第四个时间段开始时），有
$$\delta_{(3)} = \delta_{(2)} + \Delta\delta_{(3)}$$
$$\Delta P_{(3)} = P_0 - P_{IIm}\sin\delta_{(3)}$$
$$\alpha_{(3)} = \frac{\omega_N}{T_J}\Delta P_{(3)}$$
$$\omega_{(3)} = \omega_{(2)} + \alpha_{(3)av}\Delta t$$

其中
$$\alpha_{(3)av} = \left[\alpha_{(2)} + \alpha_{(3)}\right] / 2$$

依此类推。

总之，用分段计算法求解 $\delta = f(t)$ 的步骤可归结为：

首先取 $\Delta t = 0.05 s$，$f_N = 50 Hz$，令 $K = \dfrac{\omega_N}{T_J} \Delta t^2 = 1.8 \times 10^4 \dfrac{\Delta t^2}{T_J}$

第一个时间段　$\Delta P_{(0)} = P_0 - P_{II(0)} = P_0 - P_{IIm} \sin\delta$

$$\Delta\delta_{(1)} = 0 + K \frac{\Delta P_{(0)}}{2}$$

$$\delta_{(1)} = \delta_0 + \Delta\delta_{(1)}$$

第二个时间段　$\Delta P_{(1)} = P_0 - P_{II(1)} = P_0 - P_{IIm} \sin\delta_{(1)}$

$$\Delta\delta_{(2)} = \Delta\delta_{(1)} + K\Delta P_{(1)}$$

$$\delta_{(2)} = \delta_{(1)} + \Delta\delta_{(2)}$$

依次下去。

第 n 个时间段　$\Delta P_{(n-1)} = P_0 - P_{II(n-1)} = P_0 - P_{IIm} \sin\delta_{(n-1)}$

$$\Delta\delta_{(n)} = \Delta\delta_{(n-1)} + K\Delta P_{(n-1)}$$

$$\delta_{(n)} = \delta_{(n-1)} + \Delta\delta_{(n)}$$

这样反复地进行上述计算，把计算结果描点作图像，绘制成 $\delta = f(t)$ 曲线如图 7 - 29、图 7 - 30 所示。这类曲线通常也称为发电机转子摇摆曲线。在摇摆曲线上可以找到与极限切除角 δ_{cm} 所对应的极限切除时间 t_{cm}。

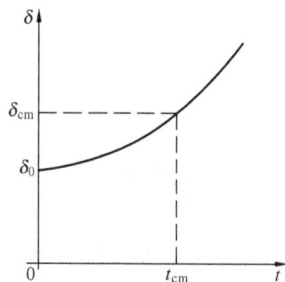

图 7 - 29　极限切除角与切除时间

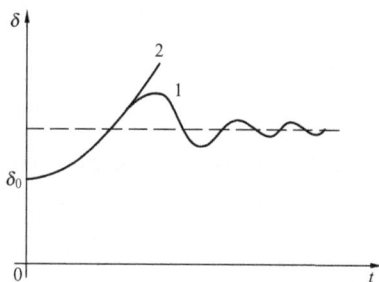

图 7 - 30　发电机转子的摇摆曲线
1—稳定；2—不稳定

用分段计算法描点作摇摆曲线时，将曲线作到何时为止这个问题可以从两个方面考虑。一方面，分段计算法和等面积定则同时应用。先应用等面积定则求得极限切除角 δ_{cm}，再应用分段计算法求取转子抵达 δ_{cm} 所经历的时间 t_{cm}，如图 7 - 29 中 δ_{cm}-t_{cm}。另一方面，就是当角度 δ 未曾开始减小、进入摆动过程之前，或未曾看出角度 δ 将无限增加的迹象之前，仍需继续进行分段计算，如图 7 - 30 所示。如果计算结果表明功率角随时间不断增大，则系统在所给定的扰动下是不能保持暂态稳定的。如果功率角增加到某一最大值后便开始减小，以后振荡逐渐衰减，则系统是暂态稳定的。

五、提高电力系统暂态稳定性的措施

提高电力系统暂态稳定性的措施较多，从电力系统暂态稳定的分析中已知，只要减速面积大于加速面积，系统就能维持暂态稳定，因此，设法增加减速面积，减小加速面积，是改善和提高系统暂态稳定的总原则。

在提高系统静态稳定性的措施中指出，只要电力系统具有较高的功率极限，一般也就具有较高的运行稳定度，围绕着增大功—角特性的幅值提出了提高静态稳定的几条措施。不难理解，在发电机受到同样大的扰动情况下，对功—角特性幅值大的曲线，它的减速面积自然会大一些。由此看来，凡是有利于静态稳定的措施，同样也有利于暂态稳定。

下面从增大减速面积和减小加速面积方面考虑，介绍几种常用的暂稳措施。

1. 采用快速继电保护和自动重合闸装置

采用快速的继电保护和自动重合闸装置可以较显著地减小加速面积和增大减速面积，随着电力系统自动化程度的提高，这是被广泛采用的措施之一。

（1）采用快速继电保护装置。快速切除故障对于提高系统的暂态稳定性有决定性的作用。因为快速切除故障可以既减小加速面积，又可以增大减速面积，从而提高了发电机之间并列运行的稳定性，如图 7 - 31 所示。

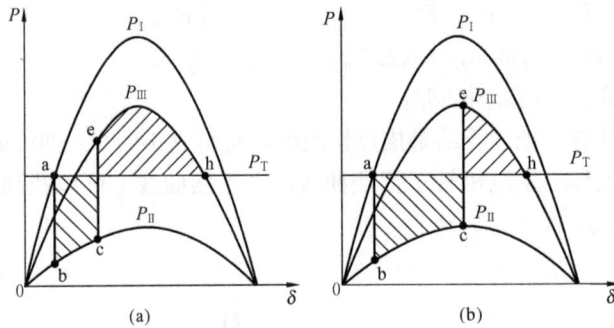

图 7 - 31　快速切除故障对暂态稳定的影响
(a) 快速切除（稳定）；(b) 慢速切除（不稳定）

切除故障所需的时间，是继电保护装置动作时间和断路器动作时间的总和，因此，要做到快速切除故障，就得提高继电保护装置和断路器的动作速度。目前新型的保护装置动作时间可做到不大于 $0.04s$，断路器的动作时间不大于 $0.06s$，二者动作时间之和可做到 $0.1s$ 之下，最快可达到 $0.06s$，从而显著地改善了系统的暂态稳定性。

（2）应用自动重合闸。根据统计资料可知，电力系统故障中以高压输电线路的短路故障为主，而这些短路故障大多是瞬时性的。采用自动重合闸装置，可在发生故障的线路上，先跳闸切除故障线路，经过一定时间自动合上断路器，如果故障消失，则重合闸成功（成功率达 90% 以上），在许多情况下都可以恢复正常供电。因此，这种措施可以大大提高供电的可靠性，对于提高系统的暂态稳定性具有十分明显的作用。

下面介绍双回线路的三相重合闸和单回线路的单相重合闸在提高电力系统暂态稳定性方面的作用。

（1）双回线路的三相重合闸。如图 7 - 32 (a) 所示简单电力系统中，当一回线路上发生瞬时性短路故障时，若线路上无自动重合闸装置和有自动重合闸装置对系统暂态稳定影响是不同的：如图 7 - 32 (b) 为无自动重合闸时，可能会导致系统丧失稳定；如图 7 - 32 (c) 为有自动重合闸时，当装有三相自动重合闸装置后，运行到 k 点时三相自动重合闸成功，工作点由 P_{III} 曲线的 k 点突变到 P_{I} 曲线的 g 点，减速面积比无重合闸时增加了 S_{kgfh}，如果这时总的减速面积大于加速面积，则系统的暂态稳定性得到了保证。

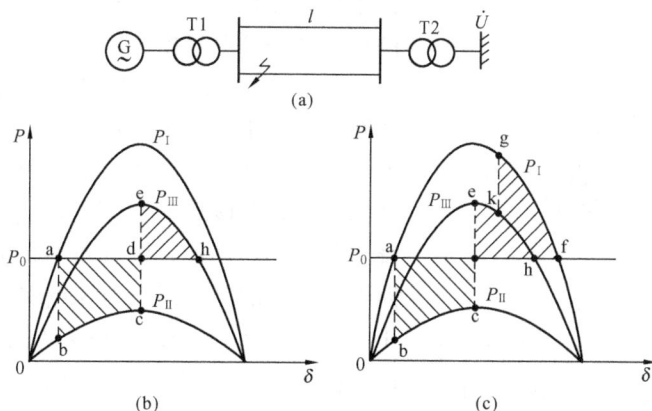

图 7-32　三相重合闸对系统稳定的影响
(a) 系统图；(b) 无重合闸；(c) 有重合闸

　　(2) 单回线路的单相重合闸。如图 7-33 所示，单相重合闸在线路发生单相接地短路故障时，能自动选出故障相加以切除，并使之重合闸。由于切除的只是故障相而不是三相，从切除故障后到重合闸前的一段时间里，其余两相还可以输送一部分功率，$P_{III} \neq 0$，使送端发电厂与受端系统没有完全失去联系，这就比三相自动重合闸可以明显地减小加速面积，从而大大地提高系统的暂态稳定性，但单相重合闸的重合时间比三相重合闸的长。

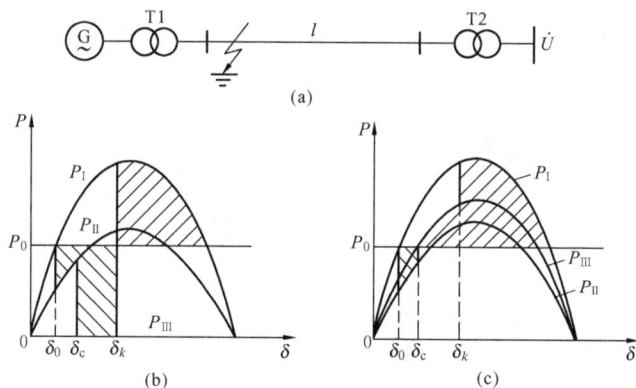

图 7-33　单相重合闸对系统稳定的影响
(a) 系统图；(b) 三相切除；(c) 单相切除

2. 提高发电机输出的电磁功率

　　由前面的分析已知，发电机转子的加速，是由于过剩功率 ΔP 存在所引起的。因此，如果能在短路后提高发电机的电磁功率必将使 ΔP 减小，从而加速面积减小，减速面积加大，有利于暂态稳定。

　　(1) 对发电机进行强行励磁。发电机都备有强行励磁装置，以保证当系统发生故障而使发电机端电压低于额定电压的 $85\%\sim90\%$ 时，能迅速而大幅度地增加励磁，以提高发电机电动势，增加发电机输出的电磁功率。因此，强行励磁首先可以提高故障系统的电压，从而

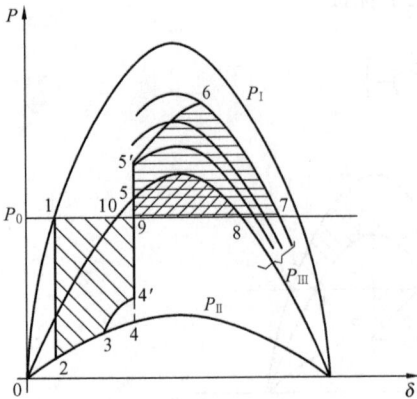

图 7-34 强行励磁对暂态稳定的影响

也提高了负荷的电压稳定性。另外，强行励磁可以减小加速面积，增加减速面积，使发电厂并列运行的稳定性得到明显提高。

图 7-34 中，点 1 是发电机正常运行的工作点，线路短路使工作点由 P_I 曲线的 1 点突变到 P_{II} 曲线的 2 点，发电机功率下降，不平衡功率 ΔP 使转子开始加速，角度增大。同时，由于发电机端电压下降，强行励磁动作，因其本身的延迟（继电器、断路器的动作时间）运行至 3 点励磁电流才开始增大，出力沿曲线 3-4′ 变化。到 4′ 点故障切除，运行点本应升高至对应的功—角特性 P_{III} 曲线上 5 点，但因励磁电流不断变大，发电机电动势也随之增加，实际上升至 5′ 点，然后沿曲线 5′-6-7 运动。显然，在强行励磁的作用下，减速面积 5-5′-6-7-8-9-5 大于加速面积 1-2-3-4′-9-10-1。可见，强行励磁动作后，使加速面积减小了 3-4′-4-3，而减速面积增加了 5-5′-6-7-8-5。这有利于系统恢复稳定运行。

（2）电气制动。电气制动就是当系统中发生故障时，在送端发电机附近自动地迅速地接入一个制动电阻，以消耗发电机的有功功率，从而减小发电机组的不平衡功率，抑制发电机加速，提高电力系统的动态稳定。制动电阻接入系统时，可以是串联接入送端发电厂的主电路，也可以是并联接在送端发电厂的高压母线上或发电机母线上。

采用串联接入方式时，如图 7-35（a）所示。正常时断路器 QF 是闭合的（接通）；故障时，它便自动跳闸将制动电阻 R 串联到发电机回路中去，靠故障电流在电阻上的损耗，造成制动效果。

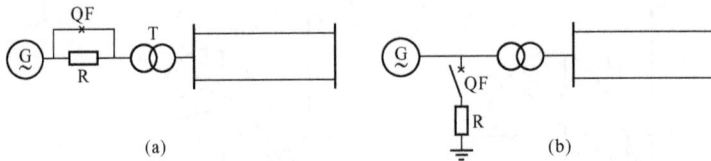

图 7-35 发电机制动电阻的接入方式
（a）串联接入；（b）并联接入

采用并联接入方式时，如图 7-35（b）所示。正常时断路器 QF 是断开的；故障时，它自动接通，将制动电阻 R 并联在发电机的出口回路中，这样，因输电线路故障而减小向受电端送的有功功率可有一部分消耗在这个电阻中，从而可限制发电机组加速。电气制动的作用只与电压平方有关，而与故障的切除与否、故障的种类和地点等关系较小，故它的制动功率比较稳定，我国一些电力系统已经成功地采用这种方法，效果是比较显著的。

电气制动的作用也可用等面积定则解释，图 7-36（a）和（b）比较了有和没有电气制动两种情况下对暂态稳定的影响。图中假设故障发生后瞬时投入制动电阻，且切除故障线路的同时切除制动电阻。由图 7-36（b）可见，若切除故障角 δ_c 不变，由于采用了电气制动，减小了加速面积 bb_1c_1c，使原来可能丧失稳定的系统得到了稳定的保证。

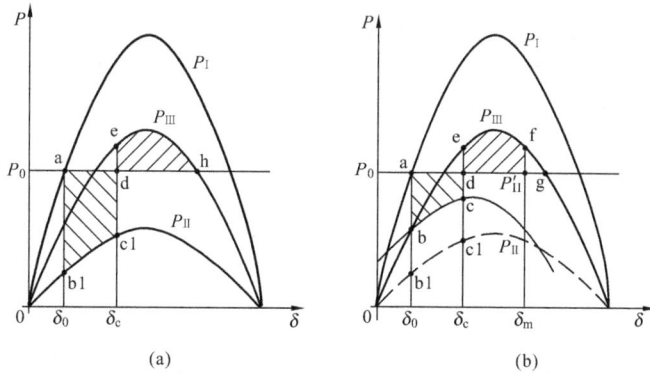

图 7 - 36　电气制动的作用

(a) 无电气制动时；(b) 有电气制动时

（3）变压器的中性点经小电阻 R 接地。变压器中性点经小电阻接地实质上是接地短路故障时的电气制动。如图 7 - 37 所示，当系统发生接地故障时，短路电流的零序分量将流过变压器的中性点，在小电阻上产生有功功率损耗。故障发生在送端时，这一损耗主要由送端发电机供给；故障发生在受电端时，则主要由受端系统供给。所以，当送电端发生接地短路故障时，由于送端电厂要额外地供给这部分有功功率损耗，使发电机受到了制动作用，从而提高了系统的暂态稳定性。

3. 减小原动机输出的机械功率

减小原动机输出的机械功率也可以减小过剩功率 $\Delta P = P_T - P_E$，从能量的观点看，故障切除后的减速面积，决定了 P_{III} 与 P_T 所围的面积，因此，在故障切除的同时，减小原动机输出的机械功率，将使减速面积有较显著的增加，从而有利于提高系统的暂态稳定性。

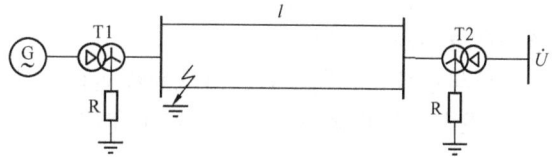

图 7 - 37　变压器中性点经小电阻接地

对于汽轮发电机，可以采用快速的自动调速系统或者快速关小汽门的措施。由于快速控制调速汽门可以不断开发电机的断路器，不必采取停机、停炉的措施，如果故障消除，可以很快恢复正常运行，所以火电厂采用快速控制调速汽门是比较适当的。

从图 7 - 38 可以看出，当运行点到达 c 点时切除故障，运行点立即从 P_{II} 转移到 P_{III} 上的 e 点。与此同时，调速系统快速关小汽门，使机械功率 P_T 减小到 $P_T{}'$，使减速面积增大，从而提高了系统的暂态稳定性。

对于水轮发电机，由于水锤现象不能快速关闭进水门，因此，有时采用在故障时从送端发电厂中切掉一台发电机的方法，这等值于减小原动机的机械功率，通常称为连锁切机。所谓连锁切机，就是在输电线路发生事故跳闸或重合闸不成功时，连锁切除线路送端电厂的部分发电机组。这种措施仅适用于系统容量大、切除部分电源对系统的频率和电压影响不大的场合。

如图 7 - 39 所示，在切除故障的同时切除一台机的情况，P_{III} 变为 P'_{III}，是因为切机后输出的电磁功率减少了。P_T 变为 P'_T，减速面积显然增大，有利于使系统保持暂态稳定。

　　除了以上三方面的措施外，还有不少提高暂态稳定性的办法。例如，在远距离输电线路的中途加设开关站，在远距离输电线路上装设强行串联补偿装置等。其他提高暂态稳定的措施在此不一一介绍。

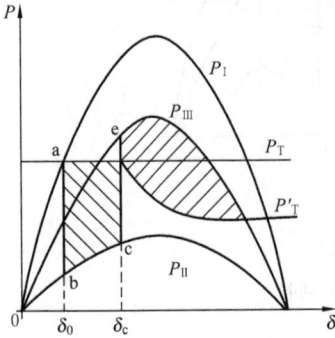

图 7 - 38 　快速控制调速汽门

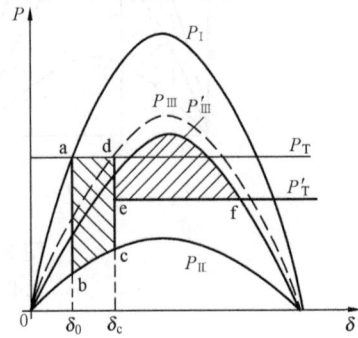

图 7 - 39 　连锁切机对暂态稳定的作用

4. 系统失去稳定后的措施

　　在电力系统的设计和运行中，尽管都设法采取了一系列提高稳定性的措施，但系统还是不可避免地会遇到意想不到的严重事故，以致系统无法再维持稳定运行，出现系统振荡和失步。在这种情况下，运行的任务就是尽量限制事故扩大，减小稳定破坏造成的危害，运行人员就应当采取积极权宜的措施，有必要进行切机或解列系统。

　　（1）切机。所谓切机，就是切除那些不能维持同步运转而进入异步运行，将给系统带来一系列严重问题的机组。

　　机组与系统失去同步后，出现异步运行，其后果为：

　　1）发电机异步运行时，由于定子和转子电流增大所引起的过量发热和过大的应力以及转子振动可能造成发电机损伤；

　　2）发电机在异步运行时从系统吸取大量的无功功率。如果系统中无功功率储备不充足，势必降低整个系统的电压水平，甚至使系统陷入"电压崩溃"；

　　3）发电机异步运行时，有些地方电压极低，在这些地方将丧失大量负荷；

　　4）系统在失稳运行时，电流、电压变化情况复杂，可能引起保护装置的误动作，事故会扩大。

　　因此，系统失去稳定后，应把已失步的发电机尽快地从系统中切除出去，经过一定时间后再把它重新接入系统。但某些系统的试验研究表明，当系统失去稳定后，可以允许已失步的发电机短暂地（一般是几分钟）进入异步运行，在这段时间内采取各种调节措施（如合理调节励磁和原动机调速器）使它们再恢复同步。

　　（2）解列系统。当电力系统失去稳定后，将整个系统人为地、有计划地手动或靠解列装置自动断开系统中某些断路器，将系统分解成几个独立的部分，解列后的各部分保持各自平衡。这样做虽然会使某些地区由于容量不足而停止对部分用户的供电，但是却避免了因失去稳定而使过多的发电机从系统中切除，避免因整个系统功率不足而使大面积的用户停止供电。在故障消除后，经过调整，可再把各部分重新并列起来，恢复正常的运行方式。

为使解列后各部分的电源和负荷基本上平衡，能够给更多用户维持供电，系统中要恰当选择解列点。选择解列点应考虑以下几点。

1）应尽量保持解列后各部分系统的功率平衡，以防止它们的频率、电压大幅度变化；

2）应使解列后的各个系统容量足够大，即解列后的系统最多2～3个，因系统容量足够大，抗干扰的能力也较强；

3）要考虑恢复同步运行操作的方便性，即解列点应具有同期装置等。

系统发生振荡时，在采取上述措施后（一般约为3～4min），经过值班人员的努力，振荡仍未消除，则应考虑按事先规定的解列点将系统解列。解列后各独立部分相互不再保持同步运行。一旦将各部分的运行参数调整好，就应尽快地将各独立部分重新并列运行。

习 题 与 思 考 题

7-1　什么是电力系统的稳定性？

7-2　什么是电力系统的静态稳定性？

7-3　什么是电力系统的暂态稳定性？

7-4　同步发电机组的转子运动方程如何表示？发电机组的惯性时间 T_J，其物理意义是什么？

7-5　发电机的功—角特性方程有哪些表现形式？

7-6　发电机采用自动调节励磁装置，对电力系统的静态稳定性有什么影响？

7-7　电力系统的静态稳定的实用判据是什么？

7-8　电力系统的静态稳定储备系数与哪些功率有关？

7-9　提高电力系统的静态稳定性的措施有哪些？理论根据是什么？

7-10　发电机正常运行（Ⅰ）、故障（Ⅱ）和故障切除后（Ⅲ）三种状态下的功率特性曲线如何？与三种状态的电抗 $X_Ⅰ$、$X_Ⅱ$、$X_Ⅲ$ 是什么关系？

7-11　什么是加速面积、减速面积？等面积定则的基本含义是什么？

7-12　什么是极限切除角？如何求取？如何应用分段计算法求取极限切除时间？

7-13　用分段计算法描点作发电机转子摇摆曲线时，求解 $\delta = f(t)$ 的步骤是什么？

7-14　提高电力系统暂态稳定性的措施有哪些？

7-15　电力系统失去稳定后，采取积极权宜的措施是什么？

7-16　当角度 δ 用弧度、时间 t 用弧度、惯性时间常数 T_J 用秒、功率 ΔP 用标幺值表示时，发电机转子运动方程为

$$\frac{T_J}{\omega_N} \frac{\mathrm{d}^2\delta}{\mathrm{d}t^2} = \Delta P$$

试推导上述各量以其他单位表示时的发电机转子运动方程式，如：

(1) 当 t、T_J 用 s，δ 用（°），ΔP 用标幺值表示时；

(2) 当 t、T_J 用 s，δ 用 rad，ΔP 用标幺值表示时。

7-17　试推导发电机的有功功率功—角特性方程式。

(1) 以 E_q、X_d 表示发电机时；

(2) 以 E_q'、X_d' 表示发电机时。

7-18 已知单机对无限大系统的汽轮发电机直轴同步电抗 X_d、暂态电抗 X_d'、有功功率和视在功率，试确定发电机电动势 E_q、E' 为多少。

已知数据 $U_G=10.5kV$，$X_{d*}=1.5$，$X_{d*}'=0.18$，$P_N=24MW$，$S_N=30MVA$。

7-19 图 7-40 所示电力系统参数标幺值如下：

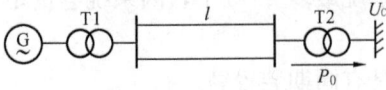

图 7-40 习题 7-19 图

网络参数 $X_d=1.12$，$X_d'=0.4$，$X_{T1}=0.169$，$X_{T2}=0.14$，$X_l/2=0.373$。

运行参数 $U_C=1$，发电机向受端输送功率 $P_0=0.8$，$\cos\varphi_0=0.98$。

试计算当 E_q、E' 为常数时，此系统的静态稳定功率极限 P_m 及静态稳定储备系数 K_P。

7-20 某一输电系统图及参数如图 7-41 所示。

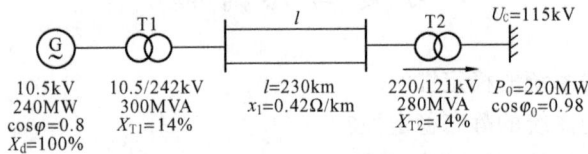

图 7-41 习题 7-20 图

试计算该电力系统的静态稳定储备系数 K_P。

7-21 有一简单电力系统如图 7-42 所示。

已知标幺值参数：$\dot{U}_C=1\angle0°$，$X_{l\Sigma}=1$，$X_d=X_q=1$，系统无任何调压设备。

正常运行条件为：$P_0+jQ_0=0.5-j0.2$ 时，求：

(1) E_q 为多少？

(2) 此系统的功率极限 P_m 及静态稳定储备系数 K_P。

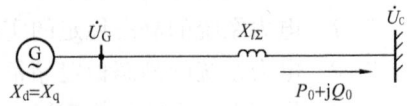

图 7-42 习题 7-21 图

7-22 简单电力系统的等值网络如图 7-43 所示，发电机无励磁调节器，试作输送到无限大容量母线处的有功功率功—角特性曲线。

7-23 有一简单电力系统如图 7-44 所示，参数均为标幺值。

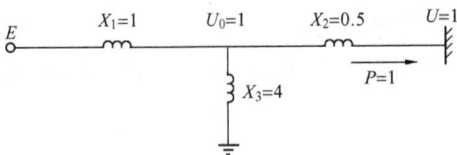

图 7-43 习题 7-22 图

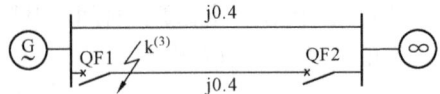

图 7-44 习题 7-23 图

已知：发电机参数 $X_d'=0.2$，$E'=1.2$，原动机机械功率 $P_T=1.5$，线路参数如图 7-44 所示，无限大电源电压 $\dot{U}_C=1.0\angle0°$。

如果在线路始端突然发生三相短路，当在三相短路后，转子角度再增加 $30°$ 时才切除故障线路，问此系统是否暂态稳定？

7-24 图 7-45 为简单电力系统，参数均为标幺值。在输电线路一回送端发生三相短路故障时，试计算为保证暂态稳定而要求的极限切除角 δ_{cm}。

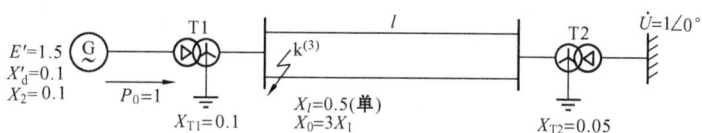

图 7-45　习题 7-24 图

7-25　图 7-46 所示为某一输电系统，当线路突然切除，然后经过一段时间后又重新合闸，若合闸后系统还没有失去稳定，试求最大允许合闸角度 δ_{cm} 和时间 t_{cm} 为多少。

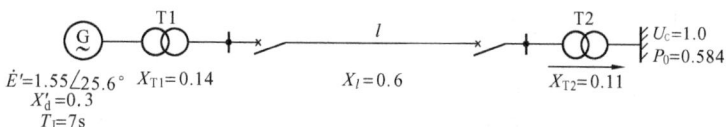

图 7-46　习题 7-25 图

7-26　电力系统接线如图 7-47 所示。

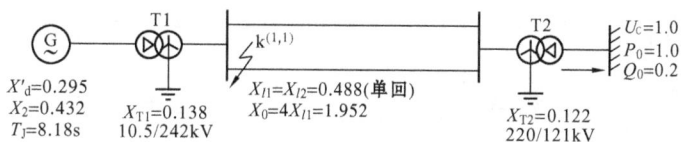

图 7-47　习题 7-26 图

各参数归算到 220kV 电压等级上，并取 $S_B=220MVA$、$U_B=209kV$ 时的数据。设短路点发生两相接地短路，试计算为保持暂态稳定而需要的极限切除时间 t_{cm}。

附录 A 常 用 参 数

各种常用架空导线的规格

各种常用架空导线规格见表 A1。

表 A1

额定截面 (mm²)	TJ 型 股数	计算外径 (mm)	单位质量 (kg/km)	安全电流 (A)	LJ、HLJ、HL2J 型 股数	计算外径 (mm)	单位质量 (kg/km)	安全电流 (A)	LGJ、HL2GJ 型 股数 铝	钢	计算外径 (mm)	单位质量 (kg/km)	安全电流 (A)	LGJQ 型 股数 铝	钢	计算外径 (mm)	单位质量 (kg/km)	安全电流 (A)	LGJJ 型 股数 铝	钢	计算外径 (mm)	单位质量 (kg/km)	安全电流 (A)
10	7	4.00			7	4.00	29		5	1	4.4	36											
16	7	5.04	140	130	7	5.1	44	105	6	1	5.4	62	105										
25	7	6.33	221	180	7	6.4	68	135	6	1	6.6	92	135										
35	7	7.47	323	220	7	7.5	95	170	6	1	8.4	106	170										
50	7	8.91	439	270	7	9.0	136	215	6	1(7)	9.6	150	220										
70	19	10.7	618	340	7	10.7	191	265	6	1(7)	11.4	275	275										
95	19	12.45	857	415	7	12.4	257	325	28	7	13.7	404	335										
120	19	14.00	1053	485	19	14.0	322	375	28	7	15.2	492	380						30	7	15.5	530	
150	19	15.75	1333	570	19	15.8	407	440	28	7	17.0	617	445	24	7	16.6	550		30	7	17.5	678	464
185	37	17.43	1627	645	19	17.5	503	500	28	7	19.0	771	515	24	7	18.4	687	510	30	7	19.6	850	543
240	37	19.88	2120	770	19	20.0	656	610	28	7	21.6	927	610	24	7	21.6	937	610	30	7	22.4	1111	629
300	37	22.19	2608	890	37	22.4	817	680	28	7	24.2	1257	770	54	7	23.5	1008	710	30	19	25.2	1390	710
400	37	25.62	3521	1085	37	25.8	1087	830	28	19	28.0	1460	800	54	7	27.2	1501	845	30	19	29.0	1840	865
500					37	29.1	1376	980						54	19	30.2	1836	966					
600					61	32.0	1658	1100						54	19	33.1	2206	1090					
700														54	19	37.1	2756	1250					

注：1. TJ—铜绞线；LJ—裸铝绞线；HLJ—热处理型铝镁硅合金线；HL2J—非热处理型铝镁硅合金线；LGJ—钢芯铝绞线；HL2GL—钢芯非热处理型铝镁合金线；LGJQ—轻型钢芯铝绞线；LGJJ—加强型钢芯铝绞线。

2. 对 LGJ、LGJQ 型及 LGJJ 型钢芯铝绞线的额定截面系指导电部分（不包括钢芯截面）。

3. 安全电流系当周围空气温度为 25℃时的数值。

　　LJ、TJ 系列架空线路导线的电阻及正序电抗见表 A2，LGJ 型架空线路导线的电阻及正序电抗见表 A3。

表 A2　　　　LJ、TJ 系列架空线路导线的电阻及正序电抗 （Ω/km）

导线型号	LJ型导线电阻	几何均距（m） 0.6	0.8	1.0	1.25	1.5	2.0	2.5	3.0	3.5	4.0	TJ型导线电阻	导线型号
LJ-16	1.98	0.358	0.377	0.391	0.405	0.416	0.435	0.449	0.46	—	—	1.2	TJ-16
LJ-25	1.28	0.345	0.363	0.377	0.391	0.402	0.421	0.435	0.446	—	—	0.74	TJ-25
LJ-35	0.92	0.336	0.352	0.366	0.380	0.391	0.410	0.424	0.435	0.445	0.453	0.54	TJ-35
LJ-50	0.64	0.325	0.341	0.355	0.365	0.380	0.398	0.413	0.423	0.433	0.441	0.39	TJ-50
LJ-70	0.46	0.315	0.331	0.345	0.359	0.370	0.388	0.399	0.410	0.420	0.428	0.27	TJ-70
LJ-95	0.34	0.303	0.319	0.334	0.347	0.358	0.377	0.390	0.401	0.411	0.419	0.20	TJ-95
LJ-120	0.27	0.297	0.313	0.327	0.341	0.352	0.368	0.382	0.393	0.403	0.411	0.158	TJ-120
LJ-150	0.21	0.287	0.312	0.319	0.333	0.344	0.363	0.377	0.388	0.398	0.406	0.123	TJ-150

表 A3　　　　LGJ 系列架空线路导线的电阻及正序电抗 （Ω/km）

导线型号	电阻	几何均距（m） 1.0	1.5	2.0	2.5	3.0	3.5	4.0	4.5	5.0	5.5	6.0	6.5	7.0	7.5	8.0
LGJ-35	0.85	0.366	0.385	0.403	0.417	0.429	0.438	0.446								
LGJ-50	0.65	0.353	0.374	0.392	0.406	0.418	0.427	0.435								
LGJ-70	0.45	0.343	0.364	0.382	0.396	0.408	0.417	0.425	0.433	0.440	0.446					
LGJ-95	0.33	0.334	0.353	0.371	0.385	0.397	0.406	0.414	0.422	0.429	0.435	0.44	0.445			
LGJ-120	0.27	0.326	0.347	0.365	0.379	0.391	0.400	0.408	0.416	0.423	0.429	0.433	0.438			
LGJ-150	0.21	0.319	0.340	0.358	0.372	0.384	0.398	0.401	0.409	0.416	0.422	0.426	0.432			
LGJ-185	0.17			0.365	0.377	0.386	0.394	0.402	0.409	0.415	0.419	0.425				
LGJ-240	0.132			0.357	0.369	0.378	0.386	0.394	0.401	0.407	0.412	0.416	0.421	0.425	0.429	
LGJ-300	0.107									0.399	0.405	0.410	0.414	0.418	0.422	
LGJ-400	0.08									0.391	0.397	0.402	0.406	0.410	0.414	

　　LGJQ、LGJJ 系列架空线路导线的电阻及正序电抗见表 A4，LGJ、LGJJ 型及 LGJQ 型架空线路导线的电纳见表 A5。

表 A4　　　　LGJQ、LGJJ 系列架空线路导线的电阻及正序电抗　(Ω/km)

导线型号 \ 几何均距(m)	电阻	5.0	5.5	6.0	6.5	7.0	7.5	8.0
LGJQ-300	0.108		0.401	0.406	0.411	0.416	0.420	0.424
LGJQ-400	0.08		0.391	0.397	0.402	0.406	0.410	0.414
LGJQ-500	0.065		0.384	0.390	0.395	0.400	0.404	0.408
LGJJ-185	0.17	0.406	0.412	0.417	0.422	0.426	0.433	0.437
LGJJ-240	0.131	0.397	0.403	0.409	0.414	0.419	0.424	0.428
LGJJ-300	0.106	0.390	0.396	0.402	0.407	0.411	0.417	0.421
LGJJ-400	0.079	0.381	0.387	0.393	0.398	0.402	0.408	0.412

表 A5　　　　LGJ、LGJJ 型及 LGJQ 型架空线路导线的电纳　($\times 10^{-6}$ S/km)

导线型号	截面 (mm^2) \ 几何均距(m)	1.5	2.0	2.5	3.0	3.5	4.0	4.5	5.0	5.5	6.0	6.5	7.0	7.5	8.0	8.5
LGJ	35	2.97	2.83	2.73	2.65	2.59	2.54	—	—	—	—	—	—	—	—	
	50	3.05	2.91	2.81	2.72	2.66	2.61	—	—	—	—	—	—	—	—	
	70	3.12	2.99	2.88	2.79	2.73	2.68	2.62	2.58	2.54	—	—	—	—	—	
	95	3.25	3.08	2.96	2.87	2.81	2.75	2.69	2.65	2.61	—	—	—	—	—	
	120	3.31	3.13	3.02	2.92	2.85	2.79	2.74	2.69	2.65	—	—	—	—	—	
	150	3.38	3.20	3.07	2.97	2.90	2.85	2.79	2.74	2.71	—	—	—	—	—	
	185	—	—	3.13	3.03	2.96	2.90	2.84	2.79	2.74	—	—	—	—	—	
	240	—	—	3.21	3.10	3.02	2.96	2.89	2.85	2.80	2.76	—	—	—	—	
	300	—	—	—	—	—	—	—	2.86	2.81	2.78	2.75	2.72	—		
	400	—	—	—	—	—	—	—	2.92	2.88	2.83	2.81	2.78			
LGJJ LGJQ	120	—	—	—	—	—	2.80	2.75	2.70	2.66	2.63	2.60	2.57	2.54	2.51	2.49
	150	—	—	—	—	—	2.85	2.81	2.76	2.72	2.68	2.65	2.62	2.59	2.57	2.54
	185	—	—	—	—	—	2.91	2.86	2.80	2.76	2.73	2.70	2.66	2.63	2.60	2.58
	240	—	—	—	—	—	2.98	2.92	2.87	2.82	2.79	2.75	2.72	2.68	2.66	2.64
	300	—	—	—	—	—	3.04	2.97	2.91	2.87	2.84	2.80	2.76	2.73	2.70	2.68
	400	—	—	—	—	—	3.11	3.05	3.00	2.95	2.91	2.87	2.83	2.80	2.77	2.75
	500	—	—	—	—	—	3.14	3.08	3.01	2.96	2.92	2.88	2.84	2.81	2.79	2.76
	600	—	—	—	—	—	3.16	3.11	3.04	3.02	2.96	2.91	2.88	2.85	2.82	2.79

220～750kV 架空线路导线的电阻及正序电抗见表 A6，其计算条件同表 A7。

110～750kV 架空线路导线的电容及充电功率见表 A8，钢绞线的电阻及内电抗见表 A9，铜芯三芯电缆的电阻、电抗及电纳见表 A10，35kV 铝线双绕组电力变压器的技术数据见表 A11。

表 A6　　　　　220～750kV 架空线路导线的电阻及正序电抗（Ω/km）

导线型号	220kV				330kV（双分裂）		500kV（三分裂）		750kV（四分裂）	
	单导线		双分裂							
	电阻	电抗	电阻	电抗	电阻	电抗	电阻	电抗	电阻	电抗
LGJ-185	0.17	0.44	0.085	0.315						
LGJ-240	0.132	0.432	0.066	0.310						
LGJQ-300	0.107	0.427	0.054	0.308	0.054	0.321	0.036	0.302		
LGJQ-400	0.08	0.417	0.04	0.303	0.04	0.316	0.0266	0.299	0.02	0.289
LGJQ-500	0.065	0.411	0.0325	0.300	0.0325	0.313	0.0216	0.297	0.0163	0.287
LGJQ-600	0.055	0.405	0.0275	0.297	0.0275	0.310	0.0183	0.295	0.0138	0.286
LGJQ-700	0.044	0.398	0.022	0.294	0.022	0.307	0.0146	0.292	0.011	0.284

注　计算条件同表 A7。

表 A7　　　　　220～750kV 架空线路导线电阻及正序阻抗计算条件

电压（kV）	110	220	330	500	750
线间距离（m）	4	6.5	8	11	14
线分裂距离（cm）		40	40	40	40
导线排列方式		水平二分裂	水平二分裂	正三角三分裂	正四角四分裂

表 A8　　　　　110～750kV 架空线路导线的电容（μF/100km）
及充电功率（MVA/100km）

导线型号	110kV		220kV				330kV（双分裂）		500kV（三分裂）		750kV（四分裂）	
			单导线		双分裂							
	电容	功率	电容	功率	电容	功率	电容	功率	电容	功率	电容	功率
LGJ-50	0.808	3.06										
LGJ-70	0.818	3.14										
LGJ-95	0.84	3.18										
LGJ-120	0.854	3.24										
LGJ-150	0.87	3.3										
LGJ-185	0.885	3.35			1.14	17.3						
LGJ-240	0.904	3.43	0.837	12.7	1.15	17.5	1.09	36.9				
LGJQ-300	0.916	3.48	0.848	12.9	1.16	17.7	1.10	37.3	1.18	94.4		
LGJQ-400	0.939	3.54	0.867	13.2	1.18	17.9	1.11	37.5	1.19	95.4	1.22	215
LGJQ-500			0.882	13.4	1.19	18.1	1.13	38.2	1.2	96.2	1.23	217
LGJQ-600			0.895	13.6	1.20	18.2	1.14	38.6	1.205	96.7	1.235	223
LGJQ-700			0.912	14.8	1.22	18.3	1.15	38.8	1.21	97.2	1.24	219

注　计算条件同表 A7。

表 A9　　　　　　　　　　钢绞线的电阻及内电抗 （Ω/km）

通过电流（A）	GJ-25、d＝5.6		GJ-35、d＝7.8		GJ-50、d＝9.2		GJ-70、d＝11.5		GJ-95、d＝12.6	
	电阻	电抗	电阻	电抗	电阻	电抗	电阻	电抗	电阻	电抗
1	5.25	0.54	3.66	0.32	2.75	0.23	1.7	0.16	1.55	0.08
2	5.27	0.55	3.66	0.35	2.75	0.24	1.7	0.17	1.55	0.08
3	5.28	0.56	3.67	0.36	2.75	0.25	1.7	0.17	1.55	0.08
4	5.30	0.59	3.69	0.37	2.75	0.25	1.7	0.18	1.55	0.08
5	5.32	0.63	3.70	0.40	2.75	0.26	1.7	0.18	1.55	0.08
6	5.35	0.67	3.71	0.42	2.75	0.27	1.7	0.19	1.55	0.08
7	5.37	0.70	3.73	0.45	2.75	0.27	1.7	0.19	1.55	0.08
8	5.40	0.77	3.75	0.48	2.76	0.28	1.7	0.20	1.55	0.08
9	5.45	0.84	3.77	0.51	2.77	0.29	1.7	0.20	1.55	0.08
10	5.50	0.93	3.80	0.55	2.78	0.30	1.7	0.21	1.55	0.08
15	5.97	1.33	4.02	0.75	2.80	0.35	1.7	0.23	1.55	0.08
20	6.70	1.63	4.4	1.04	2.85	0.42	1.72	0.25	1.55	0.09
25	6.97	1.91	4.89	1.32	2.95	0.49	1.74	0.27	1.55	0.09
30	7.1	2.01	5.21	1.56	3.10	0.59	1.77	0.30	1.56	0.09
35	7.1	2.06	5.36	1.64	3.25	0.69	1.79	0.33	1.56	0.09
40	7.02	2.00	5.35	1.69	3.40	0.80	1.83	0.37	1.57	0.10
45	6.92	2.08	5.30	1.71	3.52	0.91	1.83	0.41	1.57	0.11
50	6.85	2.07	5.25	1.72	3.61	1.00	1.93	0.40	1.58	0.11
60	6.70	2.00	5.13	1.70	3.99	1.10	2.07	0.55	1.58	0.13
70	6.6	1.90	5.0	1.64	3.73	1.14	2.21	0.65	1.61	0.15
80	6.3	1.79	4.89	1.57	3.70	1.15	2.27	0.70	1.63	0.17
90	6.4	1.73	4.78	1.50	3.68	1.14	2.29	0.72	1.67	0.20
100	6.32	1.67	4.71	1.43	3.65	1.13	2.33	0.73	1.71	0.22
125	—	—	4.6	1.29	3.58	1.04	2.33	0.73	1.83	0.31
150	—	—	4.47	1.27	3.50	0.95	2.38	0.73	1.87	0.34
175	—	—	—	—	3.45	0.94	2.23	0.71	1.89	0.35
200	—	—	—	—	—	—	2.19	0.69	1.88	0.35

表 A10　　　　　　　　　　铜芯三芯电缆的电阻、电抗及电纳

截面（mm²）	电阻（Ω/km）	电抗 （Ω/km）				电纳 （×10⁻⁶S/km）			
		6kV	10kV	20kV	35kV	6kV	10kV	20kV	35kV
10	—	0.1	0.113	—	—	60	50	—	—
16	—	0.094	0.104	—	—	69	57	—	—
25	0.74	0.085	0.094	0.135	—	91	72	57	—
35	0.52	0.079	0.083	0.129	—	104	82	63	—
50	0.37	0.076	0.082	0.119	—	119	94	72	—
70	0.26	0.072	0.079	0.116	0.132	141	100	82	63
95	0.194	0.069	0.076	0.110	0.126	163	119	91	68
120	0.153	0.069	0.076	0.107	0.119	179	132	97	72
150	0.122	0.066	0.072	0.104	0.116	202	144	107	79
185	0.099	0.066	0.069	0.100	0.113	229	163	116	85
240	—	0.063	0.069	—	—	257	182	—	—
300	—	0.063	0.066	—	—	—	—	—	—

表 A11　　　　　　　　　35kV 铝线双绕组电力变压器的技术数据

| 型　　号 | 额定容量 (kVA) | 额定电压 (kV) | | 损耗 (kW) | | 短路 电压 (%) | 空载 电流 (%) | 连接组标号 |
		高　压	低　　压	空载	短路			
SJL1-50/35	50	35	0.4	0.3	1.15	6.5	6.5	Yyn12
SJL1-100/35	100	35	0.4	0.43	2.5	6.5	4.0	Yyn12
SJL1-160/35	160	35	0.4	0.59	3.6	6.5	3.0	Yyn12
SJL1-160/35	160	35	10.5、6.3、3.15	0.65	3.8	6.5	3.0	Yd11
SJL1-200/35	200	35	10.5、6.3、3.15	0.76	4.4	6.5	2.8	Yd11
SJL1-250/35	250	35	10.5、6.3、3.15	0.9	5.1	6.5	2.6	Yd11
SJL1-250/35	250	35	0.4	0.8	4.8	6.5	2.6	Yyn12
SJL1-315/35	315	35	10.5、6.3、3.15	1.05	6.1	6.5	2.4	Yd11
SJL1-400/35	400	35	10.5、6.3、3.15	1.25	7.2	6.5	2.3	Yd11
SJL1-400/35	400	35	0.4	1.1	6.9	6.5	2.3	Yyn12
SJL1-500/35	500	35	10.5、6.3、3.15	1.45	8.5	6.5	2.1	Yd11
SJL1-630/35	630	35	10.5、6.3、3.15	1.7	9.9	6.5	2.0	Yd11
SJL1-630/35	630	35	0.4	1.5	9.6	6.5	2.0	Yyn12
SJL1-800/35	800	35	10.5、6.3、3.15	1.9	12	6.5	1.9	Yd11
SJL1-1000/35	1000	35	10.5、6.3、3.15	2.2	14	6.5	1.7	Yd11
SJL1-1000/35	1000	35	0.4	2.2	14	6.5	1.7	Yyn12
SJL1-1250/35	1250	35	10.5、6.3、3.15	2.6	17	6.5	1.6	Yd11
SJL1-1600/35	1600	35、38.5	10.5、6.3、3.15	3.05	20	6.5	1.5	Yd11
SJL1-1600/35	1600	35	0.4	3.05	20	6.5	1.5	Yyn12
SJL1-2000/35	2000	35、38.5	10.5、6.3、3.15	3.6	24	6.5	1.4	Yd11
SJL1-2500/35	2500	35、38.5	10.5、6.3、3.15	4.25	27.5	6.5	1.3	Yd11
SJL1-3150/35	3150	35、38.5	10.5、6.3、3.15	5.0	33	7	1.2	Yd11
SJL1-4000/35	4000	35、38.5	10.5、6.3、3.15	5.9	39	7	1.1	Yd11
SJL1-5000/35	5000	35、38.5	10.5、6.3、3.15	6.9	45	7	1.1	Yd11
SJL1-6300/35	6300	35、38.5	10.5、6.3、3.15	8.2	52	7.5	1.0	Yd11
SJL1-7500/35	7500	35	10.5	9.6	57	7.5	0.9	YNd11
SFL1-8000/35	8000	38.5、35	11、10.5、6.6、6.3、3.3、3.15	11	58	7.5	1.5	Yd11
SFL1-10000/35	10 000	38.5、35	11、10.5、6.6、6.3、3.3、3.15	12	70	7.5	1.5	Yd11
SFL1-15000/35	15 000	35.5、35	11、10.5、6.6、6.3、3.3、3.15	16.5	93	8	1.0	Yd11
SFL1-20000/35	20 000	38.5、35	11、10.5、6.6、6.3、3.3、3.15	22	115	8	1.0	Yd11
SFL1-31500/35	31 500	38.5、35	11、10.5、6.6、6.3、3.3、3.15	3	180	8	0.7	Yd11
SFPL1-8000/35	8000	35±3×2.5% 38.5±3×2.5%	11、10.5、6.6、6.3	11	60.6	7.5	1.25	YNd11
SSPL1-10000/35	10 000	38.5	6.3	12	70	7.5	1.5	YNd11

注　　SJL—三相油浸自冷式铝线变压器；

　　　SFL—三相油浸风冷式铝线变压器；

　　　SSPL—三相强迫油循环水冷式铝线变压器；

　　　SFPL—三相强迫油循环风冷式铝线变压器。

110kV 三相双绕组铝线电力变压器技术数据见表 A12，110kV 三相三绕组电力变压器技术数据见表 A13，220kV 三相双绕组电力变压器技术数据见表 A14，220kV 三相自耦电力变压器技术数据见表 A15，110kV 三相三绕组铝线有载调压电力变压器技术数据见表 A16。

表 A12　　　　　　　　110kV 级三相双绕组铝线电力变压器技术数据

| 型　　号 | 额定容量 (kVA) | 额定电压（kV） | | 损耗（kW） | | 短路电压 (%) | 空载电流 (%) | 连接组标号 |
		高　压	低　　压	短路	空载			
SFL1-6300/110	6300	121±5% 110±5%	11,10.5 6.6,6.3	52	9.76	10.5	1.1	YNd11
SFL1-8000/110	8000	121±5% 110±5%	11,10.5 6.6,6.3	62	11.6	10.5	1.1	YNd11
SFL1-10000/110	10 000	121±2×2.5%	10.5,6.3	72	14	10.5	1.1	YNd11
SFL1-16000/110	16 000	121±2×2.5%	10.5,6.3	110	18.5	10.5	0.9	YNd11
SFL1-20000/110	20 000	121±2×2.5%	10.5,6.3	135	22	10.5	0.8	YNd11
SFL1-31500/110	31 500	121$^{+5\%}_{-2}$×2.5%	10.5,6.3	190	31.05	10.5	0.7	YNd11
SFL1-40000/110	40 000	121±2×2.5%	10.5,6.3	200	42	10.5	0.7	YNd11
SFPL1-50000/110	50 000	121±5%	10.5,6.3	250	48.6	10.5	0.75	YNd11
SFPL1-63000/110	63 000	121±5%	10.5,6.3	298	60	10.5	0.8	YNd11
SFPL1-90000/110	90 000	121±2×2.5%	10.5	440	75	10.5	0.7	YNd11
SFPL1-120000/110	120 000	121±2×2.5%	10.5	520	100	10.5	0.65	YNd11
SSPL1-20000/110	20 000	121±2×2.5%	6.3	135	22.1	10.5	0.8	YNd11
SSPL-63000/110	63 000	121±2×2.5%	10.5	300	65	10.5	0.6	YNd11
SSPL-90000/110	90 000	121±2×2.5%	13.8	451	85	10.5	0.6	YNd11
SSPL-63000/110	63 000	121±2×2.5%	10.5	291.48	65.4	10.57	0.8	YNd11
SSPL-120000/110	120 000	121±2×2.5%	13.8	588	120	10.4	0.57	YNd11
SSPL-150000/110	150 000	121±2×2.5%	13.8	646.25	204.5	12.68	1.73	YNd11
SFL-20000/110	20 000	121±2×2.5%	10.5,6.3	135	37	10.5	1.5	YNd11
SFL-63000/110	63 000	121±2×2.5%	10.5,6.3	300	68	10.5	2.5	YNd11
SFPL-90000/110	90 000	121±2×2.5%	10.5	448	164	10.47	1.67	YNd11
SFPL-120000/110	120 000	121±2×2.5%	10.5	572	95.6	10.78	0.695	YNd11
SFPL-120000/110	120 000	121±2×2.5%	10.5	590	175	10.5	2.5	YNd11
SFL1-12500/110	$\frac{12\ 500}{6250+6250}$	110±5%	3～3	99.8	16.4	9	0.93	YNdd11

注　型号符号意义同表 A11。

表 A13

110kV 三相三绕组电力变压器技术数据

型号	额定容量 (kVA)	额定电压 (kV)			损耗 (kW)				短路电压 (%)			空载电流 (%)	连接组标号
		高压	中压	低压	短路 高中	短路 高低	短路 中低	空载	高中	高低	中低		
SFSL1-6300/110	6300/6300/6300	121±2×2.5% / 110±2×2.5%	38.5±2×2.5%	11, 10.5	62.9 / 62.3	62.6 / 62	50.7 / 50.7	12.5	17	10.5	6	1.4	YNynd11
	6300/6300/6300	121±2×2.5% / 110±2×2.5%	38.5±2×2.5%	6.6, 6.3	66.2 / 65.6	60.2 / 59.6	51.6 / 51.6	12.5	10.5	17	6	1.4	YNynd11
SFSL1-8000/110	8000/4000/8000	121±5% / 110±5%	38.5±2×2.5%	11, 10.5	27 / 27	83 / 83	19 / 19	14.2	17.5	10.5	6.5	1.26	YNynd11
	8000/8000/4000	121±5% / 110±5%	38.5±2×2.5%	6.6, 6.3	84	27	21	14.2	10.5	17.5	6.5	1.26	YNynd11
SFSL1-10000/110	10 000/10 000/10 000	121±2×2.5%	38.5±2×2.5%	10.5 / 6.3	91 / 89.6	89 / 88.7	69.3 / 69.7	17	17 / 10.5	10.5 / 17	6 / 6	1.5	YNynd11
SFSL1-15000/110	15 000/15 000/15 000	121±2×2.5%	38.5±2×2.5%	10.5 / 6.3	120	120	95	22.7	17 / 10.5	10.5 / 17	6 / 6	1.3	YNynd11
SFSL1-20000/110	20 000/20 000/10 000	121±5%	38.5±5%	10.5 / 6.3	152.8	52	47	50.2	10.5	18	6.5	4.1	YNynd11
	20 000/10 000/20 000	121±2×2.5%	38.5±5%	10.5 / 6.3	52	148.2	47	50.2	18	10.5	6.5	4.1	YNynd11
SFSL1-20000/110	20 000/20 000/20 000	121±2×2.5%	38.5±5%	10.5 / 6.3	145	158	117	43.3	10.5	18	6.5	3.46	YNynd11
	20 000/20 000/20 000	121±2×2.5%	38.5±5%	10.5 / 6.3	154	154	119	43.3	18	10.5	6.5	3.46	YNynd11
SFSL1-25000/110	25 000/25 000/25 000	121±2×2.5%	38.5±5%	10.5 / 6.3	175	197	142	49.5	10.5	18	6.5	3.6	YNynd11

续表

型号	额定容量 (kVA)	额定电压 (kV) 高压	中压	低压	损耗 短路 (kW) 高中	高低	中低	空载	短路电压 (%) 高中	高低	中低	空载电流 (%)	连接组标号
SFSL1-25000/110	25 000/25 000/25 000	121±2×2.5%	38.5±5%	10.5 / 6.3	194	182	144	49.5	18	10.5	6.5	3.6	YNynd11
SFSL1-31500/110	31 500/31 500/31 500	121±2×2.5%	10.5	6.3	219	224	172	42.7	10.5	18	6	2.99	YNdd11
SFPSL1-40000/110	40 000/40 000/40 000	121±2×2.5%	38.5±2×2.5%	10.5	229.1 / 215.4	212 / 231	181.6 / 184	37.2	18 / 10.5	10.5 / 18	6.5 / 6.5	0.8 / 0.8	YNynd11
SFPSL1-50000/110	50 000/50 000/50 000	121±2×2.5%	38.5±2×2.5%	6.3	276 / 244	250 / 274.5	205.5 / 205.5	72 / 72	17.5 / 10.5	10.5 / 17.5	6.5 / 6.5	2.7 / 2.7	YNynd11
SFSL1-50000/110	50 000/50 000/50 000	121±2×2.5%	38.5	6.3	308.8 / 350.6	350.3 / 318.3	251 / 252.9	62.2 / 62.2	18 / 10.5	10.5 / 18	6.5 / 6.5	1 / 1	YNynd11
SFPSL1-63000/110	63 000/63 000/63 000	121±2×2.5%	38.5±5%	6.3	350 / 300 / 380 / 470	300 / 350 / 470 / 380	255 / 255 / 320 / 330	53.2 / 64.2	17.5 / 10.5 / 18.5 / 10.5	10.5 / 17.5 / 10.5 / 18.5	6.5 / 6.5	0.8 / 0.7 / 0.7	YNynd11
SFSLQ1-10000/110	10 000/10 000/10 000	121±2×2.5%	38.5±2×2.5%	6.3	87.95 / 88.76	90.05 / 86.55	67.9 / 67.7	21.4	17 / 10.5	17 / 10.5	6 / 6	1.5	YNynd11
SFSLQ1-15000/110	15 000/15 000/15 000	121±2×2.5%	38.5±2×2.5%	6.3	120	120	94	30.5	17 / 10.5	17 / 10.5	6 / 6	1.2	YNynd11
SFSLQ1-20000/110	20 000/20 000/20 000	121±2×2.5%	38.5±2×2.5%	6.3	153 / 142.9 / 155 / 150	147.6 / 152.9 / 150 / 155	111.6 / 110.4 / 112 / 112	33.5 / 34	17 / 10.5	17 / 10.5	6 / 6	1.1 / 1.2	YNynd11

续表

型　号	额定容量 (kVA)	额 定 电 压 (kV)			损 耗 (kW)				短路电压 (%)			空载电流 (%)	连接组标号
		高压	中压	低压	短路 高中	短路 高低	短路 中低	空载	高中	高低	中低		
SFSLQ-31500/110	31 500/31 500/31 500	121±2×2.5%	38.5±2×2.5%	10.5 6.3	217 202	200.7 214	158.6 160.5	46.8	17 10.5	10.5 17	6 6	0.9	YNynd11
SSPSL1-31500/110	31 500/31 500/31 500	121±2×2.5%	38.5±2×2.5%	13.8	230	214	184	38.4	18	10.5	6.5	0.8	YNynd11
SSPSL1-45000/110	45 000/45 000/45 000	121±5%	69	6.3	160	185	115	80	12	23	6.5	3	YNynd11
SSPSL1-50000/110	50 000/50 000/50 000	121±5%	38.5±5%	10.5	350	318.3	250.9	89.6	18	10.5	6.5	2.82	YNynd11
SSPSL1-75000/110	75 000/75 000/75 000	121±2×2.5%	38.5±2×2.5%	10.5	580	510	450	76	18.5	10.5	6.5	0.8	YNynd11
SFSL-10000/110	10 000/10 000/10 000	121±2×2.5%	38.5±2×2.5%	10.5 6.3	91	91	70	22	18 10.5	10.5 18	6.5 6.5	3.3	YNynd11
SFSL-15000/110	15 000/15 000/15 000	121±2×2.5%	38.5±2×2.5%	10.5 6.3	120	120	95	27	17 10.5	10.5 17	6 6	4.0	YNynd11
SFSL-31500/110	31 500/31 500/31 500	121±2×2.5%	38.5±2×2.5%	10.5 6.3	235	235	115	49	18 10.5	10.5 18	6.5 6.5	2.5	YNynd11
SFSL-63000/110	63 000/63 000/63 000	121±2×2.5%	38.5±5%	10.5 6.3	410	410	260	84	18 10.5	10.5 18	6.5 6.5	2.2	YNynd11

注　SFSL—三相油浸风冷三绕组铝线变压器;
　　SFPSL—三相强迫油循环风冷三绕组铝线变压器;
　　SFSLQ—三相油浸风冷三绕组铝线全绝缘变压器;
　　SSPSL—三相强迫油循环水冷三绕组铝线变压器。

表 A14　　220kV 三相双绕组电力变压器技术数据

型　　　号	额定容量 (kVA)	额定电压 (kV) 高　压	额定电压 (kV) 低压	损　耗 (kW) 短路	损　耗 (kW) 空载	短路电压 (%)	空载电流 (%)	连接组标号
SFD-63000/220	63 000	$220^{+1}_{-3}\times2.5\%$	69	402.4	120	14.4	3	YNd11
SFD-63000/220	63 000	$220\pm2\times2.5\%$	46	401	120	14.4	2.6	YNd11
SSPL-63000/220	63 000	$242\pm2\times2.5\%$	10.5	404	93	14.45	2.41	YNd11
SSPL-90000/220	90 000	$242\pm2\times2.5\%$	10.5	472.5	92	13.75	0.67	YNd11
SSPL-120000/220	120 000	$220\pm2\times2.5\%$	10.5	1011.5	98.2	14.2	1.26	YNd11
SSPL-120000/220	120 000	$220^{+1}_{-3}\times2.5\%$	38.5	932.5	98.2	14	1.26	YNd11
SSPL-120000/220	120 000	$242\pm2\times2.5\%$	10.5	1011.5	98.2	14.2	1.26	YNd11
SSPL-150000/220	150 000	$242\pm2\times2.5\%$	13.8	883	137	13.13	1.43	YNd11
SSPL-150000/220	150 000	$242\pm2\times2.5\%$	10.5	894.6	137	13.13	1.43	YNd11
SSPL-150000/220	150 000	$236\pm2\times2.5\%$	13.8	873	137	12.5	1.43	YNd11
SSPL-180000/220	180 000	$242\pm2\times2.5\%$	15.75 / 13.8	892.8 / 904	175	12.22 / 12.55	0.427	YNd11
SSPL-260000/220	260 000	$242\pm2\times2.5\%$	15.75	1460	232	14	0.963	YNd11
SSPL-360000/220	360 000	$236\pm2\times2.5\%$	18	1950	155	15	1.0	YNd11

注　SFD—三相油浸风冷强迫导向油循环变压器；其他型号符号含义同前。

表 A15　220kV 三相自耦电力变压器技术数据

型号	额定容量 (MVA)	额定电压 (kV)			连接组标号	空载损耗 (kW)	短路损耗 (kW)			短路电压 (%)			空载电流 (%)
		高压	中压	低压			高中	中低	高低	高中	中低	高低	
OSFPSL-90000/220	90 000/90 000/45 000	$220\pm2\times2.5\%$	121	38.5	YNad11	72	282.5	303.5	339	9.4	10.8	16.6	
OSFPSL-90000/220	90 000/90 000/45 000	$220\pm2\times2.5\%$	121	11	YNad11	72	281.5	302	339	9.4	10.8	16.6	
OSFPSL-90000/220	90 000/90 000/45 000	$220^{+1}_{-3}\times2.5\%$	121	38.5	YNad11	72	280	303	334	9.5	10.9	16.8	1.25
OSFPSL-90000/220	90 000/90 000/45 000	$240^{+1}_{-3}\times2.5\%$	121	6.6	YNad11	70.8	275	314	398	11.2	10.6	17.5	1.22
OSFPSL-90000/220	90 000/90 000/45 000	$220\pm2\times2.5\%$	121	38.5	YNad11	72	280	311.47	338.7	9.3	10.9	16.7	1.25
OSFPSL-120000/220	120 000/120 000/60 000	$220\pm2\times2.5\%$	121	38.5	YNad11	85	363	408	435	8.9	11.2	16.9	0.9
OSFPSL-120000/220	120 000/120 000/60 000	$220^{+1}_{-3}\times2.5\%$	121	11	YNad11	85.5	359	405	433	9.5	10.7	16.6	1.12
OSFPSL-120000/220	120 000/120 000/45 000	$220\pm2\times2.5\%$	121	38.5	YNad11	85	216.5	254.8	436.5	9.3	8.1	12.5	0.9
SFPSLO-150000/220	150 000/150 000/75 000	$242\pm2\times2.5\%$	121	10.5	YNad11	125	334	380	629	14	9	6	1.53
SFPSLO-260000/220	260 000/260 000/130 000	$242\pm2\times2.5\%$	121	10.5	YNad11	201.5	570	458	998	13	8.35	5.53	
SSPSOL1-120000/220	120 000/120 000/60 000	$242\pm2\times2.5\%$	121	10.5	YNad11	129	465	258	276	12.75	8.15	5.3	1.25
SFPSLO-240000/220	240 000/120 000/120 000	$242\pm2\times2.5\%$	121	10.5	YNad11	136	1079	557.5	430	14.75	10.18	6.39	0.378
	240 000/240 000/120 000	$242\pm2\times2.5\%$	121	10.5	YNad11	132.1	940	551	429	14.57	9.84	6.2	0.357
SFPSLO-180000/220	180 000/180 000/90 000	$242\pm2\times2.5\%$	121	10.5	YNad11	132.3	606	363	307	13.9	19	12.52	0.4
SSPSOL-300000/220	300 000/300 000/150 000	$242\pm2\times2.5\%$	121	13.8	YNad11	213	950	620	500	13.73	18.64	11.9	0.5
SSPSOL-360000/220	360 000/360 000/180 000	$242\pm2\times2.5\%$	121	15.75	YNad11	245	1090	660	510	13.1	19.2	11.96	0.5
SSPSOL-120000/220	120 000/120 000/60 000	$242\pm2\times2.5\%$	121	10.5	YNad11	96.5	499.5	363.5	307.5	13.3	17.5	12	0.5

注　OSFPSL—三相强迫油循环风冷三绕组铝线降压自耦变压器；
SFPSLO—三相强迫油循环风冷三绕组铝线升压自耦变压器；
SSPSOL—三相强迫油循环水冷三绕组铝线升压自耦变压器。

表 A16　110kV 三相三绕组铝线有载调压电力变压器技术数据

型号	额定容量 (kVA)	高压电压 (kV)	中压电压 (kV)	低压电压 (kV)	短路损耗 (kW) 高中	高低	中低	空载损耗 (kW)	短路电压 (%) 高中	高低	中低	空载电流 (%)	连接组标号
SFSZL1-10000/110	10 000/10 000/10 000	121±$\frac{2}{4}$×2.5%		11, 10.5, 6.6, 6.3	86.7	82.6	68.5	27	10.5	17.5	6.5	4.35	
		110±3×2.5%	38.5±5%	11, 10.5, 6.6, 6.3	86.5	82.4	68.5	27	10.5	17.5	6.5	4.35	
		121±$\frac{2}{4}$×2.5%		11, 10.5, 6.6, 6.3	84.8	86.2	68	27	17.5	10.5	6.5	4.35	
		110±3×2.5%		11, 10.5, 6.6, 6.3	84.6	86.1	68.7	27	17.5	10.5	6.5	4.35	
SFSZL1-20000/110	20 000/20 000/20 000	121±$\frac{2}{4}$×2.5%		11, 10.5, 6.6, 6.3	144	146.2	121	39.7	17.5	10.5	6.5	2.85	YNynd11
		110±3×2.5%	38.5±5%	11	145.2	147.5	121	39.7	17.5	10.5	6.5	2.85	
		121±$\frac{2}{4}$×2.5%		11, 10.5, 6.6, 6.3	141	150	120	39.7	10.5	17.5	6.5	2.85	
		110±3×2.5%		11	142	151	120	39.7	10.5	17.5	6.5	2.85	
		110±3×2.5%		11, 10.5, 6.6, 6.3	145.2	143	116.5	39.7	17.5	10.5	6.5	2.85	
		110±$\frac{2}{4}$×2.5%		11, 10.5, 6.6, 6.3	142.5	143	116.5	39.7	17.5	10.5	6.5	2.85	
SFSZL1-31500/110	31 500/31 500/31 500	110±3×2.5%		11								0.9	
		110±$\frac{1}{5}$×2.5%	38.5±5%	11	211.1	237.5	174.1	37	10.5	17.5	6.5	0.9	

注　SFSZL—三相油浸风冷式三绕组铝线组有载调压变压器。

附录 B 短路电流运算曲线

汽轮发电机短路电流运算曲线见图 B1～图 B5，水轮发电机短路电流运算曲线见图 B6～图 B9。

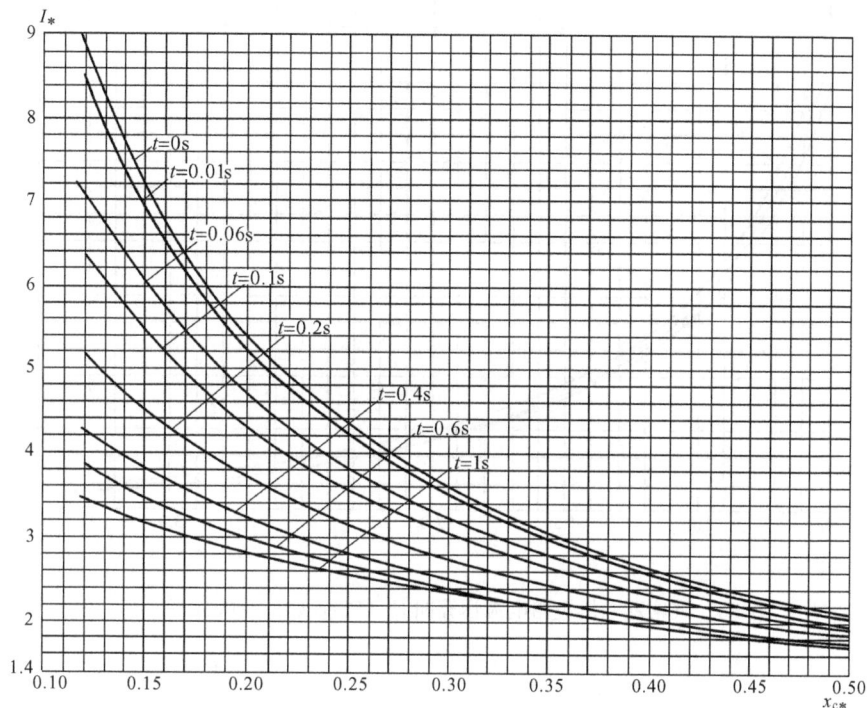

图 B1 汽轮发电机短路电流运算曲线（一），（x_{c*}＝0.12～0.50）

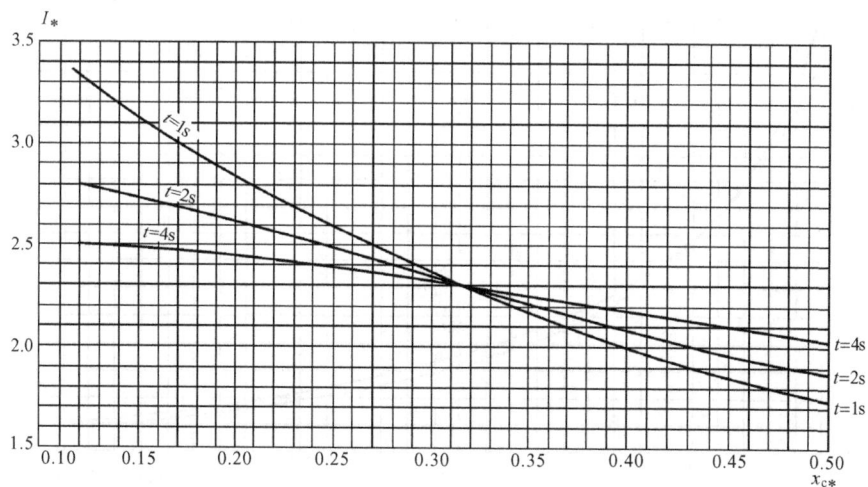

图 B2 汽轮发电机短路电流运算曲线（二），（x_{c*}＝0.12～0.50）

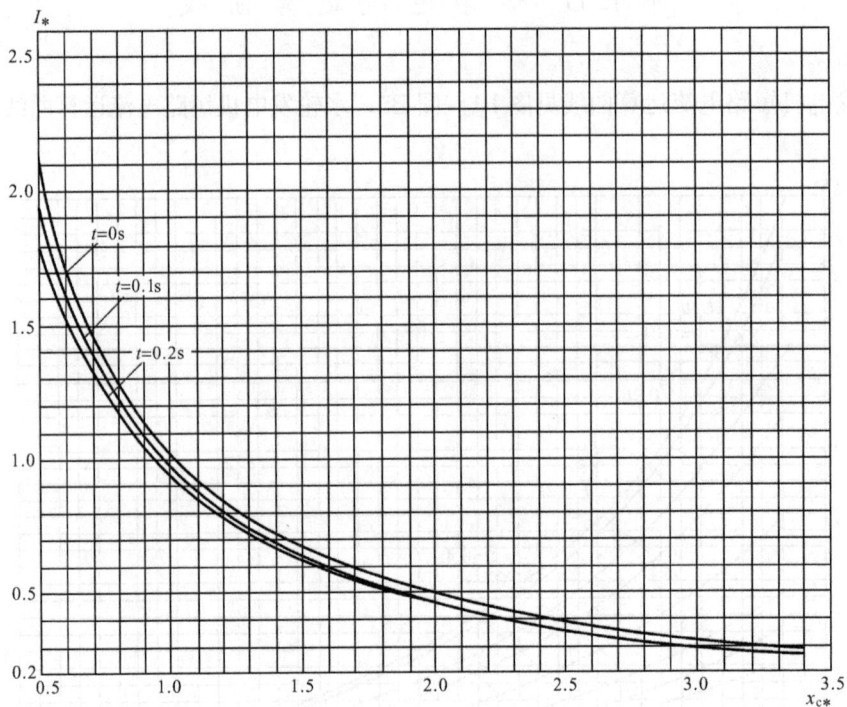

图 B3　汽轮发电机短路电流运算曲线（三），$(x_{c*} = 0.50 \sim 3.45)$

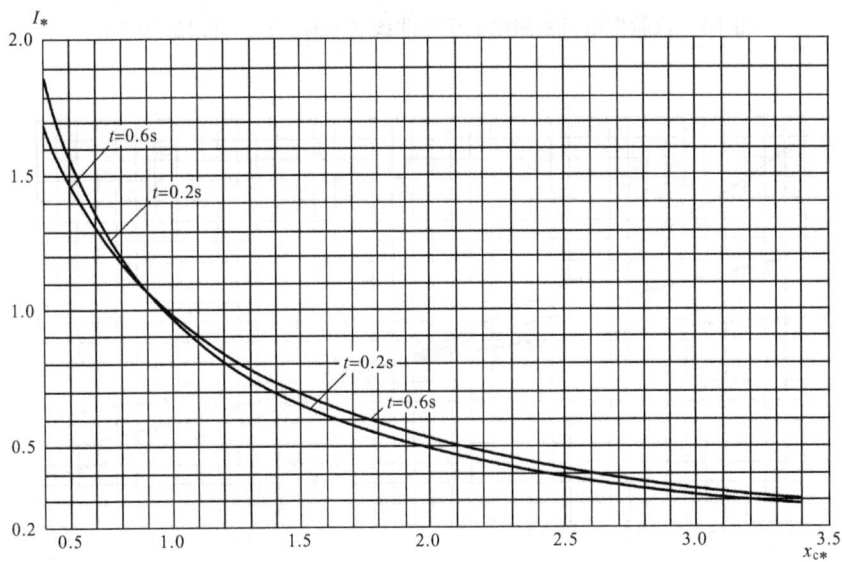

图 B4　汽轮发电机短路电流运算曲线（四），$(x_{c*} = 0.5 \sim 3.45)$

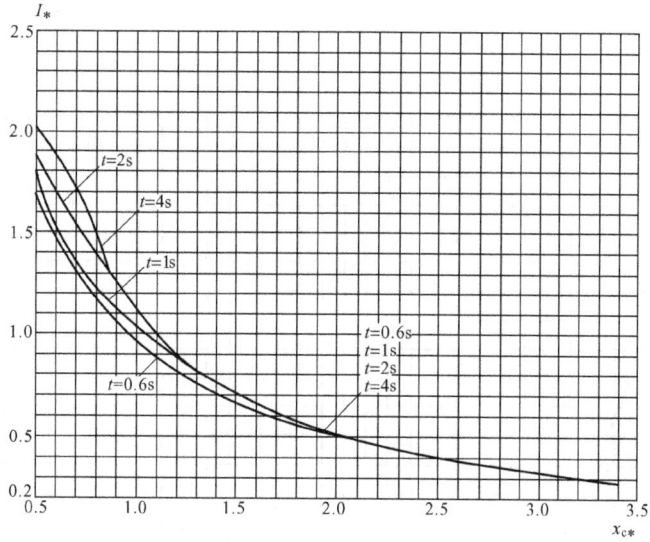

图 B5　汽轮发电机短路电流运算曲线（五），　$(x_{c*}=0.50 \sim 3.45)$

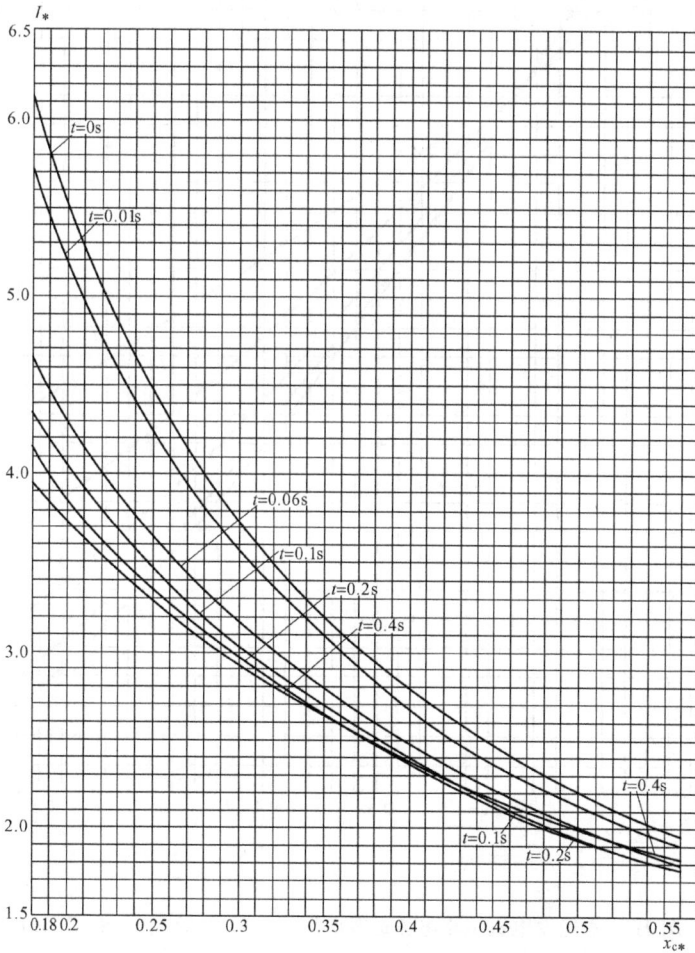

图 B6　水轮发电机短路电流运算曲线（一），　$(x_{c*}=0.18 \sim 0.56)$

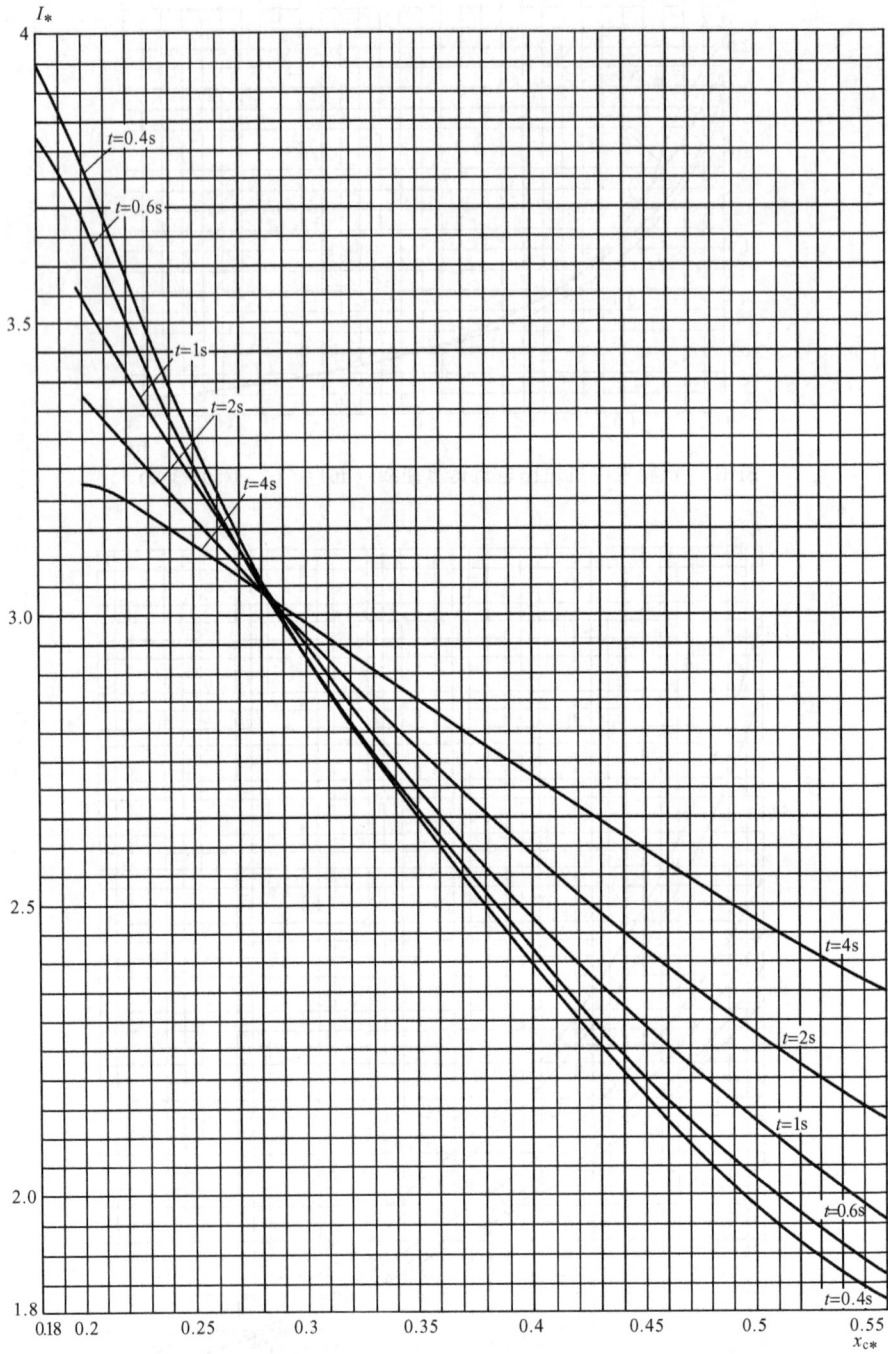

图 B7　水轮发电机短路电流运算曲线（二），$(x_{c*}=0.18\sim0.56)$

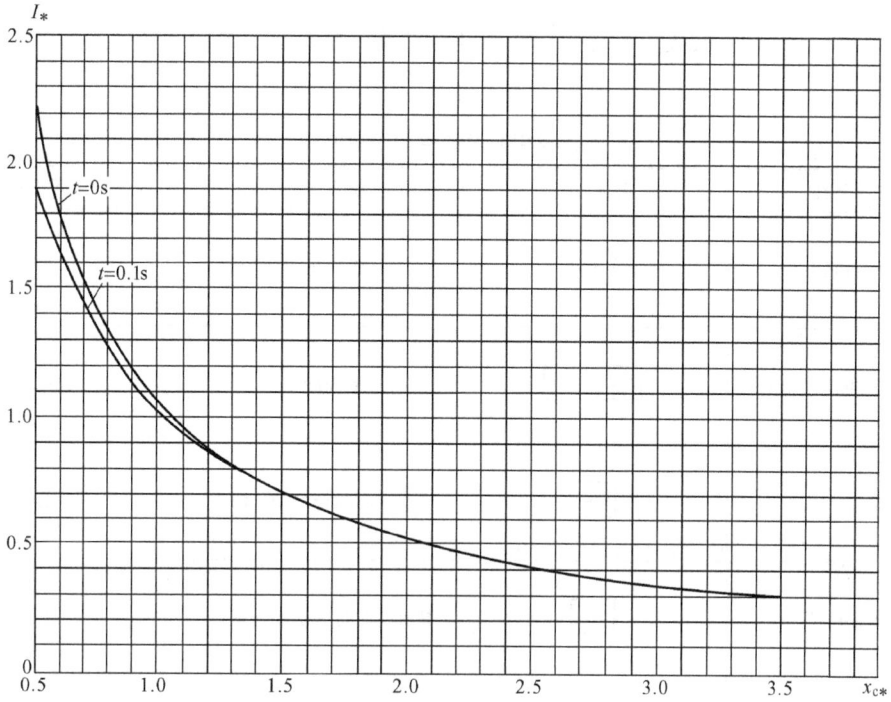

图 B8 水轮发电机短路电流运算曲线（三），（$x_{c*}=0.5\sim3.50$）

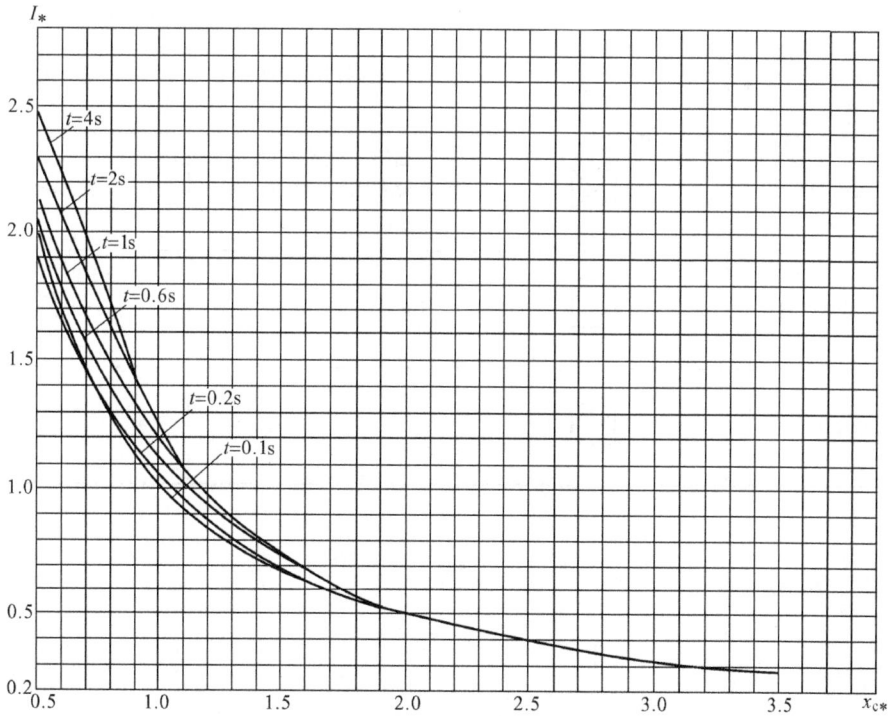

图 B9 水轮发电机短路电流运算曲线（四），（$x_{c*}=0.5\sim3.50$）

附录 C　常用继电器及触点的表示方法

表 C1　　　　　　　　　　　常用继电器及触点的表示方法

继电器名称	表示方法	触点形式	表示方法
电流继电器	$\boxed{I}$	动合触点	
低电压和过电压继电器	$\boxed{U<}$ $\boxed{U>}$	动断触点	
功率方向继电器	$\boxed{\rightarrow}$	具有延时闭合的动合触点	
阻抗继电器	$\boxed{Z}$	具有延时打开的动合触点	
带时限的电流继电器	$\boxed{\frac{I}{t}}$	具有延时闭合的动断触点	
时间继电器	$\boxed{t}$	具有延时打开的动断触点	
中间继电器	$\boxtimes$	自第一回路（动断）切换至第二回路（动合）并且有公共端的触点	
带掉牌信号继电器	$\boxed{\llcorner}$	具有手动复归的动合触点	
差动继电器	$\boxed{I\text{-}I}$		

习 题 参 考 答 案

第 一 章

1-15 图 1-34 G：10.5kV T1：10.5/242/121kV，T2：220/121kV，T3：110/38.5/6.3kV，T4：35/11kV，T5：110/38.5kV，T6：35/6.6kV，T7：6kV/400V，T8：10.5kV/400V

1-16 (1) G：10.5kV T1：10.5/121kV T2：110/38.5/11kV T3：35/6.3kV
T4：10kV/400V M：6kV L：220V
(2) T1：10.5/121(1+0.025) T2：110/38.5/11 T3：35(1−0.025)/6.3

1-17 G：10.5kV M1：3kV M2：6kV T1：10.5/242kV T2：220/121/6.3kV T3：220/38.5kV T4：10.5/3.15kV

1-18 (1) G：10.5kV T1：10.5/121kV T2：110/38.5kV T3：35/11kV
(2) T1：$K_{T1}=\dfrac{121(1+0.025)}{10.5}$ T2：$K_{T2}=\dfrac{110}{38.5}$ T3：$K_{T3}=\dfrac{35(1-0.05)}{11}$

1-19 G：10.5kV，T1：10.5/242kV，T2：220/121/38.5kV，T3：35/6.6kV，T4：10.5/3.15kV，M：3kV

第 二 章

2-16 $R=18\Omega$，$X=33.3\Omega$，$B=2.18\times10^{-4}$S，$\dfrac{B}{2}=1.09\times10^{4}$S

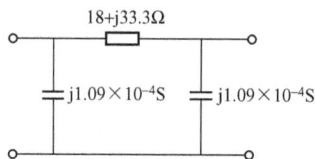

习题 2-16 图

2-17 $r_1=0.105\Omega/\text{km}$，$x_1=0.42\Omega/\text{km}$，$b_1=2.723\times10^{-6}$S/km（取 $m_1=0.9$，$m_2=1.0$，$\delta=1.0$，$U_{cr}=153.7$kV 不发生电晕）

2-18 $r_1=0.0656\Omega/\text{km}$，$x_1=0.3225\Omega/\text{km}$，$b_1=3.48\times10^{-6}$S/km，$f_{nd}=1.28$，$U_{cr}=124.26$kV

2-19 $R=4.92\Omega$，$X=68.51\Omega$，$B=1.015\times10^{-6}$S，$B/2=5.075\times10^{-4}$S

2-20 $R_T=2.44\Omega$，$X_T=40.33\Omega$，$G_T=7.11\times10^{-6}$S，$B_T=7.03\times10^{-5}$S

2-21 $R_T=4.93\Omega$，$X_T=111.01\Omega$，$G_T=1.92\times10^{-6}$S，$B_T=3.14\times10^{-5}$S

2-22 (1) $r_1=0.289\Omega/\text{km}$，$x_1=0.4\Omega/\text{km}$，$b_1=2.74\times10^{-6}$S/km

(2) $R_T=4.08\Omega$，$X_T=63.53\Omega$，$G_T=1.82\times10^{-6}$S，$B_T=1.322\times10^{-5}$S

(3) $Z_L=14.47+j20.5\Omega$，$Y_L=j\dfrac{B}{2}=j2.74\times10^4$S

$Z_T=2.04+j31.75\Omega$，$Y_T=3.64\times10^{-6}-j2.644\times10^{-5}$S

(4) 取 $m_1=0.95$，$m_2=0.9$，$\delta=1.0$，$U_{cr}=150$kV 不发生电晕

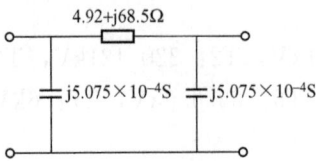

习题 2 - 19 图

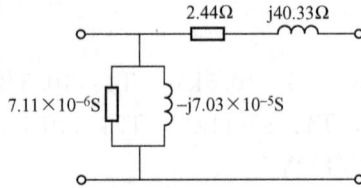

习题 2 - 20 图

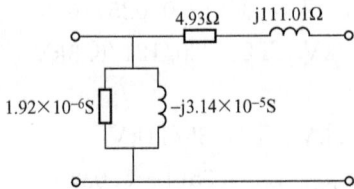

习题 2 - 21 图

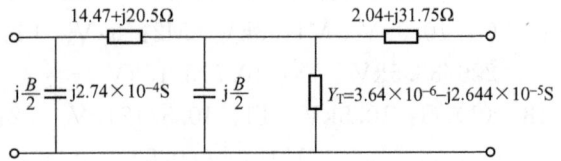

习题 2 - 22 图

2 - 23　$R_{T1}=R_{T2}=R_{T3}=0.83\Omega$，$X_{T1}=26.23\Omega$，$X_{T2}=15.25\Omega$，$X_{T3}=0.61\Omega$，$G_T=1.02\times10^{-5}$S，$B_T=1.23\times10^{-4}$S

2 - 24　$R_{T1}=3.16\Omega$，$R_{T2}=2.43\Omega$，$R_{T3}=4.45\Omega$，$X_{T1}=80.53\Omega$，$X_{T2}=3.66\Omega$，$X_{T3}=51.24\Omega$，$G_T=5.12\times10^{-6}$S，$B_T=5.60\times10^{-5}$S

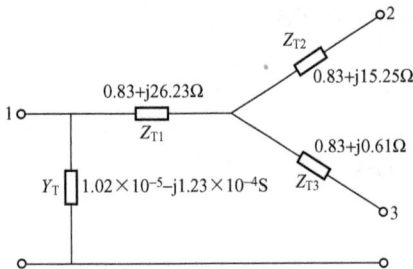

习题 2 - 23 图

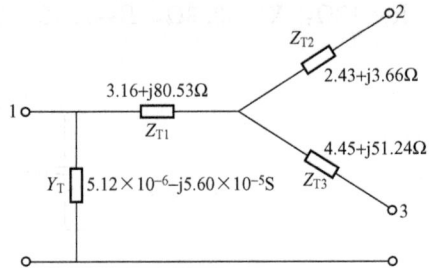

习题 2 - 24 图

2 - 25　$R_{T1}=1.87\Omega$，$R_{T2}=0.075\Omega$，$R_{T3}=6.38\Omega$，$X_{T1}=61.84\Omega$，$X_{T2}=8.07\Omega$，$X_{T3}=138.21\Omega$，$G_T=2.15\times10^{-6}$S，$B_T=1.21\times10^{-5}$S

2 - 26　$S_B=100$MVA，$U_B=U_{av}$，$X_{l*}=0.212$，$X_{T1*}=X_{T2*}=0.525$，$X_{L*}=1.164$，$X_{W*}=0.504$，$R_{W*}=1.692$

2 - 27　$S_B=1000$MVA，$U_B=230$，$X_{T1*}=0.3$，$X_{T2*}=0.3$，$X_{l1}=1.52$，$\dfrac{X_{l1*}}{2}=0.76$，$X_{l2*}=1.81$

参 考 文 献

[1] 南京工学院. 电力系统. 北京：电力工业出版社，1980.

[2] 杨以涵. 电力系统基础. 2版. 北京：水利电力出版社，1992.

[3] 刘万顺. 电力系统故障分析. 北京：水利电力出版社，1989.

[4] 陆敏政. 电力系统习题集. 北京：水利电力出版社，1988.

[5] 于永源. 电力系统分析. 北京：电力工业出版社，1996.

[6] 东北电业管理局调度中心. 电力系统运行操作和计算. 沈阳：辽宁科学技术出版社，1996.

[7] 陈珩. 电力系统稳态分析. 3版. 北京：中国电力出版社，2007.

[8] 李光琦. 电力系统暂态分析. 2版. 北京：中国电力出版社，1998.

[9] 张文勤. 电力系统基础. 北京：中国电力出版社，1998.

[10] 李换明. 电力系统分析. 北京：中国电力出版社，1999.

[11] 陈怡，蒋平，等. 电力系统分析. 北京：中国电力出版社，2005.

[12] 李梅兰，卢文鹏. 电力系统分析. 北京：中国电力出版社，2005.

[13] 韦钢. 电力系统分析基础. 北京：中国电力出版社，2006.

[14] 夏道止. 电力系统分析. 2版. 北京：中国电力出版社，2011.

[15] 李庚银. 电力系统分析基础. 北京：机械工业出版社，2011.

[16] 常鲜戎，赵书强. 电力系统暂态过程. 北京：机械工业出版社，2010.

[17] 熊信银，朱永利. 发电厂电气部分. 4版. 北京：中国电力出版社，2010.

[18] 刘宝贵，杨志辉. 发电厂变电所电气部分. 2版. 北京：中国电力出版社，2012.

[19] 刘天琪，邱晓燕. 电力系统分析理论. 2版. 北京：科学出版社，2011.

[20] 吴俊勇，夏明超. 电力系统分析. 北京：清华大学出版社，2012.

[21] 程浩忠. 电能质量概论. 北京：中国电力出版社，2008.

[22] 林海雪，肖湘宁，等译. 电力系统电能质量. 北京：中国电力出版社，2012.

[23] 谭永才. 电力系统规划设计技术. 北京：中国电力出版社，2012.

[24] 刘振亚，舒印彪. 特高压交流输电技术研究成果专辑. 北京：中国电力出版社，2012.

[25] 贺家李，李永丽. 电力系统继电保护原理. 4版. 北京：中国电力出版社，2010.

[26] 刘学军. 电力系统继电保护. 北京：机械工业出版社，2011.

[27] 张明军，王延平，等. 电力系统继电保护. 北京：人民邮电出版社，2012.

[28] 景敏慧. 电力系统继电保护动作实例分析. 北京：中国电力出版社，2012.

[29] 吴素农. 分布式电源控制与运行. 北京：中国电力出版社，2012.

[30] 刘学军. 继电保护原理. 3版. 北京：中国电力出版社，2012.

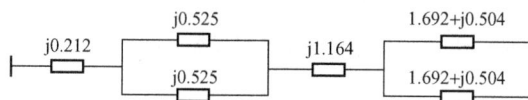

习题 2 - 26 图

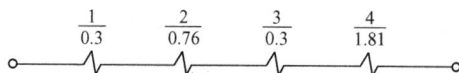

习题 2 - 27 图

2 - 28　（1）有名值参数（归算到 110kV 侧）

$Z_{T1} = 2.95 + j48.7\Omega$　$Z_{T2} = 4.48 + j48.4\Omega$

$Z_{T3} = 9.2 + j75\Omega$　　$Z_{l1} = 10.5 + j20.8\Omega$　　$Z_{l2} = 53.88 + j65.31\Omega$

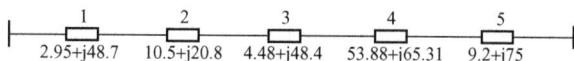

习题 2 - 28（a）图

（2）标幺值参数（归算到 110kV 侧）取 $S_B = 100\text{MVA}$　　$U_B = U_{av}$

$Z_{T1*} = 0.0223 + j0.368$　　　$Z_{l1*} = 0.079 + j0.157$

$Z_{T2*} = 0.034 + j0.366$　　　$Z_{l2*} = 0.482 + j0.584$

$Z_{T3*} = 0.082 + j0.67$

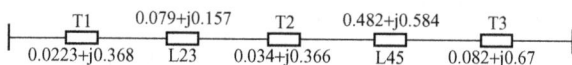

习题 2 - 28（b）图

第 三 章

3 - 21　$U_1 = 236.167\text{kV}$, $\dot{S}_1 = 126.48 + j53.68\text{MVA}$

3 - 22　$U_1 = 200.35\text{kV}$

3 - 23　$\Delta\dot{S} = 0.657 + j0.854\text{MVA}$, $U_2 = 109.63\text{kV}$

3 - 24　$\cos\varphi_1 = 0.82$

3 - 25　$\Delta U_{AC} = 21.01\text{kV}$, $U_B = 100.96\text{kV}$, $U_C = 93.99\text{kV}$

3 - 26　$U_B = 106.668\text{kV}$, $U_C = 110.64\text{kV}$, $\dot{S}_A = 32.545 + j27.083\text{MVA}$, $\dot{S}'_B = 30.207 + j22.470\text{MVA}$,

　　　$\dot{S}''_B = -9.793 - j7.593\text{MVA}$

3 - 27　$\dot{S}_1 = 10 + j5\text{MVA}$, $\dot{S}_2 = 20 + j10\text{MVA}$

　　　$\dot{S}_3 = 10 + j5\text{MVA}$, $\dot{S}_4 = 20 + j10\text{MVA}$

3 - 28　$\dot{S}_{A1} = 1.37 + j0.9907\text{MVA}$, $\dot{S}_{A2} = 1.448 + j1.116\text{MVA}$, $\dot{S}_{BC} = 0.0518 +$

j0.08366MVA，ΔU_3=0.2586kV

3-29　$\dot S_{AD}$=12+j16MVA，$\dot S_{DE}$=−(28+j14)MVA，

　　　$\dot S_{BE}$=−2+j9MVA

3-30　$\dot S_{cd}$=0.1+j0.08MVA，$\dot S_{ac}$=0.310+j0.215MVA，$\dot S_{ab}$=0.190+j0.135MVA，

　　　$\dot S_{cb}$=0.01+j0.015MVA，$\dot S_{Aa}$=0.8+j0.55MVA

3-31　$\dot S_{AC}$=18.89+j9.44MVA，$\dot S_{BC}$=11.11+j5.56MVA，

　　　$\dot S_{AB}$=21.11+j10.56MVA，U_B=109.22kV

3-32　$$\boldsymbol{Y}_B = j\begin{bmatrix} -6.95 & 2 & 5 & 0 \\ 2 & -4.45 & 2.5 & 0 \\ 5 & 2.5 & -12.5 & 5 \\ 0 & 0 & 5 & -5 \end{bmatrix}$$

3-33　$$\boldsymbol{Y}_B = \begin{bmatrix} 0.935-j4.264 & -0.48+j2.404 & -0.454+j1.891 & 0 \\ -0.48+j2.404 & 1.069-j4.728 & -0.588+j2.353 & 0 \\ -0.454+j1.891 & -0.588+j2.353 & 1.042-j8.244 & j3.667 \\ 0 & 0 & j3.667 & -j3.334 \end{bmatrix}$$

3-36　$\dot S_{13}$=0.607+j0.206，$\dot S_{31}$=−0.603−j0.198，$\dot S_{32}$=−0.397−j0.302

　　　$\dot S_{23}$=0.4+j0.307，$\dot U_1$=1∠0°，$\dot U_2$=1∠17°，$\dot U_3$=1∠−33.4°

3-37　$\boldsymbol{Y}_B = \begin{bmatrix} 1-j4 & -1+j4 \\ -1+j4 & 1-j4 \end{bmatrix}$；$\boldsymbol{J}_2^{(0)} = \begin{bmatrix} -4 & -1 \\ 1 & -4 \end{bmatrix}$

　　　$\begin{bmatrix} \Delta P_2^{(0)} \\ \Delta Q_2^{(0)} \end{bmatrix} = \begin{bmatrix} H_{22}^{(0)} & N_{22}^{(0)} \\ J_{22}^{(0)} & L_{22}^{(0)} \end{bmatrix}$　$\begin{bmatrix} \Delta f_2^{(0)} \\ \Delta e_2^{(0)} \end{bmatrix} = \begin{bmatrix} -4 & -1 \\ 1 & -4 \end{bmatrix}$　$\begin{bmatrix} 0.035 \\ 0.059 \end{bmatrix}$

3-38　（1）节点1是平衡节点，节点2是PV节点

　　　（2）$\boldsymbol{Y}_B = \begin{bmatrix} -j9.9 & j10 \\ j10 & -j9.9 \end{bmatrix}$

　　　（3）$\Delta P_i = P'_i - \sum_{j=1}^{n} [e_i(G_{ij}e_j - B_{ij}f_j) + f_i(G_{ij}f_j + B_{ij}e_j)]$

　　　$\Delta Q_i = Q'_i - \sum_{j=1}^{n} [f_i(G_{ij}e_j - B_{ij}f_j) - e_i(G_{ij}f_j + B_{ij}e_j)]$

　　　$\Delta U_i^2 = U'^2_i - (e_i^2 + f_i^2)$

　　　$\begin{bmatrix} \Delta P \\ \Delta Q \\ \Delta U^2 \end{bmatrix} = \begin{bmatrix} H & N \\ J & L \\ R & S \end{bmatrix}$　$\begin{bmatrix} \Delta f \\ \Delta e \end{bmatrix}$

3-39　（1）$\boldsymbol{Y}_B = \begin{bmatrix} -j9.9 & j10 \\ j10 & -j9.9 \end{bmatrix}$

　　　（2）取 $\dot U_2^{(0)}$=1+j0

　　　$\begin{bmatrix} f_2^{(1)} \\ e_2^{(1)} \end{bmatrix} = \begin{bmatrix} 0.1 \\ 0.1 \end{bmatrix}$

(3) $\begin{bmatrix} \Delta P_i \\ \Delta Q_i \end{bmatrix} = \begin{bmatrix} H & N \\ J & L \end{bmatrix} \begin{bmatrix} \Delta f_i \\ \Delta e_i \end{bmatrix} = \begin{bmatrix} -10 & 0 \\ 0 & -9.2 \end{bmatrix} \begin{bmatrix} \Delta f_i \\ \Delta e_i \end{bmatrix}$

第 四 章

4-21　变压器抽头电压：$U_{t1}=115.5\text{kV}$

4-22　最大负荷时选 $110-3\times2.5\%$ 的分接头，$U_{t1}=101.75\text{kV}$

最小负荷时选 $110+2\times2.5\%$ 的分接头，$U_{t1}=115.5\text{kV}$

4-23　选择变压器抽头为 $121-2.5\%$，$U_{t1}=117.975\text{kV}$

4-24　选择变压器高压抽头为 $110(1+5\%)=115.5\text{kV}$，中压抽头电压为 38.5kV

4-25　(2) 选调相机时 $Q_C=13.6\text{Mvar}$

(3) 选电容器时 $Q_C=22\text{Mvar}$

4-26　$Q_C=0.633$

4-27　(1) $U_j=23.3\text{kV}$

(2) 取 $m=2$，$n=15$，$Q_C=45\text{kvar}$

(3) 并联电容器补偿所需无功容量较大，$Q_C=11\text{Mvar}$

4-28　$P_{G1}=66.67\text{MW}$，$P_{G2}=83.33\text{MW}$

4-29　$P_{G1}=200\text{MW}$，$P_{G2}=100\text{MW}$

4-30　推证

4-31　(1) $\lambda_1=0.3$，$\lambda_2=0.28$，$\lambda_1\neq\lambda_2$ 不是最优分配方案

(2) $P_{G1}=60\text{MW}$，$P_{G2}=100\text{MW}$，$\lambda_1=\lambda_2=0.5$

4-32　$\gamma_2=1$ 时，0~8h，18~24h，$P_{G1}=270\text{MW}$，$P_{G2}=230\text{MW}$；0~8h，$P_{G1}=390\text{MW}$，$P_{G2}=410\text{MW}$，$K=44\,046\,720\text{m}^3$（$>10^7\text{m}^3$）

$\gamma_2=2.6$ 时，0~8h，18~24h，$P_{G1}=457.32\text{MW}$，$P_{G2}=42.68\text{MW}$；0~8h，$P_{G1}=647.56\text{MW}$，$P_{G2}=152.44\text{MW}$，$K=9\,754\,848\text{m}^3$（$<10^7\text{m}^3$）

4-33　$\Delta f=0.0992\text{Hz}$，$f=50.0992\text{Hz}$；发电机出力分别为 $P'_{GA}=532.224\text{MW}$、$P'_{GB}=220.16\text{MW}$

4-34　$\Delta f=0.2217\text{Hz}$，$f=50.2217\text{Hz}$；$P'_{GA}=444.575\text{MW}$、$P'_{GB}=160.094\text{MW}$

4-35　(1) $\Delta f=0.506\text{Hz}$，$f=49.494\text{Hz}$；(2) $\Delta f=0.0353\text{Hz}$，$f=49.9647\text{Hz}$

4-36　(1) $K_A=500\text{MW/Hz}$，$K_B=750\text{MW/Hz}$；(2) $\Delta f=0.6(\text{Hz})$

第 五 章

5-21　(1) $S_B=100\text{MVA}$，$U_B=U_{av}$，$X_G=0.208$，$X_{T1}=0.175$，$X_{l1}=0.1$，$X_{T2}=0.333$，$X_{l2}=1.17$

(2) $X_G=3.73\Omega$，$X_{T1}=3.14\Omega$，$X_{l1}=1.59\Omega$，$X_{T2}=4.94\Omega$，$X_{l2}=16\Omega$

5-22　(1) $i_M=13.0254\text{kA}$，$S_k=55.74\text{MVA}$

5-23　$n=4.8\approx5$

5-24　(1) $I''=5.313\text{kA}$

（2）$i_M = 13.547 \text{kA}$

5 - 25　$I_k = 2.325\,58$

5 - 26　$t = 0 \text{s}$ 时，$I_k = 8.248 \text{kA}$；$t = 0.6 \text{s}$ 时，$I_k = 6.268 \text{kA}$

5 - 27　$I_1 = \dfrac{1}{3}$，$I_2 = \dfrac{1}{3}$，$I_0 = \dfrac{1}{3}$

5 - 28　$\dot{I}_a = 4 - j5 = 6.403 \angle -51.3°$，$\dot{I}_b = 0.83 - j1.83 = 2.009 \angle -65.6°$，

　　　$\dot{I}_c = -7.83 + j6.83 = 10.390 \angle 138.9°$

5 - 29　$S_B = 100 \text{MVA}$，$U_{B2} = 121 \text{kV}$，$\dot{I}_a = 1.374 \angle -83.23°$，$\dot{I}_b = 0$，$\dot{I}_c = 0$，

　　　$\dot{U}_a = 0$，$\dot{U}_b = 0.943 \angle 249.20°$，$\dot{U}_c = 0.919 \angle 111.37°$，

　　　有名值 $I_a = 0.655 \text{kA}$，$I_b = 0$，$I_c = 0$，$U_a = 0$

　　　$U_b = 114.103 \text{kV}$，$U_c = 111.199 \text{kV}$

5 - 30　$\dot{I}_{a1} = -\dot{I}_{a2} = 1.477$　$\dot{I}_{a0} = 0$　$\dot{I}_a = 0$　$\dot{I}_b = 2.588 \angle -90°$

　　　$\dot{I}_c = 2.558 \angle 90°$　$\dot{U}_{a1} = \dot{U}_{a2} = j0.573$　$\dot{U}_{a0} = 0$

　　　$\dot{U}_a = j1.146 = 1.146 \angle 90°$　$\dot{U}_b = -j0.573 = 0.573 \angle -90°$

　　　$\dot{U}_c = -j0.573 = 0.573 \angle -90°$

5 - 31　$\dot{I}_{a1} = \dot{I}_{a2} = \dot{I}_{a0} = 1.14$　$\dot{I}_a = 3.42$，$\dot{I}_b = \dot{I}_c = 0$，

　　　$\dot{U}_{a1} = 0.67 \angle 90°$，$\dot{U}_{a2} = 0.44 \angle -90°$，$\dot{U}_{a0} = 0.228 \angle -90°$，$\dot{U}_a = 0$，$\dot{U}_b = 0.96 - j0.343 = 1.019 \angle -19.66°$，

　　　$\dot{U}_c = -0.96 - j0.343 = 1.019 \angle 199.66°$

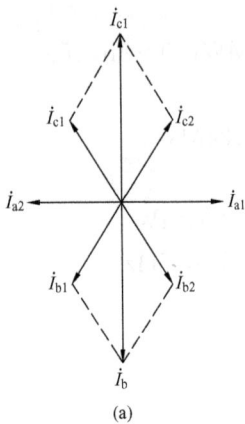
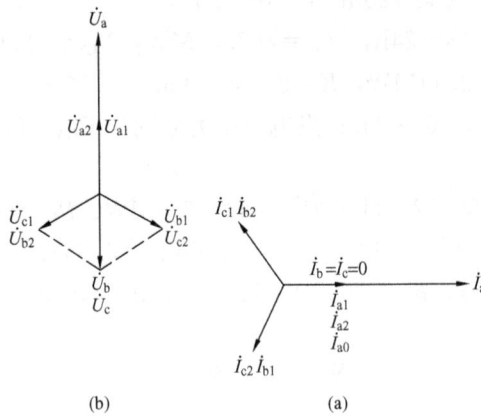
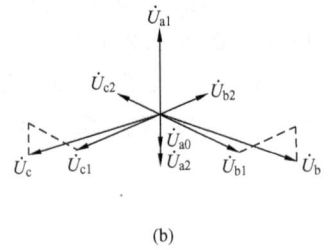

习题 5 - 30 图　　　　　　习题 5 - 31 图

（a）电流相量图；（b）电压相量图　　　（a）电流相量图；（b）电压相量图

5 - 32　$\dot{I}_a = 0$，$\dot{I}_b = -2.949 - j4.056 = 5.015 \angle -126°$，$\dot{I}_c = -2.949 + j4.056$
　　　$= 5.015 \angle 126°$

第 六 章

6-15　(1) 无时限电流速断保护:

一次动作电流: $I_{\mathrm{st\cdot A}}^{\mathrm{I}}=1.3\times1310=1700$(A)

继电器的启动电流为

$$I_{\mathrm{st\cdot K\cdot A}}^{\mathrm{I}}=\frac{K_{\mathrm{rel}}}{n_l}I_{\mathrm{st\cdot A}}^{\mathrm{I}}=\frac{5}{300}\times1700=28.3\mathrm{(A)}$$

(取 $K_{\mathrm{rel}}=1$, 因保护采用两相不完全星形接线)

(2) 限时电流速断保护: 线路 BC 无时限电流速断保护动作电流为

$$I_{\mathrm{st\cdot B}}^{\mathrm{II}}=1.3\times520=676\mathrm{(A)}$$

线路 AB 的限时电流速断保护的一次动作电流为

$$I_{\mathrm{st\cdot A}}^{\mathrm{II}}=1.1\times676=745\mathrm{(A)}$$

继电器的启动电流为

$$I_{\mathrm{st\cdot K\cdot A}}^{\mathrm{II}}=\frac{5}{300}\times745=12.4\mathrm{(A)}$$

动作时限选为

$$t_{\mathrm{A}}^{\mathrm{II}}=\Delta t=0.5\mathrm{s}$$

校验灵敏度

保护范围末端最小两相短路电流为

$$I_{\mathrm{k\cdot min}}^{(2)}=\frac{\sqrt{3}}{2}I_{\mathrm{k\cdot min}}^{(3)}=0.866\times110=953\mathrm{(A)}$$

灵敏系数为

$$K_{\mathrm{sen\cdot A}}=\frac{953}{745}=1.28>1.25\ \text{合格}$$

(3) 过电流保护:

一次动作电流为

$$I_{\mathrm{st\cdot A}}^{\mathrm{III}}=\frac{1.2\times1.3}{0.85}\times174=320\mathrm{(A)}$$

(电动机自启动系数 $K_{\mathrm{ast}}=1.3$)

继电器启动电流为

$$I_{\mathrm{st\cdot K\cdot A}}^{\mathrm{III}}=\frac{5}{300}\times320=5.3\ \mathrm{(A)}$$

动作时限

$$t_{\mathrm{A}}^{\mathrm{III}}=t_{\mathrm{B}}^{\mathrm{III}}+\Delta t=2.5+0.5=3\ \mathrm{(s)}$$

校验灵敏度

本线路 AB 末端短路时, 灵敏系数为

$$K_{\mathrm{sen\cdot A}}^{\mathrm{III}}=\frac{I_{\mathrm{k\cdot min}}^{(2)}}{I_{\mathrm{st\cdot A}}^{\mathrm{III}}}=\frac{953}{320}=2.98>1.5$$

相邻线路 BC 末端短路时, 灵敏系数为

$$K_{\text{sen} \cdot \text{A}}^{\text{III}} = \frac{0.866 \times 490}{320} = 1.32 > 1.2 \text{ 合格}$$

6 - 16　$I_{\text{st}}^{\text{I}} = 2243\text{A}$，$I_{\text{st}}^{\text{II}} = 498\text{A}$，$I_{\text{st}}^{\text{III}} = 406\text{A}$，

　　　　$t_{\text{st}}^{\text{II}} = 1\text{s}$，$t_{\text{st}}^{\text{III}} = 3.5\text{s}$，$K_{\text{sen}}^{\text{II}} = 2.75$，

　　　　$K_{\text{sen} \cdot \text{min}}^{\text{III}} = 3.37$，$K_{\text{sen} \cdot \text{max}}^{\text{III}} = 2.28$

6 - 17　$I_{\text{st}} = 1192\text{A}$，$l_{\text{min}} = 16.3\text{km}$

6 - 19　（1）$I_{\text{st}} = 107.2\text{A}$

　　　　（2）$K_{\text{sen}} = 5.33$

第 七 章

7 - 16　（1）当 t、T_{J} 用 s，δ 用（°）时 $\Delta P = \dfrac{T_{\text{J}}}{360 f_{\text{N}}} \cdot \dfrac{\mathrm{d}^2 \delta}{\mathrm{d} t^2}$

　　　　（2）当 t、T_{J} 用 s，δ 用 rad 时 $\Delta P = \dfrac{T_{\text{J}}}{2 \pi f_{\text{N}}} \cdot \dfrac{\mathrm{d}^2 \delta}{\mathrm{d} t^2}$

7 - 17　推证

7 - 18　$X_{\text{d}} = 5.51\Omega$，$X'_{\text{d}} = 0.66\Omega$，$E_{\text{q}} = 23.59\text{kV}$，$E' = 11.73\text{kV}$

7 - 19　$E_{\text{q}} = 1.933$，$P_{\text{m}} = 1.07$，$K_{\text{P}} = 33.75\%$

　　　　$E' = 1.458$，$P_{\text{m}} = 1.348$，$K_{\text{P}} = 68.5\%$

7 - 20　$K_{\text{P}} = 34.7\%$

7 - 21　$E_{\text{q}} = 1.166$，$P_{\text{m}} = 0.583$，$K_{\text{P}} = 16.6\%$

7 - 22　$Q = -0.26$，$E = 1.825$，$X_{12} = 1.625$，$P_{\text{E}} = 1.123 \sin\delta$

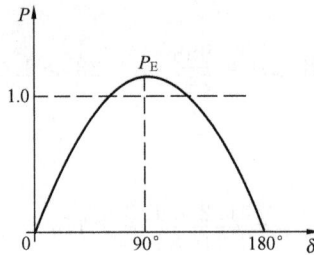

习题 7 - 22 图

7 - 23　$P_{\text{I}} = 3\sin\delta$，$P_{\text{II}} = 0$，$P_{\text{III}} = 2\sin\delta$，$\cos\delta_{\text{cm}} = 0.666$，

　　　　$\delta_{\text{cm}} = 48.24°$，$\delta_0 + 30° = 60° > 48.24°$，不稳定

7 - 24　$P_{\text{I}} = 3\sin\delta$，$P_{\text{II}} = 0$，$P_{\text{III}} = 2\sin\delta$，$\delta_{\text{cm}} = 74.18°$

7 - 25　$\cos\delta_{\text{cm}} = 0.072$，$\delta_{\text{cm}} = 86°$，$t_{\text{cm}} = 0.284\text{s}$

7 - 26　$E' = 1.41$，$P_{\text{I}} = 1.765 \sin\delta$，$P_{\text{II}} = 0.502 \sin\delta$，$P_{\text{III}} = 1.35 \sin\delta$，$\cos\delta_{\text{cm}} = 0.458$，$\delta_{\text{cm}} = 62.7°$，$t_{\text{cm}} = 0.19\text{s}$